入回居全书的编写，上于入大内边演会
下于回到会临宴所　　　　　就临了本肆
教材资料。　是名姿本而大纲的《日治》
位缺的情形，就临了本即式了炮
远陵势，中日甲午战争失败　　全国
试，同枢编究，　容防　拆奏防
　庸材及呈一丁多永
　　花和近邻起法

戴逸自选集

DAIYI ZIXUANJI

学习理论文库

学习出版社

戴 逸

戴逸，1926年9月生，江苏常熟人，就读于上海交通大学、北京大学，1947年参加革命工作。长期在中国人民大学工作，历史学教授，曾任该校清史研究所所长、历史系主任，国务院学科评议组召集人；第四届、第五届中国史学会会长，第七届全国人大代表；现任国家清史编纂委员会主任、北京市文史研究馆馆长。

1959年参加全国群英会，1986年被评为全国教育战线劳动模范，1992年获柏宁顿金球奖。

主要著作有《中国近代史稿》、《简明清史》、《乾隆帝及其时代》、《履霜集》、《繁露集》、《步入近代的里程》、《十八世纪的世界和中国》、《皓首学术随笔——戴逸卷》，文章600余篇。

自　序

承蒙学习出版社要我自编一本文集，为此我把一生所写的文章目录，从头至尾查阅一遍，挑选若干篇文章，编成这册《自选集》。

我有一个写作习惯，凡写了文章，在报刊上发表之后，就记录在册，注明文章的题目，发表的报纸或刊物，发表的时间，有的还计算了字数。当然少数文章也有遗漏和未登录的。我想其他研究工作者可能也有像我一样的习惯。文章毕竟是事实材料反映在脑海中经过酝酿，思索，加工，发酵，成熟之后，一字一句地写出来，就像怀胎分娩一样生下自己的孩子。作者自然会珍惜孩子，记下孩子的名字、生辰和出生地点。

查阅自己一生写作的目录是一种乐趣，也是一种反思。从少年时代至耄耋之年，我的一生是读书的一生，是笔墨的一生，著书十几部，文章600余篇。仔细检视，有的还重新读过。"文章千古事，得失寸心知"，真正的感觉是，率尔操觚者居多，精心力作者较少，检视既毕，感慨系之，不能不引以为憾。

我著述的一生，不可谓不勤奋，我对文史的爱好，不可谓不专心，我早年授业的师长不可谓不渊博，平日阅读经典史籍，兴趣盎然，常至于手舞足蹈，物我两忘，检视目录，应该比现在多一些成就，多几分业绩。但在编辑《自选集》时，面对自己的文章著述，感到尚能一读，可以存世者甚少，不免惶恐和愧疚。

我的600余篇文章大概有两类，一类是学术性较重，确实读了些材料，有所收获，研精慎思，力求深入，希有创新。这类文章还有一点保存和参考的价值。另一类文章随机性、应时性较强，有的是所见所闻，随时书写，未加推敲，有的是应人嘱托，求写序跋，稍加翻阅，仓促命笔，也有的是命题作文，未经深思熟虑，不得已而为之。这类文章当然也不可以一笔抹杀，但大多非精心结构之作。加上我个人的学力所限，功底不厚，所以暴露了写作方面不少缺点和瑕疵。

我的家乡传统文化深厚，文章渊薮，人才辈出，我对文史专业有特殊的喜好，但小学时代因顽劣怠惰，没有养成读书的好习惯。中学时代是我一生急剧转变时期，因抗日战争爆发辍学多次，深受刺激，渴求上学，又遇到了优秀的教师与勤奋的学友教导提掖，学业上进。高中时代已学习写作，在报刊上投稿发表多篇文章。但终究在战火纷飞的年代，故乡被日军占领八年之久，家难频仍，经历坎坷，几次转学，应有的基本训练未完成，该读的经典文章未阅读，浅学辄止，所得有限。以后专攻文史之业，才感到"功底浅薄，先天不足"。

后来读过上海交通大学和北京大学，各读两年。在交大，功课繁重，身陷在数学和物理的题海之中，无心读书写文。在北大又投入学生运动，十分忙碌。四年的大学生活没有写过几篇文章。

1954 年至 1965 年是我读书和写作的黄金时期。十年寒窗，勤奋努力，写作了两册《中国近代史稿》，共 80 万字，一册已刊，一册未刊，随之而来的"文化大革命"，万马齐喑，一切工作嘎然中断，而学术研究受损尤甚。粉碎"四人帮"以后，拨乱反正，万象更新，但我的年龄渐长，瞬间将迈花甲，黾勉以赴，直到如今，写了很多单篇文章，所存目录中的绝大部分文章都是这个时期所写。

时代的状况影响着学者的际遇、命运和成就。学术精英的涌现需要时代的呵护。常言说，"十年树木，百年树人"。我想这句话是说打造一个适宜人才成长的学术环境，形成良好的学术氛围，需要几代人长期的努力。学术文化的发展不能一步到位，更不能揠苗助长。汉代到武帝时出现枚乘、司马迁、董仲舒、司马相如；唐代到玄宗时出现了李白、杜甫、王维，清代到乾隆时出现了戴震、曹雪芹、袁枚、纪晓岚，文化高潮的到来都是在立国百年之后。只有长期地耕耘，精心地培育，勤奋地钻研，专注地攻读才能攀登学术的高峰。

现在国家的经济发展十分迅速，社会安定，丰衣足食，学者们解除了后顾之忧，可以在学术文化的海洋中，聚精会神，乘风破浪地前进。学术如积薪，后来者居上，我期待，祝愿，坚信，年轻一代的学者们会珍惜这个时代，为祖国的文化建设做出超越前人的辉煌成绩。

戴　逸

2006 年 12 月

目　录

历史学和历史理论

20 世纪的中国历史学 ……………………………………（ 3 ）

论"清官" …………………………………………………（ 22 ）

实事求是　勇于创新 ……………………………………（ 40 ）

关于历史研究中阶级斗争理论问题的几点看法 ………（ 50 ）

实事求是地评价历史人物 ………………………………（ 66 ）

中国近现代史的研究如何深入 …………………………（ 73 ）

历史学家的过去和现在 …………………………………（ 78 ）

加强联系与合作　共同繁荣史学事业与档案事业 ……（ 82 ）

历史科学的社会功能 ·······················（90）

千年历史的启示 ·························（94）

中国古代修史的传统及其对国史研究的重要启示 ······（103）

漫谈"口述历史" ·······················（116）

贯穿清史的一条主线
　　——新修《清史·通纪》内容要旨 ·············（120）

清前期史事和人物

满族兴起的精神力量 ·····················（151）

论康雍乾盛世 ·························（159）

论乾隆 ····························（173）

失去了的机会 ·························（212）

避暑山庄和康乾盛世 ·····················（232）

中国民族边疆史研究 ·····················（242）

清代开发西部的历史借鉴 ···················（286）

近代史事和人物

百年奋斗的里程 ························（297）

太平天国拜上帝会不是邪教…………………………（305）

论《天朝田亩制度》…………………………………（309）

洋务历史试论…………………………………………（321）

中国近现代的留学教育………………………………（333）

戊戌时代的思想解放…………………………………（344）

戊戌改革的历史反思…………………………………（373）

孙中山的对外开放思想………………………………（380）

孙中山与北京平安大街………………………………（396）

辛亥革命的教训和社会主义的新路…………………（402）

辛亥革命开启了中国现代化的新纪元………………（410）

继承、发扬孙中山的精神遗产………………………（415）

爱国主义和文化

五四运动与传统文化…………………………………（427）

继承和发扬爱国主义传统……………………………（448）

爱国主义和历史科学…………………………………（452）

继承和发扬传统美德…………………………………（455）

纪念鸦片战争　弘扬爱国精神………………………（459）

引进外国智力的历史经验　……………………………　（468）

纪念台湾"二二八"事件　……………………………　（476）

世纪反思　卧薪尝胆　…………………………………　（479）

传统文化与民族性格　…………………………………　（486）

中西文化的抉择　………………………………………　（500）

"宣南文化"小议　……………………………………　（507）

历史学和历史理论

LISHIXUE HE LISHI LILUN

20 世纪的中国历史学[*]

20 世纪即将过去，留下了鲜明的轨迹。21 世纪即将到来，正准备展开它的历史路程。回顾过去一个世纪的中国历史学，它经历了曲折崎岖的路程，也取得了伟大丰厚的成绩。这 100 年内产生了许多杰出的历史学家，前半个世纪已有梁启超、王国维、陈垣、陈寅恪、胡适、顾颉刚、钱穆、郭沫若、范文澜、翦伯赞、吕振羽、侯外庐等等，这是中国历史上少有的情况。杰出的历史学家，100 年出不了几个。司马迁死后 100 多年，产生了班固；班固死后 50 多年产生了荀悦；又过了 80 多年产生了陈寿。11 世纪产生了欧阳修和司马光及其助手刘恕、刘攽与范祖禹。12 世纪产生了郑樵。13 世纪产生了王应麟、胡三省、马端临。18 世纪历史学家比较多，像赵翼、钱大昕、王鸣盛、全祖望、章学诚等等。20 世纪的历史学家就更多了，代表作也比较多。最重要的是：在 20 世纪前期，传

---

　* 本文选自《当代学者自选文库·戴逸卷》，安徽教育出版社 1999 年版。

统史学完成了向近代史学的过渡。历史观、方法论著述的体例和文字都产生了根本的变化，我们这个世纪的历史学成绩很大，名家辈出，成果丰硕，对此绝不能妄自菲薄。同时，20 世纪发现的史料大大促进了史学的发展，这也是过去所没有的。汉代孔壁里发现了《古文尚书》，西晋时在战国魏墓中发现了《竹书纪年》，这在学术史上，均可大书特书。但在古代这种重大发现数量不算多，时间间隔也很长。20 世纪史料的发现是过去任何时代不能相比的，是大批的、连续的、重大的发现，从古到今都有，极为丰富。一是 19 世纪末以来陆续发现了甲骨文，又有金文即钟鼎文（金石文字从宋以后已有不少发现），产生了王国维、罗振玉、李济、郭沫若、董作宾、胡厚宣等一大批研究专家。二是帛书和简牍的发现，长沙马王堆帛书，甘肃居延、山东临沂、湖北云梦和长沙孙吴时代简牍的出土，对先秦史和秦汉史、三国史研究具有重大意义，产生了劳幹等研究专家。三是敦煌文书的发现，促进了魏晋南北朝、隋唐以及宋、西夏历史研究的深入，丰富了中国历史的内容，产生了陈寅恪、常书鸿、唐长孺等一大批学者。四是外文材料以及少数民族文字如蒙文、满文等材料的发掘利用，扩大了中国史学研究范围，产生出陈垣、冯承钧、韩儒林、向达、雷海宗、邵循正、杨人楩等一批蒙元史、中外交通史以及世界史研究专家。五是明清档案的整理，这部分材料极其丰富，有上千万件，所谓一件档案，实际上包括许多文书，管理这批档案的工作人员就多达数百人，研究专家则有孟森、郑天挺等。有的学者非常重视史料，例如傅斯年说史料就是史学。这个说法不一定很合适。但是强调史料的重要，也有它的合理性。史料研究是关系到历史学盛衰的非常重要的问题。20 世纪历史学的兴盛、发达，除了历史观方法论方面的原因，另一个非常重要的原因就是有丰富的史料，有大量新史料的发现，从古代至现代，覆盖整个中国历史。没有这些史料，就不会有这么大的成绩。这是时代特别厚爱 20 世纪，给历史学的发展提供了创新的机遇，创新的条件。

20 世纪中国历史学，可以概括出三个主要特点。

第一，进化史观是 20 世纪历史学的显著标志。自从严复翻译了《天演论》，社会进化学说风靡全中国，中国近代学术均奉之为圭臬。在此以前的史学，可以划到传统史学里去。20 世纪初，梁启超发表《中国史叙论》、《新史学》，夏曾佑著《中国古代史》，提出史学革命，显然是受到西方的影响，受到时代的刺激，对中国近代史学产生了很大的影响，他们以进化史观为历史研究的指导思想。中国传统的史学观念中，认为社会历史越古越好，尧、舜、禹、汤、文、武、周公时期，传中国的道统，是中国历史上的黄金时代。越到后代，历史越退化。这种反进化的历史观是不科学的。新史学显然不同，主张历史是进步的。这一转变从今文学派和康有为开始，已有明显的变化，他们的思想中已经有进化史观的因素，但更明确地提出系统的进化观点的则是梁启超，他认为不进行史学革命，中国就没有出路。他说："史界革命不起，则吾国遂不可救。悠悠万事，惟此为大。"（《新史学·中国之旧史》）他主张史学革命，也是为了创造未来，以后的历史学家，包括王国维、陈垣、陈寅恪、胡适、傅斯年等人，都具有进化史观。进化史观不但认为历史是进步的，同时还强调历史的因果关系，梁启超就曾经反复强调过这一点。然而进化史观发展到极点，就产生了否定过去历史的倾向。五四运动对传统的批判，是建立在进化史观基础之上的。顾颉刚提出"层累地造成的古史观"，实际上是进化史观走到极端的产物。他产生了疑古辨伪思想，认为上古时代不仅不是进步的，而且儒家宣扬的那种黄金时代，完全子虚乌有，历史上根本不存在。当时形成一种怀疑古书、否定古史的风气，这种疑古观念和态度有它的片面性，但是更要看到它的历史功绩，即在廓清古史迷雾方面，曾有贡献。古代传说中的东西，不可深信，但也不可完全丢弃，传说中包含着历史真实的颗粒。顾颉刚等通过辨伪去疑，力求还历史真实面目，功劳不可磨灭。

第二，唯物史观的运用是 20 世纪中国史学的伟大进步。历史学仅仅具有进化史观，承认社会历史进步还不够，它还不能解释许多历史现象。20 年代以后传入了马克思主义的唯物史观，这是历史的进步。唯物史观相对进化论来说是更高层次的理论，它承认进化史观，包含了进化史观的合理内核，却超越了进化史观。马克思主义本身就是受达尔文学说影响产生的，而具有进化史观的学者也可以进一步发展为唯物史观，二者是相通的。因此，我们不能把二者理解为相互对立的。那么，唯物史观给史学增加了什么新内容呢？一是唯物史观在承认历史是进步的、具有因果关系的同时，明确提出客观世界是被规律所制约的，历史发展具有规律性。当然，在承认这一点的时候，我们要牢牢记住，社会历史和自然界不一样。社会有人参与，主观意识可以影响历史进程，历史规律不像自然规律那样单纯，而是掺进了人的活动，通过偶然来实现必然，所以历史的研究更加复杂。但历史是客观的，不是主观的；而且历史具有客观性规律，不是主观性规律。历史并不仅仅存在于人的心中，这一点不仅与唯心史观不同，与进化史观也是不同的。后来出现的弊端是把社会历史和自然界一样看待。过分强调客观而无视人的作用，陷入机械唯物论。20 世纪史学产生这样的流弊，原因就是对唯物史观的误解。二是承认历史是前进的，历史前进的决定性因素是生产力、生产方式的发展，是经济原因。不承认经济的决定作用就不是马克思的历史唯物主义。但历史发展又是许多因素交互作用的结果，经济是最重要的却不是唯一的。如果单纯强调经济决定作用，又会陷入简单的经济决定论。要重视历史发展中多种因素复杂的相互作用，要重视政治的、经济的、文化的、军事的、地理的种种因素，因此，唯物史观一方面区别于唯心史观那种把英雄人物或思想、政治和上层建筑视为决定历史发展的观点，另一方面也区别于机械唯物论不承认其他因素起作用的观点。我们承认经济因素是历史发展中最重要的作用，这是唯物史观给我们认识上增加的新内容。三是唯物史观把阶级斗争看做阶级社会前进的动力。马克思主义反复强调，阶级存在于一个统一体内，各阶级之间既有矛盾对立性，又有相互统一性，不能把社会看成仅仅是阶级之间的斗争。把阶级斗争绝对化，以阶级斗争为纲，这又是对马克思主义的误解。在 20 世纪，唯物史观对中国史学发展所起的作用是巨大的。谈现代学术，不能避开这个问题。无论是马克思主义者，还是非马克思主义者，都必须承认马克思主义唯物史观对 20 世纪中国学术的巨大影响，这是事实。同时也要承认，唯物史观与传统史学及进化史观虽然不同，但并非绝对对立，而是吸收了传统史学的精华，认同于进化史观而更加科学化。过去我们往往把它们对立起来，抹杀了传统史学和进化史观的作用，这应该引以为训。

第三，20 世纪史学除了进化史观、唯物史观以外，还有一个特点就是理性精神的发扬、理性的觉醒。所谓理性精神，就是承认人具有正确认知客观历史的能力，这是相对于蒙昧主义和宗教思想认为世界是不可知的、是由超自然力量主宰的观点而言的；也是相对于依靠主观感悟认知而言的。理性精神是用人的心智来分析、论证、解释历史，依靠理性的推导、逻辑的证明，归纳演绎出结论。而不是按照超自然的力量，也不是按照人的直观感悟去理解历史。一旦离开理性，就无法正确认识问题。清代乾嘉学派颇有一点近代的理性精神。乾嘉史学以实事求是作为治学宗旨，重视证据，无征不信，不受权威影响，有独立的研究精神，即使对《尚书》、《太极图》这样具有权威性的古书也不迷信和盲从。这种理性精神，是传统史学留给我们的一份珍贵的遗产。20 世纪的中国近代史学吸取了西方的和乾嘉史学的理性精神。中国传统的认知方式偏重于直观的感悟，从整体上把握认知对象，有点像佛教禅宗的顿悟，宋明理学也接近于这种认知方式，而乾嘉学派是从具体方面分析、归纳、演绎，从而达于理性认识。这是两种不同的认知方法。我不是赞扬清代考据而贬低宋明理学，这是两个时代的学术，各有其思想特色和认知的思路。清代考据学更加强调证据，运用归纳，着重逻辑，接近于近代科学的理性认知。其实司马光撰写《资治通鉴考异》已有这种理性认知的因素，到清代取得进展，至近代史学中更加大发扬。20 世纪 20 年代的科学与玄学之争，就反映了这两种认知方法的不同路径，是理性分析与直观感悟之争。玄学也不是胡说八道，也有它的道理。胡适他们主张科学，更具有理性精神。中国近代的实证史学家，如梁启超的《中国历史研究法》；王国维的"二重证据法"，胡适的"大胆假设，小心求证"，一方面继承了乾嘉学者的治学理路，一方面又接受了西方的科学方法，奠定了近代实证史学的基础。

　　20 世纪史学道路上的重大转折是运用唯物史观研究历史，20 年代有李大钊的《史学要论》，而研究成绩最大，起步最早的当推郭沫若，他的《中国古代社会研究》不论现在看来有什么缺点，却是用科学方法研究中国史学的开山之作。以后，吕振羽在中国古代社会研究方面最早提出西周封建说。中国历史学在突破传统以后，没过多久就以崭新的姿态出现在历史舞台上。尽管当时李大钊、郭沫若以及后来的范文澜、翦伯赞、吕振羽等早期的马克思主义史学家，理论上尚未成熟，研究成果难免有粗糙之处，但这时的历史学用马克思主义武装起来，既和传统史学不同，也和近代实证史学不同。这里有一个问题值得探讨，即马克思主义史学和实证主义史学是什么关系？马克思主义史学实际上吸收了实证主义史学的优点，比如进化史观、理性精神，还有爱国主义，并进一步加以发展，而扬弃了它的不足。马克思主义史学更高出于实证史学，更加科学，但又继承了后者的优点。过去常常用资产阶级史学家和无产阶级史学家区分两代史学家，用阶级属性看待一个学者、一种学术，这并不科学。阶级是由经济、政治利益等社会地位决定的，知识领域里阶级划分要复杂得多。很多知识带有普遍真理的性质，各阶级都可以接受。自然科学没有阶级属性，不存在资产阶级物理学、无产阶级物理学。社会科学有所不同，在世界观、历史观点上可以判断阶级属性，但其中是否也有与自然科学类似的真理性知识？我想是有的。某些历史智慧对任何阶级都可以借鉴，不能说这是资产阶级智慧，那是无产阶级智慧。历史能提供某种智慧，不是对一些阶级适用，对另外的阶级不适用。历史智慧中的很大一部分是人类的共同财富。把这种知识与智慧简单地归纳为资产阶级的或无产阶级的，这种划分方法并不妥当。作为一种知识和智慧可以超越时代，超越阶级，是真理性的东西，对任何阶级都适用。王国维的研究成果，我们至今还承认其价值；他有不足，我们可以补充，但他的某些研究结论，今天还是能够站得住的，否则，就没有历史的继承问题。随意把学者、学派和学术画上阶级符号、确定阶级属性的做法是有害的，因此，不应简单地突出马克思主义史学与实证主义史学的对立，而看不到他们之间的继承性。郭老的研究成果，是在王国维、罗振玉研究的基础上取得的，他很尊重他们的成果。范老是黄侃的学生，而黄侃是章太炎的弟子，从经学起家，他们有这种学术传承关系。过去我们把梁启超、王国维、陈寅恪、陈垣都孤立起来，隔断了他们与前人和后人的传承关系，实际上后人很多成果和方法是从他们那里继承发展而来。我们研究 20 世纪史学，应该看到这个问题。

历史研究的对象是过去，其目的却是为了认识今天。20 世纪一代又一代的历史学家不断地研究过去，用新的观点和方法，重新认识传统的中国，为的是要更深入、更准确地认识今天中国的国情。我们可以把这 100 年中史学发展划分为四个阶段，而每一个阶段都产生了一批历史学家，他们之间既有继承，也有发展，各自肩负着历史赋予的使命，为中国历史学发展做出了贡献。

第一代史学家处于转型时期，促使中国传统史学转向进化史观与理性主义。鸦片战争以后，中国遭受外国资本主义侵略，国力衰弱，民族前途陷入危机。在这种情况下，先进人士为探索救国救民真理，必然要认识中国的过去，用新的观点和方法重新审视中国的历史。认识中国的过去，归根到底是要认清中国的现实，寻找现实出路，创造未来。正像郭沫若所说的那样："对于未来社会的期望，逼迫着我们不能不生出清算过往社会的要求。古人说

'前事不忘，后事之师'，认清楚过往的来程也正好决定我们未来的去向。"（《中国古代社会研究·自序》）当时的社会变革使他们的认识产生了一次飞跃，已经不能满足于传统历史学观念，必须对过去历史做出重新解释。中国传统历史学的成绩很大，是极为丰富的宝贵遗产，但也存在很大的局限性。一是封闭性，中国终究是一个处在东亚一隅的自给自足的封建社会，古代中国虽然与世界有联系，但非常少。所以当时中国人的观念中，世界上中国是天朝王国，其他民族和国家在中国人眼里文明程度低下，没有历史和文明。这样一种理解，当然是错误的，但这种缺点并不是哪个个人的过失，而是整个时代的局限性。是在封闭环境中形成的历史观，闭目塞聪，不能正确恰当地认识自己在世界众多民族中所处的地位。二是传统史观中英雄史观、个人史观占主导地位，传统史书记载帝王将相活动比较突出，对整个社会生活缺乏记载。三是传统史学线条简单，主要是政治史和军事史。社会历史是多线条、多层面的立体，然而中国传统史学只是一个平面，突出政治史和军事史。梁启超曾批评过去的史学"知有朝廷而不知有国家；知有个人而不知有群体；知有陈迹而不知有今务；知有事实而不知有理想。"（《新史学·中国之旧史》）由于中国传统史学存在这些弱点，尽管比其他国家发达，具有丰富的史学遗产，但是，循环的、停滞的、片面的历史观仍然占主导地位。到了近代，人们对中国历史有了较深刻认识，梁启超、章太炎、夏曾佑等积极批评传统史学与旧史观，宣扬进化史观。王国维、陈寅恪、陈垣、顾颉刚等也都具有进化史观，这标志着中国史学由传统类型转化为近代类型。近代史学是经济、政治、军事、外交、文化、社会、民族各方面内容的历史，是世界的一个部分。通过第一代史家的努力，中国传统史学过渡到近代史学。

第二代史家处于创新时期，用唯物史观作指导，把历史作为客观的、有规律的对象加以研究，创立了中国马克思主义史学。翦伯赞的贡献是在历史理论方面，《历史哲学》一书全面阐述了用唯物史观研究历史的理论。范文澜的贡献在于对整个中国历史的全面总结，《中国通史简编》和《中国近代史》二书奠定了他作为马克思主义史学家的学术地位。马克思主义史学与实证主义史学的相通之处，除了进化史观、理性精神以外，还有一个内容就是爱国主义。第一代史学家梁启超是改良主义者，他希望中国富强，是爱国志士。陈垣在日伪统治下的北平著《通鉴胡注表微》，顾颉刚创办《禹贡》杂志，都是爱国的表现。郭老、范老、翦老继承发扬民族气节，他们都是爱国主义者，在抗日战争时期写了许多激励全民族英勇抗战的作品。20 世纪史学家绝大多数都是爱国的，因为处在当时的历史条件下，反对民族压迫，实现国家独立与民族振兴，是人们共同的心理和愿望，这成为中国史学的一种优良传统。即使当时的新儒家，也以振兴中华为己任，他们的研究成果，不应一概摈弃，20 世纪 30 年代以后，马克思主义在中国历史学界取得了越来越重要的地位。这一代历史学家的最大贡献就在于用唯物史观作为历史研究的理论和方法，继承前人成果，对中国历史以及近代社会性质做了全新的解释，真正把历史学作为揭示客观历史规律的科学。

第三代历史学家处于继承时期，亦即中华人民共和国成立以后成长起来的史学家，继承前两代人，不但继承马克思主义史学，接受了唯物史观，而且也承认进化史观和理性主义，接受其影响。在解放以前，马克思主义史学已经产生了，但不占主导地位。在大学讲台上，马克思主义者只是少数，而且是不"合法"的。解放后史学界发生了很大变化，历史学家热烈学习马克思主义理论，广泛接受唯物史观，马克思主义完全占领了史学阵地，成为主流。第三代史学家的重大成就，就是组织起一支浩浩荡荡的史学队伍，初步形成完整的史学体系。解放前的史学中尚没有建立起完整的学科体系，上古史、古代史研究很多，近代史、世界史就没有什么研究。解放后的 17 年里，我们建立起系统完整的史学体系，古代史、近代史、现代史、世界史、史学理论、专史等学科相当齐全了，而且比较注意宏观研究、通史研究。农民战争问题、历史分期问题、历史主义问题等宏观理论问题曾经形成全国范围的热烈讨论。通史著作就有郭老的、范老的、翦老的、尚老（尚钺）的好几部。我们这一代人继承和学习他们，比较注重研究通史，这个时期的历史研究注重总体研究，对我们的史学队伍发展壮大很有好处。但还没有达到非常精细的地步，这也是我们解放以来史学的特点。近代史，解放以前也没有搞，解放后中国近代史研究从附庸蔚为大国，与古代史、世界史鼎足而立，再加上各类专史，完整的学科体系终于建立起来了。

马克思主义唯物史观，到第三代史家已成为普遍指导思想，但同时也产生了一些问题。一是教条主义的影响，特别是"左"的倾向，以阶级斗争为纲发展到极点。农民战争史代替了整个的中国历史，历史博物馆中陈列的都是农民战争，而且每个朝代都以农民战争打头。汉王朝建立，以秦末农民起义开始；唐王朝建立，以隋末农民起义开始，中国历史成为一部农民起义史。历史人物评价也打上极"左"的烙印，不但帝王将相全被打倒，而且杜甫、苏轼这些著名文学家、诗人也被打倒，后来甚至农民起义领袖都被打倒。毛泽东同志在《中国革命与中国共产党》一文中列举了十几个农民起义人物，大多也被打倒。项羽出身贵族，自然不用说；刘邦、朱元璋背叛了农民阶级，蜕变为地主阶级；李密投降唐朝，出卖了农民起义；李自成进京后腐化堕落，导致起义失败。只有一些科学家如张衡、李时珍等搞发明创造，还予以肯定。以阶级斗争为纲，历史人物全被打倒，历史内容贫乏干枯。历史文化遗产遭到无情践踏，令人浩叹，发人深思。二是学术与现实的关系。史学从根本上说，和现实关系密切，不能脱离现实。但历史又不是现实，不能为了强调联系现实，就把历史等同于现实。历史学并不是以现实为研究对象，它是研究已经过去了的事情，而不是当前对策研究。所以史学和现实有联系，又有距离。第一代史家如王国维、陈寅恪强调学术独立，有它的合理性，学术相对独立于现实是必要的。解放后史学与政治关系十分密切。我们经历了多次政治运动，把历史作为现实斗争的工具。本来以为历史就是几千年几百年前的陈迹，和现实斗争关系比较远。可实际上，研究历史是站在阶级斗争的风口上，而不是政治斗争的避风港。解放初开始批判《清宫秘史》，紧接着批判《武训传》、《红楼梦研究》，都和历史研究有关系。反右派的时候，那就更多了。批判资本主义萌芽理论，批判历史分期理论，批判关于李秀成的评价，直至批判吴晗的《海瑞罢官》，"文化大革命"就是从历史学打开的突破口，历史与现实的关系太密切了。再后来批林批孔，评法批儒，搞影射史学，历史和现实混在一起，严重歪曲了历史，也危害了现实。历史和现实的关系是 20 世纪中国史学的大问题，存在着惨痛的教训。究竟应该怎样摆正史学与现实的关系？我觉得二者既很密切，又有距离；既相互关联，又相对独立。历史学要想真正成为科学，应有相对独立性。已经形成的事实，必须实事求是地对待，不能为了当前的需要，对历史采取实用主义态度，那样终究会走到邪路上去。影射史学也不是从"文化大革命"开始的，抗日战争时期就有了。当时一些历史学家写了很多关于南明史的文章，一方面宣传抵抗满族入主中原，影射日本侵略中国；另一方面揭露南明政治腐败，不抵抗满族入侵，影射国民党政府。虽然那时是为了抗日，反对蒋介石，有特定的历史原因，并且发挥了积极作用，但他们这种把历史与现实紧密挂钩的方法并不可取。我们应该把历史当做已经完成的客观过程，客观地对待它，实事求是，揭示规律，以认识过去，昭示未来，不能听命于主观的需要。我们从历史中汲取的是一种智慧，不是给人提供某种现实对策。这种智慧层次比较高，能够培养和提高人的素质，通过这个中介增强对现实社会的认识，提高人类文明程度。

　　第四代史学家是在"文化大革命"以后成长起来的新一代。经过 10 年"文化大革命"，历史学从文化废墟中走出来，发展很快。近 20 年的时间，中国史学处于重新探索阶段。一是经过"文化大革命"的惨痛教训，人们开始反思中国史学究竟存在什么问题，特别是"文化大革命"中大搞影射史学，马克思主义史学完全被扭曲了，中国史学的出路何在？二是随着改革开放，中国史学与世界史学融合，国外和港台地区的史学理论、史学成果大量涌来，刺激了人们对史学的探索。解放以后到"文化大革命"结束这段时间里，中国几乎与世界隔绝，对于外国的经济、政治和文化很不了解，也看不到这方面的书。改革开放以后，人们思想解放，认识活跃，对国外传入的各种史学流派，诸如德国的文化形态史学、法国的年鉴派史学、美国的新史学、苏联的计量史学等等，都感到非常新鲜。国外史学在理论体系和研究方法方面有许多长处，正好可以弥补我国在教条主义影响下极度贫乏的史学理论。因此，第四代史学工作者积极汲取国外各种史学思想，引进和借鉴他们的研究方法，试图探索出一种适合中国国情的史学理论体系。三是由于中国经济体制转轨和苏联、东欧剧变的影响，马克思主义史学受到严峻挑战。马克思主义理论是否已经过时，今后还要不要坚持，怎样坚持，这些都需要进一步反思，探究答案。毫无疑问，马克思主义仍然是科学的理论和方法，但马克思主义只能依靠自己的理论威力争取群众，而不能靠行政命令，不能靠大批判和压服人的工作方法，否则只会走到自己的反面，这是一个教训。所以，怎样面对新形势和新需要，更加深刻地理解、运用马克思主义研究历史问题，仍然是摆在我们面前的一项紧迫任务，需要史学工作者去探索。马克思主义本身是一种开放、发展的学说，是吸收德国古典哲学、英国古典政治经济学、法国空想社会主义合理内核产生的，并不因为它们是资产阶级学派就不予重视。只有吸收全人类文化成果中的营养，才能发展马克思主义，而不是唯我独尊、故步自封。如何正确对待各种学术流派，是发展马克思主义的重大问题。解决好这个问题，中国史学才能发展，才会有生命力，这是一个非常关键的问题。20世纪历史学本应该解决这些问题，但实际上还没有很好地解决。

回顾20世纪史学，还有许多问题，比如如何对待传统，这个问题就值得总结。20世纪的思想界，包括历史学界在内，都有一个对待传统的态度问题。既要破除传统，叛离传统，超越传统，又要回归传统，认同传统，继承传统。一个世纪以来，学术界总是在这两者之间来回摇摆。从历史上看，近代社会必然要用科学思想武装，要对传统产生离异的力量。20世纪初，第一代史家叛离传统的倾向是比较明显的，五四时期吴虞、钱玄同等人主张打倒孔家店，把所有传统的东西都扔到垃圾堆里去，反对传统的态度非常激烈。当时如果不叛离传统，不坚决地与传统思想划清界限，新文化运动就难以推进。我们不能用苛刻的眼光去看待五四反传统，指责它应该如何如何。它当然有片面性，但又有合理性。因为传统把人束缚得太厉害了，不从传统中解放出来，社会就不会进步。所以当时反传统是进步的，必须经过这个阶段。但以后学术界又曾逐渐回归传统。我觉得五四时期的学术趋向是离异传统，到清华研究院成立，包括梁启超、陈寅恪、王国维、赵元任四大导师，一直到 30 年代初中央研究院的傅斯年，这又是回归传统。看来传统是不能完全叛离的。人是传统塑造的，离开传统就没有现实。就像人被地球引力吸引而不能离开地球一样，无论人们在主观上多么想叛离传统，也是跳不出来的。鲁迅反传统很激烈，曾经把二十四史指斥为帝王将相的家谱，但实际上他的传统修养很深厚。郭沫若、范文澜也是这样。范老的《中国通史简编》初稿，对中国历史上的黑暗面尽情揭露，把武则天等帝王一概骂倒。那时因为革命的需要，他表现出离异传统。解放后他修订《中国通史简编》时，态度就发生了很大变化。我们不能简单地说前者是错误的，后者是正确的。任何一种学术，都必须从它的成果中汲取营养，脱离不开它的根基。无论对传统的超越还是回归，都是一种重新认识、重新评价，是整个认识过程中的一个阶段和一种表现形式。每一次从离异到回归，都是经过了否定之否定的过程，提高到一个更高层次，表现出历史学的不断进步。

　　另外一个问题，是历史研究中宏观研究和微观研究的问题。20 世纪历史学研究方法中有两种类型，一种史学家注重用宏观的方法揭示出历史发展规律，另一种史学家擅长于微观研究，大多考证一件史事，一种古书，从各方面搜集丰富确实的材料，无征不信。宏观研究和微观研究二者各有长处，分别产生出一批代表著作，都对 20 世纪史学做出了贡献。我觉得宏观研究应该以微观研究为基础，否则必然会流为空洞无益的议论，揭示出的历史规律也未必正确。真正的客观规律，必须从具体研究成果中概括出来，这种规律才是科学的。同时，微观研究要以宏观研究为指导，为最终目的与归宿。历史研究必须从史实出发，实事求是，但完全忽视理论的指导，也是错误的。在具体的历史研究中，这两种研究方法不一定在每一位史学家身上都完全具备，可能有的人擅长宏观研究，有的人擅长微观研究，但从整个历史学来看，这是一个问题的两个方面，缺一不可。这两种类型的史家应该互相尊重，互相支持。有的人对宏观研究颇为推崇，认为微观研究是雕虫小技；反过来，也有人认为微观研究才是真正的学问，把宏观研究看做不切实际的空论。这两种倾向都不好。20世纪中那些有成就的史学大师，都是把宏观研究与微观研究结合起来的。王国维注重考证，但他写的《殷墟卜辞中所见先公先王考》、《殷周制度论》一类文章却是宏观的。陈寅恪既擅长考史，又能揭示历史基本线索和因果关系，写出《隋唐制度渊源略论稿》、《唐代政治史述论稿》两部传世之作。陈垣精于校勘，但能上升到理性认识，写出《校勘学释例》这类总结规律性的著作。同样，范文澜的《中国通史简编》当然是宏观的，但对许多具体历史问题也有很多具体研究，提出独到见解。所以，宏观研究与微观研究应该并重，不应偏废。

　　20 世纪的中国历史学经历了一个变革创新的世纪、兴旺丰收的世纪，成绩显著，名家辈出，值得大家去研究和总结。我们期待 21 世纪的中国历史学将在过去成绩的基础上，百尺竿头，再创辉煌，取得更大的进展。

论"清　官"*

　　"清官"是我国古代历史上很复杂的一种政治现象，它在漫长的阶级社会中一再重复地出现，并被各个不同的阶级所重视。统治阶级的"圣训"、"谕旨"和官修"正史"里，往往表扬一批"循吏"、"良吏"，作为官场的楷模，民间的文艺作品中也塑造了一些圣洁无疵的清官形象，历千百年而传诵不绝。被对立的阶级所共同称赞的"清官"，既不纯粹出自统治者欺骗性的虚构，也不完全是人民群众虚幻理想的产物，而是多少被美化了的实际政治现象。这种政治现象在一定的历史条件下出现，成为封建社会直接暴力统治的一个补充，在政治斗争中发挥实际的影响。

　　目前，学术界对"清官"的评价很不一致。有的同志强调"清官"所作所为有利于人民，称"清官"是"人民的救星"，"代表着人民的利益和要求"，在封建社

---

* 本文发表于 1964 年 5 月 27 日《人民日报》。

会里是人民的最高理想，等等，也有的同志认为，"清官"的作用"只是为了消除和缓和人民的革命斗争，……这种人在历史上起的作用是反动的，没有什么值得赞扬"。这两种截然相反的评价，究竟有多少根据？本文试图就"清官"的特点、产生条件和历史作用，提出一些粗浅的看法。

"法定权利"和"习惯权利"

什么是"清官"？我们从许多历史和文艺作品的描写中，大体上可以归纳出"清官"的若干特点，如"自奉廉洁"、"爱民如子"、"赈贫扶弱"、"断狱如神"、"压抑豪强"、"执法公平"等等。"清官"和一般官吏有所不同，他们比较俭朴，不接受贿赂，不投靠权门；他们赈济灾民，减免赋税，兴修水利，奖励扶植农业生产，给老百姓做了一点好事。而且，不少"清官"还和豪强权贵进行了一定的斗争。例如，西汉的郅都，"行法不避贵戚，列侯宗室，见都侧目而视，号曰苍鹰"①。北宋的包拯，"立朝刚严，闻者皆惮之，……贵戚宦官，为之敛手"②。元朝的耶律伯坚有一个信条："宁得罪于上，不可得罪于下。"③ 明朝的海瑞说："弱不为扶，强不为抑，安在其为

---

① 《史记》卷一二二《酷吏列传》。
② 朱熹：《五朝名臣言行录》。
③ 《元史》卷一九二《良吏传》。

民父母哉!"① 他们具有刚强不阿的性格，所作所为使豪强地主们不能不有所畏忌。我们要问一下：在整个封建官场的滔滔浊流中，何以出现了少数"清官"的"美德嘉行"？这种"美德嘉行"具有什么性质？"清官"作为封建统治机构中的一员，何以要把斗争的锋芒指向豪强权贵？这种斗争具有什么意义？

为了理解"清官"的思想、性格和行为，就不能不把这一政治现象和当时的整个阶级斗争以及封建政治统治的形式联系起来作考察。

任何统治阶级为要维持一定的统治秩序，都要制定一套法律规范的体系。一定的法律规范体系是一定生产关系的反映，是保障统治阶级利益和特权的工具，是依靠国家政权力量而强制实现的统治阶级的意志。但是，我们这样说并不是指统治阶级剥削劳动人民的全部贪欲随时随意地都表现为法律的形式。统治阶级的贪欲能够在多大程度上转变成法律条文，这并非取决于统治者（也就是立法者）的主观愿望。在任何时候，统治阶级总是希望从劳动人民身上榨取掠夺尽可能多的贡物，总是希望法律赋予自己尽可能大的剥削特权；而实际上，统治者的贪欲却总是要碰到一定的界限，这个界限是由一定社会生产发展水平和人民群众反抗斗争所造成的。如果剥削程度超过了这个界限，那便会使得一定集团的统治趋于崩溃而出现新旧王朝的更替。一般说来，法律所反映、所维护的就是不过分超

---

① 《海瑞集》上册，第74页。

越这个界限的统治权利。马克思说："在这里，和在到处一样，社会的统治阶级的利害关系，总是要使现状，当做法律，成为神圣不可侵犯的，并且要把它的由习惯和传统而固定化的各种限制，当做法律的限制固定下来。^① 法定的剥削权利所以需要某些限制，恰恰是为了能够经常持久地保障这种权利，这完全符合统治阶级的长远需要。

在封建社会里，农民群众是封建剥削特权和封建法律体系的坚决的反对者。封建法律是束缚农民群众的锁链，使农民处在完全无保障的地位，所有的农民起义和农民战争都以否定现存的法律体系为前提。封建的法律体系和农民的利益是根本对立的。

封建的法律不但经常遭到来自农民方面的挑战，而且也不时被地主阶级自己内部某些集团和某些个人所突破。这些集团和个人不满足于享受法定权利，他们千方百计地越过法律界限，进行不法活动，追求集团的和个人的特殊权利。只要有可能任意违反法律，统治阶级总是不会放过这种机会的。地主阶级贪婪的本性撕裂了法律尊严的假面具，暴露了封建法律的本质。法律权利不过是被神圣化了的不法活动，而不法活动又是法律权利形影相随的伴侣。

像所有事物都一分为二那样，封建剥削权利也分裂为法定的权利和法外的权利（或习惯权利），两者互相依存而又互相对立，马克思这样写道：

在封建制度下也是这样，……当特权者不满

---

① 　马克思：《资本论》第3卷，第1035页。

足于法定权利而又呼吁自己的习惯权利时，则他们所要求的不是法的人类内容，而是法的动物形式，这种形式现在已丧失其现实性，并已变成纯粹野蛮的假面具。

贵族的习惯权利按其内容来说是反对普遍法律的形式的。它们不能具有法律的形式，因为它们是已固定的不法行为。这些习惯权利按其内容来说和法律的形式——普遍性和必然性——相矛盾，这也就说明它们是习惯的不法行为。因此，决不能维护这些习惯权利而对抗法律，相反地，应该把它们当做和法律对立的东西废除，而对利用这些习惯权利的人也应给以某种惩罚。①

封建统治阶级的"法定权利"和"习惯权利"同样都生根在封建社会的土壤上，它们是地主阶级对农民两种不同形式的剥削。"法定权利"体现了地主阶级长远的、整体的利益。这个剥削之神是用普遍法律形式的圣洁光轮装饰起来的，它仿佛凌驾于一切贫富贵贱之上，显示了不可侵犯的凛凛尊严。而"习惯权利"则体现了地主阶级特殊的、眼前的利益，它像一头显露出狰狞本相的恶兽，一心要吞噬掉所能看得见的一切。"习惯权利"在封建法律界限之外，追求无限制的剥削；而"法定权利"为要维持本身的长期生存，就不能不限制"习惯权利"的活动范围。这一对矛盾在整个封建社会里贯彻始终，影响到

---

① 《马克思恩格斯全集》第 1 卷，第 143 页。

封建社会的各个方面，使得当时的政治斗争和思想斗争呈现更加错综复杂的色彩。只有在这一矛盾的基础上，我们才能够理解"清官"这一政治现象的本质，才能够说明"清官"们压抑豪强地主以及其他种种行为的实际意义。

"压抑豪强"、"执法公平"和"爱民如子"

"清官"，按其本质来说，就是地主阶级中维护法定权利的代表之一。尽管"清官"们对豪强权贵的暴行进行过斗争，对人民群众的苦难流露过同情，以及在思想、性格、才能和作风上具有各不相同的个人特征，但维护封建的法定权利，这是"清官"们所共有的本质特点之一。

"清官"反对豪强地主的斗争，就是封建的法定权利和习惯权利相冲突的一种表现形式。豪强地主追求无限制的剥削，而"清官"的所作所为不过是在一定程度上限制了这种非法剥削。这种斗争不但是封建制度所许可的，而且还是维护封建法定权利所必需的。

有名的"清官"海瑞迫使江南地主退还占夺的土地，这是一则脍炙人口的"压抑豪强"的佳话。当时江南的一些豪强地主，用巧取豪夺的手段，大量兼并土地。封建经济的发展必然引起土地兼并，而大规模的土地兼并迫使人民破产死亡或起而反抗，又严重威胁到地主阶级的整个统治。封建统治陷在这种不可克服的矛盾之中，它必须进行某种自我调节，才能够延续自己的存在。海瑞和其他"清官"一样，都是自觉或不自觉地充当着封建统治进行自我调节的工具。海瑞的退田斗争，无非是在一定程度上遏制非法兼并之风，以利于封建统治的稳定。他在《复李石麓阁老》的信中说得很清楚："存翁（指江南大地主徐阶——引者）近为群小所苦太甚，产业之多，令人骇异，亦自取也。若不退之过半，民风刁险可得而止之耶！为富不仁，有损无益，……区区欲存翁退产过半，为此公百年后得安静计也。"① 退田的目的是为了防止"民风刁险"，退田斗争也只能以"退之过半"为限度，"清官"的阶级性格决定了他们的步伐只能跨出这么远。当然，这种斗争也会使一部分农民的生活得到改善，但是，这种"改善"充其量只是从做不稳奴隶"改善"到做得稳奴隶而已。我们指出这一点不是要苛求"清官"去做他们无法做到的事情，而仅仅是为了指出所谓"压抑豪强"的斗争并没有超出封建统治所许可的范围之外。有的同志把这种斗争描写成仿佛是站在人民立场上的反封建斗争，这是完全不正确的。

"清官"们反对不法的习惯权利，正是为了保障法定的剥削权利。如果法定权利被豪强权贵所突破，"清官"们固然会起而反对；而如果法定权利遭到起义农民的破坏，他们也会毫不犹豫地凭借军事力量把革命农民纳入血泊之中。在农民起义的时候，尽管起义军对"清官"常常表现了宽容的礼遇，而"清官"却总是顽抗到底，死而不悔。对于他们来说，反对豪强的斗争和反对起义农民

---

① 《海瑞集》下册，第431页。

的斗争有着一致性，其目的都是为了封建统治的永世长存。像包拯这样一个家喻户晓的"清官"，当小规模的农民起义发生时，就主张严厉镇压。他说："无谓邾小，蜂虿有毒。……虽乌合啸聚，莫能久长，而生灵涂炭矣，则国家将何道而猝安之？况今国用窘急，民心危惧，凡盗贼若不即时诛灭，万一无赖之辈相应而起，胡可止焉！……应有盗贼，不以多少远近，并须捕捉净尽，免成后害。或小涉弛慢，并乞重行朝典。"① 这种态度距离"人民的立场"、"人民的利益"、"人民的救星"是何等遥远！

"清官"们不能不在两条战线上做斗争。他们既要反对豪强暴行，又要反对农民起义，而反对豪强暴行的目的又是为了消解农民起义。他们始终站在维护封建法定权利的基地上，严肃认真地把法律付诸实现。人们往往称赞他们"执法公平"、"铁面无私"。的确，在"清官"手里也曾平反过一些冤狱，解除了豪强权贵加在人民头上的一些灾难；但如果夸大了这一点，把"清官"当做公正的仲裁者，出民于水火的救世主，甚至说"凡农民与乡绅财主发生讼案，总是乡绅财主吃亏的时候多"，那是根本错误的。"清官"的职务是贯彻实施封建国家的法律、制度、政策。在这一方面，他们也许可以做到丝毫不苟，但他们所执行的封建法制，是早已被地主阶级的利益和意志所决定的。即使他们抱着对受难人民的同情和对豪强权贵的愤慨，但他们的良心并不能改变或影响封建法制的本

---

① 《包拯集》，第58页。

质。作为狱讼判决的依据并不是他们的良心，而只能是封建法律。如果判决的依据是地主阶级的法律，那么，公正判决也就是意味着贯彻地主阶级的意志。马克思说得好："如果认为在立法者偏私的情况下可以有公正的法官，那简直是愚蠢而不切实际的幻想！既然法律是自私自利的，那末大公无私的判决还能有什么意义呢？法官只能够丝毫不苟地表达法律的自私自利，只能够无条件地执行它。在这种情形下，公正是判决的形式，但不是它的内容。内容早被法律所规定。"① 当然，在"清官"的判决下，疯狂地追求习惯权利的恶霸豪绅也可能个别地受到制裁。但是，我们应当记得：第一，在漫长的封建社会里，"清官"本来是很少的，而受到"清官"严厉制裁的豪强权贵更是极少数；第二，统治阶级完全可能牺牲其个别成员的利益来维持法律的公正外貌，因为法律的公正外貌对整个阶级长治久安至为必要。放弃一些次要的、特殊的东西，往往是为了牢牢地保持住主要的、普遍的东西。把这种情形认为是"乡绅财主吃亏的时候多"，这岂不正好受了历史假象的欺骗！

"清官"是封建统治机构的成员，为统治阶级的利益服务。从根本上说，他们和人民群众站在对立的立场上。但是，这一点并不妨碍他们在主观思想形式方面对人民群众表现一定的同情、怜悯和关心。明朝东林党的领袖顾宪成说，"官封疆，念头不在百姓上，……即有他美，君子

---

① 《马克思恩格斯全集》第1卷，第178页。

不齿也。"① 海瑞则把做官的目的说成是为贫苦人民打抱不平，他说："举凡天下之人，见天下之有饥寒疾苦者必哀之；见天下之有冤抑沉郁不得其平者，必为忿之。哀之忿之，情不能已，仕之所由来也。"② "清官"们在讲这种话的时候，主观上可能完全是真诚的。我们一点也不想否认促使"清官"行动起来的这种观念冲动力，但是问题在于不应该停止在这种观念冲动力的前面，而应该进一步探究这种观念冲动力怎么可能发生，隐藏在这些冲动力量后面的是什么，以便确定这种观念冲动力的实质。地主阶级剥削和压迫农民，它的存在是以农民的存在为前提的。较有远见的封建政治家和封建思想家完全能理解这一点。有名的"好皇帝"唐太宗说："水所以比黎庶，水能载舟，亦能覆舟。"地主阶级之所以重视农民，正因为只有农民，才能够载负起或者颠覆掉封建统治的巨舟。历代"圣君"、"贤相"、"清官"、"名儒"都以"民为邦本"、"爱民如子"、"关心民瘼"作为信条，事实上，这些冠冕堂皇的信条，只是包裹着地主阶级狭隘利益的观念形态的外衣而已。对于"清官"来说，他们对掩盖在自己观点、感情背后的阶级利益可以并无觉察，因为这种观点、感情在长期的历史发展中通过非常曲折的途径早已形成。马克思说："通过传统和教育承受了这些情感和观点的个人，

---

① 《明儒学案》，卷五八。
② 《海瑞集》上册，第37页。

会以为这些情感和观点就是他的行为的真实动机和出发点。"① 任何一个"清官"决不会因为信奉"爱民如子"的信条而主张终止本阶级的政治统治和经济剥削，因为"爱民如子"的信条是和"小人耕而以有余养君子"之类的信条密不可分地联结在一起的。如果说"清官"的所作所为是出于对人民的同情、怜悯和爱护，那么这种同情、怜悯和爱护无非是反映了地主阶级对劳动人民的需要和对残酷剥削的伪装。毛主席说"爱是观念的东西，是客观实践的产物。我们根本上不是从观念出发，而是从客观实践出发。……世上决没有无缘无故的爱；也没有无缘无故的恨。"② 如果"爱民如子"之类的思想感情不符合地主阶级的需要，那就成了"无根之木、无源之水"，根本就不会在执行镇压职能的封建国家机构中发生影响，更不会被历代统治者奉为神圣的"信条"。

"清官"和"党争"

维护封建的法定剥削权利，这是"清官"的共性。但是，仅仅指出这一点，还不足以说明他们在不同历史条件下的不同特性。一般说，"清官"处在封建官僚机构的中层和下层，只是封建王朝整套统治机器上的一些机件。因此，必须结合封建王朝的升沉隆替和各个时期阶级斗争

---

① 《马克思恩格斯全集》第8卷，第149页。
② 《毛泽东选集》第3卷，第827页。

的具体形势来进行考察，才能够理解"清官"在漫长历史发展过程中所表现的各种不同形态和所发挥的不同作用。

当大规模的农民战争过去之后，新的封建王朝刚刚兴起，地主阶级的势力受到了重大打击，它的习惯剥削权利受到较大限制。这时候，接受了农民起义教训的所谓"圣君贤相"不得不减轻对人民的压迫，采取一些有利于恢复和发展生产的措施，其中也包括奖励清廉、惩治贪污的措施。明太祖告诫各地的地方官说："天下初定，百姓财力俱困，譬犹初飞之鸟，不可拔其羽，新植之木，不可摇其根，要在安养生息之。惟廉者能约己而利人，……尔等当深戒之。"① 他对贪官的惩处也特别严厉，不惜施用重典，甚至要剥下贪官的皮，陈列在官员的公座旁边，以示警戒。在这个政治上比较安定的时期，会出现一批"清官"。这类"清官"是社会矛盾相对缓和的产物，是"圣君贤相"执行其"安养生息"政策的得力助手。在他们面前没有什么重大的阻力，没有什么需要大干一番的轰轰烈烈的事业。他们的名字也不大被后代人们所注意。"清静宽简"是他们居官的准则。他们的无所作为意味着少去扰乱人民的正常生产，这就是他们最好的作为。他们的历史作用就在于他们是"好皇帝"的助手和工具。一个"好皇帝"如果没有忠实的助手和得心应手的工具，自然就无法推行自己的政策，无法完成历史所赋予的

① 《明洪武实录》卷二五，第18页。

使命。

随着封建经济的恢复、发展，地主阶级对农民的剥削逐步加紧。统治者的贪欲无休止地增长扩大，农民群众的生活一天一天地更加不好过。开国初期奖廉惩贪的律令渐成具文，最高统治的宝座上换了一批奢侈昏聩的庸才，官场中则充斥着贪赃枉法的惯家。在这种黑暗的局面下，官僚中的少数人觉察和忧虑腐朽风气将会给整个封建统治带来极其不利的后果。他们力图用自己有限的权力去约束习惯权利的横行，希望扭转统治阶级日益腐败的趋势。这一类"清官"是社会矛盾逐步尖锐化的产物。他们一反前一阶段"清官"清静宽简、平流顺进的特点，显示出倔强不阿的性格和雷厉风行的作风。他们虽然仍是封建专制制度的附属物，离开专制君主所赋予的权力，便没有什么影响社会的有效手段，但是由于君主权威的衰落，整个统治机器的运转失灵，"清官"们便不得不比较独立地担负起支撑统治局面的责任，在历史上或者在人民的心目中占据一个比较显著的地位。他们在局部地区和局部范围内，改革弊政，平反冤狱，减轻赋税，赈济灾荒，约束豪强权贵的不法行为，这一切无非是为了抑制决堤而出的习惯权利的逆流狂澜，以缓和人民的反抗，延续王朝统治的生存寿命。"清官"们所要执行的任务，和他们所拥有的权力是很不相称的。由于权力的不足，他们只得以"刚直"、"严厉"，敢于任事和敢于任怨等等个人特点来弥补。人所共知的"清官"包拯、海瑞，都是属于这种类型的。包拯和海瑞活动的时代，一在北宋仁宗年间，一在明朝嘉靖、隆庆和万历初年，正当宋王朝和明王朝由盛转衰的时期。特定的时代需要有特定的人物来执行特定的使命。包拯、海瑞之流的"清官"，实际上是封建制度在矛盾尖锐化过程中的一种自我调节器。

一个大一统封建王朝各种矛盾的积累和尖锐化，是一个长期的历史过程，需要几十年以至一二百年才会达到总爆发的程度。在矛盾逐步尖锐化的漫长过程中，引起农民起义的各种因素日积月累，小规模的起义不时地发生，但还没有来得及汇合成冲击王朝统治的巨大洪流。因此，"清官"们所面对的不是一个大规模农民战争已经展开的局面，而是一个表面上繁荣升平、实际上习惯权利横行无忌、反抗激流潜滋暗长的局面。"清官"们的注意力集中在遏制豪强权贵的不法行为上面，因而还能够暂时地局部地减轻农民群众的负担。统治阶级中的"清官"在人民中传颂不绝的根据就在于此。

当然"清官"们的行动是徒劳无功的。统治阶级一天一天腐烂下去，这是无可挽回的必然趋势。海瑞曾经说："本县初意直欲以圣贤之所已言者，据守行之，自谓效可立至。迄今四载，中夜返思：日日催征，小民卖子鬻产，未有完事之日；时时听讼，小民斗狠趋利，未有息讼之期。感孚之道薄而民不化，烛奸之智浅而弊犹存。徒有其心，未行其事；徒有其事，未见其功。"① 这是一个"清官"沉痛而真实的自白。后代人们在戏曲舞台上看到

---

① 《海瑞集》上册，第49—50页。

的顶天立地、叱咤风云，诛权贵如屠猪狗的喜剧式的"清官"，在历史上却是一些抑郁不伸、赍志以没的悲剧式人物。

有的同志不分析各个时期的"清官"，笼统地一概否定，甚至以为"清官"比豪强权贵还要坏一些。这些同志的逻辑是这样的：豪强权贵的残暴行为引起人民的反抗，"清官"反对豪强权贵的暴行只是为了消除和缓和人民的革命斗争；如果消除斗争、灭绝斗争，历史就不会取得任何进步。因此，"清官"的所作所为应该完全否定。这些同志几乎把任何暴行都当做了进步的源泉。

剥削阶级的暴行有两种。一种暴行是打通历史前进道路的手段，如原始积累时期资产者的暴行。无产阶级当然也谴责这种暴行，但如果因为反对这种暴行而去抗拒历史发展的趋势，那就是反动的。剥削阶级的另一种暴行则是阻碍历史前进的，我国封建社会中豪强权贵的暴行即属于这一类。"清官"的反暴行斗争当然极其软弱，他们所能干预的只是千万桩暴行中的一桩和两桩，不可能改变人民水深火热的处境。但是，如果以为残酷的剥削和压迫根本就不应该反对，那就等于说：贩奴者的鞭笞可以引起奴隶反抗，因此就不应该反对这种鞭笞。

"清官"的所作所为会不会消除斗争和灭绝斗争？的确，"清官"在主观上确实抱有这种反动的目的，指出这一点是必要的。但是在不同的历史时期，"清官"所起的实际作用却并不完全一样。当统治阶级正在腐烂，而人民斗争尚未展开的时候，"清官"的反豪强斗争却往往起了揭露封建制度的作用。这种斗争进行得越猛烈，豪强的不法行为就暴露得越彻底，人民群众对于在"太平盛世"幌子下的王朝统治的真实内容也就看得越清楚。豪强权贵粗暴地践踏"清官"的信条和设施，使"清官"标榜的理想归于渐灭，这也正好向人民群众证明了"清官"想要挽救的东西是无可挽救的。在各种复杂因素的交叉作用下，"清官"的行动产生了和预期恰好相反的结果。他们的失败引起了人民对封建统治者幻想的破灭，这种幻想的破灭是掀起大规模农民起义不可缺少的条件。海瑞死后，地主分子何良俊说："海刚峰爱民，只是养得刁恶之人。"[1] 另一个地主分子沈德符说："海忠介所颁条约云：'但知国法，不知有阁老尚书'，于是刁民蜂起，江南鼎沸，延及吾渐。"[2] 地主阶级异口同声地发出的这种咒骂，是不无道理的。笼统地认为清官的行为后果都会达到他们自己预期的消除斗争和灭绝斗争，这是对复杂历史过程过分简单化的看法。

个别"清官"挽救没落王朝的企图失败了，他们退出了历史舞台。但是，统治阶级的内部斗争还在继续下去，并且愈演愈烈。大规模的党争开始出现了。如东汉的党锢，唐朝的牛李之争，宋朝的元祐党人，明朝的东林党人，清朝的前后清流。这些党争是统治阶级内部各种矛盾的集中爆发。造成党争的因素十分复杂，每次党争都有各

---

[1] 何良俊：《四友斋丛说》卷一三。
[2] 沈德符：《万历野获编》。

不相同的背景和意义，但党争中不当权的一方总是以
"清官"的姿态出现（而实际上党争的双方都有许多贪赃
枉法者参加在内），并在反暴政反贪赃的旗号下攻击对
方。法定权利和习惯权利的矛盾达到了最尖锐的程度，采
取了集团之间公开对抗的形式。大规模党争显示封建王朝
最后阶段的分崩离析，它往往就是农民革命风暴来临的征
兆。没落王朝的当权集团总是无比地顽固和无比地愚蠢
的，它失去了任何调整改革的能力。在前一阶段，它还能
对"清官"表示一定的宽容；而当人民革命阴影日益迫
近的时候，它就不择一切手段地匆忙结束党争。党争的结
果免不了一场恐怖的屠杀，统治阶级用相互残杀的行动向
人民群众再一次证明了自己的顽固不化和野蛮残酷。腐朽
的当权集团埋葬掉内部反对派，也就为外部反对派准备好
了埋葬自己的条件。

伟大的农民战争像一阵疾风暴雨，把这个积满了污秽
的腥臭世界大加荡涤。革命的农民既反对习惯的剥削权
利，又反对法定的剥削权利。统治阶级的各个集团面临毁
灭的威胁，不得不抛弃旧怨，携起手来，共同对付革命的
农民。在你死我活的阶级搏战中，统治阶级所需要的不是
那种可以装饰门面的"清官"，而是能够瓦解起义军的骗
子以及残杀起义军的屠夫。这时候以"清官"作标榜的
人，包括以前在"党争"中孑遗的党人，往往就来充当
这种极其反动的角色。

农民不能够推翻旧制度、创立新制度，农民战争最后
仍不免于失败。但它打乱了封建统治秩序，清理了几百年

积累起来的各种矛盾、冲突，扫除了旧王朝的恶风邪气，用血和火在一片荆棘中开辟出了历史前进的道路。伟大的农民战争是推进历史发展的动力。

* * *

以上我们结合各个时期的形势对各种类型的"清官"作了一个概略的描述。当然，这种描述是极其粗糙的，需要作更进一步的剖析。我们的主要目的是想说明这一政治现象阶级的和历史的性质。"清官"是封建统治阶级中维护法定剥削权利的一种势力。从根本立场上说，他们是和人民对立的，不可能代表人民的利益和要求，忽略这一点是不应当的。这种维护法定权利的势力在不同历史条件下表现为几种各不相同的"清官"类型，有的是"圣君贤相"的得力助手，有的是封建制度自我调节的工具，有的是对付农民起义的骗子和屠夫。他们的特点和作用不完全一样。因此，笼统地肯定和笼统地否定都是不对的。只有用马克思主义观点，结合各个时期阶级斗争的形势进行具体分析，才能够给这一历史现象作出恰如其分的评价。

实事求是　勇于创新[*]

马列主义、毛泽东思想是真理。追求真理就是实事求
是。真理是要向前发展的，在实践中不断地丰富和完善。
历史科学就是要在马列主义、毛泽东思想的指导下，不断
前进，勇于创新，超越前人的成果，对历史作出越来越合
乎实际的理解和判断，为无产阶级的革命事业服务。必须
反对一成不变、因循保守，反对在片言只字中讨生活。实
践是最有权威的，理论必须从实践中来，再回到实践中
去，接受实践的检验。在历史研究中，就是要占有丰富的
实际材料，用马列主义的立场、观点、方法进行分析研
究，而不能从抽象的原则出发，不能受框框的束缚。恩格
斯说："原则不是研究的出发点，而是它的最终结果；这
些原则不是被应用于自然界和人类历史，而是从它们中抽
象出来的；不是自然界和人类去适应原则，而是原则只有
在适合于自然界和历史的情况下才是正确的。这是对事物

---

* 本文发表于《历史研究》1978 年第 8 期。

的唯一唯物主义的观点。"①

任何有成就的思想家、科学家都能够倾听实践的呼声并富有创造精神。司马迁写《史记》，总结了大量的实际材料，进行创造性的劳动，不但思想是新颖的，而且风格、体裁、语言也是新颖的。大科学家哥白尼、伽利略都是在无数次科学实验中创立和验证了自己的理论，并且勇于为科学献身，不顾教会和官方的禁令和阻挠，才能够把科学推向前进。毛泽东思想就具有创新精神。过去的一些机会主义者、教条主义者都是理论上的侏儒，只会躺在马克思主义的书本上，寻章摘句，凡是马克思、列宁说过的话，不敢越雷池一步。他们在马列的书里找不到诸如农村包围城市、革命根据地、统一战线等思想和词句，就不承认毛泽东的伟大创新，讥讽毛泽东思想是"山沟沟里的马克思主义"。但是，革命的实践证明：正确的不是无视实践而只会引经据典的机会主义者、教条主义者。

在历史学界，也存在着不从历史实际出发而从片言只字出发来研究历史的情况。发言写文章，瞻前顾后，谨小慎微，力求稳妥，一个论点总要寻找经典著作上的某句话作为护符，似乎这样做，就能够证明论点之"正确"，就能够保险不犯错误。这种态度是和实事求是、勇于创新的精神背道而驰的。

人类历史的发展无限生动、无限丰富。马列主义、毛泽东思想是我们研究历史的锐利武器，使我们在错综复杂

---

① 《马克思恩格斯选集》第3卷，第74页。

的历史现象中不至于迷失方向。我们一定要坚持马列主义、毛泽东思想的原则。但是，革命导师们并没有，也不可能对无限丰富、错综复杂而又不断发展着的人类历史全部做出现成的结论，大量的、艰苦的工作应该由后人来承担。马列主义、毛泽东思想为历史研究开辟了无限广阔的道路，却并不是穷尽和结束了历史研究工作。革命导师们总是实事求是、十分谦虚的。恩格斯晚年对俄国问题已深有研究，但他说："至于我，对俄国现状知道得太少，不能冒昧地对那里在某一时期所应采取的策略的细节作出判断。……而这是得出肯定意见的必不可少的条件。"[①] 他殷切地期望俄国青年研究俄国的情况，把马克思的理论"应用于本国的经济条件和政治条件"，而并没有作出现成结论，发布策略指示。

有时候，革命导师就某个具体的历史问题的某个侧面讲过几句话，发表了一些意见，我们当然必须认真领会和学习。但是，有人却不正确地以为这就是不可移易的金科玉律，似乎整个复杂的历史问题就全面解决了，以后只要翻来覆去地引用这些话，没有什么再可分析、再可研究的了。甚至把这些话发挥引申，应用到别的历史问题、历史人物上，胡乱地套用。例如：毛泽东写了"不可沽名学霸王"的著名诗句，意思是说项羽对敌手刘邦太手软。毛泽东从这个典故中总结了历史经验，来阐明我们必须把革命进行到底的道理，但并不是对项羽的一生作出了全面

---

① 《马克思恩格斯选集》第 4 卷，第 450 页。

的评价。又如，毛主席评论《水浒》，批评宋江是投降派，这明明是指小说中的宋江，而有人认为：历史上的宋江也一定是投降派。谁如果说历史上的宋江并不是小说中的宋江，历史上的宋江并没有投降，那就如同犯了弥天大罪，被认为反对毛泽东思想，替投降派辩护。其实，历史上的宋江是否投降了，这是可以研究、可以讨论的学术问题，可以根据史料，各抒己见。又如：毛泽东谈到太平天国革命的领导者李秀成，批判了李秀成被俘以后在亲笔供词中所表现的思想情绪。在这里，毛泽东并没有对李秀成的全部活动作出分析评论，但有的人却说李秀成在革命前期就在搞投降，一贯地仇恨革命，破坏革命，连李秀成在被俘以前一些重要功绩和正确主张全都说成是错误和反动，这难道是实事求是的态度吗？历史人物，谁有幸被认为代表正确路线，就一切都正确，连错误也变成为正确，谁不幸被认为代表错误路线，就一切都错误，连正确也变成为错误。似乎研究历史只要有两个标签就行了，一个是"正确路线"，一个是"反动路线"，稀里糊涂乱贴一气，不必去钻研大量材料，进行具体分析。于是历史事实被歪曲，是非被颠倒。这种引证片言只字，加以引申推广、胡乱搬用的研究方法，不但糟蹋了历史科学，也是糟蹋了马列主义、毛泽东思想。

　　"文化大革命"中中国历代的农民战争史被歪曲得最混乱不堪，他们先验地定下了评价历史上农民革命领袖的框框，以代替对复杂情况的具体分析。按照似是而非的简单逻辑：凡是受过招安的、闹过内讧的或者发生转变、当上了皇帝的都是背叛了农民革命，都是叛徒、野心家、阶级异己分子，都要从农民革命队伍中开除出去。这样一来，历史上许多农民革命领袖被肆意否定。例如：太平天国革命前期，有洪秀全和 7 位封了王的著名领导人，其中两人早死（冯云山、萧朝贵），5 人被否定（杨秀清、韦昌辉、石达开、秦日纲、胡以晃），太平天国前期的领导人就只剩下洪秀全一个人。

与太平天国革命同时的许多次农民起义和抗清斗争，其知名领导人如张洛行、宋景诗、杜文秀、张秀眉也被否定。推而广之，中国农民战争史上的大批领导人也遭到同样的命运，毛泽东在《中国革命和中国共产党》一书中曾指出我国历史上有过许多次农民起义，并列举了 12 个农民起义的领袖，即陈胜、吴广、项羽、刘邦、李密、窦建德、王仙芝、黄巢、宋江、方腊、朱元璋、李自成，其中有半数被否定，戴上复辟派、儒家、叛徒、阶级异己分子、野心家、阴谋家、新生地主分子等等帽子。

中国人民有英勇斗争的传统。两千多年来，被压迫的农民群众奋起反对封建地主阶级的统治，谱写了光辉灿烂、可歌可泣的历史篇章。难道伟大农民革命的发动者、组织者、领导者大多数是坏蛋？这种要打倒大批农民革命领袖的做法究竟有多少根据？

当然，历史上的农民革命领袖不可避免地会犯这样或那样的错误，有的还犯有严重的原则性错误，对他们实事求是地进行分析批判是完全必要的。有些史学工作者根据史料，对某些农民革命领袖的功过有不同的评价，有的失之过高，有的失之过低，因而展开争论，这也是学术研究中正常的现象，问题并不在于这些。问题是：为什么把许多农民领袖扫出了农民革命的队伍？是不是发现了什么新史料必须对大批农民革命领袖重新作出评价呢？显然不是。是不是从前的评价都违反了历史唯物主义呢？显然也不是。因为连毛主席在 40 年前所列举的农民革命领袖也被打倒了半数。

这股打倒历史上农民革命领袖的歪风，其风源盖出于影射史学。我们应当拨乱反正，实事求是地为许多农民革命领袖恢复名誉，恢复历史地位，还历史以本来面貌。

农民革命推动了封建社会历史的前进。历史上的农民群众受地主阶级的压迫和剥削，奋起进行反抗，他们的英勇革命精神应该充分地歌颂赞扬。但是，农民不是无产阶级而是小生产者、小私有者，他们和封建的生产方式相联系，因此，有其落后的一面。马克思主义者对事物总是抱一分为二的分析态度，农民革命领袖的优点与弱点、功绩与过失正是农民的阶级地位所造成的。农民群众在发动伟大革命的过程中常常伴随着许多落后的东西，如宗教迷信、享乐腐化、分散主义、内讧争权、互相吞并，在革命行将失败的时候，又看不见斗争的前途，失去信心，不再继续革命，甚至常常蜕变堕落。发生在农民领袖身上的种种严重弱点并不是偶然的，而是农民由于阶级局限、思想局限不可能从根本上抵制坏思想、坏风气的侵蚀而导致的后果。作为无产阶级的历史科学工作者在歌颂农民伟大革命作用的同时，当然应该揭露和批判农民领袖的种种弱点，从中吸取教训。但不能因其犯有过失甚至罪行而将他们一笔抹杀，驱逐出农民的队伍。一切事物都是对立的统一体，美的东西和丑的东西常常是互相联系而存在。如果把历史看得那么单纯，好就是绝对的好，一切都好，坏就是绝对的坏，一切都坏，那是僵化的形而上学观点。

洪秀全发动和领导太平天国运动，当然具有不可磨灭的功绩，但由于农民阶级的局限性，也存在许多错误和缺点，如宗教迷信思想，任人唯亲倾向，最后死守南京的战略错误等。对这些缺点和错误，进行认真的分析研究，从正反两方面总结农民革命的经验教训，这是历史科学的重要任务之一。谁都知道，革命的成败和革命的领袖能否实行正确的领导，是有很大关系的。如果洪秀全是十全十美的人，那么太平天国最后失败，岂不成了不可理解的事情？

无产阶级的革命导师对历史上的农民阶级和农民战争作了正确精辟的分析，应该是我们研究农民革命和评价农民领袖的典范。恩格斯在《德国农民战争》一书中满腔热情地赞扬了16世纪德国农民阶级的革命起义，但又毫不隐讳地指明了农民阶级的种种弱点。毛泽东同志说："中国历史上的农民起义和农民战争的规模之大，是世界历史上所仅见的。在中国封建社会里，只有这种农民的阶级斗争、农民的起义和农民的战争，才是历史发展的真正动力。"同时也指出：由于没有无产阶级的领导，"当时的农民革命总是陷于失败，总是在革命中和革命后被地主和贵族利用了去，当作他们改朝换代的工具"。古代农民战争的最后结局，不是被残酷地屠杀、镇压，就是溃散或被统治阶级所收编。汉光武帝刘秀曾收编了大批铜马和赤眉的起义军，刘秀被称为"铜马帝"；曹操收编过大批黄巾军；李世民收编了大批瓦岗军，唐初著名的将相李勣、魏征、秦叔宝、程知节都曾是瓦岗军的领导人；太平天国失败时，几十万西北的太平军披星戴月，赶来救援天京，听到天京失陷的消息，顿时军心瓦解，大批太平军放下了武器。这种现象在农民革命的历史上难道还少见吗？如果不是对复杂的历史现象进行具体分析，而是拿一个先验的框框，生搬硬套，岂不是要把大批农民领袖和农民群众全都打成为叛徒？

隋末的李密，出身于贵族，参加瓦岗寨农民起义军后内讧争权，杀死领导人翟让，后来又归降李世民，这是尽人皆知的事实。李密一度领导了瓦岗军、有杰出的政治和军事才能，在推翻隋王朝的战争中起过较大的作用，具有较大的影响。人是会发展变化的，在一定条件下可以从坏变好，也可以从好变坏，不能因为他最后干了坏事而把以前干的好事一概抹杀，甚至把以前的好事也硬说是坏事。这不是实事求是的态度，不是辩证的、发展的观点。

同样，对项羽、刘邦、王仙芝、宋江、杨秀清、石达开、李秀成以及其他人物都应根据大量材料，作具体的分析。

从历史实际出发，进行具体分析不像引证个别词句那样地容易，那样地保险，而是很艰苦细致的工作，还可能发生错误。科学研究是为了探索真理，当然不会那样容易，也难免要发生错误，有了错误就改正，并没有什么可怕。怕犯错误就不可能前进，不可能创新，不可能对人类有所贡献。人们认识真理，不会一下子就穷尽、完成，总有一个反复修改，不断充实发展的过程。郭沫若同志对历史科学的发展做出了重大贡献。他一生的研究工作就是不断探索、不断前进、不断创新的过程，如对于中国古代史分期问题就经过了多次修改而愈趋于充实。20世纪30年代，郭老写《中国古代社会研究》，把古史分期放在西周和东周之间；40年代写《十批判书》，放在秦汉之际；50年代写《奴隶制时代》，又放在春秋战国之际，而且具体确定在公元前475年。在古史分期问题上，郭老不断前进，勇于创新，根据新掌握的实际材料，改变自己已形成的结论而不被任何框框所束缚，他的古史分期意见也越来越趋于充实，合理。我们是不是可以在郭老已达到的基础上继续前进，进行第四次创新呢？当然可以，而且应该鼓励提倡。开展学术上不同意见的讨论，才能促进科学的发展。

创新必须实事求是，而不是飘在空中，随心所欲，异想天开。马克思主义的创新是尊重实践，从实际出发，理论联系实际；是实事求是，从实际中来，到实际中去。实事求是的思想是我们的世界观、方法论，是马克思主义创新的基础和出发点。

我们应该树立实事求是、勇于创新的好风尚，要有抱负，有勇气超越前人的成就，攀登科学的顶峰。我们的时代是革命变革的伟大时代。史学工作者要研究和总结这一伟大时代的历史，就不能只躺在马克思主义的书本上，不能满足于寻章摘句，简单地照搬、照抄、照转，而要运用马克思主义的观点、方法，研究丰富生动的实际，开动脑筋，解放思想，用我们的全部才智精力创造性地发展马克思主义的历史科学。我们要无愧于这个伟大的革命时代，不辜负人民群众和党中央对历史科学工作者的殷切期望。

关于历史研究中阶级斗争理论问题的几点看法[*]

1978 年以来，全国展开了实践是检验真理的唯一标准的讨论，影响很大。提出了一系列重大的理论问题，正本清源，拨乱反正。讨论十分热烈，很有成效。讨论中提出的一些重大的理论问题，同我们历史学界是息息相关的。现在，我就历史研究中有关阶级斗争理论问题，谈几点看法。

列宁说过，阶级斗争理论是马克思主义最基本的东西。这个理论是指导我们进行历史研究的思想武器。对于阶级斗争，毛泽东于 1957 年 2 月发表的《关于正确处理人民内部矛盾的问题》一文中，有这样一个为我们大家都很熟悉的论断："革命时期的大规模的急风暴雨式的群众阶级斗争基本结束，但是阶级斗争还没有完全结束。"

---

* 本文发表于《社会科学研究》1979 年第 2 期。

这个论断是完全符合我们当时的实际情况的，是完全正确的。但是，在实际工作中，人们对毛泽东思想的理解恐怕就不是那么深入，在实践中也没有真正遵循这个正确理论，而是连续搞急风暴雨，搞了很多政治活动，这样，打击面就宽了，没有正确区分和处理两类不同性质的矛盾，在一些政治运动中误伤了好同志。同时，由于我们对阶级斗争的理解不完全符合马列主义、毛泽东思想，也给我们的工作带来了很大的损失。

在阶级斗争理论上的这种"左"的情况，在我们历史研究当中是不是存在，是不是也反映到我们历史学界？这是我们应当认真考虑的。"文化大革命"一开始就是批判《海瑞罢官》，打击和陷害吴晗、邓拓、翦伯赞等同志。提起这些冤狱，我们无比痛心，义愤填膺。"文化大革命"中"怀疑一切、否定一切、打倒一切"的极"左"思潮，使我们的学术界、文化界遭受了毁灭性的浩劫。

要总结解放以来30年我们的历史研究和历史教学工作，我看对一些理论问题理解得是否正确，应该是首先要总结的一条。因为理论是研究工作的指导，如果指导思想不完全正确，那么研究和教学工作就会走弯路，甚至会误入歧途。应该总结的理论问题是很多的，我想着重谈谈在阶级斗争理论问题上的一些体会。

过去很长一段时间，由于对阶级斗争理解得不完全正确，孤立地突出阶级斗争，脱离开生产和经济发展而片面地强调了阶级斗争，片面地强调了农民战争的作用。把阶级斗争、农民战争当做推进历史的唯一动力，甚至用农民战争解释一切，代替一切。有的地方讲课时，不讲全部历史、通史，只讲农民战争史，用农民战争史代替整个通史。当时还有种种提法，如"用农民战争打头"，"用农民战争分期"，等等。很多提法和意见，值得我们回过头来考虑。

首先，我们应当充分地肯定，热情地歌颂农民战争，歌颂古代劳动人民反抗压迫的斗争。但是，历史研究的任务，并不仅仅是对某种历史现象做一些赞美和歌颂。历史研究的任务，是要对历史现象做科学分析。历史内容是生动丰富的：有阶级斗争、生产斗争、民族斗争；也有思想文化的发展，科学技术的发展；还有政治制度和法律制度的演变，统治阶级内部的斗争，等等。历史现象非常丰富，错综复杂，互相影响，互相制约。当然，在阶级社会中，阶级斗争是主要的线索，我们应当牢牢地把握这条主要线索。但是，阶级斗争并不是唯一的历史内容。社会的基本矛盾，是生产力和生产关系、经济基础和上层建筑的矛盾。这是历史唯物论的一般常识。阶级斗争只是体现了这些矛盾，并受社会基本矛盾所制约。阶级斗争不能代替或者取消社会的基本矛盾。孤立地突出阶级斗争，并不能帮助我们弄清楚阶级斗争。当然，阶级斗争对各种历史现象发生深刻的影响，使它们都带上阶级的烙印。但是，同时我们不能用阶级斗争代替一切，用农民战争代替整个封建社会的历史。这是不妥当的，这是以偏赅全。

中国封建社会的历史长达两三千年。但是，说得上是大规模的农民战争，也不过是一二十次。每次时间短则几年，多则十几年。农民和地主的矛盾是经常存在的，是普遍的。但是，农民战争是农民斗争的高潮，在整个封建社会的历史中是短暂的。加在一起如果能够加在一起的话也不过200年时间。怎么能用不到200年的农民战争，来代替长达两三千年的封建社会历史呢？这样，势必使丰富复杂的历史内容简单化。

还有，把农民战争当做历史发展的唯一动力，我对这一点是表示怀疑的。这种意见，表面上似乎重视阶级斗争，实际上具有很大的片面性。在理论上是缺乏根据的，在历史实际中也是解释不通的。从人类社会存在以来，无论何时，生产活动总是首要的活动，生产斗争是推进社会历史的强大动力。如果生产活动停止下来，社会不要说什么发展、前进了，连存在一天都不可能。这一点，马列主义经典作家是讲了很多的。恩格斯说过："用'历史唯物主义'这个名词来表达一种关于历史过程的观点，这种观点认为一切重要历史事件的终极原因和伟大动力是社会的经济发展、生产方式和交换方式的改变、由此产生的社会之划分为不同的阶级，以及这些阶级彼此之间的斗争。"[1] 斯大林说过："社会发展史首先是生产的发展史，是许多世纪以来依次更迭的生产方式的发展史，是生产力和人们生产关系的发展史。"[2] 生产力是最活跃最革命的要素。生产的发展，社会的前进，首先是从生产力的发

---

① 《马克思恩格斯选集》第3卷，第389页。
② 《联共（布）历史简明教程》，第135页。

展，从生产工具的变革和发展开始的。阶级斗争本身也是依赖于生产力的发展。如果离开了生产来谈阶级斗争，如果忘记了生产斗争，而片面地把阶级斗争当做"唯一动力"，我认为，这是不符合马克思主义的。

另外，科学技术也是历史发展的动力。革命导师十分强调这一点。恩格斯在《在马克思墓前的讲话》中说："在马克思看来，科学是一种在历史上起推动作用的、革命的力量。"马克思把科学技术上的发明创造，看作是比很多革命家还要革命，"蒸汽、电力和自动纺机甚至是比巴尔贝斯、拉斯拜尔和布朗基诸位公民更危险万分的革命家"①。马克思和恩格斯把科学技术视为推动社会前进的力量。毛泽东也指出："阶级斗争、生产斗争和科学实验，是建设社会主义强大国家的三项伟大革命运动。"

革命导师的话说得多么明确！可是，我们的历史研究，至少拿我个人来说，不知道从哪里来了一种糊涂观念，有意无意地只把阶级斗争看作历史发展的唯一动力。这种理论观点，对我们的历史研究的影响是非常重大的，以至于在我们的头脑里形成了这样一个公式：每次农民战争之后，总是要带来生产上的大发展。我们的研究工作也正是按照这种思想和公式，寻找这种生产的大发展。秦末农民起义之后，有一个"文景之治"；隋末农民起义之后，有一个"贞观之治"。我认为，历史的实际情况恐怕不是那么简单。因为，有些农民战争并没有直接带来生产

① 《马克思恩格斯全集》第12卷，第3页。

的高涨，甚至有时还可能带来生产的萎缩。我们千方百计地寻找每一次农民战争如何推动历史发展，如何促进生产，经常感到比较困难。有时，也找到一些材料，找到一些论据，但说服力不强，比较牵强。特别是，对有些农民战争，我们就说明不了。这样一个阶级斗争、农民战争推动生产发展的公式，经常暴露出同历史实际有较大的差距，不完全符合历史实际，对一些历史现象不能解释。如果把阶级斗争当做历史发展的唯一动力，那么，我们便可以逻辑地得出：阶级斗争规模愈大，次数愈多，愈频繁，社会前进就愈快。可是，实际情况并不这样。日本在"明治维新"之前，处于封建社会，"明治维新"100多年来，日本并没有发生什么大规模的阶级斗争。就是明治维新，这次日本近代史上最大的一次社会变革，也是自上而下的。有些研究世界史的同志，并不承认明治维新是一次革命，即使是革命也是不彻底的革命，近代日本，虽然也发生过农民起义、罢工、游行，但规模小。大规模的阶级冲突，长时间的革命战争是没有的。可是，日本的生产发展很快，可说是突飞猛进。这是为什么？如果说，阶级斗争是"唯一动力"，那么，日本的生产应该是发展不快的。事实恰恰相反。此外，英美也是一样。英国从17世纪进行资产阶级革命，距今有300年了。此后，没有发生过什么大的革命战争。美国除独立战争、南北战争之外，以后也没有发生过什么国内战争。可是，它们都是当今世界上生产发展水平最高的国家。当然，资本主义制度是对劳动人民剥削和压迫的制度，避免不了经济危机，最终是注定要灭亡的。一旦这些国家的无产阶级革命成功，建立了社会主义的制度，生产力将以现在所不能比拟的速度向前发展。这是无疑义的。同时，我们也要承认，社会历史发展的原因是很多的，不能简单地用阶级斗争来解释。

阶级斗争并不是推动社会发展的唯一动力。毛泽东曾指出："中国受帝国主义侵略的原因有两个：一个是社会制度腐败，一个是经济技术落后。"这两个原因相互联系，而又相互区别。社会制度腐败怎么办呢？那就要使用革命的手段通过阶级斗争来解决。经济落后怎么办呢？那就要通过发展生产，发展科学文化来解决。解决的手段是不同的，但两者又是互相联系的。如果不用革命的手段改变旧的社会制度，那么，生产和科学文化就发展不了。同样，经济、文化不发展，只讲阶级斗争，也不能推动社会的前进。

马克思说："暴力是每一个孕育着新社会的旧社会的助产婆。"① 暴力革命，对社会发展起"助产婆"作用。这种作用怎么能说它是历史发展的唯一动力呢？怀孕成熟了，肚子里有了小孩，才有必要请来助产婆，助产婆才能起作用。否则，就是请来几十个助产婆，也是生不出孩子来的。因此，中国农民战争虽然很多，很频繁，规模也很大，但是，生产并不一定就发展得最快。

每一次农民战争的作用也是不一样的，不见得都同样对生产发展有明显的推动作用。马克思主义最重要的是，

---

① 马克思：《资本论》第 1 卷，第 819 页。

具体情况具体分析。不能预先定一个框框，预先有一个先验公式。中国历史上的农民战争，有的推动作用明显一些，有的就不那么明显。就阶级斗争、农民战争对旧生产关系的打击来说，确实，农民战争推动了历史前进。如果没有阶级斗争、农民战争，封建社会就不能够进步。阶级斗争、农民战争是历史发展的动力，但不是唯一的动力。同时，我们还要看到另一面，就战争的直接后果来说，是要造成破坏的。历史上的农民革命战争，就它对旧生产关系的打击来说，就它长远的影响来说，对社会前进是有促进作用的，这是主要的方面。如果看不到这个主要方面，就不能正确评价历史上的农民革命战争。另一方面，就战争直接的后果来说，有破坏生产的一面。我们有时为了抬高农民战争的地位，就不讲它破坏生产的一面。这样，就不能做到如实地反映历史的真实情况，就无法解释农民战争后经常出现的土地荒芜，赤地千里，人口锐减的情况。农民战争，一方面有推动作用，另一方面也有破坏作用。总的来说，推动作用是主要的。这是历史的辩证法。

一般地说，生产发展并不在农民战争的动乱时期，不在农民正同地主激烈作战的时期。恰恰相反，生产的发展，必须要有一个统一的、稳定的政治局面作为前提。生产发展，是一个逐步的、渐进性的过程，是生产活动和科学技术积累的过程。历史的前进，不是通过不断的暴力革命，不是通过一连串的突变来完成的。恩格斯在《反杜林论》这部光辉论著中，批判了杜林的"暴力论"。杜林认为，似乎不断的暴力革命可以创造一切。这是荒谬的。

自然科学有一种"灾变论"，认为自然界是通过一连串的"灾变"而形成的。这完全是唯心主义，形而上学。如果只承认量变，不承认质变，当然是错误的。但是，反过来，抛开量变，只谈质变，同样是错误的，其危害也是极为严重的。不承认社会发展要有一个逐渐的积累过程，在实际工作中无休止地搞政治运动，而不是脚踏实地地进行建设，我们已经为此而吃了不少苦头。我们应当抛弃那种对阶级斗争的片面理解。

总的来说，我认为马克思主义阶级斗争理论应包括以下几点：

第一，推动社会历史前进的直接的主要动力是生产斗争。

第二，生产的发展，从历史上来看，总要有一个统一、稳定的政治局面作为前提。没有这个前提，生产发展就谈不上。

第三，在阶级社会里，阶级斗争也是推动社会历史前进的伟大动力。但只有联系生产才能表现它的推动作用，离开生产就谈不上。只有当生产关系严重地阻碍生产力发展时，才必须用阶级斗争，用革命的手段破坏旧的生产关系，推翻旧的生产关系，使生产力得到进一步发展。革命就是解放生产力。阶级斗争对历史的推动作用，也就表现为解放生产力这一点上，而不是表现在别的方面。

第四，阶级斗争是和生产斗争相联系的，是取决于生产斗争的。阶级的划分，阶级斗争的性质和深度，每个阶级的历史命运，都是由社会生产力的发展水平决定的。在历史上，只有代表新生产力的阶级才有远大的前途，他们进行的斗争才能取得真正历史性的胜利。

第五，各个不同阶级进行的革命，情况是很不一样的，推动历史的作用也是不相同的。譬如，法国大革命，俄国十月革命，中国新民主主义革命的胜利，这样一些革命引起整个生产方式的改变，推动历史的作用是十分明显的。另外，在同一社会形态内发生的革命，譬如封建社会的农民战争，相对来说，对历史的推动作用是不显著的。这种农民战争只能给旧的生产关系一定的打击，只能改变它的某些环节，而不可能整个改变旧的生产方式。

这里，我想谈谈同阶级斗争理论相联系的一个问题，关于历史上的改良主义问题。改良是相对于革命而言的。过去，由于片面地强调阶级斗争、暴力革命，评价改良时总是贬得比较低的。这是不公平的，不正确的。改良主义作为一种思想体系，完全否定质变，反对革命，这是错误的，反动的。但是，历史上的政治改良和改良主义思想，是起过相当进步作用的。这一点决不能低估。

革命并不是在任何时候都会发生。只有当形成革命的主客观条件已经具备、已经成熟的时候，才会发生革命。而当革命的条件还没有成熟的时候，改良是有进步作用的。从某种意义上说，改良运动也是为革命做准备的，正如量变为质变做准备一样，没有量的变化，就不会有质的变化。譬如，戊戌变法是一次改良主义的政治运动，最后失败了。就其性质来说，和辛亥革命是完全不同的。但是，变法运动中所进行的那些改革，意义十分重大。中国最早的学校——新学堂就是这时创办的；报纸是这时办的；各种各样的学会也是这时设立的；西方资产阶级的社会政治学说也是这时开始传进来的。这是一次资产阶级思想的启蒙运动。评价戊戌变法，不能局限于它在 100 天内发布的上谕、奏折，而应该看到戊戌变法运动所引起的政治变动和思想变动。如果没有戊戌时代西方资产阶级思想的传入，没有新学堂、学会和报纸的创办，没有大批留学生出国，那么，中国社会仍旧是一潭死水，辛亥革命也不可能发生。孙中山先生领导了辛亥革命，但是，如果没有戊戌前后的政治变动和思想变动的话，那么，跟孙中山走的人就不会那么多。量变为质变准备了条件，从这个意义上说，戊戌变法是为辛亥革命做了准备的。

我们讲戊戌变法意义的时候，常这样说，戊戌变法失败了，证明改良主义道路是行不通的，因而，更多的人觉悟了，走上革命的道路。这样说当然不错。但这是从一个方面来说明的。难道，它的意义仅仅在于它的失败？这样说是不够的。我想补充一句，戊戌变法所造成的社会变动和思想变动，是大批知识分子走上革命道路的前提。当时的知识分子怎样觉悟的呢？如果，戊戌变法没有给社会留下一些积极的东西，没有造成一次思想解放，而仅仅是自身的失败，是不会吸引那么多知识分子走上革命道路的。没有这个思想转变过程，是不会爆发辛亥革命的。

毛泽东对戊戌变法的评价是很高的。在讲到旧民主主义革命时，总是把它包括在里面。把它和太平天国、义和团运动、辛亥革命并列在一起。毛泽东所提到的向西方学习的先进的中国人中，就有两个是戊戌变法中的改良主义者：康有为和严复。可见，毛主席是高度评价戊戌变法，高度评价社会改良和社会改革的意义和作用的。

　　现在，我们对"改良"这个词好像是抱着一种成见，很忌讳这个字眼。一提改良就认为是不好，一提改良就是反革命。这完全是一种误解。其实，革命和改良是历史前进中的两种不同的形式。列宁说过，马克思主义者承认争取改良的斗争，同时，又坚决反对局限于改良范围内的改良主义者。如果只是抽象地提出"我们应该怎样评价改良"？对这个问题是无法回答的。要看是在什么样的历史条件下进行的改良。正如抽象地提出下雨好不好的问题，同样是无法回答的。天旱，下雨就好；闹水灾，下雨就很不好。马克思主义最重要的是，提出问题不能离开当时的时间、地点、条件，具体问题具体分析。现在，一提改良就谈虎色变，认为是反动的。我以为，如果发生革命的条件还不成熟，那就必须用改良的手段促进革命的到来。革命胜利之后，也应该用改良的手段巩固革命的成果。如果拒绝走这样的途径，拒绝做艰苦细致的积累工作，拒绝采取量变的形式，而是老在那里空谈革命，无休止地搞阶级斗争，搞政治运动，搞质变，我认为，那是自己跟自己捣乱，是自讨苦吃，结果必然受到历史的惩罚。

　　有人为了强调阶级斗争的作用，总是生硬地把一些历史现象往阶级斗争上拉。这里，我想对"让步政策论"谈一点意见。"让步政策论"作为一个学术问题，是可以讨论的。这是一个百家争鸣的问题。

怎样评价"让步政策论"呢？我认为，"让步政策论"是为了说明阶级斗争、农民战争的历史作用而提出的一种理论。它的大概意思是，先是大规模的农民战争，迫使统治阶级"让步"，实行某种对农民有利的政策，促进了生产的发展，推动了社会的前进。"让步政策论"把农民战争同生产发展挂上了钩。要不然，农民战争怎么样推动生产发展呢？"让步政策论"并不完全错误，确实也有一点道理。但还有些缺陷，至少会给人一种印象：统治阶级、剥削阶级不能够自动提出对生产发展有利的措施，因而，必须通过农民革命迫使他们"让步"。我不同意这种观点。我以为，统治阶级从自身的阶级利益出发，在一定历史条件下也是能够提出有利于生产发展的措施来的，并不一定需要农民迫使他们"让步"。我们似乎有一种观念，认为剥削阶级、统治阶级都是不管生产，反对发展经济的，而农民总是推动生产发展的。这种观念从道理上是说不通的。当然，农民是创造社会财富的主人，是要求发展生产的。但是，剥削阶级为了多剥削一点，通常也是希望发展生产的。

这个问题并不难理解。请问，地主希望土地上出产的农产品，是多一点还是少一点呢？当然是多一点。资本家希望工厂生产的商品是多一点还是少一点呢？难道会希望少一点吗？没这个道理。因为，生产的东西多一些，他们的剥削所得也会增加。有没有一个地主资本家希望自己的土地荒废、工厂减产呢？我想没有。地主资本家作为剥削阶级，总是要进行剥削的。在这一点上，农民起来斗争，反对他们的剥削，是完全合理的。但是，地主资本家进行剥削是一回事，能否推动生产是另一回事。在一定的条件下，地主资本家在进行剥削的同时，有时也会实行有利于生产发展的政策。不承认这一点，中国历史就说不通。美、日、联邦德国等帝国主义国家里的资本家，在发展生产、管理企业、提高劳动生产率方面是很有本事，很有能力的。现在，我们不能不承认这一点了。不能因为是剥削者，就认为他们一定要破坏生产，不能提出对经济发展有利的措施。可不可以这样说，在一定条件下，发展生产也是剥削阶级的要求，并不需要农民强迫他们这样做。"让步政策论"的前提，就是只承认农民要求发展生产，而不承认剥削阶级从自身利益出发，也可以采取有利于生产发展的措施。"让步政策论"有道理，但不足以完全说明生产发展的原因。地主一定要农民迫使他"让步"吗？他们就不会从自身利益出发，采取有利于生产发展的措施吗？把这个问题弄清楚，对我们的历史研究关系重大。否则，我们就会总是在死胡同里转来转去。

马克思主义告诉我们，任何事物的矛盾着的两个方面，既对立又统一。对立是绝对的，统一是相对的。如果不承认对立，只承认统一，这是错误的，是"阶级调和论"。又应该看到，矛盾对立的双方，是互相依存、互相贯通、互相渗透的，处于一个统一体。不承认矛盾的同一性，同样不是马克思主义。地主与农民处于一个统一体内进行斗争，因此，彼此必然有一些共同的东西。譬如，在一定的条件下都要求发展生产；在遭到外来侵略时，都要求抵抗侵略。如果没有这种抵抗侵略的共同要求，那我们的抗日民族统一战线怎么能组成呢？我们不要孤立地只强调对立的这一方面，而不承认事物还有统一的方面。地主和农民，如果不存在同一性，那么，统一体就要破裂，封建社会也就不可能延续。

　　阶级斗争理论是马克思主义的重要组成部分。在阶级社会里，阶级斗争是客观存在，是推动历史前进的伟大力量。研究历史，应当也必须以阶级斗争理论作为指南，才不致迷失方向。但是，只承认阶级斗争，甚至大唱阶级斗争高调，那不一定是马克思主义。阶级斗争并不是从马克思开始讲起的。在马克思之前，资产阶级就讲"阶级斗争"。早在100多年前，马克思就曾指出："无论是发现现代社会中有阶级存在或发现各阶级间的斗争，都不是我的功劳。在我以前很久，资产阶级的历史学家就已叙述过阶级斗争的历史发展，资产阶级的经济学家也已对各个阶级作过经济上的分析。我的新贡献就是证明了下列几点：（1）阶级的存在仅仅同生产发展的一定历史阶段相联系；（2）阶级斗争必然要导致无产阶级专政；（3）这个专政不过是达到消灭一切阶级和进入无阶级社会的过渡。"①阶级斗争是同生产的发展相联系的。脱离生产发展的阶级斗争，不是马克思主义的阶级斗争理论。由此可见，阶级斗争理论有两种：一种是马克思主义的阶级斗争理论，一种是资产阶级的阶级斗争理论。孤立地、脱离开生产谈阶

---

　　① 《马克思恩格斯选集》第4卷，第332—333页。

级斗争，人为地拔高阶级斗争，恰恰不是马克思主义的阶级斗争理论。对于历史研究来说，马克思主义的阶级斗争理论是一个非常重要的指导思想，贯穿在古今中外的全部阶级社会历史中，如果，我们不能全面地、准确地理解这个基本理论，必然要严重地影响历史研究工作的发展，使历史研究工作走进死胡同。

　　阶级斗争理论是一个十分重要的理论，不是三言两语能够说清楚的。特别是鉴于我个人的水平很低，不可能准确无误地阐明这个理论。我只是简单地谈一谈感想，把我在学习中间碰到的一些问题提出来，向同志们请教。我建议历史学界深入讨论这个问题，使马克思主义的阶级斗争理论恢复它本来的面目，放射出更加光辉的异彩，真正成为我们历史研究工作的强大思想武器。

实事求是地评价历史人物[*]

解放以来，对左宗棠的评价有过很大变化。他是个重要的历史人物，也是个复杂的历史人物，有功有过。他的功劳很大，收复新疆，保卫国家的神圣领土，反对外来侵略，对国家和民族有重大贡献。试想：今天的中华人民共和国，如果少了新疆广大领域，那还成什么样子？收复新疆的丰功伟绩是不可磨灭的，这一点现在大家都是承认的。当然，左宗棠也做过错事、坏事，镇压太平天国、捻军和回民起义，屠杀了革命人民。千秋功罪，要加以比较的话，应该是功大于过。

20世纪50年代和60年代，历史学界对左宗棠的评价是完全否定或者基本否定的，只说他是镇压革命的刽子手、卖国的洋务派，对收复新疆一笔带过，评价甚低。现在看来，对左宗棠完全否定或基本否定是不正确的，这个问题大体上已经澄清。现在，对左宗棠肯定的程度可能有

---

* 本文发表于《苏州大学学报》1985年第1期。

分歧，对某些具体问题的看法可能有分歧，但不会有人再对他全盘否定或基本否定了，这是历史研究的进步。

不过，回顾过去对左宗棠的评价，我们却可以从中总结教训。奇怪的是收复新疆这样大的功劳，为什么在50年代、60年代不被充分承认，甚至不予承认。所谓"一叶障目"，是什么东西遮挡了我们的眼睛，使我们视而不见的呢？

我想可能有三个因素。

第一是左宗棠这个人物很复杂，有功有过，功很大，过也不小。今天我们讨论左宗棠的一生，就要全面地历史地来考察，不能只追究他打了太平军，不能攻其一点不及其余，而要实事求是地衡量他的功过，不能强调过错而抹杀功绩。由于人物的复杂性使我们在评价时容易发生失误，片面强调了这一面而忽略了那一面。不像洪秀全、孙中山那样，他们虽然也有局限性，但作为正面人物的形象很鲜明。左宗棠本人身上却体现着正反两方面的性格，进行分析研究必须非常慎重。

第二是政治气候的影响，左宗棠收复新疆，是反对沙俄和英国的。50年代，我们跟苏联的关系很好，这一政治因素影响到历史研究，不说和少说沙俄的对华侵略。历史学是讲过去的事，却往往要受当前政治气候的影响，50年代不谈或少谈左宗棠的功绩，与此大概有关。

第三是过去存在"左"的思想，宁"左"毋右，这在历史学领域中也是有的。在评价历史人物方面，特别是对地主阶级中的人物，否定得多，肯定得少。"千古风流人物"，能够肯定的又有几个？昨天，参观某校历史系的文物室，陈列的东西丰富多彩，琳琅满目。墙上挂着19个人的画像，画得神采奕奕，但看了一眼，很纳闷。19个人中有14人是历史上的科学家、技术家，如张衡、祖冲之、僧一行、毕昇、李时珍、徐霞客等等，还有5位是农民起义的领袖，陈胜、吴广、黄巢、方腊、李自成。为什么历史系的陈列室陈列的是大批科技人才加上几个农民领袖？这些人无疑也是杰出的人物，但显然并不能代表我国历史上丰富多彩的各个方面的优秀人物，毛泽东讲的政治家、军事家、思想家、文学家都不见了。后来，我一问，就明白了，原来这是1978年以前历史系的一位学生画的，那还在十一届三中全会之前，还在思想路线全面拨乱反正以前，那时中华民族历史上的优秀人物大多靠边站，不能够出头露面，汉武帝、唐太宗、忽必烈、康熙是地主阶级的总头子，杜甫、李白、苏轼是地主阶级的代表，孔子更不成了，是最大的反动派、罪大恶极。连农民起义领袖也没有幸免，毛泽东在《中国革命和中国共产党》中提到12位农民起义领袖，几乎打倒了一半，项羽、刘邦是蜕化变质的；李密的罪状最大，阶级异己分子、阴谋家、野心家、叛徒；王仙芝也是投降了的；宋江戴了修正主义的帽子；朱元璋也是当了皇帝的。最保险的似乎是科技人物，还可以亮亮相，所以当时的历史博物馆，所能陈列的人物大概是大批的科技人物和经过挑选的农民领袖，像左宗棠这样属于帝王将相的人根本没有资格进入博物馆的殿堂。在"左"的思想支配下，把许多杰出人物给否定了，这种阶级分析法值得怀疑，恐怕不是马克思主义的阶级分析法。在一片"左"的气氛中，左宗棠怎能得到公正的评价呢？

评价历史人物必须实事求是。我想第一个教训是由于历史和历史人物的复杂性，我们必须进行细致的具体分析。切忌简单化、一刀切，要么肯定一切，要么否定一切；一个人好了，一切都好，一个人坏了，一切都坏，这种形而上学的方法往往把我们引入歧途。特别是中国近代史上的人物很复杂，功与过交织在一起，功大过也大。如康有为、梁启超前期领导变法维新，站在历史潮流的前头，后来却成了保皇党，反对辛亥革命。又如杨度，本来是个君主立宪派，又拥护袁世凯称帝，组织筹安会，罪恶很大，可是晚年却脱胎换骨，大彻大悟，走上革命之路，参加共产党，做出很多贡献。我们要实事求是地分清他们的功过，不夸大、不缩小、不掩盖。对左宗棠的评价也应如此，左宗棠是个地主阶级中的经世派、改革派，一方面他有爱国心、事业心，希望祖国强盛，他又有办事的魄力和才干；另一方面，他反对革命，维护清朝封建统治。在我们今天看来，两者似乎是矛盾的，不协调的，但在左宗棠身上却是可以统一的。因此，他打败了阿古柏，粉碎了俄英攫取新疆的阴谋，为祖国立了功勋，但也屠杀过许多农民起义军。功过并存，而功大于过。

第二个教训是学术和政治是互相联系的，历史和现实也是密切相关的。但是，学术毕竟不同于政治，历史毕竟不同于现实，两者之间不能画等号。科学研究的任务是追求真理，阐明规律。真实性是历史科学的生命线，离开真实性，历史科学就会枯萎死亡，不能为着眼前的需要而牺牲真实性。中国的历史学有一个优秀的传统，即是"秉笔直书"，要提倡秉笔直书的史德，实事求是地撰写历史、评价历史人物。不能让历史科学屈从于眼前的需要，否则不但损害了科学性，而且对当前的政治也不会有好处。这方面最大的教训是"文化大革命"中，儒法斗争、批孔子、批《水浒传》，这哪里是历史研究，含沙射影，指桑骂槐，是使历史屈从当前的政治需要。历史学家要有清醒的头脑，应当有坚持真理的勇气，应当有无愧于历史学家称号的史德。

第三个教训是历史科学领域中还需要反对"左"的影响，肃清"左"的影响，这是历史科学能否健康发展的关键。所谓"左"就是主观脱离客观、超越客观，思想上的过激过火，不问历史条件而用过高的标准苛求古人，指责古人，有时又任意地美化、拔高古人。这种"左"的表现在过去历史学研究中是相当普遍的，我们见得太多了，太熟悉了。现在政治领域、经济领域中要肃清"左"的影响，思想领域中也要肃清"左"的影响，历史学是思想领域的一个部分，自然也应当反"左"，过去否定了许多不该否定的历史人物，其中包括左宗棠在内，实在就是一种"左"的表现。

但是历史学领域中反对"左"的影响，不能再采取过去那种"左"的办法，不能戴帽子、打棍子、抓辫子，不能用"文化大革命"期间大批判的方式，因为那样是解决不了思想问题、学术问题的。必须真正贯彻百家争鸣的方针，允许各种意见都摆出来，各抒己见，畅所欲言，进行心平气和的讨论，造成学术讨论的良好风气。我可以不同意某种学术意见，但要尊重对方，虚心倾听对方的意见，耐心地进行说理，也可以吸取对方合理的部分。总之，我们要正确地对待不同的意见，即使是错误的意见，也不可以粗暴地打击。我们过去习惯于一种观点，出来一点新的想法，就是离经叛道，视若洪水猛兽，所谓"舆论一律"，其实学术上要求一律，定于一尊，并没有什么好处，也根本做不到学术上的"一律"。世界之大，各种思潮之多，不可能用行政命令禁止，也不可能用大批判来压服。不同意见的存在并没有什么可怕。马列主义不会因此垮台，我们相信马列主义是真理，真理是不会垮台的。马列主义在和各种意见的辩论中会更加丰富，更加充实。即使有些明显的错误意见，也要正确对待。邓小平同志提出"一国两制"，这是马列主义的创造，可以解决香港问题、台湾问题。一个国家内两种制度可以较长期的并存，也必定会有两种或更多种的思想较长期的并存，因为思想是制度的反映，是客观存在的反映。我们要学会适应新的形势，正确对待不同的学术意见。譬如以后和香港、台湾的学者讨论学术问题或者国际上进行学术交流，你就不能要求人家都是唯物史观，都接受马列主义，我们也可以求同存异。如果戴上"左"的有色眼镜，唯我正确，唯我是从，无限上纲，把学术问题和政治问题混淆起来，动不动就开展大批判。这种粗暴的态度就谈不到和港台以及国际上开展正常的学术交流。

　　我对左宗棠没有研究，但由左宗棠的评价联想到历史研究中的一些问题，谈一些不成熟的看法。

中国近现代史的研究如何深入[*]

新中国成立以来，中国近现代史的研究蓬勃发展，取得了很大的成绩。在旧中国，多数历史学家致力于秦汉以前的古史研究，成就卓著。可是，由于种种原因，忽略或回避了对晚近历史的研究，致使近代史呈现一片荒芜，可读的著作、论文，寥寥可数。现在这种情况已完全改观，中国近现代史得到了普遍重视。经过 38 年的努力，特别是近 8 年来的努力，中国近现代史学术园地中，百花争妍，成果丰硕，人才济济。国内以及海外，有很多专家对许多历史问题收集了资料，进行了分析，写出了有分量的文章和专著。无论宏观框架的构筑、微观情节的充填，都做了大量有意义的工作。在教学和科学研究中，中国近现代史和中国古代史、世界史呈现鼎足而峙之势。

任何一项工作，在经过迅速发展并取得显著成绩之后，人们总要回顾所得的成绩，总结过去的经验，展望今

---

* 本文发表于 1987 年 7 月 17 日《人民日报》。

后的前途。新中国成立以来中国近现代史研究的突飞猛进带来了一种错觉，仿佛研究工作快到尽头了。作为一门已有深厚基础的学科还会怎样发展呢？我们的研究工作该怎样深入？该怎样突破？

当然，科学的本性就是不断地发展，它不会停留在某个地方。因此，人们的研究也会日益深化、前进。尽管客观历史早已形成，已是一个过去完成式，但人这一主体的条件、立足点和认识能力却在不断改变或提高；难以数计的历史资料也在不断地搜集、整理、披露、考订，因此，人类对过去历史的认识就不会穷尽、不会终结。随着研究者所处时代的差异，理论观点、认识方法、价值观念、研究手段的差异以及掌握资料多少、精粗、真伪的差异，他们对同一段历史会得出很不相同以至截然相反的结论。研究工作日新月异，不断提高，前人的研究成果，后人不断地加以丰富、完善，或者修正、推翻。人类的认识将从表层走向深层，从现象走向本质，从未知走向已知，从简单联系走向复杂的系统和结构。

尤其是近现代历史十分错综复杂，事态的矛盾、后果需要经过较长的时间才能暴露。因此，人们随着历史的前进需要经常回顾和反思刚刚走过的路程，每一次回顾和反思必能得到新的认识和教益。譬如一座高大的山峰，当你走出一定距离再回头看的时候，它像一幅高悬在天空中的巨大画幅，雄壮而巍峨的形象格外地清晰鲜明。

正因为如此，中国近现代史的研究不会到头。可以期望，以下 4 个方面，近现代史的研究将会取得新进展。

第一，马克思主义的理论将是指导近现代史研究工作继续发展的指南针。马列主义不是狭隘的、封闭式的教条，它能够充分地吸收当代科学的新成果，不断地丰富和发展自己的科学。当代，迅速发展中的自然科学和思维科学正在叩响社会科学的大门，越来越多的人，特别是中青年史学工作者试探着把系统论、控制论、信息论以及数量分析法等等应用于历史研究。在历史唯物主义的指导原则下，人们研究社会历史和人类自身的方法更加缜密、更加多样化了，在科学发展综合化的趋势下，运用自然科学总结出的新方法，将有助于历史研究工作转向多层次、多角度的广阔轨道上去。当然，运用这些方法，应该经过抽象的概括和科学的验证，应该舍弃只适用于某些学科的具体形式，使方法具有广泛的适用性，而不是简单地、生硬地搬用。重要的是要引进、学习、探索、掌握各种新的研究方法，并且不要忘记：每一种新方法都有其合理的应用的界限，不可以任意夸大、滥用。

第二，近几年来，中国近现代史的研究领域有较大幅度的拓展，逐渐突破了近代史上八件大事、现代史上路线斗争的单一格局。人们的思想更加解放，视野更加宽广，高屋建瓴，目光四射，新的研究课题层出不穷。当前，适应我国现代化建设的需要，许多新兴学科蓬勃发展。历史学是传统的基础学科，和各门学科都有密切的关系，而各新兴学科的进展也需要有新的探索。古老的历史学科应该去开辟那些过去少人问津，而现在又为现代化建设需要的边缘空白地带，以焕发青春，服务于现实。如近现代城市史、区域经济史、边疆开发史，近现代社会史、文化史、人口史、宗教史、灾荒史、生态环境演变史，还有从前视为禁区的一些问题，统治阶级内部派系和斗争，反面人物的是非功过以及有关衣食住行、婚丧节庆等社会底层的风俗民情等，都可以提上研究的日程。这样，我们对近现代历史的认识将会更加全面、更加丰富、更加合乎实际。

第三，要把中国近现代史放在世界史的广阔背景内加以研究。全世界的近现代史是各国人民争取独立、民主、繁荣并走向社会主义的漫长过程。历史的发展既有普遍性，又有特殊性。各个国家、各个民族在前进中经历了极不相同的路程。像1789年法国资产阶级革命和1917年俄国十月社会主义革命对世界和中国产生了巨大的影响。从一定意义上说：中国近现代历史是在这两次伟大革命的旗帜下走过来的。但是，基于国内外的不同条件，中国在民主革命中既没有、也不可能走上资本主义道路，建立资产阶级专政；在社会主义革命和建设中，也不能仿照苏联的模式。中国的革命和建设，只能以马列主义为指导，结合本国的国情，吸收先进国家的经验，在实践中开辟自己的前进道路。从经济、政治、外交、军事、法制、民族思想文化等多方面比较各国情况的相似性和差异性，考察世界发展的一般趋势和中国革命的具体经历，将能给人以启示和教益，将能帮助我们从宏观角度去观察中国的过去和未来，帮助我们去探索适合中国国情的社会主义现代化建设的道路。

第四，中国近现代史的资料浩如烟海、数量庞大、种类繁多。有档案、官书、文集、方志、笔记、日记、碑版、谱牒、信札、契据、报刊等等；有汉文的、少数民族文字的以及各种外国文字的；有公开刊印、广泛流传的文件书籍，也有许多尘封蠹蚀、罕为人知的稿本、抄本、公私档案。这些史料中有对各种历史事件详尽真实的记录，但也有种种歧异、舛误。进一步发掘史料的珍藏，对具体问题进行细致的考证、勘误、辨伪是十分重要的。马克思主义不赞成用史料学去代替历史科学，但历史研究必须以史料的搜集、整理、排比、考证为基础。史料的突破常常会导致研究的突破，修正或改变人们对重大历史问题的看法。每个历史研究工作者必须勤奋、艰苦地做史料工作，在大量、丰富而准确、可靠的史料的基础上，才能有科学的历史研究。

我相信：近现代史的研究并无止境，不会停滞下来，今后，在以上几个方面进行努力，都将取得成绩和进展。

尽管中国近代史方面已发表了很多论文、著作，同一个题目被不同的学者一遍又一遍地研究过了，但我们仍然可以通过几种途径，在近现代史研究方面开拓新局面。对史料的发掘、整理考证是途径之一。史料工作本来就是历史研究的基础工程，没有丰富而经过甄选的史料，就不可能建筑起宏伟的科学殿堂。特别是中国近现代史的资料丰富浩瀚、真伪杂糅、种类繁多，史料的搜集、辑录、考证、翻译、刊布工作亟待进行，在这方面大有用武之地。我相信：史学工作者只要肯下工夫，努力耕耘，长期坚持，必定能有所收获，必定能把近现代史的研究推向前进。

历史学家的过去和现在[*]

历史科学是基础性学科和综合性学科。历史学研究人类社会发展中的各种生活现象的总和，这些现象是历史的、能动的、合乎规律的过程。它既是有意识、有激情，并追求着自己目的人的活动，然而，人的历史活动又被已经形成了的环境和条件所制约，只有顺应历史的趋势，他们的活动才能取得接近于预期的结果。在历史的过程中，客观的和主观的、物质的和精神的、必然的和偶然的、规律的和随机的，有机地交织在一起，构成非常错综复杂的历史图景。历史科学所涉及的内容非常广泛，因为客观世界，无限丰富，并不断发展。人类活动的各个领域，都可以追溯各自的起源和由来，各有其专门的历史，如政治史、经济史、军事史、文化史、社会史、科技史；每个时代各个地区、国家、民族又各有具体的历史规律和特殊的内容，因而有各种断代史、地区史、国别史、民族史。历

* 本文发表于《历史研究》1989 年第 5 期。

史科学包含各种专门史和通史，涵盖面宽广，内容丰富多样，无所不包。正是在这个意义上，马克思和恩格斯说："我们仅仅知道一门唯一的科学，即历史科学。"

在中国，历史学又是时间悠久，积累丰厚的传统学科。我国有几千年未曾中断的完整的文字历史记载；有浩瀚的体裁多样的历史典籍；有包括各民族文字的文献碑版、丰富的档案史料、珍贵的文物遗存；有像左丘明、司马迁、刘知几、司马光、郑樵、章学诚、梁启超、王国维那样杰出的历史学家，直至近代开创了马克思主义历史研究的李大钊、郭沫若、范文澜等人。过去几千年的史学成就是我国文化遗产中弥足珍贵的部分，它记录了中华民族生活、战斗和前进的里程，总结了先辈们生产斗争和阶级斗争的经验，反映了祖国伟大光辉的文明成果。

历史科学对一个国家、一个民族的重要性是显而易见的，它给人们以智慧、力量和信心。为了认识社会，认识前途，认识人类自我，必须借助过去，观察它在一个较长时段中存在和发展形式，进行历史的反思。过去和现在是相互关联的，把过去当做不值一瞥的瘠野荒漠，而过分局限于眼前事件，往往会被一连串眼花缭乱的短暂变化弄得头晕目眩，而无法把握住社会运动的本质和未来。历史科学的作用，可以使我们在一个巨大的远景中，在过去至现在的长期发展中，观察自己和自己的社会。这样才能够透彻地了解现在、预见未来。因此，历史科学研究的对象虽然是过去，它只为过去提供较为客观、较为正确的图像，但它的意义并非只局限于过去。现在和未来，都是过去的继续延伸，历史的因，铸成现实的果。现实的一切，或成就，或挫折，或胜利，或困难，无不萌生于过去，无不和过去结有不解之缘。对过去的事情进行研究和解释，正是为了更好地理解现在和未来。人们所以重视历史科学，也因为他们带着现实中的迷惘和困惑。不得不求助于历史，寻求比较正确的答案。一个民族，如果忘记了过去，就不可能正确地面对现在和未来。

人生活在现实之中，每个人在观察和研究过去的时候，总不免带着现在的思想感情和认识方法，人们经常会用现在生活中的要求和兴趣去研究过去的历史。过去历史中和现在密切相关的史实和史料，总会首先凸显在历史学家的眼前，引起历史学家的优先关注，这一点并不妨碍历史发展过程的客观性。各个时代的历史学家在选择研究课题和进行分析思考的时候，大多会选择那些与当前现实较有关系的问题，并站在当代达到的科学水平上去开展研究。历史学家越是关心现在，理解现在，就越能够深入地反思历史。现在的生活为他提供了一个比较成熟的发展形态，以便去理解历史上尚未成熟的发展形态。如果人们对现在的事件漠不关心、失去兴趣，又怎能深入理解曾经发生过的历史事件呢？现在生活中的感受有助于历史学家去体验各样的历史生活，正像人们常说的那样，对人体的解剖有助于理解类人猿的骨骼体态。

当前，中国历史正在发生前所未有的伟大变革，在党的领导下，我国正在社会主义现代化的道路上迅速奔驰，为建设高度的社会主义物质文明和精神文明而努力奋斗。

历史学家有责任，在过去与现在，历史与现实之间架起沟通的桥梁，在建设今天新生活的时候，反思过去，回顾国家和民族已经走过的艰难而光荣的历程，这对人们是大有裨益的。改革和开放，需要人们更加了解我国的国情和传统，更多知道世界的历史和现状，也需要更加抓紧爱国主义、社会主义与坚持四项基本原则的思想教育。历史科学在现实中是大有作为的。它能够提高全民族的文化素质，培育爱国主义、社会主义精神，陶冶人们的性格、情操，增加基本知识，帮助人们认识国情，了解自己的过去，廓清迷雾，以把握现在、面向未来。历史科学之树是常青的，它将为我们开辟新生活做出重大的贡献。

加强联系与合作　共同繁荣
史学事业与档案事业*

　　在第十三届国际档案大会即将闭幕之际，我能以中国史学工作者代表的身份，在此向来自各国档案界的代表们发表演讲，深感欣慰和荣幸。这不仅是大会组委会和国际档案理事会给我个人的极大荣誉，而且也是中国档案界和国际档案界给中国史学会和史学工作者的极大荣誉。我代表中国史学会和史学工作者，向你们表示衷心的感谢，并对大会的圆满成功表示热烈的祝贺！

　　在过去 5 天中，与会代表围绕大会主题，进行了一系列富有建设性成果的学术讨论。本届国际档案盛会，其规模之巨大宏伟，气氛之浓厚热烈，内容之丰富多彩，形式之多样新颖，见解之精彩创新，不仅为在座的各国档案界代表所首肯和称道，而且给我本人和我的同行们留下了深刻的印象。你们所表现出的保护世界记忆、维护历史真

---

　　* 本文是作者 1996 年 9 月在第十三届国际档案大会闭幕式上的演讲稿。

貌、服务现实工作和学术研究的崇高使命感和强烈责任感，不能不令我们史学研究人员和一切有良知的人们肃然起敬！

本届大会，对档案学一系列具有重大理论和实践意义的问题进行了研讨，并对各国档案工作中若干具有普遍性的问题取得了共识，这必将推动各国档案工作和档案学研究的进一步发展。我认为，本届大会不仅是前12届国际档案大会的具有内在联系的合乎逻辑的延伸和继续，而且由于它是在世纪交替时期召开的本世纪最后一届国际档案大会，肩负着回顾过去、展望未来的历史使命，因此，具有承前启后、继往开来的重大现实意义和深远历史意义。

作为与中国档案界有着密切交往的史学工作者，我愿意站在大会组委会和国际档案理事会为我提供的庄严讲坛上，阐述我们史学工作者对档案和档案工作的认识，表达我们史学界继续获得档案界的合作与支持、共同推进历史研究和档案工作不断发展的诚挚愿望。

对历史研究和史学家来说，档案与其他史料相比，具有三个显著特点：

一是直接性。档案是当事人亲身经历的直接记录，而非事后的回忆或听来的传闻；是在事情处理过程中自然形成的，而不是人为加工编造的。因此，它避免了记忆的模糊、传闻的错误或主观的臆想，具有可靠性和权威性，是原原本本的历史记录，是史学研究的第一手资料，是帮助史学工作者再现历史的最好工具。

二是丰富性。每个档案馆的档案都积屋盈橱，汗牛充栋，全中国、全世界的档案数量更是浩如烟海，不计其数。其内容之丰富，信息量之巨大，是其他资料无法比拟的。因此，它是史学研究者取之不尽、用之不竭的原料和知识源泉，是研究历史的最丰富的食粮。

三是系统性。每个全宗的档案，都较完整地反映了每个机构或人物在一定时期内发生、发展的演变过程，事件的源流本末、过程细节，在档案中都有着忠实的记载。档案能全面、系统地反映历史的全貌，能使史学研究者深入探究历史事件的全部过程和各个具体细节，帮助史学家找出历史发展的轨迹和规律。

正因为如此，档案历来受到史学界的高度重视和史学家们的高度评价。不但我们的前辈们以及我们这一代史学家撰写历史著作时大量利用过档案，而且我们在指导我们的学生和后辈们研究历史时，也要求他们一定要想方设法利用档案。我的所有研究生们，几乎都到有关档案馆利用过档案。无论是中国过去的史学家，还是当代的史学家，都把档案看做史学研究中的最重要史料，看做历史学科得以生存和发展的根本条件。可以说，离开了档案，就不可能进行严肃的、深入的历史研究。

由于档案对史学的作用如此重要，因此，档案工作与史学工作、档案工作者与史学工作者也有着天然的密切联系。对此，我仅想以中国为例加以说明。

在中国历史的早期，档案工作与编史工作是集于一人的。文书的记录、形成、保管、使用，以至于史书的编撰，都由称为"史"的一类人担任。根据汉字的造字原理，"史"的含义就是指手持簿书档案的人。即使随着社会分工的细致，档案工作和史学工作各自有了专门的职责，但是，两者之间仍然有着紧密的联系。这种联系，从以下几个方面表现出来：

第一，许多著名的史学家都曾管理过档案。例如：中国史学之父司马迁，承袭世职为西汉太史令，负责管理国家的图书档案，因而博采史料，创作了中国第一部通史《史记》。公元1世纪开中国纪传体断代史先河的东汉大史学家班固，曾长期在皇家档案图书机构兰台任过职；公元12世纪首创出中国典章制度通史的南宋史学家郑樵，也曾在中央档案机构中管理过档案。可见档案工作这一园地，是孕育杰出史学家的沃土。

第二，许多著名的史学著作，都是直接运用档案编纂而成的。中国是世界上史学成果最为丰富的国家之一。历史上，每个朝代建立后，都为前一王朝修撰一部史书；每位帝王都有《起居注》、《实录》等专门史书，记载其日常起居言行和政务活动；每一级地方政府，每一个大姓望族，过几十年都要新修一次方志、家谱。历史上的数万部史志谱牒，很少不是根据档案编纂而成的。当代一些著名史著的撰写，也是大量利用了档案，充分吸收了档案的营养的。可以说，是档案熔铸成了史学著作的辉煌宝鼎，史学的大厦，正是建筑在档案的基石之上的。

第三，档案史料的发现、开放和公布，深刻地改变着史学的研究。20世纪前半期，中国曾先后发现了四批重要档案，这就是殷墟甲骨、居延汉简、敦煌遗书和内阁大库档案。它们被发现后，都曾轰动了中国乃至世界的史学界、学术界，不但在世界范围内掀起了研究热，把中国殷商史、两汉史、南北朝隋唐史、明清史的研究引向了深入，而且还分别形成了甲骨学、简牍学、敦煌学等史学新学科。中华人民共和国成立后，档案史料大量公布，历史档案对外开放，中外史学界大量利用了中国档案，从而引起了史学界的许多重要变化：一些史学家的研究视野被拓宽，一些新的研究领域被开辟，一些历史研究的传统结论被修改，一些流行的研究方法和研究风气被改变。这说明档案对史学的影响是既巨大又深刻的，史学变革和史学发展的动力之一就来自于档案。

第四，档案工作者也积极参与着史学研究。新中国成立以来，档案工作者经常与史学工作者合作编纂出版档案史料，共同举办各种史学研讨会，联合进行各种史学专题研究。不少优秀的档案工作者，同时也成为出色的史学研究者；一些著名的档案馆，正成为我国史学研究中的一支生力军。例如：中央档案馆、中国第一历史档案馆、中国第二历史档案馆的一些研究人员已经在中共党史和中华人民共和国史研究、明清史研究、中华民国史研究中取得了大量的优秀成果，成为这些史学领域中不可缺少的一个方面军。这表明档案工作者是史学工作者的重要盟友，是史学研究的得力参与者。

正由于档案工作与史学工作有着如此密切的联系，因此，我也愿意代表中国史学工作者，向各国档案工作者表达以下几点殷切的希望：

　　第一，希望档案工作者在进行档案价值鉴定工作、决定档案存毁时，更多地考虑档案的史学价值。档案除具有行政查考的现行价值外，还具有编史育人的史学价值，而且时间越长，档案的史学价值就越大，对史学研究就越珍贵。档案工作者在对档案价值进行鉴定，特别是决定档案是否留存时，不仅应考虑档案是否具有行政查考的现行价值，还应同时考虑档案是否会有学术研究的历史价值；不仅应从行政学的角度和纯经济的意义上去考虑如何决定档案的存毁，还应同时从历史学的角度和社会的意义上去考虑如何决定档案的存毁。事实证明，档案工作者越是具备历史的眼光，就越能正确地把握档案的历史价值和社会价值，就越能为历史留下真正值得永久保存的档案。

　　第二，呼吁全社会并希望档案工作者更好地爱护、保管各国的档案遗产。档案是珍贵的文化财富，但又极易受到各种自然因素和人为因素的破坏，而且一旦遭到破坏，又是不可再生和难于弥补的。因此，不少历史档案遗产，有的已经灭绝，有的正在濒临灭绝。全社会和每一个公民应把保护档案资源作为自己的神圣责任。国际档案理事会为保护和抢救档案遗产，一直进行着不懈的努力。近年来，在联合国教科文组织的倡议和支持下，国际档案理事会正在国际档案界组织实施"世界记忆项目"。实施这一项目，对于抢救濒临危境的档案遗产，保证档案文献更久远地流传和被更广泛地利用，将是非常有益的。我们史学工作者，除了呼吁各国政府要更加重视对"世界记忆"的保护外，也希望各国档案工作者，更加密切关注和积极参与"世界记忆"抢救活动,进一步妥善保存本国的档案遗产,维护档案的完整与安全,为人类文明进步事业做出更大的贡献。

第三,希望各国档案界进一步开放档案,为历史研究提供更大的方便。档案开放对于活跃思想、繁荣学术、发展文明、促进进步有着巨大作用。中国历史上,春秋时代由社会变革引起的官府档案的大量流向社会,曾造成学术的繁荣,形成诸子竞存、百家争鸣的大好局面;世界历史上,由法国为先导、其他国家相继实行的档案向社会开放,也为近现代人类学术文化的繁荣做出了不可磨灭的贡献。档案开放的最大受益者之一是史学界,因此,史学界对档案开放盼望最殷,要求最切。当前,各国档案开放的进展还不平衡,档案开放的程度也与史学界的要求存在一定的差距。因此,我们也希望档案界不断关注史学研究的新进展、新要求,进一步打开档案馆的方便之门,为各国史学工作者进行历史研究提供更多的方便和条件,促进史学研究的更加繁荣。

第四,希望进一步加强档案界与史学界的密切合作。各国档案界与史学界的共同合作已经由来日久,并愈益成功。这种合作,不仅促进了史学界的繁荣与发展,而且也为全社会的繁荣与发展做出了贡献。我们希望这一优良传统继续发扬光大,希望档案界和史学界在新的起点、新的高度、新的领域,以新的形式,开展更加广泛、更加密切、更有成效的合作,促进档案事业与史学事业的共同繁荣,共同进步。

　　长期以来，史学工作者一直享受着档案工作者用辛勤劳动所带来的各种泽惠，也一直感受到档案工作者默默无闻、无私奉献精神的伟大和动人。史学的繁荣与进步，离不开档案工作者的奉献与支持；史学的辉煌成就中，有着档案工作者的一份功绩。为此，我利用这一机会，代表中国史学工作者向全体档案工作者致以深深的谢意，并由衷地祝愿中国和世界各国档案事业蓬勃发展、繁荣昌盛！

历史科学的社会功能[*]

历史科学是基础学科。它内容丰富、涵盖面宽广，有许多分支学科，如：各种断代史、地区史、国别史、考古学、史学史；它又和其他学科交错、渗透、重叠而构成各种专门史和边缘学科。历史学在我国具有悠久的传统和深厚的基础，成果丰硕，著述浩瀚，名家辈出。儒家的五经中，《尚书》和《春秋》都是历史著作，章学诚甚至说过"六经皆史"。《左传》、《战国策》、《史记》这类编年体、纪传体的名著都成书在两千数百年以前。我国古籍以经、史、子、集四部分类，史部典籍数量极多、浩如烟海。我国传统的知识结构中，历史学占着十分重要的地位。

作为基础学科的历史科学，其基本功能是揭示客观历史的发展规律，启发人们的智慧，提高文化素质，塑造美好的心灵与人格。它和单纯的应用学科不同，不能直接创造物质财富，难以追求快速效应。历史科学是把人和社会

---

[*] 本文选自《语冰集》，广西人民出版社 1999 年 5 月第 1 版。

放在流动、发展的长河中来理解、来剖析，说明我们和我们的社会是怎样的，以及为什么是这样的。每一个国家和民族都有不同的经历、不同的处境，今天的处境是由过去的经历造成的。追溯过去的经历，才能弄清今天的处境，才能设计改造世界的最佳方案。在某种意义上说，人类的知识都是历史的，都是对过去经验的总结和概括。"鉴古而知今"，人类总是从过去中理解今天，进而开拓未来。一个民族、一个国家，如果忘记了自己的过去，必然也要失去今天和未来。我们虽然不能期望历史科学取得立竿见影的效益，但它的社会功能是显著、长远而且非常重要的。它是了解国情、进行战略决策所必需的；它是认识我们国家的伟大、光荣，提高爱国主义和社会主义思想所必需的；它是提高文化、陶冶情操、建设高度的社会主义精神文明所必需的。

任何科学都要满足生活的需要，为现实服务，历史科学当然也是如此。不食人间烟火、对现实生活不能发挥作用的学科必将萎缩、消亡，失去自身存在的价值。但是，为现实服务必须以尊重历史事实、尊重客观规律为前提，必须尊重历史学自身的科学性和独立精神。因为按照事情的本来面目揭示其真相，遵循历史发展的客观规律，才能昭示真理，给人们以新知，并推动社会前进，这最符合于国家和民族的长远利益。任何歪曲事实、混淆黑白、违反和抗拒历史规律的做法，只能对现实生活产生负效应，因而是不能允许的。中国历史学家有"秉笔直书"的美德，有为保卫历史真实性而献身的传统，应该发扬这种美德，继承这种传统。历史学不能成为政治的侍婢，不能鼠目寸光，局限于眼前的需要，更不能丢掉尊严，屈从势力集团的驱遣。十年浩劫的教训记忆犹新，不能忘记。当时，影射史学泛滥，全民批林批孔，学习儒法斗争。历史学成了阴谋家篡党夺权的工具，给国家和人民带来巨大的灾难，也给历史学的科学性和声誉造成严重的损害。

今天，在新旧体制的交替过程中，历史学面临新的困境，社会上流行"知识无用论"，历史学和其他一些基础学科失去了光彩和吸引力，被冷落在一边，不受重视。历史著作难以出版，论文不易发表，学生不愿报考历史专业，社会上不愿录用历史系的毕业生。造成这种情况，有多方面的原因。作为历史科学工作者，当然首先应该反躬自问，怎样改进自己的知识结构、思维模式和研究方法，怎样拓展研究领域，开辟具有现实意义的课题，加强其应用性，使历史科学能够适应当前改革、开放的需要。但是，像历史学这类基础学科不能立竿见影地快速实现自身的价值。人们应该也必须以历史为借鉴，但如果企图从历史文献中寻找解决现实难题的现成答案，那将愚不可及。一切都以时间、地点、条件为转移。新的历史态势，形成新的问题，需要新的解决方案，人类总是不断创造、不断超越、不断前进的。历史科学不是对策学，要根据它自身的特点发挥其社会功能。

个人如果丧失了对过去的一切记忆，将不能继续生活下去，人类社会如果没有历史科学，也将难以存在和前进。历史科学的价值不会因商品经济浪潮一时的冲击而被永远否定。中国要前进，要建设社会主义，就必须理解建设的客体和主体，必须理解国情、民情，必须提高人们的文化素质和思想境界，这就离不开历史学。随着改革的深化，人们将会重新认识和发现历史科学的功能，恰如其分地肯定它的价值。马克思主义历史科学必定会发展，会大有用武之地，会在社会主义现代化建设中做出应有的贡献。

千年历史的启示*

往事越千年

时间如风驰电掣，弹指即逝，我们迎来了世界新千年的春天。回首前尘，沧海桑田，人类经历了翻天覆地的变化，走过了艰难坎坷的路程，也创造了光辉灿烂的成绩。

一千年前，中国正当北宋真宗咸平三年，上距赵匡胤陈桥兵变（公元 960 年）40 年，下距宋辽澶渊之盟（1004 年）4 年。那时候的中国，刚刚走过了唐朝的繁荣鼎盛，创造了古代世界的伟大文明，经过了五代十国的干戈扰攘。进入北宋，重新统一了中原地区，却又面对着四个游牧民族——契丹、西夏、女真、蒙古的接连进攻，长达 300 年之久，偏安江南的南宋朝廷终于被元朝所灭。14 世纪末，朱元璋推翻了元朝的统治，再一次建立了汉族的

全国政权。17 世纪满族崛起，清廷代兴。康乾盛世，把中国的经济和文化推向新的高峰。但明清两代，政治上实施封建专制主义中央集权，思想上保守禁锢，对外闭关锁国，工商业疲弱无力，不足以打破封建主义的桎梏。中国逐步落在了西欧先进国家的后面。到了 1840 年鸦片战争，英国武装入侵，中国在外国的坚船利炮面前，屡战屡败，被迫订立城下之盟，受人鱼肉、被人欺凌，逐步沦为半殖民地半封建国家。经过百年艰苦斗争，中国人民觉醒并获得了新生。在中国共产党的领导下，经历北伐战争、土地革命、抗日战争、解放战争，建立了中华人民共和国。

一千年前的世界亦在贫困和战乱中挣扎求生。英国被丹麦入侵，长期被蹂躏，法国则农民反抗，如火如荼。意大利和西班牙分裂成许多城邦和小王国，连年争斗。宗教势力很猖獗，迫害人民，盛行火焚等酷刑。阿拉伯的伽色尼王朝曾 25 次入侵印度，到处尸骨如山，颓垣废墟。欧洲和亚洲都在封建社会的漫漫长夜中。而美洲、大洋洲和非洲撒哈拉以南的许多部落，还处在没有阶级、没有国家的原始社会中。11 世纪，拜占庭与土耳其的矛盾十分尖锐，教皇召集宗教会议，号召欧洲国家发动十字军东征，以后连续多次东征，延续 200 年之久。直到 15 世纪后，西欧某些城市中，出现了资本主义萌芽，新的经济、政治、文化因素逐渐孕育成长。

岁月悠悠，光阴逝水，瞬间已过一千年。人类在贫困和战乱中奋斗，在血与火中成长。今天，尽管世界上仍然充满着不公正和冲突，人类生活中存在很多艰难和困扰，但对比千年往事，历史毕竟在进步。今天中国和全世界的局面已非一千年前可以相比，人类为争取幸福生活的长期努力硕果累累，成绩辉煌。正义正在战胜邪恶，光明逐渐驱走黑暗。今天的世界虽然还很不平静，危机四伏，但机遇大于挑战，希望多于困难。人类会以极大的信心，总结经验教训，勇敢地走进21世纪，去创造更美好的新生活。

五种潮流主宰世界

过去的一千年中，五种潮流主宰和支配着世界和中国。

人民反抗斗争的潮流。过去一千年是封建主义、资本主义和殖民主义的社会，到处是人民的抗争和起义。从一千年前北宋的王小波、李顺起义，中经宋江、方腊起义，元末红巾军起义，明代徐鸿儒起义，李自成、张献忠起义，清代白莲教起义、太平天国起义，农民战争的烽火日益旺烈，规模日益壮大。外国则有铜手瓦西里起义、基辅起义，法国扎克雷起义，捷克胡司起义，德国农民起义，俄国拉辛起义、普加乔夫起义。17世纪英国发生资产阶级革命，18世纪法国发生扫荡封建制度的革命，19世纪法国、德国、拉美多次发生革命，又发生巴黎公社。20世纪俄国十月革命，世界上建立起第一个社会主义国家。之后发生中国革命，东方世界开始了翻天覆地的变化，揭开了新的历史篇章。

这一千年中伴随着世界资本主义的发展，殖民主义在全球逞威肆虐。15世纪以后，葡萄牙、西班牙、荷兰、英国、法国先后把侵略魔爪伸向世界各个角落，为资本的原始积累而侵略弱小民族。在大炮和十字架的标记下，倾销商品，掠夺原料，强占土地，贩卖人口。19世纪末叶以后，各个帝国主义瓜分殖民地，穷凶极恶地剥削人民。近五百年以来，世界人民反殖民主义的斗争风潮澎湃，浩浩荡荡，势不可挡。

　　一千年中所有人民反封建主义、反资本主义、反殖民主义的斗争给历代统治者、侵略者以沉重的打击，推动了历史的前进。至今，世界人民虽没有完全摆脱被奴役和被剥削，没有彻底解放，但人民的地位大大提高了。奴隶和农奴作为一种制度已成为历史的陈迹，以前的许多殖民地国家纷纷独立。人民的力量从小到大，由弱变强，决定着未来历史的走向。统治阶级随心所欲，一意孤行，残害生民，"天下莫予毒也"的日子已经一去不复返了。

　　民主和社会主义的潮流。随着资本主义萌芽的产生，16世纪西欧兴起了文艺复兴运动，意识形态和文学艺术领域中诞生了一批大师。他们鼓吹人文主义和思想解放，以巨大的激情、精深的理性震撼了中世纪的神学殿堂。法国大革命前夕，启蒙学者们以笔墨作刀枪，抨击封建政府和腐朽教会，讴歌民主、自由、平等、博爱。思维的悟性成了衡量事物的唯一尺度。"一切都必须在理性的法庭面前为自己的存在作辩护，或者放弃存在的权利"（恩格斯语，见《反杜林论·引论——概论》）。启蒙思想家企图以民主和人道原则重新铸造世界，但是，现实粉碎了他们的信念，经历了资产阶级革命以后的世界仍然充满了黑暗、欺诈、剥削。18世纪社会主义思潮勃兴，平等的要求不再限于政治权利方面，而且扩大到经济和社会地位方面。法国和英国的空想社会主义者圣西门、傅立叶、欧文从头脑中制定消除剥削和压迫的方法，企图实现人类的普遍平等，但与实际生活存在着巨大的鸿沟，无法付诸实现。19世纪诞生伟大的思想家马克思、恩格斯，他们分析了资本主义的内在矛盾，总结了工人运动的经验，指出了社会主义必然胜利的物质条件，从而将社会主义从空想变为科学。1917年俄国的十月革命和1949年中国革命粉碎了旧制度，解放了广大人民，开辟了人类历史的新纪元。尽管20世纪末苏联和东欧发生历史剧变，社会主义遭到挫折，但中国在社会主义道路上仍巍然屹立，并在具有中国特色社会主义理论——邓小平理论的指导下取得了伟大成绩。目前中国国内生产总值年均增长7%以上，经济总量排名世界第7，外汇储备世界第2，进出口总额世界第11。在过去20年间，中国农村贫困人口减少了两亿多，95%以上的农民过上了温饱有余的生活，中国的物质文明和精神文明建设，举世瞩目，有口皆碑。中国只用了一代人的时间取得了其他国家几个世纪才能得到的成果。21世纪，中国社会主义建设，在邓小平理论的指导下，将迈开更雄健的步伐，取得更光辉的胜利！

　　各个国家和各个民族更加密切交流和联系的潮流。全世界已变成了互为依存、不可分割的整体。过去的一千年，地球分为五大洲，人类被难以逾越的高山重洋所阻隔，老死不相往来，各自在狭隘的区域内孳生、繁衍，创造了各种不同的文明。1492年哥伦布发现美洲新大陆后，人类开始冲破了互相隔绝的局面。交通和通信工具的发达提供了远地交游的手段，而资产阶级在全世界开拓市场，强行打破了各民族自给自足的闭关自守状态。资产阶级从一开始就以征服、扩张的血腥手段实现了世界性联系，弱肉强食曾是前几百年中殖民世界的原则。强国之间为争夺殖民利益纷争不息，屡兴干戈，直至20世纪内发生了两次世界大战，生灵涂炭，城镇为墟，人类遭到了有史以来最大的灾祸。随着近几十年科学技术的突飞猛进，经济全球化的步伐日益加快，世界变得越来越小了，全体人类居住在一艘诺亚方舟之中，须同舟相济，祸福与共。历史的经验告诉我们：人类再也经不起一场巨大战争的破坏，我们必须学会和平共处。目前，国家之间的战略利益错综复杂，碰撞激烈，相互影响，跌宕起伏。我们必须彻底地改变弱肉强食的自然法则，在斗争中求妥协，在竞赛中谋合作，用谈判和相互让步来解决分歧和争端，避免全面对抗和武装冲突，为维护人类的真诚友好、世界的持久和平而共同努力。

科学技术发展的潮流。一千年前中国科学技术的发展水平尚高出于全世界。在古代，中国科学技术的发展水平尚高出于全世界。在古代中国许多科学技术发明传播到全世界，造福于全人类，最重要的是指南针、造纸、火药、印刷术。指南针使远海航行成为可能，造纸促进了人类文明，火药的强大杀伤力改变了战争面貌，印刷术使知识和信息的传播发生巨大突破。但15世纪后，中国科学技术的发展逐渐缓慢、停滞，而西欧则后来居上，科学技术迈开了快速的步子。16世纪哥白尼发表《天体运行论》，粉碎了教会以地球作为宇宙中心的谬说，使科学从神学的束缚中解放出来。17世纪伽利略研究了自由落体和抛物线的运动规律，创立了实验和数学相结合的研究方法。此后牛顿提出运动三定律和万有引力理论，奠定了经典物理学的基础。接着，在数学、物理、化学、生物、农学、医学、地质等众多学科中出现了重大的发明创造，大大提高了人类对自然界认识、利用、改造的能力。20世纪相对论和量子论的建立，放射性元素的发现，核物理学的进展，原子弹与氢弹的爆炸，空间航天器的发射，信息技术的成就，遗传基因密码的破译，电脑的应用和推广，一系列惊人的成就，完全改变了人类的生存环境，创造能力和生活常规，人类进入了与一千年前迥不相同的高科技时代。科技发展日益迅速，科学技术已成为推动生产力发展的首要因素。

生产力发展和社会财富增长的潮流。一千年前，世界各地还处在农耕和游牧时代，生产力极为低下，农民被分割在零碎的小块土地上，用原始的犁锄、简单的耕作方式，终岁勤劳，收获无几。碰上较好的年成，勉强维持自己和妻小的生存；一遇灾荒或战争，便流离失所，饥寒交迫。无论中国与世界，往往流行瘟疫，遭逢战乱，发生洪水，死亡遍野，人口锐减。直到18世纪中期，各地的生产力尚无显著的提高。当时先进的美国，全国加工的棉花仅 100 万磅，生铁产量 1800 吨。

18 世纪下半期，英国发生产业革命，手工工场发展迅速，分工更细密。一系列技术创新使工效大大提高，生产更加专门化，出现了专门从事某种劳动的熟练工人，使手工工场过渡到工厂成为可能。工厂制度使用大机器，进行大规模生产，并能使科技成果有效地应用于工业生产，大大地促进了经济的发展。就像《共产党宣言》中所说："资产阶级在它的不到一百年的阶级统治中所创造的生产力，比过去一切世代创造的全部生产力还要多，还要大。自然力的征服，机器的采用，化学在工业和农业中的应用，轮船的行驶，铁路的通行，电报的使用，整个整个大陆的开垦，河川的通航，仿佛用法术从地下呼唤出来的大量人口——过去哪一个世纪能够料想到有这样的生产力潜伏在社会劳动里呢？"近三百年世界生产力发展的成就是辉煌的，尽管有帝国主义的榨取掠夺、劳动人民的艰难酸辛，贫富不均极其严重，但社会财富在急剧增加，人类总体的生活质量和物质所得大大提高，精神生活更加丰富。到第二个千年之末，地球养活了 60 亿之多的人口。人具有无穷的创造力，任何艰难困苦，不能阻碍人类对幸福生活的追求和社会不断加速前进的步伐。

回顾一千年的历史，人们力量的增强和社会地位的提高，民主和社会主义的发展，国家和民族之间联系的紧密，科学技术的进步以及生产力、社会财富的增长，正是这些因素开创了今天不同于一千年以前的新世界、新中国。今天已有的物质和精神成果来之不易，是世界和中国人民长期奋斗得来的，其中包含着历代人民流血牺牲和辛勤劳动。抚今追昔，应该无比珍惜人类文明的成果。在前人成就的基础上，奋发努力，更上一层楼，争取建设更加美好的未来。

发 展 是 硬 道 理

总结千年的历史经验，人类要发展，要前进。邓小平同志说得好，"发展是硬道理"。社会如果落后、停滞，将变成一潭死水，将会腐烂死亡。人们不甘心倒退到过去贫困、匮乏、愚昧、混乱中去。人们有权利要求过更美好的生活，也有能力建设更美好的家园。人们将勤奋劳动，各尽所能，贡献才智，进行改革，扫除发展道路上的一切障碍，乘风破浪，努力前进，使物质文明和精神文明达到更丰富、更完美的境界。

展望新世纪，人类必须为自己的生存和发展构建适宜的环境。未来的世界将是多元的世界，各个国家、各个民族，各种文化、各种制度、各种生活方式，长期并存于世界。丰富多彩的世界将为人类提供选择的机会和创新的活力，各国人民应更多地加强交流、了解和学习，在相互尊重和平等对待的基础上携手前进，而不应该让多样性加深人民之间的隔阂，更不能恃强凌弱、扩张霸权，挑起冲突和战争。维护和平、尊重主权、建立公正合理的国际新秩序，共同建设世界和各自的国家，这是 21 世纪人类的共同愿望和奋斗目标。

中国古代修史的传统及其
对国史研究的重要启示[*]

　　编纂历史是一门大学问，中外古今许多历史学家都曾研究过。中国古代的著名历史学家刘知几作《史通》、章学诚作《文史通义》论述历史编纂的理论与方法。中国近代的梁启超专门作《历史研究法》，总结了中国以往的历史编纂学，并吸收了外国研究历史编纂的一些成果。外国也有许多这方面的探索，如德国的兰克学派，英国的著名历史学家汤恩比，法国的年鉴学派，美国的边疆历史学派，等等。我不是专门研究历史编纂法的，所了解的只是一些皮毛的、粗浅的知识，大概地作一介绍，可能有不妥当的地方，希望大家批评、指正。

---

* 本文发表于《当代中国史研究》2002 年第 4 期。

一、中国编写历史的传统

中国是世界上唯一有几千年不间断历史记录的国家，从甲骨文、金文、《尚书》，到《春秋左传》，到司马迁的《史记》。《史记》从《五帝本纪》黄帝记起，至汉武帝《今上本纪》，成为一部通史，略古详今，最详细的是秦汉时期。如此连续未中断的历史记载，在全世界是独一无二的。埃及、巴比伦也是文明古国，但它们那里变化很大，今天在埃及和两河流域的居民已经不是古代埃及和巴比伦的直接后裔，历史已然中断。文明古国印度也没有完整、系统的历史记录，关于中世纪的史书很少，有的需要依靠中国唐朝《大唐西域记》的有关记载。

而中国的史书十分丰富，中国古代将知识分类为经、史、子、集，"经"即古代圣人传下的十三经，"史"即历史，"子"即各派学说——儒家、道家、墨家、法家、兵家、纵横家等，"集"即诗文集——主要是文学作品，史部列第二位，可见其重要性。

中国历史有连续未中断的记录，有两个原因。

一是因为中国人历史意识强烈，认识到历史学的重要性，以研究、编写历史作为自己的责任。

"孔子作春秋，其事则齐桓晋文（霸王之间的斗争），其文则史（文字成为历史），其义则丘窃取之（包含的道理、观点，为孔丘得到了）"①，表明孔子就十分重视历史。汉朝的太史令司马谈曾言："废天下之史文，余甚惧焉"②，其子司马迁继承父亲志愿，作《史记》，流传后世。重视历史，不仅是中国古代知识分子，而且中国古代统治者也十分重视历史。唐太宗，就是一位非常重视历史记载的皇帝，二十四史中有 8 部是他与其子在位时完成的，占1/3。唐太宗强调修史可以"览前王之得失，为在身之镜鉴"③，也就是说要以史为鉴。元世祖忽必烈，虽是蒙古游牧民族，入主中原后也同样重视历史，言"不可亡前人之史，若不立史馆，后世亦不知有今日"④，命令建立史馆，编纂历史。清朝龚自珍说，"灭人之国，必先去其史"⑤，把历史提到了国家存亡的高度。日本侵占我国东北和台湾，就禁止讲习中国史。人类社会有昨天、有今天、有明天，现在的社会是过去的发展，它不是无源之水，无本之木。现在治理国家的理念、方法、政策，都是过去经验的总结。所以人类要开辟未来美好社会，离不开学习历史，总结历史，从历史中吸取经验教训，吸取智慧。只有借鉴历史，才能够胜利地走向未来。中国人的历史意识非常强，这是一个优秀传统，也是中国有凝聚力的表现，是保证中国悠久文明传承不绝的一个重要原因。

---

① 《孟子·离娄》。
② 《史记·太史公自序》。
③ 《册府元龟》卷554。
④ 《元史·董文炳传》。
⑤ 《龚自珍全集》，172 页。

　　二是中国所以有连续不断历史记录，还因为有制度上的保障，即开馆修史，专门设立国史馆，专门设立历史研究、历史编纂的政府机构，这也是我们的一个优秀传统。

　　关于中国远古的史学机构记载较少，但《礼记》上说"左史记言，右史记事"①。古代还有很多类似与史有关的官职设置，如内史、外史、太史等等。春秋战国普遍设有史官，所谓"孔子作春秋，观百二十国宝书"，"宝书"即指各国的史书。西汉设太史令，而且是世袭官职，如司马谈、司马迁父子。东汉设兰台，不仅是藏书机构，也是史学机构，其官称兰台令，如班固，也是世袭的，其父班彪，其妹班昭都供职兰台令。魏晋设有著作郎修史。魏晋后，分裂割据，出现了许多国家，许多朝代，虽然政权不稳，经常改朝换代，但都修纂自己的历史，非常盛行，出现了修国史的高潮。三国都有自己的国史，但多已失传，只有陈寿《三国志》流传，连同裴松之的注本都保存下来了。因为《三国志》不完整，只有本纪、传，没有志、表，裴松之的注释将其时的三国史料记载下来，保存了三国历史的丰富记录。晋人修晋史达13种，可惜未能流传。十六国修史书29种，其中16种是写国史，即本朝人修本朝史。南朝有很多史书，尤其是宋时，开设儒学、玄学、文学、史学四个馆，史馆之名可能始于此。除记述当代史外，还有"起居注"，记录君王的言论行事，《魏书·经籍志》记载有41部两晋南北朝的起居注，这

---

　　① 《礼记·玉藻》。

些著作只有沈约的《宋书》、肖子显的《南齐书》、魏收的《北魏书》等少数史书流传下来，沈、肖、魏三书后来列入二十四史中。其他史书的失传既有社会原因，如战争多、印刷术不发达，也由于其自身的原因，多数为私人修史，所见不广，资料的搜集不完备，仓促成书，有局限性，水平不高，当更好的史书出现时，就在历史的长河中被淘汰了。唐代是一个重要的转折点，从私人修史转向政府修史，史馆设置正规化、规范化。唐太宗非常重视修史，从唐太宗到唐高宗，通过设立史馆修成8部纪传体史书，由宰相监修，如房玄龄、长孙无忌、魏征等，还有所谓御修史书，如《晋书》中的《王羲之传》等是由唐太宗撰写的。故《晋书》冠以御纂之名。这时，政府开始参与修史，正史的编写逐步制度化，成为政府行为。政府修史是必要的，因为历史所跨年度很长，数十年乃至数百年，资料很多，涉及人物事件复杂，史家个人的精力难以顾及，个人修史很难，并且越到后世，越不可能。唐初由史馆修八史，集体创作，国家领导支持，宰相监修，既有政治上的权威，也有学术上的权威。从此史馆修史成为中国的历史传统，史馆在修史中的地位、作用得到确立。唐朝国史馆除修国史外，还修"起居注"，记载君主言行，修"实录"，用编年体记国家大事，但流传至今的只有温大雅的《大唐创业起居注》和韩愈的《顺宗实录》，这是我国保存下来最早的起居注和实录。为了使国史馆了解当代的事情，积累文献史料，朝廷颁布"诸司应送史馆事例"，规定各衙门将档案移交史馆。由于设立史馆成为固定的制度，修史也成为国家的重要政务，史馆修史保证了有连续不断的历史记录。为前代修史的传统也沿袭下来，唐朝为前朝修了8部史书，宋朝为唐朝修史，元朝为宋辽金修史，明朝为元朝修史，清朝为明朝修史，直至民国为清朝修史，但民国所修的清史不太理想。

新中国成立初期，董必武建议修两部历史，一是重修清史，一是修中国共产党史，受到了中央的高度重视。20世纪50年代，吴晗同志与我谈及此事，当时周恩来总理委托吴晗同志搞一个修清史的规划。吴晗想建立清史馆，但当时缺乏研究清史的学者，所以考虑先从招收学生进行培养开始，但"大跃进"时被搁置下来。20世纪60年代批判《海瑞罢官》前夕，中央宣传部召开会议，决定成立清史编纂委员会，在中国人民大学设立了清史研究所。20世纪80年代初，邓小平将建议重修清史的一封人民来信转到中国社会科学院办理，时改革、开放刚刚开始，百废待举，未能进行。2001年中央再次关注修清史的问题，现正在酝酿清史编纂问题，可见修清史的问题受到了党的三代领导人的关心。

二、对史学家的素质要求

中国史学著作很多，主要的体裁有纪传体、编年体和纪事本末体。《四库全书总目提要》将史书分成15类，还有三通——通典、通志、通考，地方志等等。中国史学评论也很多，并且明确提出了对史学家的要求。

　　作为史学家应该具备什么样的素质呢？唐朝历史学家刘知几当被问及为什么文学家多而史学家少，他解释道："史家须有三长，世无其人，故史才少也"[①]，提出了对史学家三个方面的要求——即才、学、识。

　　所谓史才，是指对历史事件的叙述和对史料的组织，要有条理性、逻辑性、生动性，文字要简洁，条理要清楚，叙人叙事要生动，文笔简练，又要抓住要害。典型的例子是新旧唐书和新旧五代史。宋朝大文豪欧阳修认为旧唐书、旧五代史修得不好，太啰嗦，叙述冗杂，于是重修新唐书、新五代史，新史修好后，旧史无人使用，以至失传了。直至清朝修四库全书时，从《永乐大典》中辑出了旧唐书、旧五代史的大部分内容，拼凑还原而成，与新唐书、新五代史并列入二十四史。欧阳修自称其书"事增於前，而文省於旧"。但后人也批评欧阳修"事增於前"，网络野史、笔记中的记述，不足为信，"文省於旧"，但唐朝文章用骈体文，新书将旧书压缩节略反而晦涩难懂。新旧唐书、五代史，从其简要、文章条理而言，新胜于旧；从记事详细、保存史料多且完整而言，旧胜于新，各有千秋。

　　所谓史学，是指史学家历史知识的广博，掌握资料的丰富，考证史料的严谨。既要求史学家掌握各个领域的知识，又要求能鉴别史料的真伪。这一点，越到后代越难，因为现代知识领域更宽更广，而且史料积存越来越多。就

————————

① 《旧唐书·刘知几传》。

拿清史来说，《清史稿》有536卷，《清实录》达4000多卷，这些还都是第二手资料，第一手资料如中央档案基本上完整地保存下来，达1000万件，而这一件并非是一片纸，而是一个卷宗，大的一件可以装一汽车，有100多人在管理这些档案资料，切实地掌握浩瀚的历史资料，很不容易。作为史学家就是要坐冷板凳，钻进去，下苦工夫。资料的海洋无边无际，一个人穷毕生之力也只能探索这片海洋的一个角落。掌握的知识越多，史料越丰富，才能获得更多的发言权。我记得《第三帝国兴亡》一书的作者利用纳粹档案，数量之多要以吨计。现在各国政府档案多得不可胜计，我们中华人民共和国50余年的历史档案，用浩如烟海、汗牛充栋来形容，不为过分。

所谓史识，是指立场、观点、方法，也就是说如何认识历史，如何认识历史规律，如何判断历史。尽管史学、史才很好，叙述很有条理，文章很有文采，知识也很丰富，考证也很精细，但只要认识错了，观点不正确，其著作也会丧失价值。

刘知几提出"才、学、识"，到清朝的历史学家章学诚提出"史德"。"史德者何？著书者之心术也"[1]，是对史学家人品、道德、修养的要求。历史最重要的特点就是实事求是，要求客观公正地记录历史，秉笔直书，不溢美，不隐恶。中国古代史学家非常重视史德。所谓"在

---

[1]　章学诚：《文史通义》内篇5《史德》。

齐太史简，在晋董狐笔"① 是两个典故。春秋时齐国崔杼
权力很大，杀了齐庄公，齐太史记"崔杼弑其君"，崔杼
大发雷霆，下令把齐太史抓来杀了。齐太史的弟弟仍然写
"崔杼弑其君"，又被杀害。其三弟继续秉笔直书，亦被
杀害。第四个弟弟也视死如归，崔杼见状，只得将其放
了。当齐太史的四弟走出门时，看到南史氏拿着竹简在门
口等候，就问他干什么，南史氏回答道：听说齐太史一门
都被杀了，我怕这段历史无人记载，就想由我来记下来，
现在既已写上，没有我的事了，可以回家了。这些古代史
官不畏强暴，为维护历史真实甚至不惜牺牲生命，难能可
贵。还有晋国晋灵公时，赵盾是一个有权势的大夫，也是
一位贤人，但和晋灵公产生矛盾，于是离开了晋国国都，
其弟赵穿起兵政变，杀了晋灵公，把赵盾迎接回来，赵盾
于是恢复了权势。晋国的史官董狐记道"赵盾弑其君"。
赵盾辩解说，晋灵公乃赵穿所杀，当时我已经离开国都，
与我无关。董狐答道，你是"行不出国，归不讨贼"，实
际上你就是赵穿的后台，责任在你，你是想要避开弑君的
恶名，但历史要写真相，不能被假象所隐蔽。孔子称赞
"董狐者，古之良史也，书法不隐"②。秉笔直书，才能成
为信史，是中国历史学的优良传统，历史学家须要有大无
畏的精神，有很高的道德修养。

---

① 文天祥：《正气歌》。
② 《左传·宣公二年》。

三、编写当代史的特点与难点

中国古代修史，多写通史，常常包括国史、当代史在内。孔子作《春秋》，其实就是鲁国的国史，上起鲁隐公元年，下至鲁哀公十四年，而孔子死于鲁哀公十六年，所以写《春秋》对孔子而言是从古代写到当代。司马迁作《史记》也是如此。直至魏晋南北朝时期，编写当代史、国史的还很多。但唐朝以后，修当代史由国史馆承担，私人编修的少了，写的也主要是局部的历史而不是全国的历史。为什么？我估计编写当代史有一些特点和难点。

首先，当代史与现实密切相关，具有强烈的政治性，修史者必须有正确的立场、观点和方法，同样一件史实，从不同的政治立场看待，会有截然不同的看法和评价。例如辛亥革命推翻了清政府，结束了 2000 多年的封建帝制，是一件人民拍手称快的好事，但是如果站在清朝遗老遗少的立场上，就会得出完全不同的评价。《清史稿》就是这样，其作者都是清朝的遗老遗少，对清朝是忠心耿耿，对辛亥革命很仇恨，因此歪曲历史，颠倒黑白。如写武昌起义，"宣统三年八月，革命党谋乱于武昌"；写中华民国成立，孙中山当选临时大总统，"举临时大总统，立政府于南京，定号曰中华民国"①。至于谁是大总统，不写，

---

① 《清史稿》卷25《宣统本纪》，见赵尔巽：《清史稿》第四册，中华书局1976 年版。

不愿写出孙中山的名字。《清史稿》中根本不谈孙中山的活动，关于兴中会、同盟会也一句没有，无从知道清朝是怎样被推翻的，其中有一处提到孙中山的地方，其言为"光绪三十一年，太后懿旨，赦戊戌党人，唯康有为、梁启超、孙文不赦"[①]。提到革命烈士秋瑾、徐锡麟等时，用"伏诛"一词。相反提到辛亥革命中被革命党打死的清朝官员如端方、恩铭、陆钟琦等，却大加歌颂，赞曰："慷慨捐躯，从容就义，示天下以大节，纲常伦理赖以不废。"[②] 这部书是民国政府出资，袁世凯下令编修的，竟把中华民国的烈士大肆辱骂，而对反革命敌人却大加歌颂，所以北伐胜利后，国民党人评论道"诽谤民国，乖谬百出，开千百年未有之奇"[③]，禁止它的出版。

其次是历史发展，其后果、影响要经过一个长时间才能判断。当历史上新生事物刚刚出现，历史矛盾刚刚发生、还没有充分展开的时候，不容易看清楚，很难预见它将如何发展，很难判定其结果和影响。如今天的巴以冲突正在激化，结果如何，是和平还是战争，难以预料。"不识庐山真面目，只缘身在此山中"，身处在历史事件中间，就看不清这段历史的全部情况，不容易把握其历史本质和发展趋向。所以研究当代史最需要有慧眼，需要有深

---

① 《清史稿》卷24《德宗本纪·二》，见赵尔巽：《清史稿》第四册，中华书局1976年版。

② 《清史稿》卷469《恩铭》，见赵尔巽：《清史稿》第四十二册，中华书局1977年版。

③ 易培基：《呈行政院文》，民国十八年12月16日。

刻的洞察力。例如，法国拿破仑第三政变，在政变当时有
三个人写了这段历史，一个是雨果，一个是蒲鲁东，一个
是马克思，其中马克思写得最好，最正确，最深刻。马克
思说"本书是根据对事变的直接观感写成的"。恩格斯在
马克思《路易·波拿巴的雾月十八日》一书序言中说
"紧接着这样一个事变之后，马克思写出一篇简练的讽刺
作品，叙述了二月事变以来法国历史的全部进程的内在联
系……他对活生生的时事有这种卓越的理解，他在事变刚
刚发生时就对事变有这种透彻的洞察，的确是无与伦
比"①。因此，我们研究当代史，必须要学习马克思的经
典著作，学习马克思观察当代史的立场、观点和方法。

　　第三是资料方面的困难。研究当代史资料方面有两个
特点，一是数量多，二是不容易看到。当代史由于时间距
离近，资料被完整地保存，散失少，所以有大量的资料。
搞一个专题，资料就浩如烟海。例如研究抗美援朝，既要
涉及军事的、政治的、经济的、外交的方方面面，又须掌
握中国的、美国的、朝鲜的、韩国的等其他国家的不同文
字的资料，仅此一个专题，个人的力量就难以穷尽。古代
由于文化不发达，资料较少，加上战乱等破坏，损失比较
多。我国唐朝以前历史资料很少，一个人穷毕生精力可以
读完。宋朝以后，由于印刷术的发展，资料大大增加，读
完就困难了。例如《全唐诗》，有唐一代300年诗作共

---

　　① 《路易·波拿巴的雾月十八日》，"恩格斯写的 1885 年第三版序言"，《马克思
恩格斯选集》第 1 卷，人民出版社 2001 年版，第 582 页。

40000 多首，宋朝陆游一人剑南诗钞就有 10000 首，到清朝乾隆皇帝一人御制诗文集就有 40000 首，相当于一部《全唐诗》。史料积累越到当代越多、越庞杂。另一方面，虽然史料很多，却又不容易看到。因为许多重要的史料没有公开，造成研究上的困难。国家档案一般规定有解密期限，常常是 30 年、50 年，甚至更长的时间。看不到原始档案，很难知道历史事件的底细和真相。不仅档案，即使是其他史料，其搜集、整理、发表也有一个等待时间。例如张学良的档案至今没有发表；又如李鸿章，中国清朝末年最重要的政治家之一，他的资料已经发表的有 300 多卷、1000 多万字，其家中还有 2000 多万字。上海图书馆馆长顾廷龙先生购买了这些资料，保存在上海图书馆。1993 年，顾先生邀请我与他合作整理，又集中了七八个人编辑，至今尚未完成。这些是资料方面的困难。

　　第四点困难是，由于当代史距离时间很近，历史人物很多还活着，或者是他们的后代还活着，牵扯到利害关系、感情因素，写当代史要秉笔直书就更困难，会碰到很多干扰。古代司马迁作《史记》，因为在"今上本纪"中批评汉武帝，该书被称为"谤书"。北魏崔浩写国史，其中讲到北魏的祖先鲜卑族是落后民族，有许多野蛮习惯，崔浩因此被杀，并满门抄斩，不仅如此，还牵涉到其他许多人。写当代史，容易得罪一些人，会遭到反对、打击、迫害。

漫谈"口述历史"*

历史是人类对过去经历的回忆和反思。上古先民也会有这种回忆和反思，他们在狩猎耕作之暇，也会思念和议论起祖辈、父辈或自己一代人所经历的欢乐和艰辛。不过这种早期的历史认知都是片断的，限于本族群小范围内的，而且历时愈久，印象愈是模糊、淡褪以至完全遗忘。在人类发明文字以前，一切信息都只能靠口耳相传（稍后以结绳记事作辅助）。从这个意义上说，最早的历史知识应该都是"口述历史"。在上古时代，这类"口述历史"一定十分丰富并广泛流传，成为先民们的宝贵知识，也是指导他们生活和行动的指南。

上古先民用口头语言把过去的人和事讲述出来，后来的人又把所闻所知讲授给下一代。用口传述，用耳听取，用脑记忆，口耳相传有许多人参与，许多年代传承，时间一久，传述的内容，不可避免地会变形，记忆难免有差

＊ 本文选自《口述历史》第二辑，中国社会科学出版社 2004 年版。

错，口述难免不准确，代代复述者添加上自己的想象，夸张甚至虚构。通常，上古先民会把自己幻觉中的神灵世界与现实生活混为一谈，人的故事变成了神的故事。愈到后来，传说离原来的事实越来越远，变得面目全非。历史传说往往涂上神灵的圣光，成了荒诞不经、难以置信的神话。盘古开天地、女娲补天、后羿射日、共工怒触不周之山，这些看似匪夷所思的古代神话，可能包含有先民活动的真实信息，但我们难以解读它的真实含义。

文字的发明和应用是人类发展史上的伟大里程碑，是文明史的开端。文字把人类的事实经验从口头变成文字。文字历史一旦形成，就可以长期保存下去，不再走样，后人一般不可能对文字历史随心所欲地加工和篡改，也较少可能发生相反含义的解读，使事实经验按照原始的样式确定下来。只有事实经验得以确定和流传，才有可能诞生历史科学。

历史科学的生命力在于真实性。真实性的依据是确定的事实。上古先民的"口述历史"由于在流传过程中，事实内容时有改变，普遍地扭曲、神化，失去了真实性，故不是历史，而是史前的神话传说。故司马迁说"百家言黄帝，其文不雅训，荐绅先生难言之"。《史记》一书较少采择史前神话传说。

文字历史已经产生了几千年之久，它能比较真实地记录和保存人类的事实经验，这样才产生了包括历史学在内的许多门类的知识。它在认识自然、社会、人类自身以及推动社会进步等方面起着巨大的作用。

　　社会在不断进步，人类的认知能力和手段也在不断发展。现代社会产生了录音和录像技术，使得记录、保存、传播历史知识也取得重大进步，现代的"口述历史"应运而生。过去，人们将耳闻目睹的历史笔录下来，成为书面历史，但是笔录者只能录其梗概。从前历史学家奉"文省事增"为概写历史的准则，但文字过于简略，就不可能把历史过程的细节详细地记录下来，就会有简化、省略、遗漏及错误的地方。而录音则能够保存耳闻目睹者原始的叙述，每字每句毫无差错，连语气口音都不会走样，而录像更能够保存口述者生活和行动的某些片段形象，使后人与原始口述者几乎零距离。"口述历史"正是在这种条件下得以蓬勃发展，得到全世界历史学界的认同。

　　"口述历史"至少有以下几个优点：

　　一、可以扩大提供历史信息的范围。人民群众是历史的参与者和创造者，他们或多或少地了解历史的某些片段，由于他们文化水平低下，不能够直接把它写出来。如果没有"口述历史"，许多文化不高的普通老百姓就难以提供他们所见所闻的重要历史情节。这些历史情节只能湮没不彰。"口述历史"可以如实记录他们的谈话，保存原始的记录，使广大群众直接或间接参与历史的撰述，极大地扩充历史信息的来源。

　　二、可以改变以往只重视政治史、军事史、外交史、宫廷史以及帝王将相、英雄豪杰的历史，可以收集到底层社会和普通人民活动的史料。每一个社会、每一个群体都有各自的经历，每一个普通人都有自己的喜怒哀乐和坎坷经历，小单位和小人物的历史也可以反映出大的时代特征，使历史学的领域更加拓宽，向着文化史、社会史、风俗史、心理史的领域伸展开去。

三、可以留下更真实、更具体、更生动的历史场景。口述历史的内容大都是亲身经历、耳闻目睹的事迹，保持其真实性、权威性和鲜活性，不会道听途说，辗转相传。你读千百种胡适的传记，还不如读一部《胡适口述历史》，因为亲身经历者所述说的环境，所讲出的细节、所体验的感情、所刻画的心理往往是别人不易领会到的，比从许多间接材料搜集拼凑的传说更加真实、具体、生动。

四、现代"口述历史"和上古先民的时代不一样，它是应用录音或录像设备，把原始材料完整保存下来，再整理成稿，整理工作有严格的要求和规范，不允许夸大及删改，更不允许虚构、伪造，也不会发生误读或讹传。整理好文稿以后可以和录音录像的记录，一一进行核对，可以查实求证，因此它也更加可信。

"口述历史"是历史科学园地中新近绽放的鲜花，它还年轻、稚嫩，有待于护持、改进、发展。但它具有强劲的生命力，必将在记录和传承人类历史知识，推动文明进步方面做出更为重大的贡献。

贯穿清史的一条主线[*]

——新修《清史·通纪》内容要旨

新修《清史》的总体设计，内设《通纪》，共 8 卷本，拟写 300 万字，占全书约 3000 万字的 1/10。通纪与典志、传记、史表、图录共 5 项，合为新修《清史》的主体内容。5 项都是新《清史》的不可或缺的组成部分。但通纪之重要，可用"全书的总纲"、"全书的核心"来概括。

纂修新《清史》，是当代中国一项世纪性的文化学术工程，是学术界百年宏图大业，需要所有学者、专家都来关心它，支持它，并积极参与到这项事业中来。因为这个缘故，我想就《通纪》的基本内容作一简介，以期引起讨论，帮助《通纪》达到高水平、高质量。

---

* 本文发表于《社会科学战线》2005 年第 5 期。

一

新修《清史》设置 5 个部分，即通纪、典志、传记、史表、图录，一方面集成了传统史书的体裁，一方面也吸收了 20 世纪以来新的体裁，他们各有长处。传统的纪、传、表、志体裁的优点，有比较大的包容量。中国传统史书，如二十六史，都是用传统体裁写的，直到 20 世纪，从梁启超、章太炎开始才有了章节体，以后的 20 世纪 100 年间修史都用章节体，而传统体裁几乎被废弃不用了，只有罗尔纲修《太平天国史》用了传统体裁。我认为，这两种体裁都有它的优点，也各有它自身的缺陷，我们新修《清史》，主要采用了传统史书的传统体裁，发挥其优点，从各个方面反映清代历史内容，体现历史发展演变的丰富性和多样性。同时，我们又考虑到 20 世纪以来盛行的章节体的长处，就在于它能表现历史发展的大趋势，揭示历史的规律，可以对历史进行连续性的、立体式的、有重点的编写。所以，我们设计的 5 个部分，其中 4 个部分是用传统体裁，1 个部分即《通纪》采用章节体。

何为"通纪"？按我的设想，通纪也就是通史。或者不叫通纪叫"总序"？或者干脆就叫"通史"？名称应以准确、贴切为好，究竟哪个名称更好，可以讨论而后定。

不论用哪个名称，现在姑且称"通纪"，就是用 8 卷本、300 万字的规模，把清代 300 年史加以扼要的叙述，前后贯通，表现历史发展的大趋势和我们的历史观，阐明

清代从崛起，到发展与鼎盛时期，到衰落以至于灭亡的全
过程。这里面，当然要多方面反映清代政治、经济、军
事、文化的内容，包括阶级斗争、民族斗争的各个方面，
包括意识形态、社会生活的各个方面。但是，这些方面的
叙述都比较简略。这8卷是宏观地叙述，一方面不能过于
简略，否则很多问题就说不清；另一方面又不能太细，内
容过多，通纪部分承担不了。因此很多内容要由纪、传、
表、志分别承担。

《通纪》分为8卷本，是根据清史的内容和新修《清
史》的各部分的比例，经过反复考虑以后才定下来的。
有一种意见，主张《通纪》不宜写多，写两卷就够了。
我觉得这样写困难比较大。第一，要阐明清朝300年发展
大势，两卷本是不够的，100万字以内不行，3卷也不够，
8卷已经是比较少的了。300年的时间跨度很长，内容太
多，前后变化太大，比较短的篇幅难以说清这个大势，很
多问题说不清楚。第二，《通纪》部分涉及的内容，如阶
级斗争、民族斗争、经济基础与上层建筑等，各个方面都
需照顾到，不能太简略。再比如，《通纪》重点讲政治、
军事、外交这些问题，因为这些问题也只有在这里可以说
清楚，在后边就没有地方再讲了。就说军事，清朝打仗可
不得了，17世纪打了一个世纪，18世纪是一个太平世纪，
当然也有乾隆朝的十大武功，但是战争还是比较少。到
19世纪时，又打了一个世纪，从白莲教、太平天国，到
鸦片战争、中法战争、甲午战争、义和团、八国联军，整
整打了一个世纪。哪个志能写战争呢？《兵志》是不能写

战争的。因为《兵志》是记述军队的编制，讲八旗、绿营的编制，不能写打仗的事，所以，不能指望《兵志》来解决具体战争问题。那么，传记能写吗？的确，有些人物参与过战争，可能是个统帅。但一次战争中统帅也常常撤换，写一个人物不可能贯穿地写一场战争。至于《表》，就更无法反映战争的内容了。显然，只有《通纪》才能反映这么多的、这么重要的、这么激烈的战争！这些内容的重要性和必要性都要求写到《通纪》部分。再如，鸦片战争过程不一定展开，不能写得很多、很详细，但不能没有它。政治斗争也是这样，有许多重大的政治斗争，如雍正夺嫡问题，有各种不同意见，有的认为，雍正是合法继承；有的认为雍正是非法继承。这些都可以讨论，但雍正继位这件事不能不写，放到哪里去写呢？也只能在《通纪》里去写。雍正帝传肯定要写这个内容，但涉及的人多，内容也多，不能全写进传记里。再如，北京政变，慈禧上台，当然可在慈禧传里写，主要还是在《通纪》里写。很清楚，没有相当规模的《通纪》，无法处理这些政治上、军事上的重大事件。

　　原先我曾设计《载纪》，将一些特殊的历史事件，如南明、吴三桂建周政权、太平天国、准噶尔等，都附载于清史，名为《载纪》，这也是沿用了二十四史中《晋书》的体例。后来，反对设《载纪》的意见比较多，我也就把它撤掉了。那么，《载纪》里的内容放到哪里去写呢？如上面提到的太平天国，不仅是打仗，不仅是军事，还有一些制度："天朝田亩制度"、"守土乡官制"、"天历"

等，都可以放到《通纪》里写。准噶尔的丘尔干会议，是一项很重要的制度，但不是清朝的制度，在官制里也不能写，跟准噶尔打仗的内容，该写在哪里呢？显而易见，这些内容只能写到《通纪》里，这就使《通纪》的内容很拥挤，用8卷写，已显得容纳困难，如用二、三卷，就将使《通纪》困难重重，无法承受。

二

《通纪》分为8卷，实际是把300年清史划分为8个历史阶段而设的。清史为什么要划分为8段？为便于说清问题，将各卷内容要旨分述如下。

第一卷：满族兴起和清朝建立（1583—1643）

这是努尔哈赤以13副遗甲起兵，一直到清兵入关，一共61年时间。努尔哈赤起兵打败了尼堪外兰，统一了建州各部，接着又平定了海西女真辉发、乌拉、哈达、叶赫四部，共花了将近30年时间，从小到大，从弱到强，一个新兴的民族在东北崛起，直到萨尔浒战役和明朝对抗，明朝号称40万大军实则近10万人全军覆没。又经过多次战争，努尔哈赤进入辽沈地区，以后又进入辽西锦州地区，逼近山海关。满族仅几十万人，人口很少，从统一内部开始，花了61年时间发展成这么大的势力，跟明朝对抗；皇太极时，屡次突破长城，并且曾经围攻北京，势如破竹，百战百胜。

毛主席曾经提出这个问题，说满族几十万人口怎么把汉族一亿人口都征服了？那时也没有什么先进的枪炮啊。这个问题是值得我们思考的。我认为，第一点，满族处于社会发展发生根本变化的阶段，从奴隶制走向封建的农奴制，在这样一个关头，这个民族最容易产生一种蓬勃的朝气。社会发展处于上升的阶段，农业也发达，经济也发达。第二点，由于努尔哈赤和皇太极这两代领袖的英明善战，想了许多削弱明朝的办法，而且创造了八旗组织。八旗组织是非常坚强善战的兵民合一的组织，把整个满族的人组织在八旗制度之下，整个满族子弟剽悍勇敢，团结在领袖的周围。第三点是满族内部民族的凝聚力强大，它是一个上升的民族，它是一个在胜利中前进的民族，这时它的凝聚力是最强大的。而且满族能够比较果断地解决内部矛盾，当时的内部矛盾很多，跟舒尔哈齐的矛盾、跟褚英的矛盾，以及四大贝勒之间的矛盾，最后多尔衮跟豪格的矛盾，但它善于处理这些矛盾，不至于像太平天国一样闹到内讧，相互残杀。第四点就是它向汉族学习，学习汉族的文化、制度，重用汉人，像李永芳、范文程、洪承畴、孔有德、尚可喜，一直到吴三桂。第五点，联合蒙古及黑龙江流域的各民族，尤其与蒙古族联姻联盟，获得它的支持，成为清朝的一支劲旅，而跟它对立的明朝进一步受到孤立，内外交困，腐败不堪。一方面国内李自成、张献忠起义，闹得全国各地烽火连年；一方面朝廷内部又有党争，如东林党、非东林党、阉党激烈地斗争；外边还有满族，三面夹攻，这样的政权是胜不了的。一看史料就知道这两个民族的不同：一个是焦头烂额、四面楚歌；一个是生机蓬勃、欣欣向荣。所以人口少的满族，将庞然大物的明朝打败了。满族也不是一下就把明朝打下来，却是打了很长时间，削弱明朝的枝叶。所以第一卷的内容围绕着满族的兴起、建立了清朝，一支非常弱小的、处于偏僻地方的力量是怎么崛起的来写。把这个问题写透了，第一卷就成功了。

第二卷：清朝入关和确立全国统治（1644—1683）

李自成进京，崇祯皇帝吊死，明朝灭亡，清朝入关。清朝入关伊始，势力在华北北部，然后扩展到整个华北，一直到长江流域以南，跟南明进行了长期的战争。南明失败后，又跟三藩长期进行战争，一共花了近40年才把南中国统一下来。这个时间也是很长的。闯王进京，明朝灭亡，对清朝来说，这是问鼎中原的最好的机遇，如果不及时抓住，就要失去历史机会了。这个时候，皇太极偏偏刚病逝，内部一度很混乱，多尔衮和豪格两个人谁当皇帝？黄旗和白旗争起来，险些火并。但是，清朝的高明就在于它内部协调，两个人都不做皇帝，捧出一个小孩——福临即顺治做皇帝，他们辅助顺治。豪格是皇太极的长子，本应名正言顺做皇帝，但其叔父多尔衮能干，权力和势力大，也想做皇帝，如果他们两人火并起来，清朝就进不了关了，即使勉强进关也难成功。他们能够妥协、调和，内部解决了这个矛盾，为不久挥师入关铺平了道路。这是历史上很重要的经验教训。所以历史的机遇只能被那些善于驾驭局势的能人抓住，如果他们两人只顾争权夺利就会失去机遇。

　　入关以后40年中，争夺全中国的统治权，主要是在长江以南，对手是南明。南明有三个王朝，弘光、隆武、永历，一个在南京，一个在福建，一个在西南，还有一个鲁王监国政权，占据浙江，还有一个在广州的绍武政权，存活仅仅40余天。再加上农民军李自成的余部和张献忠的余部，从人数来讲还是很多的。南明有不少军队，但太分散、太腐败。南明之后，又有三藩问题，以吴三桂为首起兵叛乱，一直到收回台湾（1683年）。这40年，我想，当时清军入关后，很有可能变成南北朝。因为中国历史上，游牧民族入居中原一般都出现南北朝：晋朝时候"五胡"乱华，晋跑到南方去，与北方诸政权对峙，形成第一个南北朝；第二个南北朝是南宋与金朝，金朝也是占了开封汴梁后，把宋高宗赶到杭州，后来金兵打到杭州，宋高宗又跑到海上，金兵守不住而退兵。因为游牧民族经过中原长期的战争，已筋疲力尽，到南方以后，天时、地利、气候、饮食习惯、语言等都有障碍，往往过不了长江。但清朝就挥师南下，势如破竹，这是怎么回事？我觉得，一是当年清朝与南明的战争，不仅是军事斗争，而且是一场政治斗争，清朝就高明在政治上争取汉人的认同。满族本来是一个落后的民族，它的政策也是比较落后的，开始，一进关后就屠城、抢掠、乱杀人、在北方圈地。但是它的野蛮政策逐渐改变，圈地很快停止，顺治四五年后基本停止圈地，屠城后来也停止，而且用各种宽大的政策招抚汉民，免除"三饷"，采用科举考试来招抚汉族知识分子。当然不是一下子就能改变的，但是它在改变。反之，南明最根本的要害即弱点就是分散，有几个小朝廷，各自为政。农民军也很重要，李自成的余部有李赤心一支、郝摇旗一支；张献忠的余部有李定国一支、孙可望一支，虽然都奉明朝的年号，实际上是一个个很跋扈的将领，内部斗争很激烈，特别是弘光朝、永历朝闹得一塌糊涂、非常腐败。清朝则号令一致，多尔衮发布命令没人敢违抗。南明虽然力量大，但没有这样集中的力量。再一点，清朝打南明，主要利用汉族军队，不是利用八旗兵，即用吴三桂、孔有德、尚可喜这些人。汉族军队适应汉族地区的天时、地利、风俗习惯。为什么三藩后来尾大不掉，就是因为打南明时，主要的力量已经不是满洲八旗兵了。清朝的高明之处就在于利用汉人，能够在南方站住。三藩之一的吴三桂的失败是必然的，吴三桂本来招清兵入关，把永历皇帝杀掉，后来又反叛清朝，道义本来就没有了，对老百姓来说，他毫无威信，这在战争中是很重要的。再加上他保守，守在岳阳一带不再前进，无所作为，预示着败亡。第二卷的内容，大体上就是这样。要讲清楚清朝为什么能够很快打下南明，而且没有形成南北对立的局面。如果当年形成南北对立，那以后的历史就变化了。没有清朝大统一的局面，我认为我们今天就可能分崩离析。

第三卷：经济的恢复、发展和康熙之治（1684—1722）

进入康熙中后期，也是康雍乾盛世的开端。在统一南中国、平三藩、收复台湾时，清朝后方起火。一是在黑龙江流域，俄罗斯越过乌拉尔山，跨过广阔的西伯利亚，在几十年的时间里到达太平洋边上。这个速度是很快的，因为西伯利亚空旷无人，没有抵抗。但是俄罗斯入侵到黑龙江，建立据点，遭遇强大的反抗，跟达斡尔人、赫哲人交战非常激烈。另一件事是察哈尔蒙古的布尔尼在三藩之乱时叛乱。第三件，威胁最大的就是准噶尔在新疆伊犁崛起。这三支力量，一个在东北、一个在西北、一个在北方，迫使康熙一面打前边，一面看后边。布尔尼叛乱时，北方已没有军队，都派到南方去了，当时满族还比较能战，是图海率领满族的家奴去打的。东北方面，雅克萨战争打败了俄罗斯，签订了《尼布楚条约》，安定了中俄东段边界。《尼布楚条约》所划的边界比我们现在的领土要大得多了。布尔尼也很快平定下来。西北方最主要的敌人是准噶尔，它的根据地在伊犁，军队很强大，已经把新疆都占领了，往西打到哈萨克，现在中亚细亚的大部分国家当时都是它的势力范围，东边袭扰整个外蒙古，往南威胁内蒙古，外蒙古的领袖包括哲布尊丹巴、三个大汗往南跑，向康熙求援。北方相当紧张。这个时候康熙发兵，在乌兰布通一战把噶尔丹打得大败，噶尔丹逃到外蒙古。当时，行军很困难，进不了外蒙古，相持了很长时间。1736年噶尔丹病死，这场持续了七八年的战争才告一段落。但准噶尔的问题并不是那么轻易解决得了的，它往南攻打北京的威胁解除了（乌兰布通距离北京只有八百里），但是它的老窝伊犁仍然被噶尔丹的侄子策妄阿喇布坦占领，清朝与策妄阿喇布坦时战时和。策妄阿喇布坦曾经派军队进入西藏，所以康熙末年有一场援藏战争。那场战争一开始也是全军覆没，后来派十四皇子胤禵去，还有岳钟琪、年羹尧也都是在那场战争中崭露头角的。雍正时又在外蒙古打和通泊战役、打光显寺战役。和通泊战役清朝军队几乎全军覆没，光显寺战役策妄的军队几乎全军覆没，双方打了平手。乾隆初年开始讲和，以阿尔泰山为界。乾隆二十年以前，噶尔丹策凌死掉，他是准噶尔比较英明的领袖。他死后准噶尔内讧，达瓦齐上台，排斥异己，准噶尔很多人跑到内地投奔乾隆，这给了乾隆一个千载难逢的时机。实在说，当时准噶尔要是不内讧，清朝政府就无法统一。因为当时到新疆去打仗谈何容易！没有先进的交通工具，靠马、靠步行，粮食也很难运输，当时也想办法商运粮食，但北京一两银子可以买一石米，运到那边要十七八两银子，开销很大，仗没法打。所以乾隆当时看到准噶尔内讧，决定"平准"，把来投奔的人都派回去，让他们自己打自己。出兵时朝廷的许多大臣都反对，乾隆说所有的人都反对我平准，说这是劳师无功，特别是刘统勋，这个人是迂夫子，他说没有粮食。这还顾得了粮食啊，你进去吃人家的呀，因地就粮。他说粮食要准备3年，3年之后时机早就过去了，还打什么仗啊！清朝就是这样进入新疆，而且先锋就是那些投降过来的人马，主要是阿睦尔撒纳。进入新疆后，清朝军队因为粮食问题跟不上，所以一进伊犁把达瓦齐抓住后，清朝马上撤退，只留了几百人。准噶尔又重新起来反抗，把驻守的军队都杀掉，这就有了第二次"平准"。这中间的曲折从略。平下来以后，打大小和卓就顺理成章，比较容易了。这样，我们才有北疆、南疆、西藏这样的地方，不经过这一战是没有这些地方的。在当时新疆，蒙古人是主要的，由于它反复叛乱，乾隆非常恼火，采取了屠杀政策，应该说是一种民族灭绝政策。可见战争是血腥残酷的，进步的事业也是要用残酷的代价换来的，绝没有什么仁慈之师。乾隆不好说把他们都屠杀，他叫"办理"，把这个人给"办理"了。他要求进关办理，不要在新疆杀掉。他的这场战争我们肯定是进步的，没有这场战争中国统一不了，但是这场统一战争付出很惨痛的、很血腥的代价。乾隆的残暴行为将来写的时候要写出来，不能说好就都是好的，什么缺点也没有。

康熙在北方打仗的同时，还抓中原地区的经济恢复。康熙中叶以后特别注意这方面：治河，治黄河不惜工本；垦荒，因为经过大战乱后人死得多，没有人种地，把荒了的田地都垦出来；北方是挖井，雍正时光陕西一省就挖了5万口井。平定三藩后，一百年没有战争，经济能够恢复、发展，这是首要和根本的条件。中原地区长期安定为康雍乾盛世创造了条件，所以康雍乾盛世包括两个方面，一个是统一，一个是经济。这是第三卷康雍乾前期的重点内容。

第四卷：雍正改革和乾隆统一全国（1723—1776）

康熙后期问题也多了。一方面儿子太多，20多个儿子抢皇位抢得一塌糊涂，抢得康熙为之痛哭，太子立了又废，废了又立，闹得很厉害。另一方面官员贪污，吏治松弛。康熙时的官饷很少，也是低薪制，三藩之乱时全国知县不发俸银，要自己想办法养活自己，搜刮加剧，后来逐渐好转。雍正上台，我们不管他是合法的还是非法的，学术界分歧很大，但他上台后确实是力行改革，严厉惩治贪官，成立"会考府"，就像我们今天的反贪污办公室的性质。雍正还从制度上进行整顿，实行高薪，耗羡归公，设养廉银等。没有雍正的改革，乾隆难以为继，所以应当肯定雍正的功劳。虽然雍正与准噶尔打仗时，没有打大胜仗，但是他在改革内务上很有成绩。从雍正以后，国库的存银逐渐增加，国家有钱了。

第四卷从雍正上台一直到乾隆四十多年，这一段是康雍乾盛世的后期，也是最高峰。一个是乾隆二十年以后两次"平准"，一次"平回"（维吾尔），完成全国的统一，这是中国历史上极大的功绩，所以毛主席说我们现在是靠乾隆吃饭，我们今天的版图是乾隆时奠定的。经济上又继承了康熙的有关政策，又向周边移民。中国从康雍乾开始移民的方向不一样了，中国从前历史上的移民都是从北向南——从黄河流域向长江流域、从长江流域向珠江流域移民，康雍乾时期人口极度增加，移民向四面八方移动，中原地区是核心，向南移民、向西移民，很多新疆移民就是从这个时候开始的，还向东北移民。东北在清初时人口极少，南怀仁记载他们跟康熙到松花江去，一过铁岭，全是大森林，遮天蔽日，铁岭在辽宁省，吉林、黑龙江都是大森林、大沼泽地，所以生态环境后来破坏得很厉害，森林都被烧光了。我们有一卷《生态志》，要写一写生态环境的破坏，这个工作是很艰巨的。农业上，乾隆大搞水利，有一次黄河青龙冈决口，花了两年才堵上口子，用了半年的全国财政收入，不惜工本。清朝皇帝十分注意农业、关心农业，档案馆里保存的"粮食雨水条子"，每一年每个月各个县都要上报各地下雨几寸，粮食价格多少，大豆多少、米多少、小麦多少钱。我想把这部分档案整理出来，这是大面积的经济和气象资料，全世界没有这么大面积、长时间的资料，这都是最珍贵的历史资料。乾隆时期经济上的繁荣可以说达到了历史上的最高水平。明朝以前，中国历史上的人口记录最高没有超过8000万人，当然实际人口可能达到甚至超过了1亿。清朝就不一样，乾隆六年人口为1.4亿多，这是正式统计，比较准确，乾隆末年人口3亿，道光4亿，道光以后一直打仗，到民国时期也没有增加。明朝以前，中国粮食的生产能养活不到1亿人，到乾隆时养活3亿，粮食生产增加1倍多，这还不算历史上最高水平吗？农业国的经济就是看农业生产，粮食生产多了就说明经济发展水平高。我认为清朝的经济发展水平超过汉唐。唐朝是6000万人口，汉朝最多是5000万人口，只能生产养活这么多人的粮食，而清朝有养活4亿多人的粮食，所以经济发展水平肯定超过汉唐。在世界上有两种统计，一种说中国的农业产量占全世界的32%，比全欧洲生产的粮食还多；还有一种说法是占全世界的24%，差不多占1/4。究竟哪一种准确，我现在也没法判断，将来我们写的时候能不能把它搞清楚，究竟当年的GDP是多少？这个工作也是比较难的，但不妨做一做。当时清朝确实达到了一个很高的水平，工农业的产值全部超过欧洲，就是现在的英国、法国、德国、俄罗斯等加起来也赶不上一个中国。当然他们的人也比较少，全欧洲的人口到不了3亿，其中英国、法国，人均生产水平比我们高、生活水平比我们高、劳动生产率比我们高，走在我们前面。但是他们还没有经过产业革命，产量的增加还很有限，当时中国可以说是全世界的经济大国，这个资料是我从肯尼迪的名著《大国的兴衰》上看到的，他说的也不一定可靠、准确，但他是有根据的，是引用了一个统计学家的研究。

为什么中国有康雍乾盛世的到来？一个是当时的世界潮流，中外的接触增加了，尽管中国当时是闭关政策，不和外国接触，但是实际上做生意的商人、传教士到中国来的很多了，中外贸易也达到很高水平，丝茶出口量很大，白银大量输入。最近有一本书《白银资本》说全世界有1/2的白银输入到中国来了，中国的贸易量大大增加，跟以前大不相同了。另外，雍正改革也使得国内政治、经济各方面的制度有所前进。但是所谓盛世繁荣，不能光看到盛世，不能光看到繁荣，要看到繁荣下面掩盖的阴暗。如果跟当时世界的其他国家相比较，虽然我们国家的GDP相当高，但是我们仍然是封建国家，仍然是小农经济的汪洋大海，仍然是牢不可破的专制主义，传统的阻力非常大，难以前进。所以，尽管GDP相似，但后续的发展劲头就差了，表现在专制政治的统治太强大，人民没有权利，不像欧洲出现了市民阶级，掌握了一部分权利，逐渐向中产阶级发展。另一个是闭关自守，全国人民不了解世界是怎么回事，虽然已经与世界开展了规模相当大的交流，但是不允许老百姓接触外国人，比方英商洪仁辉的案件，洪仁辉跑到北京去告状，他本人没有被杀掉，给他写状子的汉人倒被杀掉了，就是不允许中国人与外国人接触，妄自尊大，觉得我是天朝上国，你们都是蛮夷小邦。第三是重农轻商，重视农业，轻视工商业，不保护、不奖励工商业。第四是思想统治上的高压政策，"文字狱"搞得大家都不敢谈现实，不敢谈政治，不敢谈进步，不敢谈自由，也没有自由。另外轻视科学，科学技术被认为是"奇技淫巧"。这样一些阴暗的东西阻碍着中国前进，没有持续前进的动力。而当时西方的英国，生产发展阶段是处在从一个社会进入另一个社会的上升时期，朝气蓬勃，一日千里。中国却停滞在那里。所以康雍乾发展到高峰，又跌落下来，也必然要跌落下来。存在这样一些问题而不能解决，就无法突破封建的框框。

　　那么，当时中国有没有前进的可能呢？也不能说没有。因为历史就是不断给人们提供选择的机会，就看你怎么选择。当然，如何选择也不完全决定于主观的因素，也决定于客观氛围、环境、条件。清朝有选择的机会。譬如闭关政策，由于闭关政策，中国人被限制不能出洋，不能了解外国，但是也不是说没有机会突破。乾隆二十四年，洪仁辉上北京告状，告广州海关官员贪污，他要求多开口岸——当时是广州一口通商，别的地方不能做交易，他要求在宁波、厦门等地方做交易。当时清朝也讨论过这个问题，要求督抚们上书，能不能多开放口岸。有的官吏主张多开放，大部分官吏主张不要开放，特别是广州的官吏反对开放别的地方，因为开放了别的地方广州的生意就少了，所以两广总督杨应琚坚决反对。乾隆在犹豫，他觉得开的话，跟广州税收一样，可能好一点。最后讨论的结果是没有开放。这是一种选择的机会，科举制度也是如此。当时很多人觉得科举制度很不好，当时的小说《儒林外史》、《红楼梦》、《聊斋》都反对科举制度，包括许多大官都说科举制度不好。但是改革不了。舒赫德曾经上奏折提出取消科举，后来被鄂尔泰驳斥。这个问题引起过争论，乾隆皇帝也没有改革。如果舒赫德的意见占了上风，真正能把科举改一改，或者能把通商的口岸多开一点，跟外国多接触，对中国是不是有好处，当然今后的中国很难说，我们也不能注重历史假设。但不管怎样，它是有机会选择前进的，清朝没有前进，就是历史的惰性。所以，传统既是我们宝贵的财富，也是我们沉重的负担，背着一个很长远的传统，往往改革和前进是比较困难的。这是第四卷康雍乾盛世。

第五卷：清朝中衰（1777—1839）

1776 年金川战争结束。金川战争从性质上讲，也是一场统一战争，但是它和"平准平回"的意义不可同日而语，因为它是内地四川的割据势力，挡住四川进入西藏的道路，所以不平金川就不能很通畅地进入西藏，虽然它是规模最大的战争，花了 7000 万两，打的时间很长，花的力气最大，但实际上金川只有 5 万人，清朝出了十几万军队，战争得不偿失。金川战争结束，统一的任务完成。

就在这个时候，发生了临清的王伦起义，这是中原地区第一次大规模的农民起义。中原地区太平了100年，到这个时候又掀起农民起义。国内固有的阶级矛盾激化，土地兼并严重，到1796年，也就是乾隆禅位的第二年，爆发了白莲教起义。白莲教起义后，起义连续不断，南方是天地会起义，北方是林清、李文成起义，各教门的起义，一直到太平天国。外国势力也越来越进入中国，1793年马嘎尔尼使团来华，20年以后又有阿美士德使团来华。中国那时在对外贸易上始终保持着顺差，外国人的白银输入中国，购买丝茶等，他们没有什么东西能够运到中国来卖的，开拓不了市场，这时就开始输入鸦片了。一下子，鸦片泛滥。这个时候，中国越来越落后于世界了，也没有机会打开国门来看一看世界，包括最先进的知识分子也不了解外国是什么情况。英吉利是个大国，它究竟在什么地方？有多大？谁也不清楚。这样，终于在1840年爆发鸦片战争。落后就要吃亏，落后就要挨打，历史又进入新的阶段。第五卷乾隆后期到嘉道，这一段中国的发展处在停滞时期，又困于矛盾之中，内部的矛盾就是农民起义，外部的矛盾就是外国越来越进逼中国，而且已经用鸦片大量的输入来撞击你的大门。

第六卷：外国武装侵略和国内农民战争（1840—1864）

第六卷的内容进入近代，从鸦片战争到太平天国被镇压。这一段对清朝来说是沉重的打击。矛盾爆发，清朝面临着大危机，大灾难。一个是太平天国占了南中国的很多地区，一个是英法联军占了北京，火烧圆明园，咸丰皇帝逃到热河，南北夹攻，眼看着清朝就要灭亡了。这个时候，清朝极端危险，却没有在这个时候灭亡真是个侥幸！历史发展出人意料，为什么清朝能够死而复生呢？能够支撑过去、还能恢复过来呢？恐怕有三个原因。第一，太平天国的迅速腐败，1856 年杨、韦内讧，韦昌辉杀掉杨秀清，不仅杀掉一个人，而且把东王的部属几万人杀掉，都是广西来的老战士；反过来，洪秀全又杀掉韦昌辉，石达开又带兵跑掉。这样，太平天国元气大伤。本来从金田起义出来，势如破竹到了南京，南京几年来也是形势非常好，就在形势很好的时候，爆发了这场内讧，使太平天国元气大伤。所以太平天国不可能抓住历史的时机打败清朝，到了 1860 年第二次英法联军战争的时候，太平天国没有恢复元气，不可能再北伐。第二，英法侵略者的态度改变，他们在鸦片战争的时候是打清朝，到了第二次鸦片战争就是打清朝又帮清朝了。他们要在中国搞一个统治的工具，所以从打到扶有一个策略上的转变，扶持清朝来对付太平军。当然他们开始也想扶持太平军，后来没有扶成，这一点就不说了。第三，国内汉族地主阶级的崛起，也就是湘淮军的崛起。太平天国战争中，向荣的江南大营崩溃以后，清朝的整个军事体系已经摧毁了，八旗军不行，绿营兵也不行。没有军队，就是靠着湘淮军，曾国藩、李鸿章、左宗棠这些人，取代了满族的八旗以及绿营。由于这样的三个原因，清朝死而复苏，又能够恢复元气，把太平天国打下去。从此形势发生了根本性的变化，跟鸦片战争前的形势完全不同。

　　最大的不同就是外国势力的入侵，中国社会上不再是地主和农民两支力量，而增加了一支帝国主义、外国侵略势力。从此中国社会产生了两个任务：一个任务是抵抗外国的武装入侵，外国欺负你，你必须进行抵抗。当然由于力量悬殊，打不过外国，事实确是如此。但打不过也必须抵抗，因为妥协就更没有出路，妥协、求和，帝国主义还是要欺负你，战争的性质就决定了这一点，它是一场侵略战争。人家要打你，你不抵抗也躲不开这场战争。而且如果不抵抗，你的民族精神就萎缩，就失去了民族的信心、失去了民族的尊严和凝聚力，就很危险了。进行抵抗，则可能在抵抗中得到锻炼、得到成长。为什么说近代的主和派误国，我的看法不一定对，李鸿章打日本也是这样一种情况，打日本当时确实是打不过，但不打不行，日本要打你，日本不打败中国就起不来，就不会成为一个资本主义国家，只有打败中国，从中国勒索很多赔款、土地，它才能够得到原始资本积累。所以日本非要打中国不可，你没法退让。当然李鸿章也有他的考虑，他觉得不打，请别的国家调停是不是也可以？历史证明这条道路是走不通的，必须抵抗。妥协之后，不仅还要赔款、还要割地，而且失去了你的民族的信心和尊严，这更危险。这是一个任务——反对帝国主义侵略，这个任务一直延续下来，可以说是从清朝中叶一直延续下来。第二个任务就是必须要向侵略者学习。这就矛盾得很，要抵抗侵略就必须要向他学习，要"师夷长技以制夷"，否则无法抵抗。学习先进的事物、先进的文化、先进的制度，学习西方实现近代化，就是近代化的任务。一个是抵抗外国侵略，争取民族独立的任务；一个是实现近代化的任务，这两个任务一直到现在还是有效的，还是这两个任务的延续。当然形势都不一样了，但这两个任务从这个时候就开始产生。不学习就不能前进，不学习外国长处，抵抗就会不断失败，而且你的爱国行为、抵抗行为就会转化为盲目的排外，正义的爱国的抵抗，就会变成非正义的排外的屠杀。义和团就是这样，抵制侵略发展到对一切外国人不分青红皂白的屠杀，本来正义的反抗，由于不学习外国走到极端去，就变成了非正义的。所以，从此抵抗外国侵略和向外国学习的任务一直贯穿于中国近代历史。

第七卷：清朝自强运动及其失败（1865—1895）

从太平天国失败到甲午战争失败，这 30 年的历史就是洋务运动。这个时候中国面临三千年未有之大变局，社会的各种事物都在变，外国势力进入中国后，整个封建社会向半封建半殖民地社会转变，各种事物和人都在变化。

洋务运动的历史中，充满着帝国主义的侵略，也充满着和帝国主义的谈判、交涉、妥协、反抗。19 世纪六七十年代，发生修约热潮，通过修改条约进一步侵略中国；又发生很多教案，如天津教案、浏阳教案等；接着发生马嘉理事件，马嘉理在云南被杀，中英在烟台进行谈判；接着是琉球交涉，日本侵占琉球，就是现在的冲绳；接着是伊犁交涉，俄国侵占了伊犁，中俄剑拔弩张，几乎打起来。19 世纪 80 年代，中国与法国在安南，现在叫越南，发生战争；跟日本在朝鲜引起冲突。一件事情接着一件事情，在此中间，清朝也还有抵抗的一面，所以它也要整顿武备，也要学习外国，建立北洋海军。北洋海军当时在全世界是名列前茅的，日本的舰队开始赶不上北洋海军，到甲午战争前夕才赶上了。但是，清政府跟外国也有妥协的一面，好多仗都没有打起来，只有中法战争打起来，但中国战胜了，结果定了一个屈辱的条约。无论抵抗还是妥协，都不可能胜利。因为胜利与否决定于国家的实力，清朝的国家实力不行。但在抵抗中间还有希望，还能够得到锻炼和成长，所以反侵略的任务演变得越来越艰巨。

另外，学习西方，实现近代化的任务提上日程，这个任务和反侵略的任务同样重要。清朝开始认识到西方的船坚炮利，学习开兵工厂，上海、南京、天津、福建四大兵工厂，跟着是轮船招商局、开平煤矿、上海织布局、漠河金矿等，工厂、铁路、矿山、轮船，带来了军事上的利益和经济上的利益。同时又急需人才，因为开工厂邀请外国工程师，但没有翻译，于是开同文馆、开船政学堂，送学生到美国去留学。詹天佑、唐绍仪等第一批留学生送出去时都是 12 岁的小孩，准备学 9 年的。又组建北洋海军。中国在近代化的道路上迈开了步伐。但是，中国的传统力量太大、顽固派的势力太强大，要创新，要改革，阻力重重，非常困难，每走一步都要碰到顽固派的反对。这 30 年的历史，如果仔细看看那些资料真是令人长叹！招商局，开办以后不久就遭到弹劾，1873 年开办，1874 年弹章就三件，那些御史骂招商局贪污，骂李鸿章，总算李鸿章顶住了他们的弹劾，但轮船不准开到他们的地方，湖南就不准轮船开进去。北京要开同文馆，招收一批科举出身的高级人才进同文馆学习外国语言文字，大街小巷的揭帖多得不得了。大学士倭仁为首，骂奕䜣"用夷变夏"。奕䜣没办法，上奏折请倭仁来管同文馆。皇帝下谕旨让倭仁来管，倭仁故意从骑的马上掉下去，说受伤了要休养，不能管了。招科举出身的人也没有招上来，所有科举出身的人员全部抵制，参加科举的人员都是中国的精英，一个人也没有来考的，同文馆凄凄凉凉。留美学生派了12岁的小孩去，准备学9年，到了5年上都撤回来了。为什么呢？说这些孩子在外国辫子也剪掉了，也穿了西装了，有的从了基督教，每周去做礼拜。那些官僚一看，这还得了！没学完就撤回来了。当时容闳、李鸿章都反对撤回，但挡不住。造铁路争论了10年，从刘铭传、李鸿章开始上书要建铁路，争论了整整10年。朝廷里一片反对之声，说铁路一开要轧死人、破坏风水、造成很多挑夫小贩失业等等。李鸿章在唐山到胥各庄开了一条十几里的铁路运煤，开始不敢用蒸汽机，在轨道上用马拉。可见阻力之大，难以想象。后来为了说服西太后，在中南海到北海修了一条铁路，现在档案都还在。我觉得西太后是李鸿章的学生，李鸿章教她学习外国，很多事情李鸿章也是在西太后的支持下才能进行下去，否则在全社会没有多少人赞成的情况下是进行不下去的。洋务运动搞了30年，有几个科举人员出来干洋务的？没有。风气闭塞，开风气是非常之难，老牛破车，中国的传统势力太强大，传统的包袱太沉重，一下子甩不掉。

中国是这样，日本却抓住了历史机遇。日本和中国一样也是一个封建国家，但是它的包袱比较小，比较早地接受了西学，它的明治维新跟我们洋务运动是同时起步，但它走得快。日本也是派留学生，伊藤博文等一大批一大批地派出去；也是开工厂，比洋务运动的煤矿、招商局开得还晚。但到甲午战争以前，日本已经开了国会，成立了议会，制定了宪法，30 年时间走在了前头。当时的历史形势就是这样，中国和日本在竞赛，谁走在前头谁就上来了。如果当时中国打败了日本，中国就上去了，日本上不去；反之日本打败中国，中国就上不去，日本上去了，这是一个你死我活的竞赛。中国就是由于老牛破车，走得慢，结果甲午战争一再失败，割地赔款，把台湾割走，本来辽东半岛也割走了，旅顺、大连是三国干涉还辽，花了3000 万两银子赎回来的。甲午战争赔款 2 亿两，相当于当时日本 6 年的财政收入，日本把这些钱用来扩大军队、开军工厂、搞教育、建铁路，一下子上去了。中国在那样的世界里，落后，就要受人家的欺负、蹂躏。

第八卷：清末改革和清朝覆亡（1896—1912）

从甲午战争以后，一直到清朝灭亡。甲午战争以后，帝国主义瓜分中国，日本割去台湾，其他列强也争先恐后，德国分走山东、俄国分走旅大、英国分走长江流域、法国分走华南，都来瓜分中国。甲午战争和当时瓜分中国的局面促使了中华民族的觉醒，反对割台的声浪惊天动地，台湾的老百姓、北京的举人都强烈反对，这是中国群众运动的开始。接着就是戊戌变法。戊戌维新也是封建力量太强大、维新力量太弱小。要改革科举，当时的知识分子都是靠科举上去做官当老爷的，把这个生路断了，他们干吗？所以要废止科举很难。要改革军队，裁军，也是闹了几十年，洋务运动的时候就说要裁军，各省的督抚纷纷反对。要把旧的军队裁掉，另外拿钱去练新军，新军归你们管，哪个总督、巡抚肯干呢？士兵也不干，军队裁员后他们就失业了。要办教育、开学堂，当地的士绅都不同意，说把外国的东西都弄进来了，连和尚、道士都不干，因为要搞学堂，一般都是把庙宇改成学堂。要裁冗员，精简机构，北京城的官吏都反对。所以反对的力量太大，维新派只有几个知识分子，既没有军队，也没有群众，怎么能够胜利？当年，器物层面的改革，就是轮船、枪炮、铁路、火车等，逐渐显露出好处来，人们可以接受了，但是，制度层面上的改革、思想层面上的改革，人们不接受。什么叫立宪，什么叫宪法，什么叫民权？人们都不知道，认为纲常伦理至高无上。所以维新派被孤立，结果慈禧太后发动政变。当然政变里也有一个策略的原因。当时维新派走投无路，就想包围颐和园劫持慈禧太后。本来我们认为这个事情可能是袁世凯告密造谣，现在看来实有其事。在日本发现毕永年的日记，记载了"围园劫后"的详细情况。维新派想孤注一掷，把慈禧太后劫持，让光绪帝出来下命令硬干。即使这件事成功也不行，因为当时的阻力太大了，何况当时没有成功，所以慈禧太后一个谕令，维新派人头落地，六君子牺牲。

　　戊戌变法是清朝挽救自己的最后一个机会，虽然这个机会成功的可能性不大，但是错过了这个机会，清朝走向灭亡就不可避免。清朝只能走向灭亡，没有第二条路。所以戊戌变法以后，特别是义和团以后，社会上的精英分子很快站到清朝的对立面，很快走向革命。孙中山在成立兴中会的时候感叹没有人跟着他走，当时人们都是跟着清朝走。孙中山本人开始向李鸿章上书想革新，后来他才觉悟要进行革命。到了戊戌变法、义和团的时候，还有很多人想跟着清朝走，但是到戊戌变法、义和团失败，很多人很快地转向革命。所以，20世纪革命的潮流汹涌澎湃，势不可挡。历史证明，在中国这样的国家，几千年的传统，要改革，阻力非常大，只有各种社会力量汇合起来，和旧势力决一死战，才能够冲破这种阻力。中国革命的形成，从某种意义上说，是旧势力强大的反映和刺激。所以革命是客观形成的，而不是谁制造出来的，某个革命家制造革命是不可能的。孙中山当年在兴中会时感慨没有人跟他革命，到了20世纪，人一下子都来了，是整个客观形势的变化。

　　有一种论调是"告别革命"，我说革命是告别不了的，你要跟它告别，它还会来找你。要想跟它告别，你就会变成反革命，康有为就是典型。康有为本来是进步分子，但他不愿意革命，结果他变成保皇派，后来张勋复辟时，他变成复辟派，成为反革命。告别革命就成为反革命，这是客观的历史形势，不是任何人制造出来的。历史形势的发展，中国这样的情况不可能走英国、日本那样的道路，必须要用积聚的全部社会力量打破旧的反抗，历史才能前进。把社会力量积极积聚起来，这就是一种革命形势。清朝的最后几年全国一片反对的声浪，人民反对它，革命派反对它，立宪派反对它，连汉族地主也反对它，它能有活路吗？可以说是众叛亲离。所以武昌起义一声枪响，全国响应。清朝灭亡是中国政治上的一件大事，结束了两千多年的封建专制，开创了共和国，这是中国人民一个伟大的胜利、伟大的前进。

三

以上简述了清朝300年的历史，这是一个轮廓，一个主线，作为贯穿新修《清史》全书的线索。但是，很简单、很粗糙、很不全面、很不深刻，希望大家讨论、指正，看看这样的线索行不行。历史本身是生动丰富的，300年的清朝历史像一条万里长江，源远流长、波澜壮阔、气象万千、雄伟壮观，你怎么样来认识它？怎么样来认识长江的真面目？你不能把长江的某一个河段、某个景点、某个港湾看做是长江，三峡虽然宏伟，但它只是长江的一部分，不是长江的全部，因此你只能把它浓缩，才能看清它的全貌，浓缩到画在地图上的一条线。虽然长江的本来面貌不是一条蚯蚓般的小线，但只有浓缩到地图上的长江，我们才能看到它的源头、它的入海口、它流经的省份和城市、它接受的支流，也能相对看清它的漫长曲折，看清何处它是奔流的，何处它是拐弯的，等等。从这个意义上来讲，在地图上的长江是最接近于长江的全貌。为了认识全貌，浓缩是必要的。我不自量力把300年的历史画了一条线，画得像不像，希望同志们指正。因为我们写清史必须要贯穿一条主线，必须要有鸟瞰式的全景，必须要浑然一体。

清前期史事和人物

QING QIANQI SHISHI HE RENWU

满族兴起的精神力量*

满族是女真族的后裔。女真族历史悠久，源远流长，曾建立了与宋朝对峙的金朝政权。岁月星河，山川巨变，1234 年，蒙古铁骑踏平了金朝京城，女真族流落于白山黑水之间。三大部族沿江而居，建州居牡丹江，海西住松花江，野人布黑龙江，各立山头，不相统属，势力衰微，陷入了发展的低潮时期。

历史的车轮慢慢走过，到 16 世纪末叶，迎来了民族再兴的机运。1583 年，建州女真的英雄努尔哈赤起兵攻打尼堪外兰，开始统一女真各部的事业。20 多年的统一战争，联海西、野人各部为一体，创八旗，筑都城，造人才，设议政，理诉讼，制满文，奠定了日后对抗明朝政权的基础。1618 年努尔哈赤以"七大恨"发檄征明，攻城略地，使明朝疲于奔命。1644 年满族挥师入关，败李自成、张献忠，灭南明小朝廷，建立了大清王朝，成为全国

＊ 本文发表于《满学研究》第五辑，民族出版社 2000 年 12 月第一版。

的统治力量。

满族崛起于青萍之末，力量可谓弱小。努尔哈赤发兵征战，最初只有遗甲 13 副，聚合胞弟舒尔哈齐的兵力也不过 1.5 万人，估计全部满族也只在六七万人。到满族入关，挥师南下之际，整个满族人口估计为 60 万人。然而她面临的强劲对手是疆土广阔、物产丰饶、人口众多的明朝，记录在册的人口就达到了 7000 万，实际数目要逾 1 亿之多，几乎是满族的 200 倍！两者相比，简直不可同日而语。然而，满族居然在半个世纪的时间内，发奋图强，潜滋暗长，壮大力量，最终打败了曾经仰视数百年的明朝政权，开 268 年统治中国之基业。这不能不称之为历史奇迹，也是历史发展之谜。

剖析历史奇迹，破解历史之谜是史家义不容辞的职责。多年以来，治史者析史料，调视角，分层次，构框架，梳理出明灭清兴的种种因素。从明朝一方来看，政治腐朽，内耗争斗，实力消磨；农民起义波澜壮阔，风起云涌，削弱了国力；吏治腐败，辽东政策失误，自毁长城。再从满族一方来看努尔哈赤、皇太极、多尔衮等杰出人物接连而出，代有人杰；民族内部适应于急剧变幻的社会大势，组织结构全方位迅速调整；满族实施了正确的军事战略与策略。凡此种种，都可看做满族取得胜利的原因。但我认为：满族崛起的最为重要的因素在于精神力量。一支充满蓬勃朝气、奋发向上的满族，托起了民族的脊梁。艰苦拼搏，百折不挠，以少胜多，以弱胜强，直至创建全国政权，精神力量是不可或缺的根本因素。这种精神因素表现为 4 个方面。

1. 骑射尚武的精神

满族散居东北沃野，山林茂密，草场广阔，形成狩猎与农耕并重，锄镐与骑射并举的社会习俗。1601 年，努尔哈赤创建八旗制度，融军政体制为一体，突出八旗制度的军事特征，培养满族骑兵勇猛剽悍、奋勇拼杀的尚武精神。激战萨尔浒，五日三战，勇猛顽强，铁骑如风卷残云；攻打锦州，三次增兵，不惧死亡，亲王贝勒冲锋陷阵，身先士卒；八旗铁骑金戈铮铮，旌旗猎猎，所至无不披靡；人数虽寡，但能够战必胜，攻必克。尚武精神已经锻造了一支勇猛顽强、意志坚定的民族力量。没有这种尚武精神，满族凭什么去与强大的明朝对抗呢？

2. 民族凝聚的精神

女真本是分散的部落，建州、海西、野人互相征伐，部落之间的侵扰连绵不绝。然而，努尔哈赤统一女真各部，诞生了满族之后，满族从此像注入了一种神奇的活力，整个民族呈现出前所未有的向心力，捐前嫌，释旧怨，重团结，产生了影响久远的民族凝聚力。新兴的满族，内部团结坚如磐石，表现出极端的坚忍性。当然，满族上层不乏争权夺势、互相倾轧之人。努尔哈赤初始与弟舒尔哈齐共领建州，各自拥有自己的部众与财产，不相上下的实力促使舒尔哈齐频频挑战努尔哈赤的权威，受挫后企图率众出奔，摆脱努尔哈赤的控制。努尔哈赤果断囚禁舒尔哈齐，扼分裂势态于萌芽之中。皇太极承续大统，最初与代善、阿敏、莽古尔泰三大贝勒共同分享权力、人口、财产，位势相埒，后来皇太极从打破旗主专控权入手，进而幽禁阿敏、降格莽古尔泰，处罚代善，独领正黄、镶黄、正蓝三旗，兵不血刃，剪除异己势力，恢复汗位权威。皇太极死前未指定继承人，于是两黄旗拥立的豪格和两白旗推出的多尔衮势同水火，以至于皇太极驾崩之际，双方调兵戒备，几乎同室操戈。结果两王妥协，拥立福临（即顺治帝）。满族的发展躲过分裂的劫难，汹涌奔腾，迎来了世所瞩目的康乾盛世，从而把中国两千年来的封建社会的发展推向了顶峰。

满族上层矛盾的成功化解，是民族凝聚力的典型体现。在面临关内强劲对手的形势下，顺大局，识大体，使内部争斗规限在家族范围、言词交锋的程度之内，严格控制矛盾的激变与扩大，力图以妥协让步的办法化干戈为玉帛，于事态初萌之际一朝化解，从未演成巨大的民族内部动荡，动摇民族延续的根本。这种克制上层矛盾的广度与深度，关注民族大局的精神，保障了满族草创政权之初，能够几经风霜雨雪，却依然坚定不移地向共同目标奋进。200多年后，太平天国统治集团未能很好地把握内争的分寸，洪杨政争引发一系列的流血事变，数万将士没有战死在抗清的疆场，却死在自相残杀的"天国"土地上，因而战斗力衰落了，凝聚力散失了，元气大丧，一蹶不振。太平天国由盛而衰的史实，给后人以永远的警示。坚忍的民族凝聚力是满族崛起的主要关键。

3. 团结包容的精神

满族不仅团结本民族共同发展，而且还包容其他民族，团结一切可以团结的力量，化部分敌人为友，削弱敌人，壮大自己，使力量对比逐渐彼消此长，把优势掌握在自己手中。

满族十分重视团结地域广大、实力超群的蒙古族势力，将如何处理好同蒙古族的关系看得至关重要。皇太极初始与蒙古族并不亲睦，曾派大军深入漠南，武力征服林丹汗，但随后皇太极会盟漠南蒙古于盛京，联络漠北蒙古喀尔喀三部。蒙古族归附，化敌为友，从此骁勇善战、疾如闪电的蒙古骑兵与八旗将士并肩作战。清朝初年满族通过藏传佛教（俗称喇嘛教）与蒙古上层深相结纳，满蒙一体，休戚与共，不仅稳定了后方，退有依托，而且极大地弥补了满族人口单薄、兵力的不足，背靠满蒙，窥视中原，进攻退守，游刃有余。

汉族是满族最主要的敌对势力。努尔哈赤兴兵伐明，与汉族的民族矛盾上升到政治斗争的最高形式——军事战争。然而，满族并非只是一概固守民族观念，驱全部汉族人众与自己为敌，而是分化利用，凡是投降归附的文人士宦，位尊威崇，加以重用，范文程、李永芳、马光远、高士俊遂成为皇太极的左膀右臂。尤其范文程参与帷幄，领受机密，"每议大政，太宗（皇太极）必曰：范某知否？"①宠爱信任，无以复加！明朝武将，对峙疆场，生死鏖战，性命相搏，可谓仇深似海。孔有德、耿仲明、尚可喜、祖大寿、洪承畴、吴三桂都是明朝辽东能将，数度与八旗狂

---

① 李果《在亭丛稿》卷六《范文肃公传》。

飙殊死厮杀，筑起明朝的辽东屏障，但这些人投降之后，皇太极即广为包容，收编重用。满族团结包容其他民族力量，变消极因素为积极因素，削弱敌人，壮大自身，故能以弱胜强，统治全国。

4. 学习先进的精神

满族初兴，文明低下，狩猎稼穑，仅供所需，领主部落，尚处奴隶制度时代。但满族不因循守旧，拒绝先进，而是虚心学习，剔劣纳优，加速文明进化步伐。红衣大炮由西方传教士引进，威力巨大杀伤力强，曾使努尔哈赤在宁远城下受挫。清兵日后缴获该炮，悉心研究，俘虏明朝降将降卒仿造大炮，也拥有了攻城利器。满族与汉族，属文明阶段的两个层次，差距甚大。但满族不故步自封，而是倾心学习，承续明朝体制，吸纳汉族文化、典制中的先进部分，结合本民族的特点，创设出符合历史发展的文化传承、典章制度。女真文字已不通行，努尔哈赤遂命额尔德尼、噶盖两人仿蒙古文为字，以女真语为音，创制了老满文，尽管文法不备，缺点甚多，但文字的创制推动了女真社会向更高文明迈进。

儒家学说长期被奉为封建王朝治世经典，满族入关即派官祭祀孔子，允许孔氏后代袭衍圣公。入关随俗，尊孔崇儒，笼络汉族知识分子，恢复科举取士，给饱读诗书的士子以"学而优则仕"的出路，淡化了他们心中滋生出的恋明反清情绪。

清朝初兴，追踪先进，倾心学习，即使是自己的敌人，只要优而有长，亦纡尊求教，虚心仿制。这种海纳百川的胸怀，如饥似渴学习的精神，使满族在半个世纪的风雨征程中，从小到大，从弱到强，最终建立全国政权。

朱诚如教授在《明清之际的历史走向》一文中说："一个天崩地裂，天下大乱的时代，谁抓住了机遇，就会赢得胜利"。的确，明朝覆亡赋予李自成大顺军、张献忠大西军、南明政权、东北满族四方以平等的机遇。四方角逐，表面上拼打的是政权体制、后方补给、军事战略等浅表因素，实际上较量的是综合素质，而具有拼搏向上、锐意进取的一方无疑能够超乎其他三方，抓住历史机遇。李自成大顺军入城之后，追赃逐利，沉湎陶醉，失去进取之心；张献忠大西军杀戮过甚，树敌众多，矛盾重重，分崩离析，他们都抓不住历史机遇；南明政权偏处一隅，安于现状，惰性充盈，锐气全无，更不能抓住历史机遇。而满族凭借骑射尚武、民族凝聚、团结包容、学习先进，故能在历史机遇来临之际，因时乘势，席卷全国，取得全面胜利，这决不是历史偶然的偏爱，而是历史必然的结局。当然，清朝统治后期，钟鸣鼎食的优裕生活消弭了满族优秀的精神品格，满洲贵族腐朽堕落，已经成为社会发展的阻碍，失去了早期的精神力量。辛亥革命，义旗高举，满族政权灭亡也是必然的。"其兴也浡焉"；"其亡也忽焉。"历史公平地对待每一个统治政权，关键在于能否自觉自强，适应历史的趋势，大踏步前进。

毛泽东曾经说过："人，总是要有一点精神的。"一个民族的崛起，一个社会的复兴，固然需要物质力量丰厚，军事实力强大，更重要的是要有精神力量的支撑。一个萎靡不振、腐败丛生、不思进取、见利忘义、舍本逐末的群体是不会有远大前途的。中外朝代更迭几乎如此，概莫能外，显示出一个兴衰更替的社会规律。

满族精神力量在几个世纪的凝结与衰微的变迁历程，并由此精神力量所导引的清朝历史轨迹，给了我们以发人深省的启示。

论 康 雍 乾 盛 世*

中国在康雍乾时期的成就

  康熙、雍正、乾隆三个皇帝，共统治中国 134 年。康熙在位 61 年，雍正在位 13 年，乾隆在位 60 年。这在中国历史上是个非常繁荣的时期，政治安定，中原地区没有大的战事，经济发展迅速，老百姓的生活比较宽裕，史称康雍乾盛世。中国两千多年的历史中，盛世并不多见，可以称得上"盛世"的大概有三个时期：第一个是西汉"文景之治"到汉武帝、昭帝、宣帝统治的时期，大约在公元前 179 年到公元前 48 年之间，约 130 年；第二个为唐太宗"贞观之治"到唐玄宗开元年间，120 多年；第三个盛世就是清朝的康雍乾盛世，从康熙元年到乾隆六十年，长达 134 年。这三个盛世的共同特点是，国家统一，

---

* 本文发表于 1997 年 4 月 29 日《今晚报》。

中原内部战事较少，社会安定。比较这三个盛世，传统的观点认为汉、唐比较繁荣，但我个人认为，康雍乾时期的繁荣程度超过了汉唐盛世。为什么这样说呢？

首先，从农业方面来看。中国很少统计数字，但从人口数字上可以看出，但凡盛世，人口就不断地增加。汉代盛世，人口最高峰是 5000 多万人。唐朝盛世，大家比较认同的人口数字是 8000 万。康雍乾时期，到了乾隆时中国人口将近 3 亿，远远超过汉朝、唐朝的人口数。到道光年间，中国有 4 亿人口。从道光到近代，人口没有什么增加，当时我们是 4 万万同胞，到解放前也还是这个数。人口增加是盛世的一个重要标志，因为人口的增加意味着粮食产量的增长。而中国封建社会是农业社会，以农业生产为主，产粮多寡是衡量繁荣与否的重要标准。乾隆时生产的粮食能够养活 3 亿人，而汉朝养活不到 6000 万人，唐朝养活 8000 万人。可见，从农业发达程度上，乾隆时期的成就远远超过汉、唐。以上是从纵向来比较的。下面再从横向上将中国与当时世界上其他国家的情况作比较。当时世界上有 9 亿人口，中国养活了 3 亿，相当于全球的 1/3。其余 6 亿分布在亚洲、欧洲、美洲、非洲、澳洲几十个国家，除了印度、俄罗斯、奥斯曼这三个大国，大部分是中小国家。俄罗斯虽然刚刚侵占了辽阔的西伯利亚，但那却是个人烟稀少的地方。印度当时也仅有 1.4 亿人口，远远比不上中国。再看看其他中小国家，英国当时人口 2800 万，连中国的 1/10 都不到。美洲就更少了，大多是欧洲的移民。当时中国农业生产水平是世界最先进的。18

世纪末，英国一位农业科学家随马戛尔尼使团到中国考察发现，在中国种下一粒麦子可以收获 15 粒，而在英国只能收获 10 粒。农业技术发达，农业品种多样化以及农业产量高，使中国农业成为近代农业出现以前较先进、较发达的农业。

其次，从工业方面来看。康雍乾盛世的工业水平很发达，对外出口丝绸、瓷器、茶叶。苏州、杭州、南京、广州的丝织业很发达，民间有很多织机。19 世纪初也就是乾隆以后，南京最大的织铺拥有五六百台机器、一两千名工人。以当时的工业发展水平来看，拥有这么多台机器是很了不起的事情了。另外，丝绸、土布、瓷器贸易非常兴旺。重工业方面，煤矿业和铜、铁工业都很发达，当时世界上其他地方都没有中国那么多的煤、铁和铜，云南的采铜工人有几十万之多。哪个国家当时有这样大的规模？根据保罗·肯尼迪《大国的兴衰》一书所说，1750 年中国的工业产量占世界总产量的 32.8%，而整个欧洲仅占23%。中国当时是个封建国家，但也和外国进行贸易，特别是广州。当年清朝一口通商，允许外国人在广州做买卖，外国人到广州来住在十三行，出售货物，卖的大多是原材料。中国一年的国内贸易量有 4 亿两白银。而 1792年，当时的世界大国英国，贸易总值也只有 1.7 亿两，还不到中国国内贸易量的一半。康熙时，全世界超出 50 万人口的大城市有 10 个，中国占了 6 个，分别是北京、扬州、苏州、南京、杭州、广州，还有其他 4 个是伦敦、巴黎、江户和伊斯坦布尔。可见，中国当时不但是盛世，而且经济发达程度在世界范围内也是位居前列的。这 100 多年，中国在世界上是经济实力最强大的国家。

再次，从政治上取得的成就来看。康雍乾时期，最突出的成就就是巩固了中国的统一，形成了统一的多民族大家庭。这是非常了不起的贡献！今天中国的 960 多万平方公里土地、50 多个民族，基本上就是在那时候形成的。康熙之前，中国四分五裂。经过长期战争，满族人取得胜利，统治了北京，控制了全国大部分地区。但南北各方势力被镇下去以后，"三藩之乱"又起，占据了整个长江以南，各地方都响应吴三桂，四川、甘肃、长江以南都是他的地盘。这个时候很危险。后来，"三藩之乱"终于平息。台湾方面，自郑成功收复台湾后，台湾就由他的后人统治着，不臣服于清朝政府。北方的问题主要在蒙古。当时蒙古包括三部分：一是漠北蒙古，即现在的蒙古人民共和国；一是漠南蒙古，即现在的内蒙古自治区；还有一部分是漠西蒙古，以新疆伊犁为根据地。西蒙古的势力最为强大，把外蒙古全部打了下来，控制了青海、西藏和新疆南部地区，向东一直打到黑龙江呼伦贝尔草原一带。由于西藏与他们宗教相通，达赖喇嘛也跟他们的领袖噶尔丹勾结。当时，西蒙古的势力非常强，他们控制的地方之大超过了清朝的统治范围，连哈萨克斯坦都在他们的控制之下。这就是清军入关到康熙前期中国的情形。康熙打了 10 年战争，才基本统一了长江以南，平定了三藩，统一了台湾。南方刚刚平定，北方局势又变得紧张，俄罗斯侵入黑龙江，占领大片土地，大肆屠杀当地的居民。康熙立即把战略重点转移到北方，集中兵力，经过两次战争，把俄罗斯驱逐出去。俄罗斯军队规模较小，因为从他们那边过来要走一两年。莫斯科派来一个使团，足足走了三年。后来，中国军队开始让俘虏或传教士带信回去给沙皇，表示中国愿意谈判。俄国西境当时也有不少战事，打不起东边的战争，所以同意派个使团来和谈。1689年，中俄双方在尼布楚进行谈判，划清了中国东部边界，从此中国东部边界保持了100多年的稳定，直到第二次鸦片战争爆发，俄国毁约，把这里的一部分中国国土抢走。这部分中国国土面积相当于整个法国和德国的土地面积。康熙、雍正、乾隆三代皇帝用了七八十年时间打败准噶尔部，进入伊犁，收服了南疆维吾尔族地区。所以，清朝政治上最大的贡献，在于把西北，包括西藏、新疆、青海、蒙古稳定下来。这些地区在明朝的时候，都游离在外。这场持久的统一战争意义非常大。100多年后，帝国主义入侵中国，我们不分民族，全国抗击，台湾抗日、东北抗日、新疆抗英、云南抗法……正是这100多年的整合时间，形成了中华民族的凝聚力量。没有这100多年的统一，近代中国会走向何方，不堪设想。是康熙、乾隆奠定了今日中国的版图，这是他们留给我们的珍贵遗产。

康雍乾时期的政策

为什么会出现康雍乾盛世？大概有几点原因：

第一，安定的社会环境。明末清初长期战乱，经济萧条，生灵涂炭，人口大量减少，土地荒芜，生产力低落，人心思治。康熙平定"三藩之乱"后，国内几十年没有大的战事，国家安定，天下太平。这是经济发展的前提。没有长期安定的局面，经济是不可能发展的。

第二，频繁的对外交流。虽然官方不愿与外国进行交流，但对外交流的形势是无法阻挡的。这种交流对中国有什么影响呢？高产作物得以在中国大面积种植。美洲的高产农作物白薯、玉米、花生是中国以前没有的，它们本是美洲的产物，在哥伦布发现新大陆后得以推广，明朝时传入中国，大面积种植则出现在清朝。康雍乾三位皇帝积极推广这些作物的种植，因为它们具有很多优势：首先是产量大，种小麦一亩收成一二百斤，种白薯一亩收成能有几百斤甚至上千斤；其次是耐干旱，不用浇水；再次是生命力强，在什么土壤环境下都能种植。这些国外农作物品种在中国的推广，促进了中国生产力的发展。17—18 世纪，世界贸易大潮已经展开，中国被卷入其中，大家都抢着跟中国做生意。中国出口丝绸、丝织品、茶叶等丰富的物品。茶叶是 18 世纪中国最主要的出口产品，当时英国人吃早点都习惯喝茶，所以中国茶叶销量非常大，出口额居世界第一位。外国当时因为工业生产水平不高，可以出口到中国来的东西不多。所以，他们大量向中国输入白银，换回丝、茶、瓷器等。由于中国出口产品数量很大，据史料统计，1600 年以后 200 年期间，全世界生产白银 12 万吨，有 1/3 即 4 万吨流向中国。大量白银输入中国，促进了中国国内的贸易，当时中国国内外贸易比唐、宋、元、明时期繁荣得多，货币量的增加是个很重要的原因。

第三，发达的农业生产。清朝统治者比较顺应时势，不像元朝统治者那样，取得统治地位以后企图把整个中国都变成牧场。满族入关后积极学习汉族文化，采取了一系列有利于社会经济发展的措施。

一是奖励垦荒。明末清初，人口剧减，土地抛荒。明朝的藩王原本占据大量土地，他们在清人入关时跑的跑、死的死，致使土地大量抛荒。清朝政府规定，谁去开垦这些荒地，地就分给谁。而且努力为农民垦荒创造良好条件，没有种子的给种子，没有耕牛的借耕牛，没有房子居住的可以帮他们盖房子，给予十分优惠的减免税政策。这等于是一次土地改革，对农业发展非常有利，使农业生产取得了很大发展。

二是兴修水利。这恐怕在历史上也是很少见的，之前的水利主要是为了防火，历代统治者对于黄河、淮河、运河的治理基本不太重视。康熙年轻时，把三件事写在宫里的柱子上：第一是平三藩，第二是治黄河，第三是通漕运。当时北京官多、兵多、人口多，这些人吃什么是个大问题。而北方产粮不多，又没有河道运送，粮食很难运来，要求从南方经过运河向北京运送粮食。漕运不通，就会导致北京的恐慌，所以通漕运是件大事。治黄河更是大事，黄河经常泛滥。河南、安徽、江苏等产粮地区，黄河经常决口，发生水灾，到处水乡泽国，人民受害严重。清朝视治黄河为大政，花大批帑银，整治水利，筑堤浚河，赈济灾民，以缓和水灾，增加生产。

三是重视农业。现在故宫档案馆保存着当年的粮食条子。当时规定每个县经常要上报当地的降水和粮价情况，还要区别粮食的等级，包括上档多少钱、中档多少钱、低档多少钱，这些上报材料就是粮食条子。现在这些粮食条子在故宫里面堆积如山。这些资料很宝贵，因为如此一来，各地气象和粮价一目了然，哪个地方下雨，哪个地方没下雨，都可以知道。

四是移民。中原地区地少人多，政府主张向边疆地区移民。当时的移民呈中央向四周辐射之状：河北、山东向东北，山西、陕西向内蒙，甘肃、四川向新疆，湖南、湖北向云贵地区，福建、广东向台湾。清初时期，边疆地区很多是游牧地区或荒漠地区，后来经过大规模移民，经济结构发生了变化，成为半农半牧。

五是改革赋税。中国农业社会的赋税制度历来由地税和丁税组成。地税就是按照土地多少缴税，丁税即人头税，即按人口数量计税。清朝推行赋税制度改革，实行地丁合一，按照土地面积来计税，实际上是取消了人头税。这对于老百姓尤其是穷人家十分有利，因为穷人家人多地少或无地，富人家人少地多就要多缴税。这对穷人、对国家长远利益来说是有利的。另外，康雍乾时期经常减免税赋，康熙年间减免了农业税几千万两，相当于三年的国库收入。乾隆当了60年皇帝，10年在全国范围免一次税，大概有6年不征税。他虽不征税，但国库里的钱有七八千万两之多，顶得上两年的财政收入。当时乾隆觉得国库里的钱太多，担心没用处。当时还没有大规模工业可以投资，后来就用来造园林，避暑山庄、圆明园就是在那时兴建的。

第四，成功的民族政策。清朝统一了全国，但满族本身是少数民族，了解少数民族的心态和意愿，所以他们积极团结各族人民，包括汉族，这是一个很了不起的政策。清朝的时候，长城失去了功能。长城原本具有防御游牧民族入侵的作用，但是中国几千年历史上，汉朝时匈奴打进来，宋朝时女真打进来，明朝时蒙古族、满族打进来，北方少数民族一往南进入中原地区，天下就大乱。清朝统治者则认为，他们不需要长城，人心即是长城，通过笼络少数民族的人心来维护安定，并设立理藩院专门管理少数民族事务，使中国的民族融合得以加快。从康雍乾时期开始，中国各民族进入了一个和睦相处的时期，逐渐形成了一个民族大家庭。对于少数民族，清朝和汉唐的管理不一样，汉唐在边境设立都护府，但这是临时的军事统治，发挥作用的时间比较短暂，盛世一过，管理便难以为继。清朝则不同，政府因地制宜，在各地设立不同的民政机构，东北、新疆实行将军制，蒙古实行盟旗制，西藏采取驻藏大臣与达赖喇嘛共同治理的方法，西南的云南、贵州、四川等地实行改土归流。当时西南各地由土司治理，中央难以管理，无法任用地方官，实际上处于割据状态，清政府通过改土归流，废除土司制，设流官制，由中央任免，从而贯彻中央的号令，改进管理，增强了民族凝聚力。

盛世中的阴影

上面，我简单地讲了康雍乾盛世的成就，但这个盛世中存在着阴影，制约着我国走向现代化道路。

第一个制约因素是农民的贫困问题。中国是个世界大国，土地广阔，人口众多，工业总值超过世界各国，但人口基数太大，人均资源相对不足。当时中国人均拥有 3.5 亩地，英国则是 10 亩地（这个数字是不是可靠，还要核实）。人均粮食少意味着农民贫困，没有力量购买工业品，从而难以形成发达的市场贸易。中国的市场虽有 4 亿两白银的贸易交往，但由于贫困，很多农民卖粮所得不是用来买东西，而是用来缴地租，这在很大程度上制约了中国市场贸易的发展，这在中国的皇权体制下是很难改变的。

第二个制约因素是高度集权的封建专制体制。中国高度集权的封建专制体制历史悠久，根深蒂固，到康雍乾时期更是变本加厉。这和中国广阔的版图、地区经济发展不平衡及多民族的文化传统有关。组成这个广阔版图的各个地区具有各不相同的意志，这个系统需要中央的统一管理。中央下的命令，地方不执行怎么办？因此需要加强中央的权力，否则就控制不住地方。康雍乾时期实行高度专制的集权政治，这和大众参与政治是背道而驰的，是不能适应现代社会需要的，成为中国走上现代化的一个重要阻碍；而且在经济发展、社会财富增加的情况下，权力高度集中，缺少制约，缺少法治很容易导致权钱交易的腐败现象。所以乾隆时期腐败现象十分严重，和珅就是一个典型例子。乾隆惩治贪污的决心很大，每年都要杀掉好几个省级官员，甘肃有一年杀掉县以上官员五十几个人，包括总督、巡抚、藩司、臬司、知府、知县，还有五十几个人充军。大家都知道清朝的官员很少，一个省没几个官，就设一个巡抚，相当于今天的省长，不设副省长；一个县就是设一个知县，不设副知县。甘肃一个小省，杀了这么多人，惩治力度这么大，还是刹不住这种风气。

第三个制约因素是重农轻工商的思想。各级官员不给工商业足够的发展空间。很多行业都由政府控制，不让经营，只有经过政府批准的商人才能做生意。广州十三行需要政府批准才能进行进出口贸易。商人做生意得到的利润要给政府，缴多少钱没封顶，反正皇上要用钱你就得给。不让开矿，怕矿工聚众闹事。当时全世界各国都兴起重商潮流，鼓励工业制造，鼓励商业贸易，鼓励海外贸易，而中国却还在一味重农，造成农业生产力强，工商业却发展不够。

第四个制约因素是清朝的闭关政策。康雍乾时期，闭关政策尤其严格。康熙时候是四口通商，到乾隆时，只有一口通商，仅允许广州和外国做生意。当时有英国商人不满广州海关严重的腐败状况，要求乾隆开放宁波、厦门。乾隆也考虑采纳这个建议，召集这三个地方的官员共同商议。结果广东官员因为担心广州的商户跑到宁波、厦门做生意而反对开放，厦门官员则因为担心外国人闹事而不同意开放，这个案子就此了结，闭关政策变本加厉。当时中国跟外国贸易数量越来越大，许多外国商人在中国特别是在广州建立商馆。清朝政府制定了很多规定，以防止外敌势力。中国人办企业，搞贸易，限制也非常严格，船不能太大，许多工具规定不能带，连做饭用的铁锅也不能带，只能带砂锅，而且规定到了国外必须两年之内回来。当时，商人很难控制自己的归期，因为出去以后是否顺风，是否会碰到恶劣气候，船只能否正常航行都是难以预料的。有个印尼华侨出去了 20 年，有了钱带着家小回福州，一回来就被捉住充军到边疆，罪名是"滞留海外，目为夷役"。他们没有看到世界，只看到中国，认为中国人是天下的中心，中国文明世界上无人能比。这种大国心态非常危险，以至于整个国家都处于封闭状态，没有外国书籍，没人懂英文，连知识分子都不知道英国在什么地方。乾隆年间英国派来马戛尔尼使团，要求与中国通商。这个使团非常庞大，有 700 人之多，坐了 6 艘大船前来，装了600 箱礼物送给乾隆，其中很多是欧洲最先进的科学仪器。最大的一个是天文仪器，模拟天体运行，是当时最先进的天文仪器。乾隆一看这些东西，就睁着眼睛说瞎话，说我们中国也会造，英国人也没什么神奇的，就是这种自欺欺人、盛气凌人的态度，使他失去了放眼看世界的机会。尽管当时马戛尔尼确实提出了一些侵略性要求，但也提出了一些合理要求。比如认为一口通商很不方便，建议把通商口岸设在宁波、上海。因为当时中国大量出口的茶叶是在安徽、浙江一带生产的，但所有茶叶都要到广州才能出口，茶叶从安徽运到广州，路程相当遥远，的确很不方便，英国人这个建议也有一定道理。但乾隆皇帝看不到这一点，仅仅因为对方不给自己磕头这一礼节问题而把人赶走，就把谈判的大门关上了，也使中国失去了了解世界的一次大好机遇，非常可惜。如果当时乾隆通过跟马戛尔尼谈判了解西方的情况，中国大概可以有一点进步，长一点知识，也不至于什么也不知道，所以开放是非常必要、非常重要的。

第五个制约因素是科技的落后。中国古代科学还是非常发达的，但由于长期实行科举制度和学习儒家礼教，导致了后来的落后。康熙、雍正时期，特别是雍正时期，全世界科学发展突飞猛进，西方的科学风气尤其浓厚，不仅设立了皇家学院，还设立了俱乐部，以提倡自然科学，而中国知识分子还在念四书五经，还在考科举写八股文，还不知自然科学为何物。这种科技方面的落后，成为中国发展的重大障碍。

我们刚才所讲的康雍乾时代，成就是非常辉煌的，但是辉煌的掩盖下还有着其阴暗的一面。当时世界处于迅速的发展中。乾隆时，英国发生工业革命，蒸汽机的发明使人类摆脱了对自然能源的依赖，工厂制度的产生推进了大工业生产的发展，使生产力突飞猛进。随着新的生产力的产生，欧洲一些启蒙思想家也相继涌现，如卢梭、狄德罗、孟德斯鸠等。18世纪末，即乾隆五十四年（1789年），法国发生了大革命，美国则通过独立战争建国。这个时候世界变化极大，而中国故步自封，不改革，不开放，造成了自身的落后。尽管此时中国的生产总量仍走在世界的前列，但其发展缺乏后劲。一个国家从传统的封建社会步入现代社会，是工业、农业、贸易、文化、政治等各个领域相互促进的结果。康雍乾时期已有一些近代的因素，但也有很多落后因素，只有改变这些落后的东西，对制度、观念等进行大幅度改革，才能解放生产力。现在看来，主要就是这样一个问题。当时中国社会还没有形成改变这种旧观念、旧制度的物质基础，没有形成城市的中等阶级，在这些条件还没有充分成熟的情况下，任何问题都无法解决。当时人们眼界不宽广，没有意识到这些落后的因素，因此无法产生进一步改革的思想和充沛的改革热情。经济的发展需要上层建筑的改变来促进，上层建筑停滞不前，经济发展就会出现问题。历史是无情的，一旦在近代化道路的起跑点上落后别人一步，就步步落后，不仅失去时间，还失去很多机遇，失去实现近代化的有利条件。其他国家先行实现近代化，成为了中国实现近代化的障碍。日本和中国的起步时间差不多，日本明治维新在1868年开始，中国洋务运动在1864年开始，但日本的近代化进程走在了前头，从而成为中国实现近代化的障碍。甲午战争中国战败，赔款2.3亿两白银，这笔钱相当于日本几年国库收入，被日本用于扩充军队和投资实业、教育，有力推进了日本近代化进程。而中国却因此陷入更大的危机中，近代化进程也因此而严重滞后。这段历史值得我们反思。

论 乾 隆 *

乾隆皇帝姓爱新觉罗，名弘历。清康熙五十年生，嘉庆四年死（1711—1799 年），享年 88 岁。他在位 60 年，传位于皇十五子颙琰（即嘉庆帝），又当了 3 年多太上皇。他是中国历代帝王中寿命最长的一个，在位时间仅比祖父康熙少一年而居第二，但做太上皇时仍独揽大权，因此，他实际掌握权力的时间比所有的帝王都长。

乾隆帝的生父为雍正帝，生母钮祜禄氏，其母初为雍亲王府格格，后尊为孝圣宪皇后。乾隆帝有兄弟 10 人，多早殇。他排行第四，初封和硕宝亲王，他幼即聪颖，深得祖父、父亲的宠爱。雍正即位时，定秘密建储的制度，将弘历的名字密写封缄，藏于大内乾清宫"正大光明"匾额之后，雍正病逝，启视传位密诏，弘历继皇帝位。1736 年，改元乾隆。皇位授受之际，没有经过祖辈、父辈那样刀光剑影、惊心动魄的激烈争夺。他即位，既有雍

---

* 本文发表于《清史研究》1992 年第 1 期。

正皇皇遗诏的合法根据，他兄弟十人又大多已不在人世，继位时在世的只有两位弟弟，一位是与他同母的五弟弘昼（封和亲王），另一位是年仅两岁的十弟弘曕（后封果亲王）。这两个人的地位、才智或年龄均不足以和弘历争逐帝位。因此，乾隆继位，顺利接班，风平浪静，没有发生政治动荡。

乾隆统治时期，清王朝国力鼎盛。当时，经济繁荣、国库充裕、社会安定、户口大增，边疆的统一得以巩固，中国的版图于此奠定。而政治、经济、军事、文化达到了封建社会前所未有的高峰。但在高度的繁荣昌盛之中，社会矛盾逐渐激化，外国资本主义势力也叩关而至，清王朝正走过了全盛的阶段，几千年从未有过的严重危机正在日益临近。

研究乾隆帝，既要研究他的思想、行为、政策、功绩、失误，也要研究他的经历、性格、才能、爱好、心态，而更重要的是要着眼于一个时代，即 18 世纪的中国。乾隆帝诞生于 18 世纪之初，逝世于 18 世纪的最后年代，高度发达的中国封建社会培育了这样一个有才能、有作为、有个性的统治者，产生了一位既仁慈、又残暴，既英明、又短视的君主。他的思想、行动，制定的政策是在中国 18 世纪的特定环境中形成的，甚至他的优点和缺点都鲜明地具有时代的特色。环境造就了历史人物，而人物又在改变、创造环境。乾隆帝长时期站在 18 世纪的最前列，运筹帷幄，驱遣群僚，叱咤风云，在他的巨大身影下，翻过了一页又一页的历史篇章。他的所思、所言、所行深刻地影响着时代。他是 18 世纪中国历史的参与者、领导者和塑造者。

<h1 style="text-align:center">一</h1>

乾隆帝知识广博，才能卓越，自幼聪慧。11 岁时晋谒祖父康熙帝，当面背诵书文，一字无误，得到老皇帝的欢心，被养育宫中，随侍左右。乾隆帝后来经常怀念这段经历，视为不世之恩荣。少年和青年时代受到严格的、良好的教育，熟读儒家经典，得到名师福敏、蔡世远、朱轼等的教导，研经习史，作文吟诗，又酷爱书法、图画、文物，精娴音律，热心园林建筑，全面通晓中国的传统文化。他的爱好和才能是多方面的，兼具学者、诗人、艺术家、鉴赏家的气质，又通晓多种语言，不但精于汉文，又熟谙满语，与大臣讨论政事，经常使用满语，还懂得蒙古语、维吾尔语、藏语，能和来朝的少数民族领袖直接交谈。而且爱好体育武事，经常骑马射箭、秋狝围猎，观看水嬉、摔跤、龙舟等。曾多年随侍皇帝左右的著名历史学家赵翼说："上最善射，每夏日引见武官毕，即在宫门外较射，秋出塞亦如之。射以三番为率，番必三矢，每发辄中圆的。九矢率中六七者，此余所常见者。"① 由于勤习武事，经常锻炼，故身体健康，精力过人，很少生病。乾隆五十五年（1790 年），他已 79 岁，朝鲜使者洪仁点觐

---

① 赵翼：《檐曝杂记》卷1。

见后，说他"尚如六十余岁人，筋力则耳目聪明，步履便捷矣。"①

乾隆帝身材匀称，丰腴而略矮，身高约1米6（据觐见他的英国使团人员说身高5尺2寸、约1米6）。脸庞呈长方同字型，两腮稍削，皮肤白皙，微带红润，眼睛黑而明亮，炯炯有神，鼻稍下钩，体态文雅，外表平和。青年时代是一位英俊潇洒的翩翩佳公子，老年时代，则显示出尊严、和蔼与慈祥。

乾隆帝有多方面的兴趣和才能，但作为一位政治家，他勤于理事，始终不懈，独揽大权，能谋有断。他即帝位时是个刚满23岁的青年（按中国的传统算法是24岁）。在父丧的哀戚气氛中初登宝座，这个青年在俯视着王公百官匍匐脚下，聆听自己的谕旨，高呼万岁时，内心第一次体验到作为"天下主"的愉悦和满足，同时也唤起强烈的使命感。他认识到：治理一个幅员辽阔、情况复杂、问题繁多的庞大帝国，如同进入一个充满着种种弊端、陷阱和阴谋的世界，必须小心谨慎，努力以赴，勤勉从事。他告诫自己："人君之好恶，不可不慎，虽考古书画，为寄情雅致之为，较溺于声色货利为差胜。然与其用志于此，孰若用志于勤政爱民乎？"② 在多年之内，工作的重担使他大大减低了生平的爱好——写诗和游景。故初年诗作较

① 《朝鲜李朝实录中的中国史料》第11册4829页、4892页，第12册第4982页。

② 《御制文三集》卷9《续集〈秘殿珠林〉〈石渠宝笈〉序》，卷10《王禹偁待漏院题辞》，卷9《补咏战胜廓尔喀之图序》。

少，也不常出外巡游，整天埋头于千头万绪的棘手事务中，处理堆积如山的文牍奏折。赵翼记下了乾隆帝勤政的情形："上每晨起，必以卯刻。……自寝宫出，每过一门，必鸣爆竹一声。余辈在直舍，遥闻爆竹声自远渐近，则知圣驾已至乾清宫。计是时，尚须燃烛寸许，始天明也。余辈十余人，阅五六日轮一早班，已觉劳苦，孰知上日日如此。"① 这是平常无事的情形，如果有战事、河工、赈灾、祀典等重要政务，就更加忙碌，精力贯注，孜孜不倦。例如在平定准噶尔战争中，"每军书旁午，应机指示，必揭要领。或数百言，或数十言，军机大臣承指出授司员属草，率至腕脱。或军报到以夜分，则预饬内监，虽寝必奏。迨军机大臣得信人直庐，上已披衣览毕，召聆久矣。撰拟缮写，动至一二十刻。上犹秉烛待阅，不稍假寐"②。

乾隆帝夙兴夜寐，孜孜求治，在他统治的前期和中期尤其如此。平日的生活起居也很有规律，"卯时而起，进早膳后先览中外庶政，次引公卿大臣与之议决，至午而罢。晚膳后更理未了公事。间或看书、制诗、书字，夜分乃寝"③。他几乎每天如此，循环往复，度过时光。不仅每天的工作和生活都有固定的安排，而且一年四季的行踪、起居，也有近乎不变的日程表。每年正月各种典礼祭

---

① 赵翼：《檐曝杂记》卷1。
② 昭梿：《啸亭杂录》卷3、卷1。
③ 《朝鲜李朝实录中的中国史料》第11册第4829页、4892页，第12册第4982页。

祀活动最多，皇帝的活动最繁忙，筵宴宗室王公大臣，必在重华宫吟诗联句，上元节必在圆明园之"山高水长"观看烟火花灯。二月祭社稷、行耤田、开经筵。此时天气渐转暖，从大内移居圆明园。清明则谒东西陵（遵化和易县），或逢巡幸之年，多在本月内启行。四月以后，北方春夏多旱，行雩礼以祈雨。五月端午在圆明园福海观龙舟竞渡。夏秋间，多往避暑山庄，每去必住两三个月，大会蒙古王公，举行木兰秋狝。夏秋如在北京，常去清漪园、玉泉山、香山、汤山、盘山的行宫走动，有时也在南苑骑射行围。八月为乾隆寿诞，十一月为皇太后寿诞，这是两个最重要的节庆日，张灯结彩，点景演戏，成为全国的娱乐日。十一月冬至，举行隆重的祀天大典，从此由圆明园回居大内。十二月朔日开笔写"福"字，分赐王公大臣。年底，外藩来觐，又必有络绎不绝的召见、赏赐、宴请，至于皇太后处，每隔几天必去请安问好。这一大致的日程表，岁以为常，周而复始。乾隆帝就像舞台上的演员一样，按照编写好的剧本，扮演皇帝这一角色。当然，突发事件和皇帝个人一时兴会所至，随时可以改变日程，但一年的生活起居大致脱离不了这一刻板的程序。一个专制皇帝拥有绝对权力，他自然可以自由自在地做他想做的事情，而实际上，他的行动却按着固定的节拍机械地运转着，不过，这种固定节拍由传统、习惯、礼仪需要所形成，皇帝自觉自愿地接受，已变成了专制皇帝个人意志的一部分。

　　传说中把乾隆帝说成是充满奇闻轶事的风流天子。其实，他生活很有节制，不喜饮酒，他一生写了几万首诗，从不以"酒"字入诗，从不暴饮暴食，即使举行庆节贺宴，日落而止，不举行夜宴，"凡曲宴廷臣，率不过未申时"①。他处事有条理，不躁不乱，很有涵养。他自己说："'事烦心不乱，食少病无侵。'此二语为予养心养身良方，原别无求养生之术也。"② 和其他皇帝一样，他有三宫六院许多嫔妃，却并不沉溺女色。他和自己的结发妻孝贤皇后富察氏感情极笃，伉俪情深，皇后不幸于乾隆十三年早逝，其时乾隆年仅 36 岁，哀伤思念，直至晚年。他历年写了许多富有深情的悼念诗赋，其中一首说："维糟糠之未历，实同甘而共享"；"影与形兮难去一，居忽忽兮如有失"；"信人生之如梦兮，了万事之皆虚。呜呼！悲奠悲兮生别离，先内佐兮孰予随"③。继立乌喇那拉氏为皇后，但与继皇后感情不和。乾隆三十年第 4 次南巡，至杭州，因事龃龉，皇后忿恚，自剪其发，乾隆震怒，置继皇后于别宫。翌年皇后死，乾隆帝不以后礼相待，只以皇贵妃礼仪治丧。从此之后，再也不立皇后。帝内宫虽有爱宠，但管理严格，不准胡作非为。晚年有爱妃惇妃，恃宠骄横，宫女得罪，竟被杖责致死。乾隆帝恼怒，将惇妃降革为嫔，谕旨说："事关人命，其得罪本属不轻，第念其曾育公主，故量从未减耳。若就案情而论，即将伊位号

① 《御制诗文十全集》卷44，《上元后一日小宴廷臣即事得句》。
② 《御制诗五集》卷13《偶园》、卷92《阅旧所书卷识后示诸臣咸为悦服复成口号》。
③ 《御制文初集》卷24，《述悲赋》。

摈黜，亦岂得为过当乎！"①

　　乾隆帝受儒家政治哲学的熏陶，以之作为治国的指导思想，他视君主为政治社会结构中的主体，"君者为人伦之极，五伦无不系于君"②；"臣奉君、子遵父、妻从夫，不可倒置也"③。他也很重视儒家学说中的民本思想，认为君主有责任保护民生，关怀民瘼，重视民心，"民之所与，即天之所与，是以人君祈天永命，莫先于爱民。得民心则为贤而与之，失民心则为否而夺之。可不慎乎？可不惧乎？"④ 他认为：君主应养育万民，控驭万民，就像父亲对待儿女一样。庶民安居乐业，政权才能巩固、长存。人民的力量以被动的形式明显地反映在他的政策中。他曾模仿李迪的《鸡雏待饲图》作画一幅，墨刻多份，赐给各省督抚们，要他们照顾百姓，就像照料饲养的小鸡一样，"即雏哺之微，寓牧民之旨，欲督抚等体朕惠爱黎元之心，时时以保赤为念，遇有灾赈事务，实心经理，勿忘小民嗷嗷待哺之情"⑤。这种重民、爱民的思想固然促使他尽可能去减轻人民的负担，改善人民的生活，但并不影

---

　　① 《清实录》乾隆四十三年十一月，乾隆三十一年二月，乾隆十一年六月，乾隆五十三年十月，乾隆八年十月，乾隆四十五年八月，乾隆五十七年八月，乾隆十九年九月，乾隆十五年五月。

　　② 同上。

　　③ 同上。

　　④ 《御制文二集》卷36，《读韩愈对禹问》。

　　⑤ 《清实录》乾隆四十三年十一月，乾隆三十一年二月，乾隆十一年六月，乾隆五十三年十月，乾隆八年十月，乾隆四十五年八月，乾隆五十七年八月，乾隆十九年九月，乾隆十五年五月。

响他在很多场合采取严厉的手段去镇压人民起义。他认为：君与民的关系如同父与子，父亲有养子、教子的责任，而儿子亦有尊亲孝父的义务。不论老百姓穷困到什么程度，都不能违犯国法，反抗朝廷。否则就是"刁民"、"莠民"，就是不孝的忤逆之子，人人得而诛之，故"恤民"与"惩奸"是相反相成的两个方面。"盖恤民之与惩奸，二者原相济为用，欲恤民断不可不惩奸，而非惩奸又断不能恤民。……务期宽严并济，惩劝兼施，洗因循之积弊，归平康之淳风"①。因此，他对聚众闹赈、抗租抗粮、秘密结社、武装起义竭力镇压，常责怪官吏们姑息养奸，邀誉市恩。他处治此类案件都是从重从严，还斩尽杀绝，决不心慈手软。在这方面，充分暴露了他作为专制君主的狰狞面目。

　　乾隆帝统治的时间很长，晚年吏治趋于腐败，诸弊丛生，阶级矛盾尖锐，社会动荡，反抗斗争蜂起。他禅位给儿子嘉庆帝的时候，正值湖北白莲教揭竿而起，发动了轰轰烈烈的大起义，清朝统治盛极而衰。从乾隆帝个人来说，进入老年，理政不如早年之勤劳，用人不如早年之明察，办事不如早年之决断，体力渐衰，精神不支，而一切军国要务仍要由他一人决断。习惯站在权力巅峰的君主不会因自己精力的衰退而让出权力，甚至禅位以后，乾隆仍

　　① 《清实录》乾隆四十三年十一月，乾隆三十一年二月，乾隆十一年六月，乾隆五十三年十月，乾隆八年十月，乾隆四十五年八月，乾隆五十七年八月，乾隆十九年九月，乾隆十五年五月。

是实际的统治者，嘉庆仅仅是名义上的皇帝。新皇帝很识趣，"自丙辰（嘉庆元年）即位以来，不欲事事。和珅或以政令奏请皇旨，则辄不省。曰：'惟皇爷处分，朕何敢与焉'"①。老皇帝掌握实权，但管不了事，新皇帝又不敢管事，正因为如此，和珅得以狐假虎威，窃取权力，擅作威福。

任何专制统治者，当他经历了漫长的人生道路，到达晚年，日益走向生命的终点时，他的知识、经验非常丰富，对生活中出现的问题都形成了一套固定的反应模式，几乎是以不变应万变。他的思想和性格也发生了重要的变化，年轻时代的许多优点，日益向其反面转化，顽强变成顽固，自信变成自诩，严格变成严苛，道德上的正当要求变成僵化的清规戒律。甚至心理失常，行为怪癖，出人意料。人们既不能理解他，又不敢违拗他。他看着以往亲近的伴侣、臣僚、侍役以及从前的敌人，一个个从人世间消逝。连他亲生的 17 个儿子也大多数先他离开尘世。只有皇八子永璇（仪亲王）、皇十一子永瑆（成亲王）、皇十五子颙琰（嘉庆帝）、皇十七子永璘（庆亲王）还在他的身边。一批又一批的年轻人在他的宝座下成长、接班、任职，皇帝的周围被越来越多的陌生人占领、包围。由于他据有最高的统治地位，本来就不容易接触实际，了解下情。他在这个日益变得陌生的世界上更加孤寂。他遇事独

---

① 《朝鲜李朝实录中的中国史料》第 11 册第 4829 页、4892 页，第 12 册第 4982 页。

断，无人可以商量，只能自思自忖，倾听自己心底的回声，越来越难以和其他人进行思想交流。据说乾隆当太上皇时，嘉庆曾与和珅入见。乾隆闭着眼睛，仿佛已经睡着，但口中却念念有词，也不闻是何语言。久之，乾隆忽然睁目问道："这些人什么姓名？"嘉庆不知如何对答，和珅却应声说"高天德、苟文明"（按：此二人为当时白莲教起义的著名领袖），嘉庆听了也莫名其妙。过了几天，嘉庆"密召珅问曰：'汝前日召对，上皇云何？汝所对作何解？'珅曰：'上皇所诵为西域秘密咒。诵之则所恶之人虽在数千里外，亦当无疾而死，或有奇祸。奴才闻上皇持此咒，知所欲咒者必为教匪悍酋，故以此二人名对也'。"①一个叱咤风云的英明君主，晚年对农民起义无可奈何，独自念咒、意欲置敌于死地，这种行为典型地反映出一个意志昏瞀的孤独老翁的心理状态，别人几乎不能理解他。只有一个和珅还能揣摩他的一点心思。乾隆帝晚年所作诗文，词语重复，陈话连篇，流露出浓厚的自我陶醉、自我吹嘘，有时又自我忧伤、自我愤懑的气息。

二

乾隆帝即位之前，由于雍正的严刑峻法，社会和官场中弥漫着战战兢兢的紧张恐慌气氛。乾隆帝决心加以纠正，他悄悄地但又大幅度地调整政策，提出"宽严相济"

---

① 易宗夔：《新世说·术解》。

的方针，要以宽大去纠正前朝的严刻。所谓"纯皇帝
（即乾隆）即位，承先皇（即雍正）严肃之后，皆以宽大
为政，罢开垦、停捐纳、重农桑、汰僧尼之诏累下，万民
欢悦、颂声如雷"①。尽管乾隆前期改变了雍正严厉的统
治方针，但其性质不超过纠偏补过的范围，并非全盘否定
前期的方针，特别是雍正时期制定的重要的、正确的政
策，乾隆时基本沿袭下来，如地丁合一、耗羡归公、养廉
银制度、秘密建储、军机处以及改土归流、对准噶尔议和
等。

"宽严相济"的方针几乎和乾隆朝的统治相始终。从
根本上说，政策的"宽"或"严"决定于当时的形势和
各种社会力量的对比，当社会安定、吏治清明、矛盾缓和
的时候，用不着严刑峻法，社会发展任其自然，政策必趋
于宽松，一旦矛盾激化，社会呈现无序和纷乱，而政府还
保持着一定的权威时，就需要并能够进行严格的整顿。封
建社会中不同的客观态势决定其统治政策或张或弛的节
奏。乾隆帝很懂得封建的统治术，他的政策时宽时严，宽
严结合，适应不同时期的需要。他虽然标榜宽厚，但也经
常采取极严厉的镇压手段，以消灭真正的或者只是他臆想
中的危害。譬如乾隆十三年因金川战败而大批诛杀大臣的
风波，又如乾隆十六至十八年因伪造孙嘉淦奏稿案而追索
株连、祸及无辜，以及乾隆统治中期众多的文字狱。

乾隆时代，中国封建的经济、政治、文化发展到了最

---

① 昭梿：《啸亭杂录》卷3、卷1。

高峰，其繁荣盛况大大超过了包括汉唐在内的所有王朝，这可以从以下4个方面来看：

第一是经济方面。乾隆时代经济发展大大超过前代王朝，这可以从人口数量进行测定。乾隆朝以前，历朝历代的人口最高数目约在六七千万人，许多专家认为：由于统计方法不完善，这个数字比实际偏低，明朝后期中国人口实际已达1亿以上。即使如此，而乾隆六年全国人口已有1.4亿，即已超过历史上的最高峰值。其后继续增长，至乾隆六十年达2.97亿人。人口增长必须有农业生产的相应增长作为前提，也就是说，乾隆以前中国社会最多曾经生产过能够养活1亿多人口的粮食，而到乾隆末，中国已能生产足够养活近3亿人之多的粮食，大大超过了历史上的最高水平。农业生产力所以有如此巨大的发展，原因是多方面的，一是社会安定，中原地区长期没有战乱，人民得以安心生产；二是清廷重视农业，奖励垦荒，减免赋税，兴修水利，赈济灾荒，一系列政策措施有力地促进了农业生产；三是农业新品种的推广，主要是番薯、玉米、花生等高产作物在明末传入，在18世纪广为传播，各地普遍种植，使粮食和油料产量大增；四是边疆的开发，乾隆前期经过平定准部、平定回部的战争而巩固了国家的统一与和平，广阔的边疆纳入中央政府的有效管辖之下，在政府的倡导、支持下，中原地区过剩的人口向四周辐射迁徙，东北、内蒙、新疆、云贵、台湾地区，人口激增，荒地大量开辟，耕地面积有较大的增加。封建社会的主要生产部门是农业，农业生产力的巨大增长是乾隆时代经济鼎盛、超过了历代王朝水平的主要标志。

手工业方面，在丝织业、棉纺织业、制瓷、采铜、冶铁、造纸、井盐等行业中有了手工业工场或包买商，经济生活中出现了资本主义的萌芽，这些萌芽集中在长江三角洲、珠江三角洲以及若干商业城镇内，从全国范围来说还十分稀少，十分嫩弱，要成长发展到取代汪洋大海般的自给自足的封建小农经济，还要经过遥远而艰难的路程。但新的因素毕竟已经出现，并且手工业无论在质和量上也超过了前代的水平。此外商业城镇的增加，对外贸易的发展以及国家财政状况、国库贮备都达到了前所未有的水平。

第二是政治方面。清王朝承袭了传统的封建专制君主政体，皇帝统驭全国，享有无上的权威和尊严，在专制君主这一个人身上体现了社会的宏观控制机制。皇帝之下有一整套金字塔式的官僚统治机构，皇帝高高在上，站在金字塔的顶端，并通过它传达谕旨，贯彻命令，执行政策，使庞大、复杂而极不平衡的社会的各个部分，相互协调，按照相同的方向和节奏进行有秩序的运转。封建专制政体难以克服的弊端，是由于种种原因，集中在皇帝手中的权力经常旁落，形成母后、外戚、宦官、宰相的专政或藩镇、朋党的争夺，统治阶级内部充塞着无休止的倾轧与纷争。2000多年的封建专制政体和这些弊端相终始，成为自身不可根治的毒瘤。清代的康熙、雍正、乾隆三朝十分注意吸取前期的历史教训，采取一系列预防措施，使这类弊端减轻到最低程度。故有清一代，无外戚、宦官、宰相之专政，藩镇割据曾出现于清初吴三桂等三藩之乱，旋即扑灭。母后擅权发生于晚清之慈禧太后身上，亦无汉、唐两代之严重。只有朋党之争，在清代前期极为激烈，努尔哈赤时有其弟舒尔哈齐、其子褚英的分裂活动；皇太极时有四大贝勒之争；顺治年间有多尔衮、豪格、济尔哈朗的斗争；康熙年间有索额图、明珠的分党；康雍时期，围绕皇位继承问题，诸皇子之间各树门户，进行长期争夺，引起社会动荡。

乾隆帝对承袭下来的专制政治体制有所改进，除对母后、外戚、宦官、藩镇等严立章程，预先防范外，特别注意解决困扰已久的宗室干政与朋党争权，努力使中央的权力更加集中。当他初登帝位时，周围是雍正任用的王公大臣，分掌权力。乾隆帝在皇子时代，长期居住宫中，并未分藩建府，没有自己的亲信部属，亦未担任军政职务，不掌握任何实权。他继位之初，只能承袭父亲时代的统治格局，任用父亲遗留下的工作班子，包括果亲王允礼、庄亲王允禄、平郡王福彭以及鄂尔泰、张廷玉、讷亲等王公大臣。他首先下决心把宗室贵族完全摈斥于权力圈子以外，以彻底根治宗室干政之弊。乾隆三年果亲王允礼病逝，四年庄亲王允禄得罪斥革，谕旨责其结党营私，往来诡秘，群相趋奉，恐尾大不掉。同时得罪的有乾隆帝的一批堂兄弟弘晰（理亲王）、弘升（贝子）、弘胶（宁郡王）、弘昌（贝勒）、弘普（辅国公）。特别是弘晰，他是康熙废太子允礽的嫡子，自幼聪慧，得祖父欢心，陪侍左右。他和康熙帝在一起的时间较乾隆更长。据当时传说：他可能是帝位的继承人。但雍正即位后，他能安分守己，故被封亲王。乾隆初，允禄和弘晳隐然成为宗室王公势力的核心。
乾隆帝何等精明，看到了这一隐患，不允许这一势力继续
发展，故允禄被革退，弘晳的罪名更大，责备他"自以
为旧日东宫之嫡子，居心甚不可问"。着在景山永远圈
禁。至于平郡王福彭虽和乾隆帝是青年时的挚友，并无罪
过，亦退出了军机处，只担任管理旗务等不重要的闲差。

当时，最高统治圈子里，还有鄂尔泰、张廷玉各树门
户，结党纷争，这已不足以威胁皇权的稳定。乾隆帝在很
长时间内还需要依靠鄂、张的势力进行统治，所以还能够
优容包涵，但亦不时告诫，裁抑其势力之发展。这两党势
力随着鄂尔泰与张廷玉的去世而渐归澌灭。乾隆十三年
（1748 年）因金川兵败又杀了首席军机大臣讷亲。在雍正
旧臣逐渐凋零的同时，乾隆帝提拔了年轻的新进，即：傅
恒、舒赫德、阿里衮、兆惠、富德、于敏中、阿桂以及更
后的和珅、福康安等。乾隆帝高踞于这些官僚之上，牢牢
地控制大权，生杀予夺，不和任何人分享权力。他自称：
"朕为天下主，一切庆赏刑威，皆自朕出。即臣工有所建
白，采而用之，仍在于朕。"① 他所任用的文臣武将，虽
都有相当的才干，但在乾隆这个专制君主巨大阴影的遮蔽
下，在历史上并无耀人的光彩。

乾隆皇帝非常重视君臣关系，重视中央集权，树立皇
帝的绝对权威。他写过一篇文章批评北宋王禹偁的《待
漏院记》。王禹偁很强调宰相的地位和作用，而乾隆帝反

---

① 《东华录》卷7，乾隆三年六月。

驳他："所谓一国之政，万人之命，暴于宰相，则吾不能无疑也。"因为宰相有贤相、奸相、庸相的区别，选用宰相的权力在君主，宰相"岂能自用，用之者君也"，宰相仅是君主手中的工具。"是则一国之政，万民之命不悬于宰相而悬于为君者明矣"①。

乾隆朝后期，风气改变，吏治败坏，和珅用事，贪污贿赂公行，而乾隆也企图挽回这一江河日下的趋势。他命令检举整顿，屡兴大狱，严厉打击贪污不法行为，虽不可能根本扭转腐败风气，但大案迭起，严刑峻法，因贪污不法行为而被杀戮、被关押、被遣戍的大官僚多得不可胜计，虽先朝老臣（如鄂善），军功名将（如富德）、国舅至亲（如高恒、高朴），如果罪证确凿，亦斩首不贷，这类案子的处理发生了一定的震慑作用。在他的统治下，努力消弭专制政体所必然带来的弊害，使之相对改善，一定程度上抑制了这些弊害。他自己说："前代所以亡国者，曰强藩、曰外患、曰权臣、曰外戚、曰女祸、曰宦寺、曰奸臣、曰佞幸，今皆无一仿佛者。"② 这些话虽是乾隆的自吹自擂，但一定程度上反映了真实情形。

第三是军事方面。乾隆朝武功极盛，扬威绝域，为完成国家统一、保护领土主权而进行的战争，比前朝规模更

---

① 《御制文三集》卷9《续集〈秘殿珠林〉〈石渠宝笈〉序》，卷10《王禹偁待漏院题辞》，卷9《补咏战胜廓尔喀之图序》。

② 《清实录》乾隆四十三年十一月，乾隆三十一年二月，乾隆十一年六月，乾隆五十三年十月，乾隆八年十月，乾隆四十五年八月，乾隆五十七年八月，乾隆十九年九月，乾隆十五年五月。

大，意义更重要。乾隆帝自诩有"十全武功"，即：两次平定准噶尔，一次平定回部，两次平定金川，两次反击廓尔喀入侵以及征讨缅甸、安南和镇压台湾的林爽文起义。其实乾隆的战争还远不止这10次，其他还有征讨瞻对藏民、湘黔苗民，镇压王伦起义、黄教起义、乌什维民起义、甘肃回民起义以及川楚白莲教起义等。历次战争的背景、起因、性质、规模、战果、意义很不相同。有的是为实现统一或击退侵略的正义战争，有的则是镇压农民起义、压迫少数民族或无端侵扰邻国的非正义战争。对乾隆朝频繁的战争应当分别看待，具体分析。

　　乾隆朝战争频繁，而乾隆帝本人主观上并不好大喜功、穷兵黩武。相反，他常以"佳兵不祥"、"息事宁人"自勉和告诫子孙。故其统治的前期重大军事行动甚少。他说："予自少读书，即钦天地爱物之心，深知穷兵黩武之戒，是以继位之初，即谨遵皇考之训，许准噶尔之求和，罢兵宁人，将二十年矣。"① 但如果必须用战争手段保护国家和民族的利益，且有利的战机到来，千钧一发，不容延误时，他也能迅下决心，做出坚决而正确的判断，平定准噶尔之役即是典型。

　　在康熙、雍正两朝，清廷与准噶尔割据势力的战争已断断续续进行了半个世纪之久。这场战争涉及西北、北部和西南广大边疆地区的安定和统一，关系重大。清朝投入

---

　　① 《御制文三集》卷9《续集〈秘殿珠林〉〈石渠宝笈〉序》，卷10《王禹偁待漏院题辞》，卷9《补咏战胜廓尔喀之图序》。

了极大的兵力和财力，但康雍两朝仅能阻遏准噶尔的入侵，却不能深入作战，捣穴擒渠，取得全胜。乾隆前期，准噶尔部内讧，其领袖和牧民络绎不绝地归附清朝中央，先后有达什达瓦部、三车凌部、阿睦尔撒纳、纳默库班珠尔、玛木特等率众来降，这给清廷造成了千载难逢的作战良机。朝中大臣大多数畏葸迁腐，以为道路遥远，准备不及，难以作战。乾隆帝为完成国家统一计，力排众议，迅速发兵。乾隆帝后来说：“西师之役，在廷诸臣，皆有鉴于康熙、雍正年间，未获蒇事，莫不畏难沮议。朕以达瓦齐篡夺频仍，诸部瓦解，接踵内属，机有可乘，且无以妄来者。爰命将兴师，分路致讨。斯时力排众议，竭尽心力。”① 事实证明：乾隆帝的决策，英明及时。清军以压倒优势进军天山南北，战事虽经反复，但挫而复胜，转危为安，终于消除了准噶尔的割据政权。以后又乘胜进取，击败维吾尔族大小和卓的叛乱，收复新疆南部。历时5年的平准平回战争，最后完成了中国的统一，其影响所及，强化了中央对西藏的管辖，并保障了青海和内外蒙古的安定。此后，清朝在边疆地区设官驻兵，筑城戍守，移民屯田，使广袤的边疆地区在政治上、经济上、精神上与内地联结成不可分割的整体，大大增强了中华民族的向心力、凝聚力。特别是在帝国主义即将侵入中国的前夕，乾隆帝及时地完成了国家的统一，其功绩应充分肯定。

---

① 《御制诗五集》卷13《偶园》、卷92《阅旧所书卷识后示诸臣咸为悦服复成口号》。

乾隆朝反击廓尔喀入侵是又一场保卫祖国神圣领土的正义战争，也是中国历史上最艰苦卓绝的军事活动。乾隆五十三年和五十六年（1788年、1791年），居住在喜马拉雅山南侧的廓尔喀军，两次入侵西藏，侵占日喀则，蹂躏骚扰，抢劫班禅所居的札什伦布寺，造成边疆的危机和全藏的恐慌。不少大臣认为：后藏遥远，山高天寒，军行困难，粮饷不继，不能出兵征讨。但乾隆帝坚持西藏是中国的领土，不容他人侵犯，"若付之不问，何以安卫藏而靖边围"①，毅然决定派兵入藏，驱逐侵略者，保护领土完整和藏民安全。清军从四川入藏，长途跋涉，冒雪冲寒，驱逐廓尔喀军，收复被侵占的土地，并越过喜马拉雅山，进抵加德满都附近。在没有现代交通和通信的条件下，完成这一军事远征，实令人惊叹！其路途之远，山川之险，补给之难，军行之艰，为世界战争史上所罕见。乾隆帝说："廓尔喀则在万里三藏之外，更数千里。陡壁线路，不临深川，不能容马，人皆踵迹而行"②，"经越艰险，冒雨步战，手足胼胝，用兵之难，为从来之未有"③。应该说：乾隆帝不畏艰险，花费极大的财力人力，保卫西

---

① 《清实录》乾隆四十三年十一月，乾隆三十一年二月，乾隆十一年六月，乾隆五十三年十月，乾隆八年十月，乾隆四十五年八月，乾隆五十七年八月，乾隆十九年九月，乾隆十五年五月。

② 《御制文三集》卷9《续集〈秘殿珠林〉〈石渠宝笈〉序》，卷10《王禹偁待漏院题辞》，卷9《补咏战胜廓尔喀之图序》。

③ 《清实录》乾隆四十三年十一月，乾隆三十一年二月，乾隆十一年六月，乾隆五十三年十月，乾隆八年十月，乾隆四十五年八月，乾隆五十七年八月，乾隆十九年九月，乾隆十五年五月。

藏的领土主权，是值得赞扬的。

　　战争仿佛是个放大器，它能充分表现出一位决策者、指挥者的才能和优点。因为只有战争时期，他的意志和领导能力最大限度地受到了考验。同样，在战争时期，也会招致意外的失败，使一支威武浩荡的军队顷刻瓦解，显示出领袖的无知与失误。古往今来，没有常胜的将军，而战争的或胜或负，常常取决于指挥者是否知己知彼，是否头脑冷静，是否有坚强的意志和灵活的指挥才能。当平定准部、回部，取得了意想不到的胜利以后，乾隆帝被冲昏了头脑，多次发动了错误的战争，即缅甸、安南和第二次金川之役。缅甸之役，清军深入缅境，后路被切断，援兵不到，粮饷断绝，战斗失败，主帅明瑞阵亡。安南之役，乾隆帝错误地支持腐败的黎氏政权，劳师远征，攻入河内，遭到强力反击，全军覆没。第二次金川之役，山险河深，番众人虽少而心志齐，清军被阻于石碉之下，寸步难移，乾隆帝依仗兵多粮足，必欲克之，屯兵坚城，劳师糜饷，如狮子搏兔，用尽全力，虽最后得胜，而耗时之久，费帑之多，为十全武功之冠，实为得不偿失。这些战役中所犯的致命错误是乾隆帝在平定准回大胜之后，视事太易，失去冷静审慎的判断，用对准部、回部的同一把尺子去衡量地形、气候、民风、内部组织都很不相同的缅甸、安南与金川，于是招致了战争的失败，屡次碰壁，大量的钱财和兵力填进了战争的无底洞。像乾隆这样一个精明能干的皇帝不乏审时度势、当机立断的能力。但客观环境十分复杂，专制君主很容易犯的错误就是被胜利冲昏头脑，他每天接受阿谀的意见和歪曲的情报，很难作正确的判断和选择，因此被错误的信息诱入错误的歧途，采取错误的行动，而且越陷越深，难于拔足。等到碰得鼻青脸肿，幡然觉悟，改弦更张，例如停止对缅甸、安南的征讨，议和修好，边界反而得以宁静，国家之间的关系亦得以改善。

第四是文化方面。历朝历代的文化艺术各有其造诣和特色，很难简单地评说孰优孰劣。乾隆朝的文化成就较之前代，并无逊色。除大量编撰各种经说、方略、官书、续三通以及十三经刻石，翻译佛藏外，编纂了我国历史上最大的丛书——《四库全书》，共收书籍3400多种，近8万卷，分成经、史、子、集四大类。此书包罗宏富，浩瀚广博，为我国古代思想文化遗产总汇。编纂工作从乾隆三十八年设立四库馆始，至五十二年《四库全书》缮写完毕止，历时15年。参加编纂、校对、辑佚、提要的很多是当时的第一流学者，并撰写了《四库全书总目》，对1万多种图书（包括著录和存目）作了介绍和评论，"凡六经传注之得失，诸史记载之异同，子集之枝分派别，罔不抉奥提纲，溯源彻委"①。

民间之学术文艺亦臻于极盛。以惠栋、钱大昕、江永、戴震、段玉裁、王念孙、王引之、焦循、阮元为代表的考据学派，如日中天，盛极一时，被称为"乾嘉学派"，著作繁多，影响深远。史学方面还有赵翼、全祖望、章学诚、崔述，地学方面还有齐召南、祁韵士、徐

---

① 阮元：《研经室二集》卷5，《纪文达公集序》。

松、李兆洛，各有突出的成就。曹雪芹的《红楼梦》、吴
敬梓的《儒林外史》均成书于乾隆初年，为最负盛誉的
现实主义杰作，我国文学宝库中的瑰珍。诗歌方面，沈德
潜的"格调诗"，袁枚的"性灵诗"，翁方纲的"肌里
诗"；散文方面，方苞、刘大櫆、姚鼐的"桐城派"，恽
敬、张惠言的"阳湖派"，如奇花异葩，竞放于诗坛文
苑。绘画则有"扬州八怪"及文人画、宫廷画、西洋画；
书法则有张照、邓石如、刘墉、永瑆等名家辈出，乾隆帝
刻印的《三希堂法帖》集中了历代书法的精华，为后世
临摹的范本。戏曲方面，昆腔与乱弹并行，正处在蜕变时
期；乾隆末年，徽班进京，我国最大的剧种——京剧，于
此时诞生。乾隆朝的文化学术和文学艺术，云蒸霞蔚，俊
彩星驰，呈现一片繁荣的景象。

三

　　乾隆朝的政治、经济、军事、文化发展鼎盛，达到了
我国封建时期的最高峰。当然，历史并不只是光辉的、先
进的一面，还有其黑暗的、落后的另一面。清朝恰恰在乾
隆时代，由盛转衰、走向了下坡路。
　　乾隆朝人口急剧膨胀，大大超过了耕地面积的增加，
人均占有耕地数量迅速地减少，再加上土地兼并严重，社
会财富被集中到少数贵族、官僚、地主、富商的手中，绝
大多数农民失去土地，生计维艰，并且连年水旱，灾荒频
仍，吏治败坏，贪污公行。阶级矛盾逐步尖锐化，人民流

离失所，不得不铤而走险。下层的反抗斗争从零星分散的抗租抗粮，逐渐走向竖旗建号的大规模、有组织的武装斗争。乾隆三十九年（1774 年）山东临清爆发王伦起义，在运河沿岸，南北交通的大动脉上发难，切断了漕运和文报，打破了近一个世纪中原无战争的升平局面。接着，乾隆四十六年、四十八年（1781 年、1783 年），有甘肃苏四十三和田五领导的回民起义；乾隆五十二年（1787 年）有台湾林爽文起义；乾隆六十年（1795 年）有贵州湖南的苗民起义；至嘉庆元年，白莲教起义爆发，声势浩大，斗争持久，蔓延甚广，形成对清王朝一次强大的冲击波。乾隆禅位之日，星星之火，已燃烧成燎原之势，此后，全国进入干戈扰攘、战乱频仍的时代，历经嘉庆、道光两朝50 多年，北方的秘密宗教多次发动斗争，南方的会党起义亦层出不穷，清廷顾此失彼，疲于奔命，这场社会的大动荡一直延续到近代的太平天国起义。

乾隆朝在其政策方面的问题、矛盾或落后、失误至少可指出以下几点。

清政权实质上是满汉地主阶级的联合专政，只占人口极少数的满族必须团结汉族地主和知识分子，才能保持稳定的统治，乾隆帝基本上沿袭了这一传统政策。尽管他本人浸透了汉文化的熏陶，但他对汉族的警惕、防范几乎超过了清代其他帝王，他对汉族大臣和绿营兵很不信任。杭世骏在乾隆前期即批评当时天下巡抚尚满汉参半，而总督则无一汉人，终乾隆之世，情况并无大变，出任总督的汉人占极少数。乾隆时期，当政的文臣武将，前有鄂尔泰、讷亲、傅恒、张广泗、舒赫德、兆惠，后有阿桂、和珅、福康安都是旗人，只有张廷玉、于敏中少数汉员，身居要职，也仅是供奉内廷，述旨撰诏，相当于皇帝的秘书，不是实际的决策者。当时，满汉矛盾虽然不是社会的主要矛盾，但始终是影响政治的重要因素。

乾隆帝致力于保存满族的文化习俗和尚武精神。他认为：这是清王朝长治久安的保证。他说："马步箭乃满洲旧业，向以此为要务，无不留心学习。今国家升平日久，率多求安，将紧要技艺全行废弃不习，因循懦弱，竟与汉人无异，朕痛恨之。"尽管乾隆帝再三告诫，并采取了种种措施，可是事与愿违，八旗贵胄生活骄奢、浸染汉俗、废弃武事的趋势愈演愈烈，竟不可遏止。而一般旗人，虽有额俸，但清廷禁其从事生产和经商，致使日益孳生繁衍的满族衣食无着，发生严重的生计问题，可说是爱之适以害之。

上面讲到了乾隆朝文化繁荣的一面，不幸的是这种繁荣并未导致文化思想在性质、内容上的飞跃，反而时常遭到风刀霜剑的凌逼摧残。乾隆朝的文字狱和禁毁书十分苛严，有人估算乾隆朝文字狱有130起，比康雍两朝大大增加。且多属捕风捉影，深文周纳，硬加莫须有的罪名。士子吟诗作文，用字不慎，即招飞来横祸，乾隆朝因文字得罪的多下层知识分子，罪名大多是影射讥讪，触犯圣讳，措辞不当，实际上并无鲜明的反清思想。鲁迅先生说过，"大家向来的意见，总以为文字之祸是起于笑骂了清朝，然而，其实是不尽然的"，"有的是鲁莽，有的是发疯，有的是乡曲迂儒，有的不识忌讳，有的则是草野愚民，实在关心皇家"。由于乾隆帝以文字罪人，民间相互揭告，往往以细微仇嫌，陷人死罪，官吏们怕失察受责，故意罗织罪状，张大其词。为什么乾隆中叶文网严密，文狱迭起？这实际上是统治阶级对下层人民反抗的预防性反应。当时，大规模的武装斗争尚未展开，但零星的反抗已渐频繁，统治者日益感受到来自下层反抗的威胁，企图加强思想统治，显示镇压手段，以防不测，以儆效尤。这种预防性反应出自统治者谋求安全的心理，罪名的真实性并不重要，重要的是用严厉的惩处使社会慑服，将达摩克利斯之剑预先悬挂在可能的叛逆者的头上。文字狱的恶劣影响，使得知识分子对现实，甚至对历史不敢议论，噤若寒蝉。龚自珍说"避席畏闻文字狱，著书都为稻粱谋"，正是乾隆时知识界共同心态的写照。

另外，乾隆帝趁编纂《四库全书》之机，搜检全国的书籍，对所谓"悖逆""违碍"书籍进行查禁、销毁或篡改。"初下诏时，切齿于明季野史。其后，四库馆议，惟宋人言辽金元，明人言元，其议论偏谬尤甚者，一切拟毁。……隆庆以后，至于晚期，将相献臣所著，靡有孑遗矣"①。古代典籍遭到了一次极大的厄运。

乾隆朝一项重大的政策谬误，是变本加厉实行闭关政策。它虽然并不拒绝对外通商，但规定只开广州一口，制定了详细的章程，限制中外交往和贸易，并强化了作为贸

---

① 章太炎：《訄书》，《哀焚书》，第58页。

易中介的行商制度，形成了对外封闭的严格体制。乾隆五十八年（1793年）英国政府派马戛尔尼使团来到中国，在热河觐见皇帝，提出扩大贸易的要求，但在觐见的礼节上发生严重的争执，英国使团被拒。毫无疑问，马戛尔尼使团代表英国资产阶级的利益，所提要求包含着侵略性的条款，会给中国带来消极的影响。但当时的英国尚不能向中国发动武装进攻，只能采取和平谈判的手段，谋求进入中国。中国迫切需要疏通外交渠道，进行经济文化交流，扩大视野，以了解世界的潮流。进行和平谈判有助于改变中国的隔离状态。但是，乾隆帝没有感到和外部世界加强联系和交往的迫切性，他以天朝上国自居，轻视和蔑视外国，因使团的礼节不周，心中不快，砰然关闭了谈判的大门。马戛尔尼使团带来了丰厚的礼品，大多是显示科技成就和工业实力的仪器、模型、机械和工业制品。但乾隆帝缺乏科学知识，不屑一顾，说什么："单内所载物件，俱不免张大其词。此盖由夷性见小，自以为独得之秘，以夸炫其制造之精奇。……著征瑞（接待英使之清朝官员）于无意之中向彼闲谈：尔国所贡之物，天朝原亦有之。庶该使臣等不敢居奇自炫。"[①] 自大心理与愚昧无知蒙住了自己的眼睛，错过了认识外部世界的一次机会。中英两国如同两艘巨大的航船在逐渐接近，中国方面，从维护统治出发，希望与外部世界保持安静而隔离的局面，并力图取得外国表面上的臣服，以满足自己的虚荣心理。而处在产

---

① 乾隆五十八年八月六日谕旨。

业革命中的英国却在全球寻找殖民地，开辟商品市场。两
个国家的制度、传统、追求的目标完全不同，一场大规模
的冲突将不可避免。在天空的远处，正酝酿一场几乎使中
华民族惨遭灭顶之灾的强烈风暴。乾隆帝，作为18世纪
中国的最高统治者，不但丝毫没有觉察，而且，他的政策
堵塞了其臣民和后人去了解、探索外部世界的渠道，这反
映了乾隆帝思想保守落后的一面，其影响深远，造成了难
以弥补的恶果，应对历史负重大责任。

在评论乾隆帝的是非功过时，巡幸和土木两事是通常
的热门话题。乾隆帝一生到各地巡游，曾6次南巡，至苏
杭、南京；8次去山东，至泰山、曲阜；4次去盛京，谒
祖陵；5次西巡，至五台山；一次至河南开封、洛阳、嵩
山；至于到热河避暑、木兰秋狝，到天津、白洋淀或巡视
永定河，到遵化或易州谒东西陵，更是多得不可胜计。有
人统计他一生的巡幸活动达150次之多，真是一位"马上
皇帝"。

乾隆朝国力强盛，财政充盈，皇帝爱好园林建筑，故
大兴土木。60年间，扩建和修建圆明园、清漪园（今颐
和园）、静宜园（今香山）、静明园（今玉泉山），加上康
熙修建的畅春园，形成北京西郊"三山五园"的园林格
局。又大规模改建、扩建皇宫、中南海、北海以及坛坫寺
庙、市廛房舍、道路桥梁、城垣、兵营、官署，浚治湖泊
河流。其规模之大、用工之精、耗帑之多以及艺术水平之
高，为历代所不及。

巡幸和土木都要花费许多钱财，历代均视为劳民伤财

的弊政。连乾隆帝自己也说："工作过多、巡幸时举二事，朕侧身内省，时耿耿于怀。"① 不管人们和乾隆帝自己怎么看，平心而论，巡幸、土木亦应一分为二地进行分析，这当然有劳民扰民的一面，但如果转换一个视角，作为一个幅员广大的国家的君主，重拱端坐，深居宫禁，虽然省钱省力，但是不接触社会，不了解情况，对运筹决策、用人施政是不利的。历史上有许多从不出巡的皇帝，很多是昏庸之辈，而像秦始皇、汉武帝、唐太宗、元世祖、明成祖、清康熙帝等雄才大略的君主却到处巡游。巡幸是封建君主与社会保持联系的一条渠道，虽然很狭窄而又间接，但对一个生长深宫与世隔绝的皇帝来说，保持这一点点联系仍是非常重要的。乾隆出巡当然包含着游山玩水的动机，但还有政治和经济的目的。如视察黄河、运河、浙江海塘、打围习武、训练士卒，考察官吏治绩、农业收成、风俗民情等等。

至于大兴土木，在乾隆帝自属欣赏享乐的浪费行为，客观上却又是进行城市建设、美化自然环境之举。那时候国家财力充足，在养兵给饷、军事征战、减免赋税、赈济灾荒、兴修水利等方面花费了大量帑银之外，国库藏银仍多达每年财政收入的两倍。乾隆时还没有现代意义的经济建设，不可能投资于工厂、铁路或科学事业，富裕资金可

① 《清实录》乾隆四十三年十一月，乾隆三十一年二月，乾隆十一年六月，乾隆五十三年十月，乾隆八年十月，乾隆四十五年八月，乾隆五十七年八月，乾隆十九年九月，乾隆十五年五月。

能的流向是编纂图书的文化工程或者建造园林、宫殿的环境建设。乾隆帝说："方今帑藏充盈，户部核计已至七千三百余万。每念天地生财只有此数，自当宏敷渥泽，俾之流通，而国用原有常经，无庸更言撙节。"① 兴建各种土木工程兼寓"以工代赈""散财于民"之意。清廷用工、用料不像前朝那种无偿的劳役和征索，用工全是雇募工人，发给工值，用料则由官府制造或在市场购买。所谓："物给价，工给值，丝毫不以累民，而贫者转受其利。"当然，乾隆帝在大兴土木的时候，丝毫没有想到在200年以后这些建筑会变成人民所有的财富，但这一切今天已是我们珍贵的文物遗产和旅游资源。如果没有乾隆一朝的土木工程，作为中国第一个历史文化名城的北京将会完全是另外的样子。我们所熟悉、所热爱的许多宏伟和优美的景点、建筑将不复存在，北京城将失去璀璨的光辉而黯淡无光。

四

乾隆时代，或者说18世纪的中国，在政治、经济、军事、文化各方面均有许多成绩，为前代所不能企及，这是就历史的纵向比较而言。

但是，中国并不是孤独的存在，和它同时存在于地球上的还有许多其他的国家。古代，人们难以打破重洋的阻

---

① 《御制诗三集》卷85，《降旨普免天下正供，诗以志事》。

隔，中国长期处在一个相对隔离的环境中。到了近代，经济、科技的进步，交通的发达，日益打破了国家之间的隔绝状态，相反的撞击和影响越来越频繁。18世纪正是世界殖民扩张的时代，外国的传教士、外交官、商人陆续来到中国，引起了各种摩擦、纠纷。如果把乾隆朝取得的成绩作横向的考察，即放到当时世界范围中，与欧美国家相比较，那就会呈现出另一幅黯然失色的图景。18世纪的欧美国家正处在资本主义上升时期，生产力和科学技术突飞猛进，革命已经爆发，社会突破了封建桎梏而进入人类历史发展的又一阶段，即资本主义时代。而中国仍处在封建时期，即使取得了封建社会中所能达到的最大成就，如果与欧美国家雄健迈进的步伐相比，仿佛像一个龙钟老人，行动迟滞，步履蹒跚，越来越落后于西方国家。

乾隆时代，即18世纪的中后期，欧美国家的变化翻天覆地，一日千里，可以从5个方面来考察。

一、产业革命。乾隆在位60年，正好是英国经历了产业革命的全过程。当乾隆即位前两年，即1733年，英国的凯伊发明了飞梭，揭开了产业革命的序幕。从60年代起（即乾隆中期），英国棉纺织业发生了革命性的变化，1764年（乾隆二十九年）织工哈格利夫士发明新式纺车，1768年（乾隆三十三年）阿克莱物发明新式织机，纺织业的生产能力迅速提高。其他行业也仿效纺织业采用机器工作。工作机的普遍使用使动力变得非常紧张。1769年（乾隆三十四年）瓦特发明蒸汽机，成为适用于各种机器的"万能动力机"，使人类摆脱了对自然能源的依赖。此后机械制造业取得了重大进展，出现了刨床、铣床、钻床，各种机械开始实现规范化、标准化，提高了工效。18世纪末，机器大工业出现，工厂中形成了由工作机、传动机、动力机三部分组成的机械系统，工场手工业逐渐让位于机器工业，开始了社会化的大生产。

二、科学发展。与产业革命相表里，欧洲的自然科学，积累了丰富的资料与研究成果，跨进了近代科学的殿堂。18世纪在数学领域，概率论、微积分、数论、投影几何取得了进展。物理和化学方面，人们已能分辨各种气体，并用各种方法获得氢、氧、二氧化碳等。1777年（乾隆四十二年），法国拉瓦锡证明燃烧现象是可燃物与空气中的氧化合的结果，推翻了传统的"燃素说"，揭开了自然界燃烧之谜。

电学方面，1752年（乾隆十七年），美国富兰克林做了有名的风筝试验，证明雷电是一种自然现象，粉碎了各种迷信和神话。后来意大利人伏打制造了能够产生电流的伏打电堆，成为近代电池的滥觞。

天文学方面，1655年（乾隆二十年），德国哲学家康德发表《宇宙发展史概论》，用星云说解释太阳系的起源。1796年（嘉庆元年），拉普拉斯对星云说作了更加完善的论证。还有德国学者赫歇尔长期观察恒星，提出银河系构成的假设，1781年（乾隆四十六年），他在观察天空时发现了一颗前所未知的星座，即天王星。

地质学、生物学方面，成果累累，学派林立，争论迭起。一些人主张岩石水成说，认为岩矿的成因是洪水泛滥，造成岩层的堆积；另一些人主张火成说，强调地下岩浆和火山喷发以地壳和岩层形成的作用。在地球历史演变上则有灾变说和渐变说之争，法国生物学界居维叶以地球经历了多次灾变来解释生物化石缺乏中间传承环节的现象，而英国的赖尔则认为地球自然环境的变化是长期微小渐变积累而成。还有瑞典博物学家林耐，搜集了数以万计的植物标本，首创植物分类，主张物种恒定不变，而法国的布封提出比较分类法，开始认识到物种之间的变化传承关系。

　　以上的发现、创造、学派、学说都出现在相当中国的乾隆时期，西方科学家通过观测、实验、计算、分析、争论，对自然界客观现象和运动规律，逐步取得了正确而系统的认识，使人类提高了利用和改造自然界的能力。恩格斯高度评价18世纪自然科学的成就。他说："18世纪综合了过去历史上一直是零散地、偶然地出现的成果，并且揭示了它们的必然性和它们的内部联系。无数杂乱的认识资料得到清理，它们有了头绪，有了分类，彼此间有了因果联系，知识变成了科学。各门科学都接近于完成，即一方面和哲学，另一方面和实践结合了起来。18世纪以前根本没有科学，对自然的认识只是在18世纪（某些部门或者早几年）才取得了科学的形式。"①

　　三、法国的启蒙运动。发生于18世纪的法国启蒙运动是资产阶级革命的舆论先行，其代表人物有伏尔泰、孟

---

　　① 《马克思恩格斯全集》第1卷，第656页。

德斯鸠、卢梭、狄德罗等。

伏尔泰是法国杰出的哲学家、政治家、文学家，他著作宏富，知识渊博，一生不倦地反对教会、僧侣和专制主义；孟德斯鸠的名著《论法的精神》发表于1748年（乾隆十三年），提出三权分立思想，成为日后资产阶级政体结构的原则；卢梭的名著《论不平等之起源》和《民约论》分别发表于1754年（乾隆十九年）和1762年（乾隆二十七年）。他在前一书中，尖锐地批判了封建等级制度，敏锐地指出私有制是产生不平等的根源，在后一书中主张消灭不平等，尊重"天赋民权"。18世纪中叶（乾隆前期），狄德罗主编的《百科全书》，把启蒙运动推向高潮。此书卷帙浩大、内容丰富，汇集了当时自然科学和社会科学的新成果，向封建制度发动猛烈的攻击。参加《百科全书》编纂的有一大批著名学者，除前已提及的伏尔泰、孟德斯鸠、卢梭以及主编狄德罗外，尚有副主编达兰·贝尔，唯物主义哲学家霍尔巴赫、爱尔维修，自然科学家布封、孔多塞，经济学家魁奈、杜尔阁，美学家拉美特利等。他们学识广博，才华过人，是一批杰出的反封建战士。启蒙运动虽有其资产阶级的局限性，但它激起的思想革命的巨澜，汹涌地冲击着封建社会的堤坝，为行将到来的法国大革命做好了准备。

四、美国独立。北美洲本是分属于英、法的殖民地。殖民主义者一方面屠杀当地的印第安人，另一方面奴役欧洲普通移民和从非洲来的黑奴，由此激起反抗，先在波士顿一带发生连续的抗英斗争。1775年（乾隆四十年），殖民地人民吹响了独立战争的号角，举行反英起义。华盛顿被人民拥戴为总司令，武装斗争的烈火猛烈燃烧。英军在人数和装备上虽占优势，但革命人民斗志昂扬，越战越勇，击败了英国殖民军。1783 年（乾隆四十八年），英国不得不承认美国独立。这场延续 8 年之久的美国独立战争是 18 世纪的重要事件，从此，美国挣脱了殖民主义锁链，跃入资本主义的行列，1783 年（乾隆四十八年），华盛顿当选为美国的第一任总统。

五、法国资产阶级革命。法国从 18 世纪 30 年代起（乾隆即位之初），资本主义发展加快，社会分化加剧。国王、贵族、教会占有大部分土地，农民、手工业工人、城市平民以及企业主均属于第三等级，处在无权的、被压迫地位，阶级矛盾日益尖锐。80 年代发生经济萧条，农业歉收，企业倒闭，财政破产，要求召集三级会议以制定新的税法。1789 年（乾隆五十四年）三级会议召开，受启蒙思想教育的第三等级的代表，得到人民的支持，要求分享国家权力，宣布成立制宪会议。法国国王派兵镇压，巴黎人民群情激愤，于 1789 年 7 月 14 日举行起义，攻打巴士底狱，法国大革命爆发。革命迅速扩及全国，废除了人身依附、各种封建特权和苛捐杂税，并制定《人权宣言》。此后反动势力企图复辟，国王路易十六勾结外国势力来镇压革命。雅各宾派领导人民，打败了外国干涉军，废黜国王，于 1792 年宣布成立共和国。翌年（乾隆五十八年），路易十六被推上断头台。此后，雅各宾派单独执政，国内各政党的争夺十分激烈。大资产阶级为了自己的利益，颠覆了雅各宾政权，国外则英、普、奥、荷、西等王国组成反法同盟。1795 年（乾隆六十年），巴黎国民公会起用青年军官拿破仑来对付内外的敌人，拿破仑的权力增强，形成军事独裁政权。1799 年（嘉庆四年，这年乾隆帝逝世），拿破仑发动政变，建立执政府，在欧洲进行连年战争。法国资产阶级大革命推翻了法国封建王朝，废除了等级制和封建特权，并震撼了欧洲的封建体系，开辟了一个资本主义广泛发展的新时代。

以上对欧美国家在 18 世纪 30 年代以后发生的重大事件作了简单的回顾。这六七十年间欧美国家的进步胜过了以往的 1000 年，它正在经历政治、经济、科学、文化领域全面而深刻的革命。历史是在量变的积累下走向质变的，质变必须有量变做准备；而一旦发生质变，其变化之速、成绩之大、影响之远，是量变时的许多世代所不能比拟的。西方正在突破封建主义的桎梏而飞速前进，而中国的种种成就仿佛还在强化着封建的体制。两个不同的世界，其变化的性质和方向形成强烈的反差，中国越来越落后于西方世界。

历史人物要对自己时代的进步和落后负责任。尤其像乾隆帝长期站在统治阶梯的最顶端，没有一个人曾经像他那样对 18 世纪的中国历史打下如此深刻的印记。他的思想、言论、行为、政策自然会对历史发生或正、或负的重大影响。18 世纪，闭塞已久的中国极其需要开通对外渠道了解世界状况，放宽思想禁制，增进科学知识，以迎接行将到来的世界性挑战，但乾隆帝没有像略早于他的俄国彼得大帝那样知己知彼，把自己放在世界潮流中，正确定位，引进和学习外国的先进事物，致力于改革和富强。乾隆帝以自我为中心的天朝上国观念，闭关锁国政策，他严厉蛮横的思想压制、动辄以文字罪人，他对科学技术毫无认识又缺乏兴趣，他以不变应万变的形而上学的政治哲学，严重地阻碍历史的进步，窒息了社会蓬勃发展的生机。世界潮流在奔腾前进，而中国的统治者昏昏然如在梦中，毫无觉察，未能采取更加开放开明的政策，失去了及时地了解世界和跟上世界的机会。

　　当然，中国的落后也不能简单地归咎于某些个人和某些政策。历史的道路固然有赖于具有远大目光和聪明才智的人去开辟、去展拓，不过远大目光和聪明才智的人物也只能在特定的环境中产生。正因为乾隆皇帝并不生活在俄国彼得大帝的环境中，所以他未曾有过彼得大帝那样的追求和理想。18 世纪的中国是一个被禁锢着的世界，乾隆帝也是这个世界中的一员。禁锢已久，习惯成自然，他的政策正反映了被禁锢者习于禁锢、安于禁锢的心态。

　　中国为什么落后于西方？这一巨大的历史谜团困惑着许许多多的政治家和学者。何以在很长时间内中国人未曾察觉到外部世界正在发生的历史巨变？何以专制体制和保守、僵化的政策长期通行无阻？何以中国没有产生像西欧那样"直前冲刺"的巨大历史动力？其深层原因必须到长期历史发展和整个社会结构中去寻找。历史表面看来似乎是不相连缀的片断，实际上，古今上下有着长远的、不可分割的联系。影响近代社会发展的根本原因深埋于古代的历史之中。

18世纪的中国并未像西欧那样发生质变,因为,以前的时代还没有走完从量变到质变的过程。事情不会无缘无故地发生,也不会无缘无故地不发生,乾隆帝和他的同龄人可以在历史上和传统提供的舞台上扮演角色,推进或阻滞社会的前进,但他们不能超越历史和传统,去完成力所不及的使命。康熙和乾隆在中国历史上做出了前所未有的重大贡献,乾隆帝的思想和政策,不是从天上掉下来的,也不是完全从头脑里想出来的,而是孕育于中国长期的历史之中,孕育于前代遗留下来的经济基础、社会结构、政治体制和文化传统之中。因此,乾隆帝对18世纪、对中国历史的相对落后,自应负一定责任,但他不能超越时代,自行其是。他像所有的历史人物一样,代表着并属于自己的时代。从某种视角观测,乾隆帝像是一个矛盾的综合体,先进与落后、英明与庸碌、聪睿与愚昧、理智与荒唐、仁慈与残酷、光辉与黑暗,错综复杂地交集于一身。他的性格、意志、动机似乎很难捉摸,但把他的所思所言、所作所为放在当时的环境中认真研究,可以看出这些基本上是统治阶级对18世纪历史发展所作出的合乎逻辑的反应。

我们研究乾隆帝,并不停留在对他政绩的讴歌或对他过失的谴责上,重要的是要理解他和他所处的时代。18世纪是中国历史发展中的重要阶段,乾隆帝是当时杰出的历史人物,他留下了许多经济、政治成就,军事功勋和文化业绩,同时也留下了缺陷和过失。大浪淘沙,曾经喧嚣一时的历史人物和事件退出了舞台，隐形于消逝了的漫长时间之中。但现实是由历史发展而来，现实深深植根于历史之中。研究18世纪及其人物为的是要弄清历史，理解现实，认识国情，增长智慧，坚定信心，选择正确的方向，迎着光辉灿烂的明天更好地前进。

失 去 了 的 机 会[*]

　　人们阅读和研究历史，总不免要从今天的视角去评说历史上的功过是非。当前的生活经验能够使人们更深地思索过去，对历史上的功绩和失误看得更清楚，体会更深刻。历史不能照原样重演，已经逝去的岁月不能重新开始，对过去的悔恨、惋惜都无济于事，因为我们不能重铸过去。但我们却可以从历史中学习到未来应该怎样生活。人类的行为都是以他们对过去的认识以及在历史中积累的智慧为依据的。让我们翻开 18 世纪的历史，我们今天感受得最为深切的历史失误就是造成了闭关锁国形势的清王朝的对外政策，这一政策使中国与当时日益奔腾前进的世界历史潮流绝缘隔离，延误了社会的发展，我们的国家和民族为此付出了沉重的代价。而且，由于种种原因，闭关锁国的阴影曾长期笼罩在我们的头上。

---

[*] 本文选自《不愿打开的中国大门》，江西人民出版社 1989 年 7 月版，本文为该书的序言。

　　要研究"闭关政策"，首先要提出一个问题，历史上是否有过闭关政策？清朝政府曾否执行过"闭关政策"？因为有的同志持不同的意见，他们列举许多中外交往和通商的事实来说明清朝的对外政策是比较开放的。近几百年的历史非常丰富复杂而充满矛盾，留下了浩瀚的可以供人使用、驱遣的相互分歧的记载。如果不看历史的本质和主流，谁都可以容易地为两种恰恰相反的观点去掇拾自己需要的例证。当然所谓"闭关"或"开放"，是相对而言的，是比较意义上的词语。"闭关"不会是绝对的封闭，世界上最严格执行闭关政策的地方也不能生活在真空里，不会和别的地方毫无交往。清初虽有"片板不准下海"之说，实际上岂能做到这一点。像桃花源那样完全与世隔绝的社会只存在于文士哲人的想象中，就是这一想象中的封闭世界，也还免不了武陵渔父的突然闯入。因此，列举一些清代前期中外贸易和交往的史事，并不能否认当时总的封闭形势。当时的清政府对外执行封闭主义政策，这是禁锢国家和民族的桎梏，其危害是十分严重的。

　　历史有时会出现奇特而有趣的现象，从不同的视角审视同一历史进程，可能会显示很不相同、甚至迥然相反的景观。18世纪的中国封建社会是清朝的康雍乾盛世，经济繁荣，政治安定，国力强大，国家的统一和版图的巩固，超过历史上的任何一个封建王朝，如果和过去作纵向比较，它是中国历史发展的一个高峰。但是，国家和民族的进步是没有止境的，后来居上是必然趋势，如果仅仅以比过去有所进步而感到满足，自我陶醉，就有可能陷入停滞的危险。特别在近二三百年中，地理距离的巨大障碍逐渐消除，许多在过去是遥远难达的地区，变成了旦夕可及的近邻，世界上各个国家、各支力量相互竞争，你追我赶，弱肉强食，适者生存。当我们把所谓"康雍乾盛世"移到全世界的坐标系上，就出现了完全不同的态势和景观。当时，西方国家正在经历产业革命和政治革命，资本主义国家的生产力突飞猛进。18 世纪末，亦即乾隆晚期，法国发生震惊世界的大革命，扫荡了欧洲的封建堡垒，为资本主义制度开辟了发展道路。在文化思想领域，有亚当·斯密、孟德斯鸠、伏尔泰、卢梭、狄德罗、康德等杰出人物，如群星灿烂，辉映天空。如果用资本主义青春期的崛起作比较，那么，同时代中国康雍乾盛世所取得的成就就变得黯然失色，中国落后了一个历史时代，看上去犹如衰颓的老翁，体态龙钟，步履蹒跚，失去了活力和生机。

人们长期思考着：在古代，曾经处在世界先进行列的中国为什么落后了？为什么和西方国家拉开了愈来愈大的差距？政治家和学者们都试图回答这个问题。地主阶级的残酷剥削、自给自足的小农经济、宗法家庭的社会结构、高度集权的专制主义、地区发展的不平衡、庞大人口的压力、封建传统文化的负担、相对封闭的自然环境等等，人们不无道理地从各方面来解释中国落后于西方的原因，都有一定的根据。但是，中国和西方国家的差别似乎不仅仅是发展速度的快慢，而是在文化特点、社会结构上存在深刻的差异。假如没有外国资本主义的侵入，中国将按照自身的规律向前发展，从内容到形式将会和西方世界很不相同。譬如两列火车在两条轨道上行驰，各自奔向遥远的未来，我们不知道两条轨道将在何时何处会合交接。

西方资本主义发展的一个历史作用就是使各个地区靠近起来，进入一个世界体系，就像马克思所说，它迫使各个国家和民族推行资本主义文明制度，按西方的面貌改铸全世界，这是不以人们意志为转移的客观过程，是不可逆转、不可抗拒的必然趋势。全世界或迟或早都发生了历史的转轨，即传统社会的运行机制，在外国侵略势力的撞击下发生改变，打破了常规和平衡，进入了动荡的斗争和变革之中，激发了自立自强的努力。从一定意义上说，两个世纪以来的中国历史就是一部转轨中的历史，中国封建社会走完了乾隆盛世的路程，随即与外国资本主义激烈冲突，备受欺凌，饱尝酸辛。一切斗争、探索、成功、失败都反映了转轨时的艰难。历史悠久的中国封建社会具有自我调节、自我维护的强大能力，在历史必须转轨时显示出巨大的惰性。它在和外部世界接触的早期就产生了自我隔离机制，实行严格的闭关政策，在中国的周围设置了一道防波的堤墙，阻挡着滔滔而来的世界文明潮流。本来，历史进展是十分复杂的，充满着可变性与多种选择的机会，而闭关政策的实施，使人们闭目塞聪，毫不了解外部世界，错过了许多次选择和转变的机会，推迟了社会发展，大大削弱了中华民族抵抗外来侵略并在世界历史舞台上进行竞争的能力。

闭关政策的产生自有其深刻的根源。由于中国封建社会的自然经济结构和远离其他文明中心的地理环境，形成了相对独立、自我延续的深厚的中国古代文明，这一文明必然带有排他拒外的倾向。明代后期，西方殖民主义东进，大批传教士涌入中国，带来了西方的科学技术和书籍、仪器，这是继佛教之后，外来文化的第二次大规模输入。但东进的欧风还不可能吹越过高耸的封建峰峦而遍及中国大地。18世纪的中国反而在日益靠近的世界潮流面前步步退却，更加严格地闭关锁国。康熙后期，由于礼仪问题引起清廷和天主教会之间的争论和冲突；雍正初年严禁传教活动，限制传教士来华，又限制中国商民出洋贸易、谋生。当历史提供抉择的重要时刻，中外关系被人为地阻绝，交往萎缩，关系冷却，阻碍了历史逐渐转轨的可能性。

乾隆朝继承了前朝的政策，且限制措施逐渐严格，趋于周密。乾隆初年，对中外贸易的限制尚少，态度比较宽容。康熙时本有四口通商的规定，但几十年间，外国商船绝大多数开赴广州贸易，形成了固定的贸易路线和惯例。乾隆十二年（1747年）西班牙商船到福建厦门贸易。当时官吏认为"吕宋（指西班牙）为天主教长，漳泉风俗浇漓。此等夷船终不宜使之源源而来，拟俟夷船回棹之日，善为慰遣，不使复来。"清廷却比较宽容，不同意地方官吏的意见。复示"此等贸易，原系定例准行，今若不令复来，殊非向来通商之意……慰遣之处，可以不必"①。可见当时清政府尚属开明，并无限制在一口通商的意向。

不久以后，清廷的政策就发生摇摆，这本书中提到一件值得注意的事实。乾隆二十年（1755 年），一些原在广州贸易的英国商船不堪广州行商和粤海关官吏的勒索，来到浙江宁波贸易，企图变更贸易路线，另开通商口岸。乾隆皇帝对此很犹豫，一方面他担心外国商人在浙江活动，"浙民习俗易嚣，洋商错处，必致滋事"。另一方面，又无意用强硬手段，禁止贸易。他一度考虑在浙江开辟第二个通商口岸，"今番舶既已来浙，自不必强之回棹。惟多增税额，将来定海一关，即照粤关之例，用内务府司员设立海关，补授宁台道督理关务。约计该商等所获之利，在广在浙，轻重适均，则赴浙赴粤，皆可惟其所适"②。

一口通商还是多口通商？这是摆在清政府面前的重大选择。如果允许浙江开埠，中英贸易由于更加接近茶、丝产地而获得发展，江浙富庶之区将被带动起来；广州的外贸垄断体制遭遇挑战，浙江和广东在招揽贸易方面将展开竞争，很可能会引起贸易规模和中外交往的迅速变化，产生有利的影响。可惜乾隆在关键时刻，步步倒退，在一口通商和多口通商之间，在更加封闭和稍稍开放之间，选择的是前者。错误的选择，压倒了正确的选择。在这里，偶然性也施加了一定的影响。由于要考虑浙江开埠的利弊，

① 《清实录》，乾隆十二年十二月丙子，卷305，第13页。
② 《清实录》，乾隆二十二年八月丁卯，卷544，第23页。

乾隆把原任两广总督杨应琚调任闽浙总督，要他对浙江通商进行调查。中英贸易长期在广州进行，形成了一个包括行商、粤海关监督、广东地方官员吏役在内的庞大的利益集团，他们垄断了对外贸易，得利甚多，不愿使贸易转向浙江。杨应琚已任两广总督 3 年，正是广州对外贸易利益集团的主要代表。他以粤民生计和两省海防为理由，力陈浙江通商的弊害，"再四筹度，不便听其两省贸易"。乾隆帝接受他的建议，谕令："粤省地窄人稠，沿海居民，大半借洋船谋生，不独洋行之二十六家而已。且虎门、黄埔，在在设有官兵，较之宁波之可以扬帆直至者，形势亦异，自以仍令赴粤贸易为正。……明岁赴浙之船，必当严行禁绝。将来只许在广东收泊交易，不得再赴宁波，如或再来，必令原船返棹至广，不准入浙江海口。"① 这道谕旨加强了闭关措施，形成了今后将近一个世纪内一口通商的不变格局。

自然，一口通商和闭关政策的严格化，不是杨应琚一纸奏文所能决定的，甚至也不是广州利益集团完全能操纵的，它是众多历史合力相互作用的结果。至少乾隆本人和大臣们都具有闭关锁国的倾向，所以很快就接受了杨的意见。闭关政策的形成有其历史的必然性，像中国这样一个长期远离其他文明中心的大国，要进入世界历史潮流，注定是艰难、曲折而漫长的过程，但是肯定历史的必然性并不等于认定人们对历史进程无能为力。历史毕竟是人创造

① 《清实录》，乾隆二十二年十一月戊戌，卷550，第25页。

的，历史过程和自然过程的差别就在于人的能动的参与。历史舞台上演出的威武雄壮的戏剧，并没有上帝预先写好了的剧本，其中充满着机会、偶然性和多种选择的可能，一切有待于人的设计、开拓、创造，不过人们的思想和行为不可能超越历史条件所许可的范围。乾隆在二十二年（1757 年），曾有多口通商的设想，以皇帝的权威，实现宁波开埠是毫不困难的。当然，即使宁波开放，以后的中外贸易还会遭到种种困难和挫折，中国的门户也不会完全主动打开，但比之一口通商的僵化模式将更有利于中外的经济、文化交往，更有利于中国的前进。

英国商人不甘心限于一口通商，千方百计希望取消禁令，因此而有乾隆二十四年（1759 年）英商洪仁辉赴天津呈诉，控告粤海关勒索，要求宁波开埠，结果反而引起清廷的强硬反应，粤海关监督李永标虽受惩处，而乾隆认为"番商立意把持，必欲去粤向浙，情理亦属可恶"[1]，不但不准别口通商，而且将洪仁辉圈禁澳门。朱雍同志在这本书中详细叙述了洪仁辉案件，此事成为清政府强化闭关政策的契机。同年，广东制定《防范外夷规条》，第一次明文规定对来华外商的严格约束，外商在广州只有很小的活动余地。同年，由于丝价上涨，清政府认为这是由于出口太多的缘故，竟禁止输出这一传统的对外贸易商品。这一愚蠢的做法，作茧自缚，反而影响了内地的经济和生计。几年之后，沿海各省纷纷要求弛丝斤出口之禁，恢复

---

[1]　《清实录》，乾隆二十四年七月壬戌，卷592，第21页。

了生丝贸易。但在禁运的这段时间内，反而刺激了意大利等地蚕桑丝织业的发展，树立起了丝绸贸易的竞争对手，故以后中国的丝绸出口，一直疲软不振。

广州一口通商的体制日益不能适应增长中的中外贸易，清政府闭关措施越来越严格。清政府坚持闭关政策出于什么考虑？不少同志以为，这是为了防御外来侵略，是正当的自卫政策。这一说法难以令人信服。因为，从后果来衡量，闭关政策对外国势力的阻挡是暂时的，中国的门户迟早必须开放，不是主动开放，就是被迫打开。这一政策更重要的作用是束缚了中国人民。按清朝的规定：中国人不得与外国人接触，不得自由出洋，不得长期居留外国。18世纪末，尽管中外贸易发展到了相当的规模，但中国人接触外国的渠道十分狭窄，对世界状况、西方科学文明毫无所知，整个社会如一潭死水，停滞凝止，没有进步。一旦中外矛盾激化，外国资本主义武装入侵，中国失去了防卫和应变的能力。闭关政策对中国的损害远远大于对外国造成的不便。

环观18世纪的国内外环境，应该说，这是中国主动开放门户，加强与西方交流，提前实现历史转轨的有利时机。可惜中国内部尚未形成革新的力量和机制，致使机会白白地丧失。18世纪的清政府处在鼎盛阶段，财富充足，国力强盛，大批传教士的东来和中外贸易的发展，造成了中外交往前所未有的规模。17世纪，荷兰曾侵占台湾，沙俄曾侵占黑龙江，严重侵犯了我国主权，在中国的坚决反击下，外国的武装侵略均告失败。18世纪的中英关系基本上是和平的商业关系，没有重大的军事对抗，不构成对中国领土、主权的威胁，这种交往对中国利多于弊。如果中外的经济和文化交流得以加速，使中国更早、更多地接触西方文明，将有利于中国的进步和改革。当时的实际情况是：世界上还没有任何国家能远征中国，对中国造成严重的军事威胁。对外国势力一定程度的警惕和防范是应该的，但并无深闭固拒的必要。清朝统治者所以要执行严格的闭关政策，并非担心外国立即有军事入侵的可能，而主要是针对国内的骚动和反抗，他们害怕中国人民和外国人频繁接触，不是带来中外之间无休止的纠纷，就是中外结合，增强反对清朝统治的情绪和力量。马克思正确地指出："推动这个新的王朝实行这种政策（指清朝的闭关政策）的更主要的原因，是它害怕外国人会支持很多的中国人在 17 世纪的大约前半个世纪里即在中国被鞑靼人（指满族）征服以后所怀抱的不满情绪。由于这种原因，外国人才被禁止同中国人有任何来往"。[①] 当时来华的马戛尔尼也说："吾实未见中国禁止外人在北方各埠贸易之规定明文，其所云云，不过华人欲掩其真正动机而不欲宣诸口者。彼等以为苟不如此，则恐外人之交际频繁，有碍于安谧，而各界人等之服从上命，以维持皇威于不坠，乃中国政府唯一不易之格言。"[②]

正是由于这个原因，闭关政策的渐趋严格和乾隆中叶

---

① 《马克思恩格斯全集》第 9 卷，第 115 页。
② 转引自《中外关系史译丛》，第 216 页。

以后国内阶级斗争的日益尖锐有关。虽然外国人和抗清起义其实没有多少关系，但清政府总是疑神疑鬼，认为"外夷奸棍，潜入内地，诳诱愚民，恣行不法"。乾隆十八年发生了安徽的马朝柱聚众谋反案，其实马朝柱和外国人毫无关系，马却借用了"西洋寨"的名目，引起清廷对天主教的更加警惕，对传教的禁令更加严密。凡是和外国人有来往的中国人均被视为奸徒，长期居留外国的华侨，携资回国，财产抄没，人被充军。洪仁辉案件中，原告英国人洪仁辉和被告粤海关监督李永标处以圈禁和遣戍，而代英国人书写状词的四川人刘亚匾被处死刑。统治者害怕人民和外国人交往，故而科罪最重。乾隆四十九年（1784 年），甘肃回民田五起义，当时刚好查获有 4 名外国传教士潜入陕西传教，乾隆神经紧张地认为，"西洋人与回人向属一教，恐其得有逆回滋事之信，故遣人赴陕，潜通消息，亦未可定"①，谕令地方官吏留心稽查防范。18 世纪后期，国内阶级矛盾愈益激化，清廷防范中外交往愈益严密，闭关的政策愈益严格。乾隆五十二年，皇帝写了这样一首诗："间年外域有人来，宁可求全关不开，人事天时诚极盛，盈虚默念惧增哉。"② 在他看来，目前国力虽盛，以后将有盈虚损益，对外交往将会带来危险，给国内统治增加不安定因素，宁可闭关不开，排拒外来势力。

---

① 《清实录》乾隆四十九年八月癸卯，卷 1213，第 11 页。
② 《乾隆御制诗》五集卷 28，丁未二《上元灯词》。

当然，这是乾隆一厢情愿的打算。历史在无情地走自己的路，中英贸易日益发展，交往更频繁，矛盾更尖锐。是顺应时势，采取主动，稍稍开放，给中国打开一个通向外部世界的窗口；还是顽固不变，严密封锁，拒绝交往，直到大门被侵略者的炮火所轰塌。历史摆在乾隆帝面前的就是这样的选择。可惜乾隆和他的大臣们封建观念根深蒂固，对方兴未艾的抗清起义十分恐惧，对外来势力极为鄙视，深怀戒心，选择了错误的方针，不愿开放中国的门户，一次又一次失去了调整对外关系的机会。

可以影响历史进程的最重要的机会就是乾隆五十八年（1793 年）英国马戛尔尼使团来到中国，觐见乾隆，这是中英之间最重要的一次早期交往。朱雍同志以极大精力贯注于这一事件，因为这是促使历史实现转轨的关键时刻，清政府仍然顽固地拒绝主动进入世界历史的潮流。本书对马戛尔尼使团的组成、使命、出发、航程，清政府的对策、接待、觐见、交涉以及使团的返回英国，作了极为详尽、细致的研究，把 200 年前使团活动的历史场景再现在读者面前。使我们确实看到这一使团在中外早期交涉史上的重要性，体会到由于谈判中止而给中国留下的不良影响。当年英国政府迫切希望和中国建立正常关系，其态度是积极而郑重的，派出了耗费巨大、人员众多的外交使团，其正式成员以及士兵、水手、工役达 700 余人，分乘 5 艘船只，经过 10 个月的航行，才到达大沽口外。由于英国使团以补祝乾隆帝 80 大寿为名，所以清政府最初的反应也是良好的，命令沿海各省做好接待工作，破例允许使团从天津进口。为了能在热河避暑山庄接见英国使团，乾隆取消了每年例行的围猎，对使团的食物免费供应，十分丰盛，并预先规定使团回国时将赏给可供 1 年食用的粮食。一个英国使团的成员写道："在伙食的供应上，我们迄今是很少理由可以提出异议的。关于这一方面，我们所受的待遇不仅是优渥的，而且是慷慨到极点。"[①]

这一切并不预示中英谈判将会顺利进行。由于两国文化背景和政治观念迥异，对这次正式的外交接触的理解也不同。中国方面认为，马戛尔尼使团来华只是单纯的祝寿、观光，仰慕中华的声教文明；而英国的目标是希望与清政府谈判，改变现行的贸易体制，扩大通商，建立经常的外交联系。

中英外交接触一开始就碰到了无法解决的难题，即是觐见皇帝的礼仪。清朝自视为"天朝上国"，其他外国都是蛮夷之邦，它把广阔的世界纳入一个以自我为中心，按照封建等级、名分构成的朝贡体系之中。英国也好，俄国也好，都和清朝周边的藩属国家、弱小民族一样，都应匍匐在自己的脚下，除了朝贡关系以外，它不知道国际之间还存在什么别的关系。因此，英国使臣觐见皇帝自然要行三跪九叩首之礼，这对欧洲国家来说，被认为是屈辱，绝不能接受。中英双方都认为这一问题涉及国家的尊严和威信，难以找到妥协的办法。早在顺治时俄国巴伊科夫使团、康熙时俄国尼果赖使团到北京，就发生过类似的争

---

① 安德逊：《英使访华录》，第 126 页。

执。英国马戛尔尼使团再一次遇到了这个解不开的死结。这表明了在长期与世隔绝状态中形成的中国封建政治、文化制度和观念形态，与世界各国存在着极大的鸿沟，中国要进入世界，和其他国家开展正常的交流，需要经历长期的、艰难的适应过程。

由于礼仪的争论，乾隆帝极为不快，接待的规格立即改变。谕旨中说："似此妄自骄矜，朕意甚为不惬，已全减其供给。所有格外赏赐，此间不复颁给。……外夷人觐，如果诚心恭顺，必加以恩待，用示怀柔。若稍涉骄矜，则是伊无福承受恩典，亦即减其接待之礼，以示体制，此驾御外藩之道宜然。"①

马戛尔尼以后觐见乾隆，究竟怎样行礼，不但当时争论激烈，直到今天，因双方记载互异，也真相难明。据英国的记载，使团按照觐见英王的礼仪，单膝跪地，未曾磕头。而和珅的奏折中说："臣和珅带领英吉利国正副使臣等恭递表文……即令该贡使等向上行三跪九叩头礼毕。"②在今天看来，礼仪问题属于形式，当时却成了中外交涉中难以逾越的障碍。从此清政府对马戛尔尼使团的关系从相当高的热度，一降而达到冰点。

正像这本著作中所指出：一些偶然的因素也影响中英关系的改善。譬如清廷命钦天监监副葡萄牙传教士索德超协助接待和翻译，由于彼此矛盾，索德超对英国使团抱敌

---

① 《掌故丛编》第7辑，乾隆五十八年八月初六日上谕。

② 《乾隆五十八年英吉利入贡始末》。

对态度，不会替英国说好话，交涉中根本没有进行解释和斡旋的人员；又如乾隆皇帝年过八旬，精力已衰，而负责接待的和珅贪婪成性，没有得到足够的礼品，对使团缺乏兴趣和热情。还有一点也不是不重要的，即乾隆皇帝个人的性格和爱好，影响他对西方的认识。乾隆本人才华出众，文武兼通，有多方面的兴趣和才能，但对自然科学一窍不通。他处处模仿祖父康熙，在这一点上却和康熙很不相同。乾隆曾写诗自嘲："皇祖精明勾股弦，惜吾未习值髫年，而今老固难为学，自画追思每愧旃。"①马戛尔尼使团为了要吸引和打动中国皇帝和官员们，用重金精心挑选和制造了足以显示英国科学水平和工业实力的许多礼品，包括天文地理仪器、机械、枪炮、车辆、船只模型、图册、呢绒毡毯、乐器等等，分装600箱，携来中国。可惜坐在皇位上的是对科学毫无兴趣的乾隆而不是康熙，他并不重视这些礼物，并且认为：外国能造的，中国自己也能制造。他说："此次使臣称，该国通晓天文者多年推想所成测量天文地图形象之器，其至大者名'布腊尼大利翁'一座，效法天地转运，测量日月星辰度数，在西洋为上等器物。要亦不过张大其词而已，现今内府所制仪器，精巧高大者，尽有此类。其所称奇异之物，只觉视等平常耳。"②无知和自大，闭塞了他的耳目，对新事物无

---

① 《乾隆御制诗》四集，卷93，癸卯一《题宋版周髀算经》。
② 《乾隆御制诗》五集，卷84，癸卯八，《红毛英吉利国王差使臣马戛尔尼奉表贡至，诗以志事》夹注。

动于衷，一切视为夸大和平常。那些光学和数学仪器很快被废弃，从圆明园中搬走；灵巧的车辆和逼真的船只模型没有全部装配完毕；使团特别带来了技术人员，可清朝官吏不感兴趣，并不打听各种机械的用途和使用方法；乾隆皇帝虽然亲自观看了大炮的试放，惊讶其威力，但却认为"这种杀伤力和仁慈的原则不能调和"。① 总之，西方先进的仪器物件并没有激起麻木的清政府的兴趣，引起警觉，开拓视界。

英国使团于 1793 年 9 月 26 日回到北京，清政府认为祝寿完毕，使团的使命已完成，而马戛尔尼则认为事情还没有开始，急切地要求和等待谈判。他向清政府提出了 6 项要求。

1. 请中国允许英国商船在珠（舟）山、宁波、天津等处登岸，经营商业。

2. 请中国按照从前俄罗斯商人在中国通商之例，允许英国商人在北京设一洋行，买卖货物。

3. 请于珠（舟）山附近划一未经设防之小岛，归英国商人使用，以便英国商船到彼即得收歇，存放一切货物，且可居住商人。

4. 请于广州附近得一同样之权利，且听英国人自由来往，不加禁止。

5. 凡英国商货，自澳门运往广州者，请优

---

① 安德逊：《英使访华录》，第 153 页。

待免税或减税。

6. 英国船货按照中国所定之税率交税，不额外加征，请将所定税率公布，以便遵行。

资本主义正在迅速发展的英国，急于对外扩张，寻找农副产品供应地和商品市场。它的要求自然带有侵略性，如割取中国的岛屿等，清政府决不会接受这种要求。制度不同的中英政府都会采取措施，维护自己的利益和主张。但当时中英矛盾并未上升到使用暴力，彼此还不具备把自己的意志强加于对方的实力，两国之间的问题可以也只能通过谈判寻求解决。对问题视而不见，置之不理，避免外交接触，拒绝对方的全部要求，肯定不是明智的做法。英国的六项要求中，有不少属于改善正常贸易的，不仅从今天看来应予考虑，即使当时的清政府也并不认为绝对不能接受。例如，宁波通商的要求，乾隆帝在30多年前就加以考虑并一度准备接受；又如允许外商到北京贸易，则早在康熙中就曾将此项权利给予俄国商队；改进广州纳税体制是乾隆自己说过的，又为以后两广总督长麟所承诺。英国的六项要求应予区别对待，有的可以接受，有的应当拒绝，有的经过谈判，加以修改。即使清政府拒绝英国的大部分要求，只要外交谈判继续下去，可以增进相互了解，缓和矛盾冲突，对中国有利而无损。中国和英国在谈判中的地位是对等和平等的，英国当时并无远征中国的可能，只能用谈判手段扩大其贸易，因此它的要求不能不是灵活而富于弹性的，并设想了自己的要求被拒绝之后让步和替代的办法。本书作者指出：为了谈判成功，英国努力博得清政府的好感。英国国务大臣邓达斯给马戛尔尼的指示中说：为了避免中国的误会，要使中国人知道英国使团的主要目标是向皇帝祝寿，广州贸易虽然存在弊端，但不要在微小的弊端方面提出抗议，不要在这些问题上触犯中国人。问题在于处在封闭和自给自足状态中的清政府，对外部世界既无需求，又不了解，它没有近代国际交往的经验，也不感到有建立经常的外交关系的必要。再加上礼仪争执所引起的不快，把英国六项要求一律斥之为"非分干求"，砰然关闭了谈判的大门。

乾隆帝于 9 月 30 日回銮，立即下令马戛尔尼使团应于 10 月 7 日离京回国。英使要求进行谈判，留住过元旦以后，清政府断然拒绝。没有经过任何谈判，英国使团几乎等于被强行驱逐，只收到清廷一封词语强硬、全盘拒绝英国要求的敕书。

历史的经验证明：像中英这样两个遥远、隔离、互相生疏的主权大国，一下子不可能就重要的政治和经济问题达成协议，甚至对话也难于开始。只有逐步加强接触，增进了解，才能进行有效的外交谈判。在当时最需要，也是较现实的是维持相互联系，通过积累，创造有利的谈判环境，而不是达到什么外交成果。如果说，18 世纪中英之间的平等交往尚有可能，那么，到 19 世纪中叶，机会已逝，两国以兵戎相见，英国把条约枷锁强加于中国，只有城下之盟，再也谈不上对等和平等的谈判了。

我们可以看到，马戛尔尼使团在归途中和中国陪送大臣短期接触、对话，相互关系取得某些改善，但毕竟时间短促，不能产生明显的效果。使团从北京至浙江，由军机大臣松筠陪送，共一个月零两天；从浙江至广州，由新任两广总督长麟陪送，共一个月零八天。他们两人在沿途和马戛尔尼多次长谈，内容广泛，涉及外国的政治、贸易、外交制度，中国的法律、习俗，中英关系中的纠纷和贸易、税务弊端等等。松筠和长麟都是清政府中开明而能干的官员，他们在短期接触中对外部世界和中英贸易开始有所了解。他们的意见禀告清廷，可能影响了皇帝，乾隆的态度有所缓和，给英王写了第三道语气较为温和的敕书，并允许英国使团隔年再来。马戛尔尼在与松筠、长麟接触之后，沮丧的情绪有所改变。"在北京时候，他确实对中国政府的态度有所怀疑，但后来松大人在赴杭州的路上，以及总督自己（指长麟）向他做了解释，并传达了皇帝陛下的真实心情，他已经感到放心，相信英国在华臣民的利益将得到应有的尊重和保证。"①

我们重温这段历史，看到了 200 年前在我们国家面前曾经出现的机会以及机会如何失去。一方面历史有其必然性，古老的中国在面临历史转轨的时刻显示其内部结构的牢固顽强，反映在人们的观念和行动上对于外来挑战和实行变革毫无认识，缺乏准备，难于适应，不愿打开中国的大门。另一方面也表现了各种人物和势力的影响，各种偶然性对历史进程的作用，特别是作为最高统治者的乾隆帝在关键时刻的短见和失误。历史规律体现了人与环境的相

---

① 斯当东：《英使谒见乾隆纪实》，第 469 页。

互作用，人们的思想和行为受环境的制约，乾隆的政策正是封建小农社会的产物。但历史又是人创造的，人具有改造环境，影响历史进程的能力。英明的领导者善于体察形势，顺应潮流，判断利害得失。他们应该看到平常人所不易看到的、眼前利害之外的事情，想到那些过后看来一清二楚的道理。他们像翱翔天际的雄鹰，能够眺望地平线以外正在迫近的对手，并且有意志和力量推动和带领他的国家准备应付未来的挑战。乾隆帝国内的政策和治绩相当成功，经济和政治力量臻于极盛。但是，他的对外政策是失败的，他没有觉察到盛世中隐伏的危机，没有意识到外部世界的广阔性和先进性。自我封闭，虚骄自大，故步自封；陶醉于天朝上国的迷梦中，拒绝和外国建立正常的外交和贸易关系，堵塞了交流的渠道，失去了借鉴和学习外部世界的机会，延误了社会的发展，增加了中国发展前途中的困难，这就是我们研究乾隆朝对外关系得出的主要结论。

避暑山庄和康乾盛世[*]

　　承德避暑山庄始建于清康熙四十二年（1703 年），距今已 290 年。它地处燕山山脉，风景秀美，山川雄奇，气候凉爽。附近河流纵横，林密草长，兽群出没，是理想的牧区和猎场。清朝建立避暑山庄，经康熙、乾隆两朝的营构扩充，踵事增华，楼台翼然，花木繁茂，寺庙宏大，成为塞北草原上的璀璨明珠，举世闻名的皇家园林。避暑山庄蕴涵的历史和文化内涵十分浓郁、丰富，它是包孕着历史、文化、民族、宗教、建筑、园林等在内的大型综合性的博物馆，有充分的研究、开发价值。也可以结合旅游服务，发展旅游文化，在人们观光游览的时候，给人以历史知识和文化陶冶。1983 年，在承德举行纪念避暑山庄 280 周年学术讨论会上，我曾经建议建立和发展避暑山庄学，积累资料，培养人才，建立机构，研究问题，使这一涉及多种学科的"山庄学"得以成长，并取得长足的发展。

---

　　* 本文选自《山庄研究》，紫禁城出版社 1994 年 8 月版。

我相信：这对继承祖国历史遗产，弘扬中华民族文化，促进学术研究，发展旅游事业，建设社会主义精神文明具有重要的意义。

避暑山庄不是一座普通的园林，它和清代康乾时期的许多重要历史事件、重要历史人物有密切的联系，其地位十分重要。康乾时期，最重要的历史任务是把处于纷争、散漫状态的中国重新统一起来，并促进经济、文化的发展。这一历史任务的执行和完成，出现了长达一个多世纪的繁荣盛世，避暑山庄正是康乾盛世的历史见证。一到承德，看到许多建筑、景点、器物、碑刻，仿佛把我们带回到二三百年前的历史环境中，看到我们历史上光辉灿烂的事业和文明成就，看到祖国逐步形成多民族泱泱大国的漫长历程。在这里，您能感觉到历史脉搏的跳动，想见往事陈迹的影踪。据此而进行思考，得出您的体会、感受和判断。

统一，这是十分古老、而又永远新鲜的话题。统一才能够保证国力强盛、社会进步和人民生活的安定、幸福。深受割据战乱之苦的老百姓企盼统一，为实现统一而努力奋斗。中国虽然自古以来即是多民族统一国家，但统一巩固的程度，各个朝代很不相同。在清朝以前，统一的程度并不很牢固，各个民族和各个地区经常发生分裂、割据、对抗。在中国历史上贯穿的主线之一，就是居住在中原的农耕民族汉族，和居住在北方的各个游牧民族之间的冲突和战争。秦汉以前，北方的匈奴雄踞塞上，和中原王朝发生长期斗争，战乱频仍，民不聊生，中原地区建造长城以防御匈奴南下。两晋南北朝时期，北方许多少数民族长驱进入黄河流域，建立了地方政权，争战不息，称为五胡十六国，干戈扰攘数百年。唐朝是强盛的王朝，但仍不时和突厥、回纥、东胡、吐谷浑、吐蕃等作战。宋代有契丹、西夏、女真、蒙古，边患不已。这些少数民族建立了辽、夏、金、元王朝，与宋王朝长期对峙。最后，元朝灭南宋，统一了全国。几千年的中国历史上，国内的民族对抗和战争是重要的主线之一，反复出现，史不绝书。明朝，北方的游牧民族仍是对中央王朝的重大威胁，明朝中期、后期，中央王朝力量较弱，许多边陲地方在其有效控制之外，北部和西北仍为蒙古所控制，厄鲁特蒙古长期为明代边患，在著名的土木之战中曾击败明军，俘获了明朝英宗皇帝；漠南的察哈尔蒙古也具有强大实力，明朝岁致银币缎帛，以求和平；东北则满族崛起，并吞各部，屡败明军，统一了东北广大地区。骎骎然跨越长城，问鼎中原。还有西南地区，包括贵州、云南、广西、四川、湖南的许多地方，土司林立，互争雄长，中央政府鞭长莫及；台湾则在明末被荷兰殖民主义者所侵占。明朝末年，环顾宇内，明朝中央实际能控制管辖的是内地十三布政使司。其他少数民族居住的边疆地区，中央号令不及，或者处于对立关系，明朝驻军筑城，防其进攻，或者实施羁縻政策，封以职衔、赐以币帛，作笼络之计，统一的程度很不牢固，离心的倾向相当严重。这时已经到了17世纪，世界形势正在发生巨大变化，英国发生了资产阶级革命，资本主义正一日千里，迅速发展。西欧一些国家已将其殖民主义的魔爪，伸向世界各地。中国内部民族冲突激烈而频繁，分崩离析的状况，相当严重，不改变这种状况，后果是不堪设想的。如果外国资本主义提前两个世纪入侵中国，那时候中国内部统一凝聚的程度很脆弱，全国一盘散沙，互相争讧，缺少可以团结全民族的政治中心，在外国的武力侵略下，难以进行有效的抵抗，很有可能四分五裂，豆剖瓜分，出现极严重的后果。

17世纪中叶，清朝入关，改变了内争不息的情况。顺治和康熙初年，削平了南明的反抗和三藩叛乱，收复了台湾。这时已进入"康乾盛世"，在100多年时间内，清朝除发展中原地区经济、文化外，致力于经营北部、西部和西南边疆，在辽阔的疆域内重新统一中国，促使全国各民族的和解与团结，其功绩是伟大的。而且统一牢固的程度，远远超过了历代王朝。从前，在汉唐盛世，也管理着辽阔的边疆地区，但设置的是都护府之类带有军事统治性质的机构，或是设立若干羁縻官职，仅是象征性的统属关系。而清代在边疆地区，根据不同的情况，设立将军制、盟旗制、伯克制、郡县制，或设立驻藏大臣、办事大臣，实行军政和民政管理，清朝的号令，可以有效地贯彻到全国。无论北方的游牧民族、中原的汉族、或西南的山地民族都在一个政府的统治之下，尽管民族歧视和民族矛盾仍然存在，但从总的趋势来看，全国各民族从隔离、对抗开始走向共处、和解。从前，南北民族往往以长城为界，互相仇视，彼此攻战。康乾时期，长城不再起隔离和防御作用，而变成供人凭吊观赏的古迹和风景区。康熙帝在诗中说："长城有险休重设，至治从来守四邻。"这就是说，各民族之间，不再需要以长城的险隘作为防卫，在清朝统治下，他们各自住在自己的地区，成为友邻。中国作为一个多民族的大家庭建立起秩序，这是清朝康乾时期的伟大成就。尽管这种成就也是通过血腥的战争，镇压了各种反对势力而取得的。但如果对比17世纪初明朝末年时边疆地区的情形，其进步之巨大是显而易见的。统一代替了分裂，共处代替了战争，安定和秩序代替了干戈相寻，扰攘不宁，经济的初步发展代替了贫困匮乏。康乾时代为国家的统一、民族的和解、版图的奠定作出了重要贡献。正因为这样，此后，中国经历了近代100多年的帝国主义侵略，大敌当前，国势险危，但全民族都能团结一心，风雨同舟，并肩作战，共御外侮，帝国主义才不可能瓜分中国，不可能灭亡中国。

清代康乾时期如何实现国家的重新统一？当然，军事手段是很重要的。对于妨碍、阻挠统一的分裂势力，不能不临以兵威，扫除国家统一、民族和解道路上的障碍。康乾时期，对准噶尔蒙古进行了长期战争，这是实现统一的关键。清朝初年，准噶尔已发展得十分强大，它居住在伊犁河谷以至中亚细亚，征服了天山南路的维吾尔族地区，曾经攻入西藏杀拉藏汗，控制了青海各部，又打败喀尔喀蒙古，蹂躏漠北草原，准噶尔的上层贵族气焰嚣张，不可一世，严重威胁我国边疆的安定和清王朝的统治。必须彻底打败准噶尔割据势力，清朝的统治才能巩固，全国的统一、团结以及边疆的安宁才能实现。

　　清朝对准噶尔的军事行动延续 70 年之久，简单说来有三个阶段，每个阶段都有几次重大而激烈的战斗。第一阶段在康熙中期。准噶尔汗噶尔丹对喀尔喀蒙古（外蒙古）发动袭击，喀尔喀战败南走，投奔清廷，请求保护。噶尔丹的铁骑南下，至乌兰布通。当时康熙正为反对俄国入侵黑龙江流域而进行斗争，清军在雅克萨打败了俄国入侵者，并于康熙二十八年（1689 年）与俄国签订了中俄尼布楚条约，划分了中俄东段边界，使东北边境安定下来。翌年（1690 年），清军在乌兰布通迎击噶尔丹军，击退其进犯。此后又鏖战多年，噶尔丹身亡。这一阶段的战争，打击了骄横的准噶尔分裂势力，保护了内外蒙古的安全，建立了漠南漠北广大地区的正常秩序。

　　清军第二阶段的军事行动在康熙末年和雍正年间。准噶尔蒙古继起的领袖策妄，乘西藏内争，派兵侵入西藏，杀拉藏汗，烧杀劫掠。康熙迅速调遣大军入藏，驱逐准噶尔军，以后又连年征战。雍正初，平定了青海罗卜藏丹津的叛乱。又于雍正九年、十年，与准噶尔战于和通泊、光显寺，这阶段的军事行动虽互有胜败，但清军毕竟制止了准噶尔的进攻，安定了西藏、青海与喀尔喀地区。雍正末年，双方经长期战争，力量消耗甚大，议和停战。

　　第三阶段军事行动，发生于乾隆中叶。当时准噶尔部达瓦齐新立为领袖，连年内讧，其重要将领和许多部落，纷纷投向清廷。清军乘其内讧的机会，派兵进入天山以北，攻克伊犁，俘获达瓦齐。接着，准噶尔的另一个领袖阿睦尔撒纳继起作乱，清军再次出击，打败阿睦尔撒纳。

此后，清军又南取叶尔羌、喀什，平定大小和卓的割据，统一了天山南北，彻底扑灭了准噶尔分裂势力，解除了蒙古、青海、西藏、甘肃所受的威胁，巩固了版图，确立了近代中国统一的格局。

清朝为实现统一进行了长在70年的战争。当然，统一得以巩固和长久并非仅仅依靠军事行动所能获致。在战争进行之际和结束之后，清朝实行了大量政治措施、经济开发和文化建设，制定了比较系统而行之有效的民族政策，加强对边疆和民族地区的管理，鼓励垦荒，兴修水利，发展农牧业生产，尊重各民族的宗教信仰和社会习惯，其基本方针是"修其教不易其俗，齐其政不易其宜"，笼络团结各民族的上层人士，根据各个地区、各个民族的不同情况，进行统治和管理。各个少数民族团聚在清政府周围，出现了长期和睦共处与交流往来的局面，逐渐增强了多民族大家庭中的稳定与团结，奠定了中国疆域辽阔、人口众多的大国规模。这是来之不易的，是经过残酷、激烈的战争，付出了血与泪的代价，并进行长期艰苦工作和惨淡经营的结果。

就在康乾盛世统一中国的过程中，避暑山庄和木兰围场开始建立，避暑山庄始建于1703年，而木兰围场比山庄建立还要早20多年。其建立除了皇帝和王公大臣们避暑、消夏、娱乐之外，还出于政治和军事上的需要。康熙二十年（1681年）清代削平南方的三藩之乱后，北方形势告急，俄国在黑龙江上大肆烧杀，准噶尔蒙古骚扰各地，康熙帝把战略重点转移到北方。就在康熙二十年，清廷在原属蒙古喀喇沁部和翁牛特部的地区内设置木兰围场，其目的是"习武绥远"，也就是训练军队，团结边疆少数民族。当时，康熙帝已经常来到这里，清军在黑龙江上与俄国作战，很多军报文书直接传送到这里的行宫。1689 年中国和俄国签订尼布楚条约，中国使团从尼布楚返回，首先来这里的行宫，向皇帝报告谈判情况。1690 年，清军和准噶尔的第一场决战乌兰布通即离木兰围场不远。1691 年，对团结蒙古族具有重大意义的多伦会盟就在围场附近举行。所以在避暑山庄建立以前，康熙帝经常在这里处理军政要务，逐渐形成了指挥枢纽。在避暑山庄建立以后的一百年内，康熙和乾隆经常到山庄来，康熙晚年每年到口外来，有时一年来两次。乾隆在位期间，到避暑山庄 53 次。在此召见少数民族王公，接待外国使节，举行木兰秋狝，整军经武，乾隆帝还经常在这里度过自己的生日（阴历八月十三日）。因此，康乾两代许多历史人物和历史事件都在避暑山庄留下了痕迹。可以说，木兰围场和避暑山庄是康乾时期实现国家统一过程中的产物，出于进行军事行动和团结蒙古族的需要。它是我国多民族大家庭形成和巩固的历史见证。

为什么康熙要选择承德这块地方来处理军政要务呢？这有多方面的原因。从地理位置而言，避暑山庄地处北京与蒙古草原的交通要道，围场以北是科尔沁草原、乌珠穆沁草原、上都牧场，牧草茂密，牛羊肥壮，南接华北平原，耕田鳞次，农业发达，是农耕民族和游牧民族经济贸易、文化交流十分活跃的地方，又是自古以来军事要冲。

而且气候凉爽，空气清新，森林覆盖率高、自然环境优越，当年，少数民族不习惯北京的环境，居住北京，容易感染天花，损害健康以至夺去生命。清朝两位年轻的皇帝均因出痘而早逝，清初战功卓著的豫亲王多铎以及乾隆时至北京入觐的六世班禅亦均感染天花而身亡。在当年的少数民族中，天花是极严重的恶疾，几乎谈虎色变。为了保护少数民族的健康，凡是已出过天花，取得免疫力的人，叫做"熟身"，可以进入北京；凡是未出过天花，没有免疫力的人，叫做"生身"。皇帝轮流召见少数民族王公，"熟身"在每年年底到北京觐见，称"年班"；"生身"在每年秋季到避暑山庄觐见，并随同围猎，称"围班"。清廷对随围的蒙古族官兵十分礼遇，赐宴款待，赏给衣服、靴帽、绸缎、布匹、刀枪弓箭以及金银珍玩。每次清帝出巡行围，附近数百里蒙古各部落的首领和牧民，携带全家妇孺，赶着牛羊驼马，在围场附近设帐驻居或随同行围，或等待召见。可见避暑山庄的建立为联络、维系少数民族提供了适合的场所。

更值得注意的是，与避暑山庄毗邻的木兰围场，地方广袤，林深草密，鹿羊成群，熊虎出没，是非常理想的猎场。康熙、乾隆都很注意满洲八旗官兵的习武传统，强调骑马射箭。每年木兰秋狝，是练兵的好机会，康熙说："一年两次行猎，专为讲武，与行兵无异。校猎纪律，自当严明。"随围的官兵，包括满蒙八旗，每次参加者少则数千人，多至二三万人。他们经过艰苦的行军，激烈的追逐，紧张的驰骋，顶风冒雨，戴月披星，得到了近于实战的锻炼，提高了战斗力和顽强意志。康熙帝十分重视木兰行围的作用，他说；"从前曾有以朕每年出口行围，劳苦军士条奏者，不知国家承平虽久，岂可遂忘武备。"他列举多次和准噶尔作战取得的胜利，认为即得力于木兰行围，"此皆因朕平时不忘武备，勤于训练之所致也。若听信从前条奏者，惮于劳苦，不加训练，又何能远至万里之外而灭贼立功乎？"

由此可见，清代康乾时期，避暑山庄和木兰围场的创设和发展，并不仅仅由于该地风景雄秀、气候凉爽，可以消夏娱乐，更重要的是联络蒙古，团结少数民族，整军习武，训练官兵，具有重要的政治和军事意义。

中国民族边疆史研究[*]

一、历史上的民族关系

在中国古代文献典籍中，《尚书》里有"民"字，《左传》里有"族"字，近代学者将二字合一组成复音词，以翻译英文中 NATION 一词。

1913 年，斯大林在《马克思主义与民族问题》一文中指出："民族是人们在历史上形成的一个有共同语言、共同地域、共同经济生活以及表现在共同文化上的共同心理素质的稳定的共同体。"斯大林对民族所下的这个定义对我国民族学理论影响甚大。此外，斯大林在同一文中还对这条定义曾做过两条重要补充："只有一切特征都具备时才算是一个民族。""封建制度消灭和资本主义发展的

---

[*] 本文选自《中外历史八人谈》，中共中央党校出版社 1998 年 4 月版。与成崇教授合著。

过程同时就是人们形成民族的过程。"对斯大林的这个定义和补充,我国学者长期以来存在意见分歧,多次进行讨论。有的学者坚持说这条定义迄今无懈可击,问题出在人们理解有误;有的学者认为应该对这条定义进行补充和修正,因为斯大林虽然提出了"特殊的心理素质"这一概念,但其解释只是"表现在民族文化特点方面的精神面貌不同",没有涉及民族意识这一概念。近二三十年来,一些研究者对民族意识十分重视。我们认为,民族意识是人们对自己归属于某个民族共同体的认识,对形成和维持民族这一共同体至关重要。斯大林的四个特征缺一便不成其为民族之说,显得过于机械绝对。例如,我国的回族一开始就没有一个单独的共同地域和共同经济,裕固族有尧呼尔语和恩格尔语两种民族语言而不具有共同的语言。有人常把"种族"误为"民族",实际上这是两个不同的概念。"民族"是人们在历史上形成的共同体,"民族学"属于社会科学的范畴,而"种族"是纯粹生理或血统的问题,"人种学"以人类体质特征为研究对象,属于生物学的范畴。

我国是一个多民族国家,除汉族外,现已确认的有55个少数民族。占人口91.8%的汉族大多居住在中原和沿海,而占人口8.2%的少数民族大多居住在边疆地区。这种被一些学者概括为汉族"人口众多"少数民族"地大物博"的分布格局是长期以来历史演变的结果。关于"我国自古以来就是一个统一多民族国家"的提法,我国学术界在50年代曾展开过讨论。我们认为,应当反对以下两种偏颇倾向：其一，一些史学家仅仅着眼于我国某一历史时期有些民族自行割据或单独立国的史实，大加渲染这些民族向来不是多民族中国的一个成员，从而根本否定我国各民族曾经几度结合成为多民族国家的历史。其二，一些史学家从其善良的主观愿望出发，无视某一时期有些民族自行割据或单独立国的史实，抽掉了我国形成一个"统一多民族国家"的漫长曲折的历史过程。上述两种倾向都不是实事求是的科学态度。我国作为一个多民族国家，既非自古以来就长期保持大一统的局面，亦非始终处于分立割据的状态，而是逐渐结合、统一到一起的。

关于中华民族起源，过去长期存在着本土说和外来说、多元论和一元论的争论。自 17 世纪起，欧洲开始有人认为中国人种与文化来自埃及。这是欧洲人主张中华文明"西来说"的滥觞。20 世纪 20—30 年代，曾对中国新石器时代考古学做出过重要贡献的瑞典学者安特生亦断言我国的仰韶文化系从西方传播过来，首先开化于中国的新疆，然后才东移发达于中原地区。此为中华文明、中华民族的"新西来说"，曾流行一时。新中国成立后，经过广大考古工作者的辛勤劳动，大量资料推翻了形形色色的"外来说"。结果表明：中华大地是人类起源的地区之一，是蒙古人种的故乡；中华民族起源于中国大地，并非来自今日中国域外任何一方。在遥远的古代，中国大地上生活着不同的人群，最早的如云南元谋人（距今 170 万年）、陕西蓝田人（距今 100 万年）、北京人（距今 50 万年）以及山西丁村人、广东马坝人等等。中国传统史学的观点认为，中华民族与文化起源于黄河中下游，然后向四周扩散。但新中国成立后的考古资料使中华民族起源一元说得到了修正。从我国新石器时代文化的分布和特征来看，我们中华民族的文化摇篮不是一处而是多处，是多元起源、多区域不平衡发展。黄河中下游的古文化则是其中最先进的一支。源头如此众多，在尔后数千年中，中华民族生生不息，中华文明累世不竭，便不能不说是其来有故了。

恩格斯在论证人类的发展问题时说："从部落发展成了民族和国家。"这是马克思主义关于民族形成的一般规律。从氏族、部落发展成民族，是原生民族形成的一种方式。此外，民族形成还有民族演化这种类型。也就是说，通过民族分裂、民族融合等过程形成新的民族。按照恩格斯的观点，民族形成的时间，最早应该是在原始社会末期。它早于国家和阶级的形成。马克思、恩格斯多次使用"野蛮民族"、"蒙昧民族"、"游牧民族"等概念，这些概念即指那些尚处于原始社会后期的人们共同体。

进入文明时代，大约距今5000—3000年间，相当于炎帝、黄帝至夏、商、周三代，黄河中下游出现了一个文明程度较高的华夏族，所以称"华夏"，是因夏朝而得名。其周围则有许多不同族类的人群，即所谓"东夷、南蛮、西戎、北狄"，他们和华夏族长期交往、斗争、融合。华夏族在吸收周围的不同族群中得以发展壮大，故华夏族已非单一血统的民族。古籍中说："舜东夷之人也，文王西夷之人也。"民族融合不断在进行。至春秋战国时，已成为较稳定的民族共同体，但政治上尚无巩固的统一，经秦汉 400 年的发展，华夏族成为统一的民族，中国也逐渐发展为统一的多民族国家。"华夏"的称呼也因汉朝国力强大，声名远播而改称为"汉"。华夏族改称汉族，不是这一共同体的质的变化，更不是新民族的形成，仅仅是名称的改变。当然，名从实变。这一名称的改变也显示了其发展进入一个新阶段。华夏族吸收了众多的民族成分，扩大和发展了族体，形成比原来更大、更强盛的族体。

　到 20 世纪初，也就是清末辛亥革命运动以前，出现了"中华民族"这个名词。中华民族是中国各民族的总称，包括历史上和现在的各民族在内。"中华民族"这个名称体现了中国各民族整体上的民族认同。有人认为，中华民族并不构成一个民族，因为各族的语言文字、宗教信仰、风俗习惯各不相同。另有人则认为：中华民族已构成一个民族，虽其族源、语言、宗教、习俗不同，但长期处在一个统一国家中，经济联系密切，政治上文化上相互认同。汉族和各少数民族既有不同的特性，又有相同的共性。中华民族是更高层次上的民族构成，但不排斥各民族的差异性。费孝通先生称之为"中华民族的多元一体格局"。台湾有一位边疆民族学专家林恩显，在和大陆学者进行交流时，建议大陆学术界进行民族关系研究时吸收台湾学术界族群研究的理论。台湾学术界习惯上认为，中华民族可以称为"民族"（nation）其中包括的数十个兄弟民族称"族群"（efhnil group）。所谓"族群"是指同一民族中具有不同地区性或其他特殊从业、生活方式等特点的人们群体，所以这种"族群"不一定是目前大陆所确认的56个民族。我们对台湾学术界的理论应该予以关注，作进一步的研究探讨。回顾大陆学术界近50年来研究民族关系的历史，我们认为新中国成立后，五六十年代主要围绕民族识别这个中心，以研究民族关系的"民族差异"为主，70年代末以来主要以中华民族整体性为研究的重点，这样民族关系中的"求同研究"便十分突出。费孝通先生把现存的民族关系概括为"中华民族的多元一体格局"这一理论，引起国内外学术界的瞩目，把大陆学术界关于民族关系的研究大大推进了一步。中华民族作为一个自觉的民族实体，是近百年来中国各族人民反抗外国侵略的血与火的斗争淬砺而成，但作为一个自在的民族实体则是几千年的历史过程中的客观存在。中华民族是"多元"和"一体"的辩证统一，"一"存在于"多"中，"多"使"一"绚丽而丰富，"一"使"多"团结而巩固。

费孝通先生关于"中华民族的多元一体格局"的理论，是在确认各民族平等和共同繁荣的原则上对现实民族关系的判断，对研究我国历史上民族关系提供了一个清晰的轮廓。循此线索而继续探究，便涉及这种"多元"结构中有无主体民族、各民族之间是否平等的问题。这是民族关系的又一层面。我们认为，应该承认汉族是中国历史上的主体民族。因为汉族在全国各民族中，在中国几千年的历史长河中，都是人数最多的民族，分布地域最为广阔，对我国统一多民族国家的形成和发展影响力最大。如果否认汉族作为主体民族的历史地位,则中国历史就仿佛成为由许多民族组成的一幅百衲被,中华民族是不会成为"一体"的。同时,在新中国成立之前,民族平等是根本不可能存在的,即使在某些条件下,有民族均势、民族对等和民族协作,然而这些也不是民族平等。只有在社会主义条件下,民族平等才真正出现并成为处理民族关系的准则。我们只有用民族平等的观点去研究不平等的民族关系史,才能认识历史上真实的民族关系和今天社会主义制度下的民族平等。

尽管汉族在全国各民族中的历史影响最大,但必须指出,中国的历史是我国境内各民族共同创造的。各族人民理蓁辟莽,手足胼胝,开拓着疆野,创造着文明,奠定了中华人民共和国960万平方公里的广袤国土,泽被后世,功炳千秋。其中,各少数民族和汉族都有重大贡献。据历史记载,汉族最先开发了黄河流域的陕甘及中原地区;东夷族最先开发了沿海地区;苗族、瑶族最先开发了长江、珠江和闽江流域;藏族最先开发了青海、西藏;彝族和西南各族最先开发了西南地区;东胡最先开发了东北地区;匈奴、鲜卑、柔然、突厥、回纥、蒙古各族先后开发了东北和北部地区,回族和西北各族最先开发了西北地区;黎族最先开发了海南岛,高山族最先开发了台湾。过去,学术界在阐述民族关系时往往具有汉族文化中心论的倾向,强调汉族文化先进于边疆少数民族文化。这样在汉族正史作家的笔下,总是以我为主,我即文明,其余皆蛮荒。汉族成了先进的代名词,边疆少数民族成了落后的标志。这种偏向应予纠正。随着民族问题研究的深入，文化发展的多极化和多元化逐渐为世人所认同，从生产力发展水平来看，各民族的历史发展是不均衡的。新中国成立前，有些民族还处于农奴制阶段，有些还处于奴隶制阶段，甚至有些还处于原始公社阶段，但汉族在明清时期就达到封建农业文明成熟的阶段。不过我们应该看到，各民族的文化都是与其生存环境相适应的，有相对独立性，是其生存环境和历史传统的产物。有些文明幼稚阶段所创造的文化成果为文明成熟阶段所难以模仿和不可企及，各地区各民族的文化各有其优点和特色，难以区分其优劣高下。例如，汉族和藏族，从文字上看，藏文是拼音文字，汉文是象形文字，按汉字要走拼音化之路的观点，藏文字应该算先进者。若按单位土地面积的农产量来说，汉族发达地区比藏族山南地区产量几乎多10倍，应该是先进的，但从另一角度看，藏族能够在青藏高原上正常地进行农业生产，而汉族的任何先进农业技术却办不到这一点。汉族对自己的文献总是引以为自豪，但不要忘记藏文佛经浩瀚程度比汉文佛典还略胜一筹。汉族拥有《史记》、《红楼梦》等许多流传百世的伟大作品。同样，藏族的《格萨尔王》也是光辉灿烂，堪称中华民族的文化瑰宝。

　　"儒家文化圈"是目前学术界流行的术语。有些人把中原汉族文化与边疆少数民族文化仅仅看成"儒家文化圈"向边缘地区扩散的过程。实际上，中原汉族文化和边疆少数民族文化应当是一种文化互动的关系，一种双向沟通的关系。各民族文化异彩同灿，交光互影。边疆少数民族文化绝不是儒家文化的被动受体。在秦汉以前，中原地区的农作物种类并不很多，古书中记载的五谷指稻、黍、稷、麦、豆，这是古人最主要的食粮。西汉时张骞通西域，带回的植物品种有芝麻、胡豆（蚕豆）、胡瓜（黄瓜）、胡萝卜、苜蓿、葡萄、石榴。我国北方的重要粮食作物高粱，大概是西南少数民族首先种植，宋以后开始普遍于全国。在秦汉，不但用稻黍做饭，即是麦也用来做饭。据考证，九经中没有面字和糕字。光武帝在遭受危困时，冯异向其进麦饭，是历史上有名的故事。用麦磨面的方法，是秦汉以后由西域少数民族传入内地的。少数民族对汉族服饰文化也有巨大贡献。赵武灵王胡服骑射的典故为众所共知，旗袍至今为汉族女性所青睐。原来汉族衣着的原料主要是丝、麻和毛制品。汉朝时，新疆已使用棉布。元、明两朝期间棉花种植与织棉技术就已从天山南北普遍传入内地。起初，内地人称之为"种骨羊"，殆因棉花的纤维近似羊毛而误认为是种在田里的羊长出毛的缘故。元朝耶律楚材在诗中风趣地写到"无衣垅种羊"。著名的黄道婆的织棉技术乃师承黎族人民。在唐以前，汉族人都是席地而坐，西域的"胡床"传入中原，汉族便普遍地坐椅凭桌，几千年来的起居文化习俗为之丕变。遥想当年唐朝的长安，仕女们梳起少数民族的高髻发式，穿起少数民族的服装，婀娜多姿，顾盼生辉。由少数民族地区传来的胡旋舞、柘枝舞美妙动人，令人目不暇接。还有绚丽的灯彩，丰富的"百戏"，或者直接由"胡"人献艺，或者在"胡"人倡导下风靡一时。史载，唐代10部乐中，就有西凉、龟兹、安国、疏勒、康国、高昌6部属于"胡乐"。

在古代，由于自然条件的限制，交通不发达，生产力水平低下，各民族之间的交往受到束缚较大。加之统治阶级设置的障碍，各族劳动人民之间也不可能没有民族偏见，因此，民族冲突和隔阂是十分严重的。但我们还应注意到民族关系的另一面，即通过长期的经济文化交流，许多民族逐渐地、自然地相互融合。民族融合是历史发展的必然，是进步的现象。

征诸史籍，我国历史上出现过三次大规模的民族融合：第一次在春秋战国时期，第二次在两晋南北朝到唐代，第三次从五代十国到明朝初期。春秋战国时期，列国年年攻伐无虚日，汉族的活动范围仅限于黄河中下游，在北方有北狄，猃狁，在甘肃、陕西有氐羌，在四川有巴族和蜀族，在湖南、湖北、安徽有楚族，在江苏、浙江有吴、越族。这时期的民族融合，南方各族是以楚国为中心，东方各族是以齐国为中心，北方各族是以晋国和燕国为中心，西方各族是以秦国为中心，相互进行融合的。秦汉时期民族关系的主流是中原汉族王朝与匈奴的关系。从两晋南北朝时期的所谓"五胡乱华"开始，许多强悍的北方民族大量向南迁移，进入黄河流域地区与当地汉族人民形成杂居状态。匈奴、鲜卑、羯、氐、羌等少数民族的统治者还在中原地区建立了前赵、后赵、前燕、前秦、后秦、北魏、北齐、北周等10多个国家，前后统治了300年。正如马克思所说，野蛮的征服者总是被那些他们所征服的民族的较高文明所征服，这是一个永恒的历史规律。中原地区好似一座融化民族的大熔炉，使那些来似排山倒海的游牧民族却无影无踪地融合于中国古代农耕文化。从两晋南北朝以后，就再也没有见到匈奴、鲜卑、羯、屠各、卢水胡等族的活动了，他们已主要同化于汉族和其他一些民族之中。唐朝皇室姓李，自称是陇西李氏，并以自己是李耳的后裔相标榜，但一个和尚却对唐太宗直言不讳地说，你姓的那个李，不是陇西李而是拓拔达阇的那个李，达阇就是汉语的李字。隋唐时期，边疆少数民族主要有突厥、回纥、吐蕃、靺鞨和契丹等。历史学家认为，古汉族经过西晋末年的"永嘉之乱"、唐代中期的"安史之乱"以及北宋后期的"靖康之乱"，汉族分布重心南移。建立在黄土高原旱地农业基础之上的古汉族文化由于中原震荡，如蜩如螗，在南移后吸取古越族江东文化的余荫，创建了植根在滨水稻作农业之上的现代汉文化，古汉族随之演化为现代的汉民族。到了元朝初年，契丹人、女真人和西夏人都已经丧失了自己的民族特点，被汉人同化了，所以元朝把"辽"、"金"、"西夏"的人民统称为"汉人"，而把南宋的人民称为"南人"。元朝败亡以后，"蒙古、色目（指西北地区少数民族）之人多改为汉姓，与华人无异。"中国历史上的民族组合，到了元代，可以说基本上稳定下来了，其后虽有满族的入关，变动并不太大。汉族人口至今有12亿，并非单纯的人口自然增长，而是吸收了少数民族。毛泽东指出："汉族人口多，也是长期内许多民族混血形成的。"过去人们对汉族融合于其他民族的事实注意不够，因而容易产生汉族较杂而其他民族成分较纯的片面性印象。但事实上，少数民族中的汉人成分未必低于汉人中的少数民族成分。目前拉萨郊区的以种菜为生的藏族农民中很多是清代驻藏绿营兵的遗胤。

民族关系与民族生存环境息息相关。中国的北部和西北有广阔的草原，居住着游牧民族，以畜牧为生，逐水草而居，勇敢尚武。中国的中部和南部，沃野千里，河渠纵横，居住着人口众多的汉族，定居务农。北方游牧民族几次南下的时间恰好都是中国历史上气温偏低的时期，这绝非偶然的巧合，实由游牧经济的脆弱性所致。他们因受寒冷气候的侵袭，为谋求生存而南下，另外，北方民族经常迁徙，易于联合，又擅长骑射，有长距离运动和作战的能力。故而常和农耕定居的汉族发生激烈的战争，举兵南伐，入主中原，如北朝、辽、金、元、清等。而当汉族强大时也出塞耀武，设官治边，如汉、唐、明等。北方游牧民族和农耕汉族的对峙、冲突，贯穿于整个中国历史上。而中国南方的少数民族往往局促于山地，交通困难，不利于联系与迁移，所以北方民族曾一次又一次地南下和入主中原，南方民族却很少有过类似的活动。汉族农耕文化扩展的界线受雨量线的限制，长期以来，汉族人口迁移都是自北而南，至清代出现转换，人口迁移呈向四周辐射状态。汉族移民进入少数民族聚居区后就难免存在对有限的自然资源和生存空间占有的矛盾。例如清代苗民起义时提出"逐汉民，复客田"的口号。目前人民通常用"大杂居、小聚居"这一命题来概括民族分布特征。从民族学角度来看，民族的族际分布有毗邻、杂居、包裹等类型。民族关系本身受生存环境的制约，各民族只能在既存的自然和社会环境之下发展和创造新的民族关系。

中国历史上曾发生过许多次民族战争。但他们又密切联系，相互依存，逐渐融合。秦汉以后，全国统一，许多民族长期处在一个统一国家中，共同生活，接受中央政府的管辖。在几千年的历史长河中经历无数次冲刷、磨洗、锤炼，民族之间的差异、对立、界限逐渐淡褪。雄健绝代、武功盖世的一些民族衰落了，甚至消失了；累世游牧、衣裘枕毡的一些民族，学习了农耕技术，在草原上开辟阡陌田畴，进行播种耕耘。到了清代，满族建立了全国政权。因为它是少数民族，比较理解少数民族的处境、心态、要求，执行比较适当的民族政策，因此得到了分布很广的其他少数民族的认同；又因为满族统治者尊儒崇学，纂辑古籍，弘扬传统文化，因此也得到汉族知识界的拥护。这样，在清乾隆时，亦即英国侵略者用坚船利炮打开中国大门之前不到100年，清朝在全国范围实现了前所未有的稳固的统一，确立了多民族统一的中国的版图。

各民族都产生过本族的杰出人物和民族英雄，在讨论民族英雄时发生了意见分歧：如岳飞、文天祥、史可法，或者阿骨打（女真）、成吉思汗（蒙古）、努尔哈赤（满族），都是中华民族的民族英雄。因为，无论女真、蒙古还是满族都是中华民族的成员。国内民族矛盾是中国内部的事情，不是国际冲突，和近代外国侵略中国不可等同而语。但国内民族之间的战争也有是非问题，何者是正义的、进步的自卫战争，何者是非正义的、压迫战争，应作具体分析，不可一概而论。国内民族之间发生战争，这并不排斥斗争双方的民族都有推动历史进步的功绩。中国许多民族都产生过中华民族的民族英雄。戏曲中往往有丑化少数民族的地方，这是传统习惯问题，应予改进，应尊重兄弟民族，避免伤害其民族感情。

二、统一与分裂

大一统是中国历史的鲜明特点。中世纪欧洲分为许多小的封建城邦，中国则很早就统一，而且越来越走向大一统、大融合的趋势。自周代的诸侯千百，变为战国七雄，到秦始皇统一全国后，中国统一时间之长久，在世界各国无与伦比。

秦并六国，行中央集权制，置三十六郡，后又发展为四十郡，在我国建立了统一的多民族的国家。这时候，在我国领域内，与秦并存的还有东北部地区的东胡、北部地区的匈奴、西北部地区的乌孙和西域诸城国，西部地区的氐羌，西南氐羌汉藏语系与南亚语系的众部落。汉朝在秦统一的基础上，进行了更大规模的统一。北战匈奴，南平众越、通西域，郡县西南夷，设置东北诸郡，除台湾和西藏部分地区外，几乎完成了大部分地区的统一。东汉末，三国鼎立，数十年后，西晋结束了三国的分立。不久，北方游牧民族南下，中原动荡，出现了南北朝对峙，长达300年，继之而隋唐统一，封建社会趋于鼎盛。隋唐时期出现了较大范围的统一，但是与隋唐并存的还有我国吐蕃等族建立的政权。唐以后，仍有局部的分裂，如五代十国，辽和西夏分治、宋金对立。这种局面又经过300年，元朝兴起，混一区宇，以凌厉的武功达到范围更大的统一。元末群雄割据，中原扰攘。明朝建立，我国又分为两大部分，以汉族为主建立的明朝统治区和以蒙古族为主建立的统治区。但是统一是大势所趋，人心所向。清继明兴，复归于一，清代再次达到统一的鼎盛阶段，确立了近代中国的版图。从秦始皇统一以后的2200年，中国统一的时间，大约占70%，分裂的时间约30%。

怎样估算中国历史上统一与分裂的时间？有的学者认为中国历史上分裂的时间很长，甚至认为从秦以来两千多年时间都是分裂的，只有清乾隆中叶平定准噶尔、统一西北至鸦片战争之间不到100年时间是统一的。鸦片战争后，香港被割，又告分裂。这样估算过于绝对化。所谓"统一"不是全国范围的铁板一块，完全一致，毫无分治分立现象。如果作那样绝对化的估算，那么，乾隆以后的100年间，澳门仍为葡萄牙所占，仍有局部的分裂，但这无碍于当时中国的统一。

那么又应当怎样看待中国历史上反复出现的统一与分裂现象？我国的统一，不是指某一部分地区某一民族的统一，而是指我国整个领域和居住在这一领域的所有民族的统一。这样的统一，不是自古以来就有的也不是统一后没有分裂的。既然是多民族国家的建立和形成，各个民族之间既有矛盾和斗争，又有互相联系和日益接近的过程；既分别存在和建立过不同的国家政权，又日益趋向于政治的统一和建立统一的国家。各民族之间长期存在着斗争和冲突，在历史上表现为内乱、分裂、民族战争和改朝换代。纵观鸦片战争前中国数千年文明史，国家总是在统一、分裂而又复归于统一的轨道上运行着。实际上，每一次的统一都不是简单的历史重复，每一次分裂也不能简单斥之为历史的倒退，而是社会由低级向高级，由落后向进步的一种螺旋式的发展规律。每一次新的统一，都有一些新的民族融合于统一多民族的国家之中，都有新的土地得到开发和利用，生产力提高、社会进步、民族发展、国家领土不断拓展，最终凝聚为以汉族为主体的统一的多民族的国家。以中国最后一个封建王朝清朝为例。清初，清朝统治者所面临的局面并不是全国的大一统，而是明末所出现的中国边疆地区的多元化格局。也就是说，清朝虽然建立了对全国的统治，但是并未达到对全国的统一。在边疆地区出现的分裂与割据对于大一统局面来说是局部的和暂时的，是完成全国统一必然经历的过程。清朝统治者对于割据一隅的边疆民族政权并未简单地斥之为分裂或分裂政权。而是在不同的阶段、对不同的民族、按不同的地区所确立的不同关系采用了不同的称呼，实施不同的政策。这是因为，清朝继承明朝的统治，明朝未能达到元朝那样的疆域范围，清朝也只能采取稳妥的办法完成它的大一统目标，这也就体现出清朝政府在实现统一过程中的阶段性。对于已经明确纳入清朝统治范围的或者已经明确由清朝直接管辖的地区和民族，不管是汉族政权还是边疆民族政权，如果背叛清朝，再以独立政权形式与清朝对抗，清朝则坚决斥之为"分裂"、"谋叛"，坚决平定。

清初的边疆民族政权又是如何看待国家统一和他们所处的割据一隅的地位呢？首先，对于清朝入关，持最积极拥护态度的是各个边疆民族政权。清初各个边疆民族政权对清朝入关的支持，既表明了他们对清中央政权的承认，同时也确认了自己的从属地位，这不但使清朝政府赢得了统一中原的时间，同时也为其最后统一全国奠定了基础。

综上所述，从清初至18世纪统一多民族国家最后形成的100年间，中国广阔的土地上，既有中央政权，也有边疆民族政权，多种政权和多种制度并存，相互之间既有吸收、融合又有排斥和对抗，除了准噶尔与清朝对抗时间较长外，其他基本都处于和平交往的状态中，这种长时间的多种政权并存的局面为各民族和各民族政权的经济文化发展创造了有利时机，也为统一多民族国家形成和版图奠定的稳定性提供了时间的保证。

正确看待清朝对中原地区的统一行动及各民族的反抗，有助于理解清朝对边疆的统一和正确分辨边疆民族的反抗或叛乱。在谈到清朝入关及对中原地区的战争时，人们既肯定清朝对中原的统一，也颂扬中原汉民族对满洲贵族统治者进行反抗的精神。在这里，既称"征服中原"也称"统一中原"；既肯定了清朝统一中原的历史作用，也揭露批判了它实行民族压迫，剿杀反清义士的暴行。中国是一个领土广袤，民族众多，历史悠久的国家，边疆地区和中原相距遥远，中国的大多数少数民族都生活在边疆，历史上边疆民族政权与中原政权既有统一也有对峙。这些特点决定了历史上任何一个中央政权对中国实行统一过程的长期性和统一形式的多样化。清朝也不例外，它不可能在短期内完成统一任务。实现对中原的统一并不等于完成了对全国的统一，因此在肯定清朝对边疆的统一功绩时，不能否定边疆各民族对清朝民族压迫的反抗。同样，在全国大一统完成之后，边疆各民族反抗清朝的民族压迫是合理的，但是利用反抗清朝民族政策失误的机会进行民族分裂却又是极其错误的。

由此看来，统一和征服在某些方面有相同的意义，但又有不同的方面。在清代，对边疆既有和平的统一方式，也有残酷的征服战争。这些战争也应该称为统一战争，不管是征服战争还是统一战争，是进步的也是很严酷的，正如列宁所说的那样："历史上常常有这样的战争，它们虽然像一切战争一样不可避免地带来种种惨祸、暴行、灾难和痛苦，但是它们仍然是进步的战争，也就是说，它们促进了人类的发展……"

统一有多种多样的形式和内容，有政治的、经济的、文化的、宗教的、军事的和民族的……有全局的和局部的，有全国性的和地区性的，各种不同的统一关系和统一方式。实现全国的大统一需要很多必要的条件，如地理的、政治的、文化的、经济的、民族的，这些条件是长期历史形成的。实现大统一需要时间过程和有利的时机，当条件成熟时，需要有把握时机，利用条件，驾驭全局的才能。大统一并不排斥局部地区的小统一，大统一所创造的和平环境为局部地区的发展和统一提供了条件，而局部地区的小统一又可以成为全局大统一的重要步骤。但是，如果不善于把握时机，就可能失去历史上出现的一瞬即逝的完成大统一的大好时机。

中国统一历史格局的形成有以下原因：

（一）经济原因。各民族和各地区经济联系密切，在很早时期，全国范围已有较大的商品流量，唐宋以后，中原和各地区经济、文化的互补性更加突出，南方的稻米、棉花、丝茶和北方的畜产品、麦豆互通有无。作为中华民族主体的汉族是农耕民族，急需治理长江、黄河、淮河、运河那样巨大的水利灌溉和交通工程，也迫切需要一个强有力的中央政府。

（二）民族原因。民族因素极大地影响着当代世界许多国家的各种社会关系和政治关系，影响着经济的发展和社会的进步。同样民族因素也极大地影响着历史上许多国家的形成和疆域的范围。中国统一历史格局的形成与中国历史上古代民族的多次迁移及民族间的频繁往来和长期融合密切相关。

在中国历史上出现的诸多民族或部族有的延续下来，有的却消失了。许多原先分散孤立存在的民族，经过不断的接触、混杂和融合，不断出现的分裂和消亡，逐渐形成一个我中有你、你中有我的多元统一体。

在中国历史上出现的民族与国家统一问题上，有两点对国家统一与版图奠定起着决定性作用：

1. 从中国历史的发展过程来看，经历了从统一到分裂再到统一的两个历史大循环。第一个大循环是从秦汉的统一到魏晋南北朝的分裂，再到隋唐的统一；第二个大循环是从隋唐的统一到五代宋辽金西夏的分裂，再到元明清的统一。在这两个大循环中，中国广阔的疆域经历了三次民族大混杂、大融合，中原地区的汉族深入到"夷狄"所居住的边疆，而"蛮荒异域"边疆民族也流入中原地区与汉族融为一体。元明清三朝是由中国三个不同的民族建立的王朝，蒙古族和满族两个边疆民族先后完成了统一中国的大业，由此国家对边疆地区实行有效的管辖，大批汉族和中原其他民族流向边疆，部分边疆民族内迁，这都极大地加强了边疆民族与汉族融合的深度和广度，为国家的统一和中国疆域的拓展奠定了基础。

2. 中国统一多民族国家的形成，广阔版图的奠定，中国各民族都做出了重要的贡献。少数民族大多数生息、劳动、活跃在中原王朝的四周，他们最早开发，拓展边疆地区，或者率先统一了中国边疆的部分地区，为实现全中国的统一奠定基础，或者进而担当统一全中国的组织者和领导者。元朝和清朝的建立及其对统一的中华民族国家的贡献说明，中华民族多元一体格局的形成，不是由汉族一个民族单独缔造的，而是各个民族包括那些已经消失的民族共同缔造的。中国古代文明持久、稳定的统一，既表现在中原文明不断地扩展，不断地联合和统一诸多边疆各民族的趋势，也表现在边疆各民族不断增强的凝聚力。

（三）文化原因。中国文化具有很强的包容性、认同性。各民族长期共同生活，彼此吸收对方的文化成果，文化的融合为政治认同提供了基础，各民族之间发展起持久而巨大的亲和力、凝聚力。

从文化史来看，中国古代文明在文化史上的发展连续性，在整个世界史上尤其显得突出。文化史上的连续性应该包括两个方面：一是语言文字发展的连续性；一是学术本身发展的连续性。如果从这两个方面来衡量古代的各个文明，那么看来只有中国在文化史上的连续性最具有完整意义。中国古代的语言文字在发展过程中从未发生断裂的现象。从甲骨文到金文，从金文到篆书，从篆书到隶书，从隶书到楷书，从繁体楷书到简体楷书，全部发展过程基本上是清楚的，完整的无断裂现象。如果知道了这样连续发展的过程及其规律，那也就掌握了认识金文、甲骨文的钥匙。在中国古代历史上，发生南北分裂，但是学术传统从未中断。如南北朝时期，北方最混乱的十六国的史学不仅未中断，而且相当繁荣。

（四）地理原因。地理环境对任何一个国家或民族的疆域形成和国家统一都会有很大的影响。从世界范围来看，中国处于欧亚大陆的东端，西面有喜马拉雅山和帕米尔高原的屏障，不像某些古代文明那样处在民族迁移的交通要道上，因而有一个民族活动相对稳定的环境。东部是漫长的海岸线，太平洋一望无涯，波涌际天，无垠的水域，长久以来被中国古人视为"万川归之，不知何时止而不盈；尾闾泄之，不知何时已而不虚"。难以横渡的"大瀛海"成为中国人与外界隔绝的障碍。在北方，"幕北地平，少草木，多大沙"。戈壁沙漠，亚寒带原始森林严密地闭锁了人的北行之路。西北古人称其地"上无飞鸟，下无走兽，遍望极目，欲求度处，则莫知所以拟，唯以死人枯骨为标识耳"。天山、阿尔泰山、昆仑山、葱岭等雪峰横亘，"山路艰危，壁立千仞"，尽管有通往西方的丝绸之路，但交通险阻，古人视为畏途。西南是"世界屋脊"喜马拉雅山、唐古拉山、冈底斯山、可可西里山等山脉造成的地理障碍，更甚于其他地区。

从中国内部来看，各地区之间有地理上的间隔和区别。尤其周边地区与中原地区相比，在气候条件、土壤条件和地理环境等方面有很大的不同，形成了地理条件局部的独立性，造就了若干个并存的经济、政治中心。但是，从整体来看，中国地理条件有其统一性。各地区之间地理上的间隔和区别并不能阻断相互间的交通，而就整体来说，由于天然特点从北、西、南三个方向向中原辐辏而自成一个自然区。中国地理条件整体的统一性和政治形势有密切的联系，它是维系国家统一的一面。

地理条件的独特性，对中国多民族国家的形成和统一影响很大。在中国这个自然区域中，各个社会集团的活动主要受到整体的影响和约束。周边地区各民族建立政权，已经具备了一定的地理条件和经济条件，但是由于东、南濒海，北有沙漠，西和西南有高山，地理条件的阻隔，向内地发展比向外发展要容易得多，因而产生了一种自然的内向性，这种自然的内向性是形成国家统一和疆域完整的条件之一。

（五）鸦片战争以来，帝国主义的侵略激起了中国各族人民的反抗，振奋了爱国主义精神。鸦片战争以前，中国多元一体的民族格局已有几千年的发展过程，其内在的联系不断得到发展，一体性不断得到加强。但是，尚未经受过来自外部力量的冲击和考验。鸦片战争以来，帝国主义的侵略威胁到中国各民族的共同利益，各民族在反帝救亡的斗争中结成了不可分割的中华民族整体。

三、民族和边疆政策——以清朝为例

政策是国家在一定历史时期为实现某一特定的目标、任务而制定的行动准则。在不同的历史时期，由于边疆民族的格局不同、族际关系性质不同、政策制定者的利益集团不同以及认识水平不同，都会形成不同性质、不同种类、不同特征的民族政策。从历史上看，历代统治者根据自身的利益和当时的形势，制定相应的民族和边疆政策，而边疆民族政策的成败得失，又直接影响着彼朝彼代的兴衰存亡，关系甚巨。例如，王莽执政后，一意孤行，改易边郡职能，强行与内地划一，将原先西汉所封的一些西南边疆少数民族首领的"王"的名号尽行改易为"侯"。公元 11 年（始建国三年），王莽一面下令把匈奴单于改为"降奴服于"，一面又大发北方各郡国及乌桓、鲜卑十二部兵，分十路进攻匈奴，引起匈奴的强烈反抗。结果损兵折将，数年之间，府库空虚，野有暴骨，民怨沸腾。王莽之所以后来身败名裂、帝祚短促，与其错误的民族边疆政策有密切关系。中国封建社会的边疆政策，自秦汉时期粗具规模后，经隋、唐、元、清诸强大统一王朝的充实、完善，形成了完整的体系，这在世界各国历史中是颇具特色的。诚然，封建统治者的政策必然带有阶级压迫和民族歧视的性质，但他们往往也在不同程度上努力稳定边疆，团结各民族，以维系自己的统治于不坠。尤其是清朝，吸收前代的经验，制定了较为成功的边疆和民族政策，促进了国家的统一。周恩来说："清朝以前，不管是明、宋、唐、汉各朝，都没有清朝那样统一。"① 究其原因，即在于清代边疆民族政策集历代封建王朝之大成而臻于极致，比较符合当时的民族实际和历史发展趋势。

中国古代传统边疆观有两大核心理论：一是服事观，一是华夷观。最早提出服事观的是《尚书》。《禹贡》篇中详细描述了五服（甸服、侯服、绥服、要服、荒服）与国家政治中心各不相同的关系。在中国古代，有关边疆地区人的问题，其核心就是所谓四夷问题。封建王朝统治者在讨论边政问题时往往以服事观为自己主张的理论基础。在他们看来，要荒之地（即边疆地区）不同于内地，要治而又相对不治，而这也正是服事观的基本主张。此外，服事观是以全国服从一个政治中心为基础，与中央集权主张相吻合。实现大一统是封建统治者治边的终极目的，但历史实践使统治者认识到，在一个国土辽阔、民族众多的大国，中央政府对各地的集权统治只能在不同的强度层次上实现，必须因时、因地、因人而治。在中国古代

---

① 《周恩来选集》下卷，第262页。

传统治边思想体系中，最能体现因时、因地、因人而治原则的莫过于"羁縻"思想，而最早使羁縻思想成为较成熟的治边思想的正是服事说。清代前期帝王多勤于政务，深谙历史，能够以史为镜鉴。孜孜求治，追求国家的统一，又将"因俗而治"这一边疆统治的传统思想奉为圭臬。清朝的民族和边疆政策的基本方针是"修其教不易其俗，齐其政不易其宜"，即保持各少数民族的社会习俗和宗教信仰，并根据他们的不同情况进行统治和管理。

因为中国古代的边疆地区大都是少数民族（所谓四夷）聚居的地区，所以中国古代传统治边观理所当然集矢于如何处理好中央政府与周边少数民族的关系问题。中国传统治边策略有三种模式：其一为多事四夷型，即以武力征服为主要的先行手段，继而在边疆地区建立较为稳定的统治。人们自古就对多事四夷褒贬不一，争执不休。在历史上，多事四夷既有劳师縻财而陷入危机不能自拔者，也有开疆拓土而以国富民阜者。其二为守在四夷型，即"观德不耀兵"，尽管不完全放弃武力解决的手段，但主张以适当的经济、文化等方面的措施为先行手段，强调德政的功效，使四夷成为中央王朝的边疆保卫者。其三为以夷制夷型。在清代，作为少数民族的满族是统治民族，为了使自己建立的中央政权具有合法性，反对"严华夷之辨"。另一方面，与当时国际政治大格局变化相联系，中外关系问题日益凸显于边疆地区，因而传统的夷夏之防观已经出现了本质的变异。由于在一定程度上突破了华夷之辨的藩篱，加之清朝统治者对边疆地区少数民族在思想感情上比较接近，清朝的边疆民族政策比以往各朝代都成功。其基本策略是恩威并施、宽柔相济。乾隆帝说："天朝之于外藩，恭顺则爱育之，鸱张则剿灭之。"从顺治、康熙到雍正，清朝的边疆民族政策偏之于恩。乾隆朝中叶以后，因国力强大，对边疆地区的统治业已巩固，便从前一时期偏之于恩转向了偏之以威。乾隆帝以"十全武功"而自矜，这不仅说明他一生中军事活动的频繁，而且反映其统治边疆地区基本策略的偏转。传统儒家思想中"刑政相参"，"宽以济猛、猛以济宽"的政治主张被清朝统治者运用起来得心应手。康熙皇帝说"昔秦兴土石之功，修筑长城，我朝施恩于喀尔喀，使之防备朔方，较长城更为坚固。"清朝皇帝这种以人心为长城的治边政策正是儒家"守在四夷"思想的政治实践，为学者们所普遍赞誉。

清政府的边疆民族统治政策主要包括以下内容：

（一）加强中央的权力，维护中央的权威而又采取灵活的措施。有学者指出，"因俗以治"含有"民族区域自治"的积极成分。我们从历史发展脉络来考察，中国民族区域自治的渊源可以追溯到秦朝。秦王朝在少数民族地区设置不同于内地郡县的地方行政管理机构——道。汉代"属国制"的推行使秦时还处于萌芽状态的羁縻政策得到了初步的发展。此后，南朝的左郡左县、唐宋的羁縻府州制，都是羁縻政策发展的重要环节。元代土官制度，上承唐宋羁縻府州制，下开土司制度的先河，改变了过去对少数民族"附则受而不逆，叛则弃而不追"的状态，成为中国少数民族地区从"化外"向内属发展的一个重要过渡时期。由于元朝推行了土官制度，所以此后西南边陲再没有出现诸如南诏、大理国般的地方政权，始终统一于中央政权的版图之内。明清时期的土司制度是土官制度的最高阶段和最后阶段，是由土官走向流官的桥梁。较诸明朝，清朝政府对土司的控制进一步加强。尤其雍正乾隆年间的"改土归流"更是如暴风骤雨般席卷西南地区，割据势力大受摧折。这可以说是少数民族地区从"内属"向"内地化"发展的转折。清朝中央政府特设理藩院以管理少数民族事务，其地位与六部平行。从纵向来看，清代理藩院组织严密，职掌分明，为以往中国历代的中央治边机构所无法相比；从横向来看，清朝六部遇事掣肘颇多，无与地方督抚直接联系的权力，而理藩院则在行政上具有相当的独立地位，且对驻边的将军、大臣具有直接指导的权力，因此处理边疆要政，有迅赴机宜之功。清政府在各少数民族地区根据不同情况设置不同的机构，给以程度不同的自治权利。东北、新疆北部实行军府制，设立将军，派兵屯驻。内外蒙古和青海设立盟旗制，由蒙古王公贵族担任盟长、旗长。新疆南部保留维吾尔族的伯克制，另设大臣进行监督。西藏保持驻藏大臣的权利。西南地区大规模废除土司制度，改设郡县。晚清光绪年间，边疆增设五个行省：新疆、台湾、辽宁、吉林、黑龙江。

（二）笼络和利用少数民族的上层分子进行统治。少数民族中的上层人物，具有传统的政治势力和巨大经济力量，熟悉本民族的历史特点和社会情况，在本民族、本地区具有较强的政治号召力，他们的向背，往往影响到边疆地区的安定与否。基于此，中国历代封建王朝中央政权都极其重视少数民族上层分子的笼络工作。清朝亦不例外。和亲政策作为笼络少数民族上层分子的一种有效方式长期以来为封建中央王朝统治者所沿用。对于和亲，古人推崇者誉之为"斯盖御宇长策，经邦茂范"，贬斥者则诘责"谁贡和亲策，千秋污简编"。我国史学老前辈翦伯赞先生曾指出，和亲政策在古代封建社会时期是维持民族友好关系的一种最好的办法，和亲政策比战争总要好得多。对于历代和亲的特点，史学界的研究也取得了长足的进展。有的学者具体分析汉唐两代和亲历史后指出：汉代的和亲对象只有北边的匈奴和西北的乌孙，比较单纯，而唐朝则与吐蕃、突厥、回纥、奚、契丹、南诏等都和亲过，汉代的和亲总是遣宗室女或宫女出嫁，而唐代有几个却是皇帝的亲女儿、亲妹妹。清朝满族统治者入主中原，以少临多，必须和另一个少数民族——蒙古族结成紧密的联盟。所以，清前期民族事务的重点是蒙古族。满蒙联姻是清代奉行不替的基本国策，其目的在于以联姻促进联盟，用"姻好"巩固"盟好"，使蒙古王公成为清朝直接服务的力量。与前代不同，汉唐是两国之间的和亲，而清代则是君臣间的联姻；汉唐时是与少数民族统治者之间时战时和的单向和亲，是一种带有不稳定性的间歇性行为，而清代则是满蒙上层持续不断的相互通婚，并渐趋制度化，如建立额驸制度、回京省亲制等。尽管对边疆民族上层人物实行笼络、给以优厚俸禄、封以崇高爵位都是清朝政府对边疆民族政策的继承，但清朝统治者绝非袭其故旧而照搬照抄，其边疆政策具有明显的推陈出新的特征。由于清朝重视民族立法，清代边疆民族政策往往通过法律的形式予以确定。为了加强与少数民族上层人物的联系，清廷规定了"年班"和"围班"制度。凡少数民族的上层，已出痘症、不怕染病者，定期轮番到北京觐见皇帝，叫做"年班"。易染天花，则轮番到木兰围场，随同皇帝行围打猎，在避暑山庄觐见皇帝，称为"围班"（因围场和承德气候较北京凉爽，不易感染天花）。

（三）利用喇嘛教作为精神统治工具。任何统治者为了维持其统治都必须进行社会控制。社会控制手段有两种：一是行政管理、法律等刚性社会控制手段，一是道德、宗教、习俗等弹性社会控制手段。道德、宗教、习俗等社会控制手段主要通过渗透人的心理而发生作用，对社会控制作用是间接的、稳定的、长期的。藏传佛教，俗称喇嘛教，不仅为藏族所信仰，而且为蒙古族所遵奉。早在清军入关之前，清王朝就开始实行利用藏传佛教统治蒙藏民族的政策。顺治十年（1653 年），清政府册封达赖喇嘛五世为"西天大善自在佛所领天下释教普通瓦赤喇怛喇达赖喇嘛"，从此确立了历代达赖喇嘛都必须经过清朝中央政府册封的制度。乾隆皇帝在《御制喇嘛说》中指出："兴黄教，即所以安众蒙古，所系非小，故不可不保护之，而非若元朝之曲庇谄敬番僧也。"由于清统治者对喇嘛教领袖的不断赐封，结果在蒙藏地区黄教界，形成了达赖、班禅、哲布尊丹巴、章嘉四大活佛系统，分掌前藏、后藏、外蒙古、内蒙古宗教事务。清廷在各地大兴土木，修建喇嘛庙，如北京的西黄寺、雍和宫，承德的普陀宗乘之庙、须弥福寿之庙、安远庙、普宁寺、普乐寺等，多伦的汇宗寺、善因寺，外蒙古的庆宁寺，里塘的惠远寺，五台山的咸通寺，耗资巨万，像设庄严，美轮美奂。在元代，元朝政府在利用藏传佛教的过程中有骄纵喇嘛僧徒的流弊。清前期统治者对此深以为戒。乾隆帝说："朕于黄教素来爱护，但必于奉教守法之喇嘛等方加以恩遇。若为教中败类，罪在不赦者，即当明正典刑，断不稍为袒护。设如元季之供养喇嘛，一意崇奉，漫无区别，致有詈骂者割舌、殴打者截手之事，令喇嘛等无所忌惮，尚复成何政体。"总体上说，清廷没有像元朝那样使利用藏传佛教趋于"佞佛"的歧途。为了维护蒙藏地区的稳定与安宁，清政府参酌吏、兵二部选官时抽签决定的办法，创立金瓶掣签转世制度，加强对藏传佛教的管理。利用宗教稳定边疆亦产生了不可忽视的消极影响。少数民族中僧侣势力严重膨胀，不事生产和生育的喇嘛人数过多，社会人口结构呈现消费的非生产人口所占比例过大的畸形状态，抑制了边疆地区人口再生产的增长速度，减少了利用于扩大再生产和发展经济所必需的社会积累。这也是中国历代封建统治者"神道设教"政策不可避免的负面影响。

（四）移民开发边疆。"移民实边"政策在中国历代封建王朝多有实行；从人口学角度来看，其实质是一种政府性移民。学术界认为，"移民实边"说源于汉朝晁错，但晁错的这一主张也是在分析总结秦朝移民实边政策的得失基础上而提出的。史载，始皇三十三年（公元前214

年），随着岭南百越地区的平定和河套地区的收复，秦政府在南方把五万罪徒谪戍到五岭以南戍边，"使与百粤杂处"，在北方的河套地区，"为筑城郭，徙民充之"。清代以前，中国的人口已达1亿多，但历朝书面记录则在6000万左右。到了清代，人口急剧膨胀。乾隆三十五年（1765年）人口发展到2亿，到乾隆五十五年（1790年）突破3亿，咸丰元年（1851年）的全国人口统计数为4.3189亿，乃清代人口增长的最高点。由于人口再生产与生活资料再生产的不协调，人地矛盾日益突出，内地向边疆移民的浪潮势不可遏。清初，八旗劲旅及其眷属结毂连骑，从龙入关，造成东北地区人口锐减、土地荒芜。顺治十年（1653年）曾颁布《辽东招民开垦条例》，鼓励移民开垦，实行14年后下令废止。出于使满族贵族能够垄断东北地区山泽之利、保持关外淳朴的满族风俗以及"初意原以留有余地"以待旗人子孙等目的，清政府对东北地区实行"封禁"政策。在清代，"走西口""闯关东"的移民不绝于途，已经在当代中国农民的内心深处留下不可磨灭的烙印而表现为一种历史文化景观。据考证，所谓"西口"有两处，一是指陕西省府谷县古城乡关帝庙的城门洞口，一是指山西右玉县的杀虎口。乾隆帝在二十五年（1760年）五月的一个上谕中说："古北口外一带，往代皆号岩疆，不敢尺寸逾越。我朝四十八部子弟臣仆，视同一家，沿边内地民人前往种植，成家室而长子孙，其利甚溥，设而禁之，是厉民矣。今乌鲁木齐、辟展各处，知屯政方兴，客民已源源前往贸易，茆担土锉，各成聚落，将来阡陌日增，树艺日广，则甘肃等处无业贫民前赴营生耕作，污莱辟而就食多，于国家牧民本图大有裨益。"事实上，清廷对陕西、山西等地"走西口"开垦蒙地的移民在鸦片战争之前采取的是一定时期内有限度开放的权宜之策，基本上与东北地区一样实行"封禁政策"。只是在新疆地区，自从平定准噶尔以后清政府采纳熟谙西北边务的黄廷桂、兆惠、范时绥等人"屯田、移民、实边"之策，大规模开展屯田实边，分兵屯（绿营兵）、旗屯（八旗兵）、回屯（维吾尔族）、遣屯（发遣的罪犯）、民屯（内地移民），促进了新疆地区经济开发。在清代，有两个"新疆"出现于清朝官书文件之中，一是指现在天山南北地区的"新疆"，一是指改土归流后开辟的"苗疆"。除部分"苗疆"外，清政府封禁不甚严厉，甚至在一定时期采取优惠政策，鼓励内地汉人前往开垦。台湾孤悬海外，清廷在康熙年间收复台湾后视之为易生乱萌的"匪类"聚居之区，防范重重，屡申禁渡政策。鸦片战争以后，外敌蜂拥而至，虎视鹰瞵，边疆地区危如累卵，龚自珍、魏源、康有为等都纷纷呼吁"移民实边"势在必行，吴大澂、贻谷、赵尔巽等封疆大吏在东北三省、蒙古、新疆和西南川边藏区将"移民实边"政策付诸实践。

学术界对清代边疆民族政策的评价存在一些分歧。一种倾向对其评价过高，似乎认为清代政策尽善尽美，毫无瑕疵，另一种意见又失之苛责。有些史家指出，清廷故意优崇喇嘛，高其衔称，厚其待遇，华其庙宇，佛门广开，佛海迷茫，使蒙古男子皆以披剃为其职志，自愿为僧，实乃居心叵测，欲使蒙古亡族灭种；有些史家还说，清廷禁止汉人入蒙开垦，屡申禁令，峻其刑罚，表面上是保护蒙人之牧地，实质上是欲其愚弱、欲其鄙陋。我们认为，这种过分贬低清代边疆民族的观点不足取。其实，清廷对蒙古的确是比较关心的。清代有所谓"南不封王，北不断亲"的国策。清军入关后，八旗兵因长期丰衣厚禄而不堪倚重，如果果真照上述史家说的那样清廷愚禁蒙古、甚至灭绝蒙古，那么清廷又怎能使蒙古披坚执锐而供驱使呢？平心而论，清政府边疆政策在鸦片战争以前的失误在于片面追求社会稳定而牺牲社会发展。稳定与发展是辩证统一对立的两个方面。在中国传统文化中，社会目标价值观念体系包含多种尺度，但最重要的则是"天下太平，长治久安"。孔子就曾经直接表达了"安"与"和"作为社会目标超乎其他一切的至上性。道家、法家等尽管关于治道的学说互有歧异，但在希望天下太平这一点上，却基本上所见略同。因此，稳定和谐的社会便成为中国封建地主阶级政治家们所追求的目的，封建君主的贤愚功过均以社会的治乱为准绳来加以评判。清王朝作为一个封建王朝，自然也把国家的安宁和平作为自己惨淡经营的目的。对于清政府来说，第一要务是保持边疆地区的安宁宁谧，而开发建设边疆地区则是次要的事情，因而对后者往往重视不够。清朝统治者认为，社会人口流动越少，社会越安宁，内地人民流向边疆地区难保不引发矛盾和动荡。移民社会在向土著化过渡的过程中不可避免会发生暂时的混乱和不宁。清王朝统治者为了避免汉族人口流向边疆地区后与当地少数民族发生矛盾，往往采取封禁政策，不过，有清一代，中原人民向边疆的迁徙还是很多的，这在相当程度上促进了边疆的开发。

四、边界问题

我国现有国土 960 万平方公里，领海 300 万平方公里，陆路边界总长 22000 公里，与朝鲜、俄罗斯、蒙古、哈萨克斯坦、吉尔吉斯斯坦、塔吉克斯坦、阿富汗、巴基斯坦、印度、尼泊尔、锡金、不丹、缅甸、老挝、越南等 15 个国家接壤。海岸线总长 18000 公里。我国在近代历史上丧失了许多领土，发生过许多边界纠纷，以下述其梗概。

（一）中朝边界及"间岛问题"

中朝两国国土毗邻，山水相连。历史上两国国界多次变迁，但自明代起，中朝两国以鸭绿江、图们江为固定国界，迄今未变。清康熙年间，中朝两国政府又一次共同确认鸭绿江、图们江为界河，并立审视碑，以明确两国边界。

1860—1870 年间，朝鲜北部地区连年发生灾害。大批流民越界到中国境内垦荒居住，并由此引起朝鲜与我国的界务交涉。1885 年、1887 年中朝两次勘界，寻求解决边界争议的办法。中朝两国界务交涉迁延数年，几经曲折，于 1904 年签订《中韩边界善后章程》。《中韩边界善后章程》的签订，具有重要意义，但有很大不足，主要是在图们江源头究竟为哪条水问题上仍悬而未决。

20世纪初，日本利用朝鲜农民越垦，以及中朝界务交涉中悬而未决的问题，制造了所谓"间岛问题"。日本指海兰河以南、图们江以北宽约二三百里，长约五六百里的广袤之地为间岛。否认图们江为中朝两国东段边界之天然界江，否认今延边海兰河、布尔哈通河流域乃至桦甸夹皮沟等广大地区为中国固有领土。日本间岛谬说提出后遭到中国政府和人民的强烈反对，中日两国关于"间岛问题"的交涉，始自1907年，终于1909年。中日签订《东三省交涉五案条款》和《图们江中韩界务条款》。清政府用"东三省交涉五案"中丧失的巨大权益，换得日本在"间岛"中承认图们江北本是中国固有领土。《图们江中韩界务条款》规定中日共同认定图们江为中朝两国界河，其江源地方设定界碑（审视碑）起至石乙水为界，日本不得不放弃图们江非中朝界河，图们江北非中国领土的荒谬主张。中朝两国长达数十年的界务交涉最终结束。

（二）中俄东段边界

中俄之间有漫长的陆路边界。清代的中俄北部边界可以划分为二段：黑龙江以北外兴安岭至海一段为东段，今蒙古国的蒙俄边界和唐努乌梁海（今俄国图瓦共和国）的北部边界为中段。

中俄东段边界。清代早期，中国疆域与俄国国土相距甚远，从来不存在边界问题。16世纪晚期至17世纪，沙皇俄国急剧向东扩张，哥萨克势力达到外兴安岭和黑龙江流域一带。清朝政府通过两次雅克萨战争，驱逐入侵者，收复失地，遏止了沙俄入侵的步伐。取得了重大的战略胜利后，与俄国在尼布楚举行谈判，1689 年正式签订中俄尼布楚条约。《尼布楚条约》以格尔必齐河、外兴安岭和额尔古纳河为两国的分界线。清政府在领土方面作了很大的让步，将尼布楚周围及其以西原属中国的领土让给了俄国，以换取俄军撤出雅克萨。所以条约中又规定了俄国在雅克萨和额尔古纳河两岸的据点全部拆毁、迁移。中俄东段边界全部按河流、山脉等自然界线来划分，在当时条件下按自然界线来划分边界是简便而唯一可行的方案，使得两国的边界线能够迅速而明确无误地肯定下来。条约规定：外兴安岭与乌第河之间的地区，暂行存放，留待以后议定。《尼布楚条约》是中国和外国签订的第一个边界条约。清政府谈判代表对谈判的成功和条约的缔结作出了极大的努力和巨大的让步，同样俄方代表也作出了一定程度的让步。可以说中俄尼布楚谈判，对中俄双方来说都是自主、平等的谈判，中俄尼布楚条约，对中俄双方来说都是平等的条约。

　　但是此后，俄国趁两次鸦片战争之机，举兵再次入侵黑龙江流域，在中国领土上筑城移民，设官驻兵，撕毁《尼布楚条约》，胁迫清政府相继签订《瑷珲条约》（1858年）与《北京条约》（1860 年），侵占了黑龙江以北、乌苏里江以东约 100 万平方公里的中国领土。

　　（三）中俄中段边界

　　1727 年（雍正五年）中俄签订《布连斯奇条约》，划定中俄两国中段边界。条约规定：由沙毕纳伊岭起至额尔古纳河止，在迆北一带者归俄国，在迆南一带者归中国，俄国占领了贝加尔湖一带，划定中俄的中段边界。此后，双方又拟成全面性条约草案，于次年6月在恰克图签字互换生效，此全面性条约称《恰克图条约》。《布连斯奇条约》也是清朝政府在领土问题上作出重大让步之后，与俄国签订的。雍正四年初，清政府已经根据中俄边界的历史和现实确定了划界的基本设想和原则，即要在这次划界谈判中，中方收回安加拉河以南和贝加尔湖以东一些被俄国侵占的土地。但是，实际谈判的结果，是清朝政府从原来的立场上作了大幅度的后退。而俄国方面则十分满意，以其狡猾的谈判手段和武力威胁相结合，迫使清朝政府让步，达到其土地扩张的目的。

中俄两国政府于雍正五年九月（1727年10月）互派官员勘分恰克图向东至额尔古纳河的国界，设立鄂博63处，此约称《阿巴哈依图界约》。

与此同时，中俄两国政府互派官员划定恰克图西至沙毕纳伊岭的国界，此段共设鄂博24处，这一划界又称《色楞额界约》。

中俄《布连斯奇条约》的签订，使中国方面在领土上受到一些损失，丢失了古尔必达巴哈外侧额尔沟河源地区，以及沙宾达巴哈以北、汉腾格尔以南、阿巴坎河以东等地。但是，在当时的情况下，中俄双方通过正式划界，遏止了沙皇俄国势力在中国蒙古地区的进一步扩张，以划界的法律条约保证了中国对神圣领土唐努乌梁海的主权和有效管辖，就此而言，《布连斯奇条约》的签订是十分及时的。

抗日战争胜利后，外蒙古正式独立，原中俄中段边界成为俄国与蒙古国的边界。《布连斯奇条约》没有划分沙宾达巴哈以东唐努乌梁海东部和北部与俄国的边界。1911年俄国在策动外蒙古"自治"的同时，以武力非法强占中国唐努乌梁海 17 万平方公里的领土。

（四）中俄西段、西北段边界

今为中俄、中哈、中吉、中塔的边界。18 世纪前半期，西北疆域的大部分由我国准噶尔蒙古部管辖，准噶尔部不仅控制着天山南北两路，而且控制着哈萨克、布鲁特及帕米尔地区。至 18 世纪中叶，准噶尔的西北疆域界线大致是从库兹涅茨克、比斯克、恰雷什斯克到乌斯季—卡缅诺哥尔斯克，向南沿阿亚古斯河到巴尔喀什湖，然后自巴尔喀什湖之西，穿楚河中游到塔拉斯。塔拉斯以南，大致是自塔拉斯向东，沿塔拉斯山脉，然后向东南，沿费尔干纳山脉，到其东南端与阿赖山脉相接处。

18 世纪中叶，清朝政府统一新疆后，对西北地区进行地理调查和地图测绘，并将绘制的地图编入《西域图志》和《大清一统舆图》，昭示中外，明确清朝的西北疆域和边界所至。清朝西北边陲塔尔巴哈台、伊犁和喀什噶尔 3 个地区分别与俄国、哈萨克、浩罕和巴达克山连界。塔尔巴哈台北面的铿格尔图喇以南为中国领土；铿格尔图喇往西，中俄以哈尔满阿林为界；塔尔巴哈台的西北部以爱古斯河与哈萨克为界；伊犁地区分为东西两路，伊犁西路以巴尔喀什湖接左哈萨克界；伊犁西路西至塔拉斯河接右哈萨克界；西北至楚河接右哈萨克界；伊犁西路南面与喀什噶尔所属的布鲁特族地区相接；东西布鲁特所属部落西与安集延、浩罕相接；清朝所属的帕米尔地区西与巴达克山属部连界，交界处在伊西洱库尔湖以西。由此可见，19世纪中叶以前，清朝政府已经明确了对斋桑湖南北、巴尔喀什湖、特穆尔图淖尔和楚河、塔拉斯河流域以及帕米尔等边境地区的边界线和管辖范围。但是俄国在鸦片战争以后，趁火打劫，胁迫清政府签订《北京条约》（1860年）、《勘分西北界约记》，侵占了巴尔喀什湖以东的中国领土约44万平方公里，连同这些土地上游牧生息的中国乌梁海、哈萨克、布鲁特部落全部划归俄国。按照《勘分西北界约记》第六款的规定，从1869年（同治八年）6月开始，中俄双方立界代表对塔尔巴哈台、哈巴尔苏东北的边界进行了勘查，树立了界碑鄂博，签订了《科布多界约》（1869年）、《乌里雅苏台界约》（1869年）、《塔尔巴哈台界约》（1870年）。

1881年，中俄签订《伊犁条约》，经双方会同勘界后，又签订了《伊犁界约》、《喀什噶尔界约》、《科塔界约》、《塔尔巴哈台西南界约》、《续勘喀什噶尔界约》，总计通过中俄《伊犁条约》及其子约，俄国侵占中国伊犁以西约7万平方公里土地。

俄国违背中俄签订的《续勘喀什噶尔界约》的规定，无视中国主权，与英国在帕米尔划分势力范围，制造帕米尔问题，使帕米尔划界成为一历史遗留问题。

（五）中国与西南各邻国划界

清朝乾隆末年，廓尔喀（尼泊尔）入侵西藏，清朝政府出兵自卫反击侵略者。廓尔喀战败请和，清朝着手划界事宜。1793 年，中国尼泊尔边界划界大致完成，所定鄂博在今日中尼边界有 12 处，其他属中锡边界的有 4 处，作木朗及洛敏汤有 6 处。此次定界是中尼首次定界，在此以前均为西藏地方政府与尼泊尔双方订立，而这次是清朝中央政府派官员与西藏地方政府官员同赴边地定界。

乾隆末年中尼定界成为中尼边界史上的重要里程碑。1961 年中尼勘界即以此定界为基础，两国尊重已有的传统习惯边界线，提出"全部中尼边界以现有的传统习惯线为基础，通过友好协商科学地画出和正式标定"的原则。圆满地解决了中尼边界问题。

锡金在清代官书中，向称为哲孟雄，或作者木雄。当地原来居住的土著民族主要是莱卡人，后来由中国西藏迁来大批康巴人及尼泊尔人。中国和硕特蒙古部固始汗入藏以后，原在后藏信奉红教和白教的部分僧众逃到哲孟雄，他们劝说当地居民信奉红教，学习藏语。当地人推彭错南嘉为第一任哲孟雄部长。从此哲孟雄才逐渐由散居的村落形成一个政治集体。约 1700 年前后，西藏地方政府帮助哲孟雄赶走了入侵的不丹人，哲孟雄感激西藏地方政府的援助，每年派人朝拜清朝驻藏大臣和达赖喇嘛，进贡礼品，成为西藏地方的藩属。1788 年廓尔喀人侵入锡金，锡金的藏曲大河以西被占领，锡金当时已名存实亡。1792 年清朝政府派兵反击廓尔喀，廓尔喀投降。清朝为锡金夺回了部分领土，开始勘定中锡边界。当时中锡边界按照传统习惯线划界，设立鄂博，双方都比较满意，一直相安无事。

不丹在清代官书中称为布鲁克巴。17世纪中叶，西藏的主巴噶举派教主因内部纷争逃入不丹，借鉴西藏的政教制度建立了不丹国。雍正初年，不丹内部纷争，不丹首领主动要求西藏安抚，从此不丹成为清朝的藩属国。不丹与中国西藏的边界线是由双方共同承认的传统习惯线。

（六）中印边界

中国和印度领土相连接，边界线长约2000公里。虽未经两国政府正式划定，但千年以来，存在着一条传统习惯边界，一直是两国和平友好的边界。按照地区的不同，一般将中印边界分为三段，即西段、中段、东段。中印边界西段指中国新疆和西藏与克什米尔拉达克接壤的边界，在这段边界印度除了对中国阿里地区几处有领土要求外，主要是企图占领面积约3.3万平方公里的中国阿克赛钦地区。中印中段边界是指中国西藏与印度旁遮普、喜马偕尔和北方邦接壤的边界。中印边界东段是指中国西藏与印度阿莎姆邦接壤的边界。20世纪初，英国阴谋策划西藏独立，诱胁北洋政府在印度西姆拉举行英国、中国、西藏当局三方面的会谈，提出西藏独立与划分内外藏等侵略要求。北洋政府谈判代表予以拒绝。英国又背着北洋政府谈判代表，炮制了划分中国西藏与英属印度之间边界的麦克马洪线（英方谈判代表为麦克马洪），侵占我国西藏领土约9万平方公里。中国历届政府拒绝承认《西姆拉条约》与麦克马洪线。

（七）南海诸岛

包括西沙、南沙群岛。我国人民最早发现南海诸岛。自公元前 2 世纪起，中国古代航海家航行南海，开辟了经过南海到东南亚各国的航线，并命名此处为"万里长沙"、"千里石塘"。在宋代，已把南沙群岛及其附近海面定在中国界限之内，据有关专家研究"千里石塘、万里长沙"位于中国海洋的最南端，出了此界限，则为外国海域的交洋之处的竺屿。宋、元时期中国的近邻国家，如越南、马来西亚、菲律宾等由于受航海技术的制约，对南沙群岛尚无所知。到了明代，中国的史地著作在宋元记载的基础上，增加了更丰富、更详细的记述，而且开始绘制了标有南沙群岛在内的海域地图。清朝政府则将南沙群岛明确置于广东省琼州府万州辖下。

清代刻印的政区地图，清晰地将南沙群岛绘制其上，如：雍正二年（1724 年）刻制行用的《清直省分图》之《天下总舆图》、乾隆二十年（1755 年）以前印行的《皇清各直省分图》之《天下总舆图》、乾隆三十二年（1767年）印行的黄正孙《大清万年一统天下全图》、乾隆三十二年（1767 年）以后印行的朱锡龄《大清万年一统全图》、嘉庆五年（1800 年）印行的晓峰《清绘府州县厅总图》、嘉庆十五年（1810 年）印行的《大清万年一统地理全图》、嘉庆二十二年（1810 年）印行的陶晋《大清一统天下全图》等都将包括西沙和南沙群岛在内的石塘海绘入清朝版图之内。

清朝政府一直对南海诸岛行使主权，清前期南海诸岛的海域已经列入水师的巡视范围。康熙四十九至五十一年间（1710—1712 年）广东水师副将吴升曾经率领水师巡视西沙群岛。

（八）钓鱼列岛

钓鱼列岛在我国福建省正东，台湾东北海域。共由 8 个不同大小的礁石组成，包括钓鱼台岛（4.5 平方公里）、黄尾屿（1.1 平方公里）、赤尾屿（0.15 平方公里）、南小岛（0.5 平方公里）、北小岛（0.3 平方公里）、大北小岛、大南小岛和飞濑岛（三岛总面积约 0.02 平方公里），总面积约 6.32 平方公里，但涉及 170000 平方公里的东海大陆架的划分。钓鱼列岛位于中国大陆架上，是中国大陆的自然延伸部分，愈靠近中国大陆，深度愈浅。钓鱼列岛与琉球间有海沟相隔。从海底地形看，钓鱼列岛位于中国大陆架；而琉球则是从千岛群岛、日本群岛向菲律宾群岛延伸中的岛屿。钓鱼列岛与琉球群岛之间横亘着深深的"琉球海沟"，琉球与钓鱼列岛在地质上互不相干。

我国人民最早发现此列岛，并定了名称。我国明初抄本《顺风相送》一书中即有钓鱼列岛的记载与名称。可见中国人民早在 15 世纪初以前即已命名钓鱼岛。此处为中国赴琉球的必经之路，明清两代出使琉球的中国官员的记载中，均把钓鱼列岛列入中国领土。称钓鱼列岛以东之海沟，即进入琉球界，其界线十分明确。明代抗倭斗争中已将钓鱼列岛划入海防区域。日本古代书籍中从未提到过钓鱼列岛，1785 年日本人所著《三国通览图说》中始见钓鱼列岛之名，书中不仅使用了中国的名称，且明确地记述该岛属于中国。英国军舰 1845 年曾测量过钓鱼列岛，测量后把钓鱼岛东面的大小岩礁统称为"尖礁群"。日本在 19 世纪后期侵占琉球（改名冲绳）后，产生了侵占钓鱼列岛之野心，并用汉字改写为"尖阁群岛"（当时所指的只是钓鱼岛东边的岩礁群）。日本"尖阁列岛"名称出现，晚于中国定名后约 500 年。明清两朝我国使臣出使琉球的使录和日本的有关文献中表明钓鱼列岛等属中国，不属琉球。

甲午战争以后，日本通过中日两国签订的《马关条约》，割占中国的台湾及其所有附属岛屿，钓鱼列岛被日本占据。1943 年，中、美、英三国首脑发表的《开罗宣言》明确指出："日本窃据自中国的所有领土，包括满洲、福摩萨（台湾）和澎湖列岛都必须归还中国。"1945 年的《波茨坦公告》又宣布："《开罗宣言》的条款必须贯彻。"由此可见，钓鱼列岛至少自明初开始就列入中国版图。日本通过侵略战争和不平等条约强占该岛 50 年（1895—1945 年）。第二次世界大战结束后，主权应当归还中国。

清代开发西部的历史借鉴[*]

一

中国幅员辽阔，人口众多，自然条件多样，民族成分复杂，各地区发展极不平衡，这是中国的重大国情。这一情况塑造了中国的历史，也制约着中国的发展。在历史上，西部和北部是游牧地区，东部、南部则是农耕地区，生产和生活方式的这一根本差异造成了严重而深刻的历史矛盾。农耕民族和游牧民族虽然有友好与交往的一面，但长时期处在对立和战争之中。秦汉之与匈奴，魏晋南北朝之与鲜卑、氐、羌，唐朝之与突厥、回纥，宋朝之与契丹、女真，明朝之与蒙古、满族，长期征战，干戈扰攘，烽烟不息，造成血流成河、市镇为墟的悲惨景象，给历代人民的生命财产带来巨大的损失。冲突的根源即在于东西

---

[*] 本文发表于 2000 年 4 月 13 日《人民日报》。

部地区经济、政治、文化上的巨大差异。这些冲突破坏力极大，对游牧民族或农耕民族都是重大的、长期的灾祸。历代统治者大都意识到这一点，或在西部屯田，进行开发，发展东西部之间联系；或采用和亲政策，以婚姻联络民族之间的感情。但由于生产力水平低下以及种种历史局限，这些努力收效甚微，东西部的差距和对立长期存在，不平衡现象不能根本解决。

清朝以少数民族入主中原，更懂得少数民族的要求与感情，它致力于开发西部、北部，安定边疆，政策比较正确，成效极其显著。清在康乾盛世，削平了盘踞伊犁的准噶尔割据政权，并在西南地区实行改土归流，完成并巩固了对蒙古、新疆、西藏、青海以及川、滇、桂、黔广大地区的统一。为了缩小、缓和东西部的差距和矛盾，清政府进行了长期努力，在西部移民实边，开垦荒地，兴修水利，建筑道路，沟通贸易，直到晚清仍继续开垦荒地、修建道路、开设厂矿、建立行省。有清一代，西部地区的人口迅速增加，经济得以发展，民族团结得以增强，中国的版图因之奠定。到了近代，帝国主义入侵，中国各民族丢弃历史嫌怨，团结一致，风雨同舟，共同反抗外国侵略，度过了风骤雨急的危机时期而并未发生民族分裂，清朝长期开发西部和团结兄弟民族，实有不可磨灭的功绩。

二

清代开发西部的前提就是努力营造一个良好的政治环

境。国家的统一、边疆的安定是开发西部不可缺少的条件，而西部的开发又反过来稳定了社会秩序，巩固了国家的统一。清政府在西部筑城设官，驻兵戍守，其方针是"修其教不易其俗，齐其政不易其宜"，也就是尊重少数民族的宗教信仰、风俗习惯，根据各地的情况，进行统治和管理。伊犁地区与俄国接壤，为俄所垂涎，故重在边防，设置将军驻扎重兵；蒙古地区在原来鄂拓克的基础上，划分盟旗，设立扎萨克；维吾尔族地区沿袭其伯克制，设置阿奇木伯克，派驻大臣；云贵川黔在改土归流之后设置与内地相同的州县；西藏则树立达赖喇嘛的权威，设立噶厦政府，实行政教合一，派遣驻藏大臣协同管理。清政府尤其注意团结少数民族中有影响的人物，给以王公爵位，厚其俸禄，并和蒙古族通婚联谊，皇帝皇族娶少数民族女子为后妃福晋，而公主、郡主纷纷下嫁蒙古王公。

为了笼络少数民族，清政府令其领袖每年岁末来北京朝觐皇帝，谓之"年班"；或于秋季至承德，随皇帝"木兰秋狝"，校猎习武，谓之"围班"。每值"年班"、"围班"，都要隆重举行宴会，赏赐大量金银绸缎财物。清政府为维护统一，坚决镇压叛乱，反对民族分裂和外国入侵。1750 年平定了西藏珠尔墨特的叛乱；1755 年削平了盘踞天山南北的准噶尔割据政权，接着镇压了阿睦尔撒纳叛乱；1759 年平定南疆维吾尔族大小和卓的割据。1792年廓尔喀入侵西藏，占领班禅驻锡之地扎什伦布寺，清军万里跋涉，战斗在喜马拉雅山上，击退廓尔喀军，保卫了西藏。1826 年张格尔从安集延窜入南部新疆，发动叛乱，清军横越大漠，击溃叛军，维护了南疆的安定。鸦片战争后，浩罕国的阿古柏，乘中国内地战乱之机，又入侵南疆，建立政权，左宗棠受命西征，转战万里，收复南疆。同时，俄国强占伊犁地区 10 年之久，经过艰难的交涉，索回伊犁，保卫了祖国的神圣领土。国家的统一，边疆的安定，西部的开发，行之维艰，来之不易，是和反对侵略、反对分裂的长期斗争分不开的。

<h1 style="text-align:center">三</h1>

　　清代西部开发以实行屯垦、发展农业为主。18 世纪以后在新疆设立各种屯田，有兵屯、旗屯（八旗兵屯田）、民屯、回屯（维吾尔族屯田）、遣屯（流放罪犯屯田）等。至 19 世纪初，乌鲁木齐、伊犁的屯田数达 120 万亩，以后有更大增加。其中主要是民屯，大批汉族农民，从陕西、四川、甘肃西迁。政府帮助他们安家立业，每户拨地 30 亩，即为私产，贷给耕牛、农具、种子及一年口粮，6 年起科（6 年内免纳赋税），使移民们"到屯即有房间栖止，又有口粮度日，得领地亩、农具、马匹、籽种，尽力田亩，不致周章"①。蒙古地区很早就有汉民移人，晚清更大规模放垦，东部放垦 800 万亩，西部放垦 360 万垧。这样，昔日游牧之地出现了大片农田，呈现出一片郁郁葱葱的景象。

----

① 《朱批屯垦》乾隆四十二年八月二十六日。

　　西南地区原属土司管辖，雍正时改土归流，大批汉人前往垦田，如云南峨山"人烟稠密，田地尽辟，户习诗书，士敦礼让"①；广南府则"楚、黔、粤、蜀之携眷者进居其地风餐露宿而来，视瘴乡如乐土，耕垦营生者几十之三四"②。西藏道路遥远，汉人尚无入藏垦种之人，但入藏官兵商民，携带农作物种子及农具什物，络绎而往。十三世达赖和清驻藏大臣公开告示"西藏留有许多荒地，今后凡有劳力之贫困户均可于山岗谷地中之公共土地，尽力垦荒、种树、种刺柴，不得加以阻拦"③。

　　屯田垦荒，水利为先。清政府非常注意调查西部的山川形势、土壤水源，"视其地土肥瘠，水泉多寡，以定耕作"。新疆屯田之始，乾隆帝即命阿桂引伊犁河之水，以灌田地。乌鲁木齐也是水利大兴，可以种植水稻，当时流放在此的纪昀诗中说"新稻翻匙香雪流，田家人市趁凉秋，北郊十里高台户，水满陂塘岁岁收"④。林则徐遣戍新疆，督率民工，兴修水利，修成著名的龙口工程，他主持修竣的宽达 5 米的水渠，至今碧波荡漾，仍在灌溉和滋润西部的土地。其后，他又奉旨赴南疆勘荒。他不辞辛劳行程 3 万里，跨越塔克拉玛干沙漠，亲历南疆八城考察土质，寻找水源，雄心勃勃地想把这片沙漠地区改造成鱼米

①　道光《元江府志》。
②　《彝族史稿》。
③　《藏文史料译文集》，第 202 页。
④　《乌鲁木齐杂诗》。

之乡。他的诗中说："但期绣陇成千顷，敢惮轻车历八城。"[①] 左宗棠收复新疆后也以水利为最要工程，其部属刘锦棠、魏光焘继步其后，新疆水利得到全面整治。光绪末，新疆共有大小渠道 2000 余，长达 7 万里，溉田能力达 1000 余万亩。

四

清代的西部开发，除屯田垦荒外，又利用边疆地区的优势，发展畜牧业和矿业。新疆、蒙古土地辽阔，草茂泉甘，宜于放牧。乾隆在平定准噶尔以后，即从各地购买马 2 万匹、牛 5000 头、驼 1500 头、孳生羊 8 万只，送伊犁放牧。1771 年土尔扈特部数万人从俄国伏尔加河，历尽艰辛，返回祖国。乾隆把他们安置在新疆各地，发给马驼牛羊 20 余万头及大量物资，使其安居放牧。蒙古地区则有清政府设立的许多官牧厂，太仆寺牧厂养马 4 万匹，庆丰司牧厂养羊 21 万只，达布逊诺尔与达里冈爱牧厂养马驼 12 万匹、牛 3 万头、羊 34 万只。西部繁荣的畜牧业为东部人民提供了丰富的肉食、皮毛制品和运载工具。

开发西部，人口聚集，需用煤炭以供取暖炊事，要有铁器制作农具，西部地区的矿业也因此得以开发。如蒙古有札赉诺尔煤矿、井子沟煤矿，伊犁有煤窑 24 座，乌鲁木齐北山和西山也有很多小煤窑。据纪昀说："城门晓启

---

① 《東全小汀》。

则煤户联车入城。"铁矿以乌鲁木齐为最大,年产量达5.5万公斤。西南地区,矿产资源丰富,乾隆年间云南铜矿产量达最高峰,年产650万公斤。清政府因铸币需要,鼓励产铜,每年借给资本银100万两,谓之"官发铜本"。商民鹜集,全省采铜工人有数十万人,是当时全世界规模最大的铜矿。

西部僻处内陆,沙漠广布,山谷纵横,交通不便。清政府开发西部的重要措施是发展交通,对全国的驿路塘站的建设和养护十分注意。驿传网络,四通八达,覆盖全国,统一由兵部管理。自北京的皇华驿起始,有通往蒙古、新疆、西藏、西南的驿路,沿路设置军台营塘,递送军事物资和情报,接待过往官兵,沟通商民往来与货物流通。驿路两旁,人民定居落户,渐成村庄市集。西南地区除驿路外,乾隆年间还耗资巨万,疏浚金沙江水道,凿石治滩,使江水畅流,作为运送云南铜矿的通道,号称"千古之大功"。

开发西部必需和东部地区开展贸易交流。乾隆帝说:"新疆驻兵屯田,商贩流通,最为重要。"①故大力鼓励贸易。18世纪末,乌鲁木齐一带,商业繁盛,"内地商贾,艺业民人,俱前往趁食,聚集不少"②,交易商品多为牲畜、茶叶、绸布、玉石、药材等。蒙古则形成了归化(呼和浩特)、张家口、承德、多伦诺尔等商业城市。归

---

① 《清高宗实录》卷610。
② 《皇朝经世文编》卷81。

化城"居民稠密，一切外来货物先汇聚该城囤积，然后
陆续分拨"①。商人则有晋帮、京帮、河北帮、陕西帮，
而以晋商最强大。承德既是避暑山庄所在，也是货物集散
地，其买卖街"最称繁富"，"左右市廛，连亘十里"，
"商贾辐辏，酒旗茶旌，辉映相望，里闾栉比，吹弹之声
彻夜不休"②。西南地区，由于矿业大兴，"聚吴蜀秦滇黔
各民，五方杂聚，百物竞流"，也是一派兴旺景象。西藏
与内地的贸易往来也十分频繁，四川的打箭炉、青海的西
宁、云南的大理都是内地与西藏联络交流的门户。

　　西部地区和外国接壤，有漫长的边境线，进行国际贸
易是促进西部经济发展的有力杠杆。伊犁与哈萨克的贸易
很兴旺，每年购进大批马牛羊，而输出内地的茶叶、丝绸
和维族土布。南疆则与浩罕的贸易很发达，"茶是输入浩
罕的大宗，茶的消费在整个中亚很普遍"③。对俄贸易则
以蒙古恰克图为中心，商贾云集，交易繁盛。1800 年中
俄两国进出口贸易总值达 830 万卢布，这是一笔很大的数
目。

五

　　十八、十九世纪，清代经营、开发西部经历 200 年之

①　巴延三：《查明归化城税务折》。
②　朴源趾：《燕岩集》。
③　佐口透：《18—19 世纪新疆社会史研究》。

久，在当时生产力水平下，已是成果卓著。西部的人口急剧增加，经济文化迅速发展，东西部的联系交流更加密切，缩小了差距，民族凝聚力逐步增强，国家的统一大大巩固，这是超越历史上各代王朝的巨大成绩。周恩来总理说："清朝以前，不管是明、宋、唐、汉各朝，都没有清朝那样统一。"① 中国的统一、疆域的奠定、民族的凝聚是和清朝开发西部、发展西部经济、沟通东西部地区联系交流的努力分不开的。

清朝开发西部固然取得了辉煌的成绩，但也发生了重大的失误，遗留下后果深远的影响，这就是造成了生态环境的破坏。当人们开发西部，通过勤奋劳动，向自然索取财富的同时，也在改变生态环境，使其失去了平衡。为了养活众多的人口，人们无限制地把森林、牧场、湖泊垦成农田。无补偿的开发导致森林消失，牧场萎缩，水土流失，沙漠扩大，环境变得日益"严酷"，使人们难以栖息和生存。人可以通过劳动向自然索取可供消费的财富，但自然的给予是有限的，贪婪而没有补偿的索取必将遭到大自然的无情报复。当今天我们对西部进行更大规模的开发时，必须牢记这一教训，把退田还林、保持水土、整治沙漠、美化环境作为西部开发的题中应有之义，列为头等重要的任务。

---

① 《关于我国民族政策的几个问题》。

近代史事和人物

JINDAI SHISHI HE RENWU

百年奋斗的里程[*]

　　中国的旧式资产阶级民主主义革命，从 1840 年鸦片战争开始到 1919 年五四运动以前，共 80 年。

　　在这段历史时期，许多帝国主义国家对中国进行穷凶极恶的侵略，强迫中国政府签订了一系列不平等条约，夺取中国的领土，勒索大量赔款，设立租界，开放通商口岸，划分势力范围，攫取种种特权，逐步地控制了中国的财政经济命脉，操纵了中国的政治、军事、文化，严重地破坏了中国自给自足的封建经济的基础，使中国在政治上处于半独立和不统一状态。中国从一个封建社会逐渐变成为半殖民地半封建社会。中国人民备受帝国主义和封建主义的欺凌、践踏，长期处于水深火热的苦难深渊中。

　　毛泽东同志指出："我国从十九世纪四十年代起，到二十世纪四十年代中期，共计一百零五年时间，全世界几乎一切大中小帝国主义国家都侵略过我国，都打过我们，

---

　　* 本文选自中国青年出版社出版的《中国近代史常识》，是该书的序言。

除了最后一次，即抗日战争，由于国内外各种原因以日本帝国主义投降告终以外，没有一次战争不是以我国失败，签订丧权辱国条约而告终。其原因：一是社会制度腐败，二是经济技术落后。"

中国人民为了改变国家和民族的被压迫地位，为了消除贫困、落后的根源，进行了英勇的斗争和艰苦的探索。许多革命家和爱国志士提出了种种政治方案，用武装的或和平的手段力图改变腐败的政治制度，促进经济和科学文化的发展。由于帝国主义和封建主义的镇压和阻挠，他们拯救中国的愿望全都变成了泡影，帝国主义和封建主义不允许中国独立、繁荣、富强。只有在 1919 年五四运动以后，在中国共产党的领导下，中国人民经过艰苦复杂的斗争，才能够推翻帝国主义和封建主义的统治，清除了阻碍中国进步的腐败政治制度。社会主义的新中国如旭日东升，蒸蒸日上。但是，要改变长期以来中国在经济上、科学技术上的落后地位，全国人民必须团结一致，艰苦努力。回顾 1840 年以来的中国近代史，落后就必定要挨打，这是中国人民永远忘不了的惨痛教训。我们必须鼓足干劲，发愤图强，把社会主义祖国建设得更加先进，更加强大，更加繁荣。

生动而丰富的历史实际从来都是人类汲取力量和智慧的源泉。中国近代史距离我们的时间很近，跟现实斗争的关系很密切。在这段历史时期内，中国经历了迅速而巨大的变化，政治、经济、军事、文化各个方面都处在剧烈的斗争和动荡之中。旧事物在斗争中没落、死亡；新事物在斗争中产生、发展。这段历史给我们提供了无数坚强不屈、英勇斗争的光辉范例，鼓舞着我们继续革命，不断前进；这段历史告诉我们各个阶段、各种人物在特定环境中采取过的行动方针和计划、策略，留下了许多成功的经验、失败的教训；这段历史展现了种种复杂的形势，错综的关系，众多的矛盾都和今天前后相承，息息相关。学习中国近代史可以帮助我们更加深入地理解现实、提高觉悟、增进知识、增强干劲和决心，为社会主义革命和社会主义建设服务。伟大领袖毛主席教导我们：要认真地研究历史，"今天的中国是历史的中国的一个发展"，"不但要懂得中国的今天，还要懂得中国的昨天和前天"，"特别重要的是中国共产党的历史和鸦片战争以来的中国近百年史"。①

一部中国近代史是各个阶级和各种政治力量分化组合，相互斗争及其兴衰荣替的历史，要分析哪些阶级哪些力量代表着前进的方向，是推进历史的动力；哪些阶级哪些力量貌似强大，实则衰朽，它们阻碍历史的发展，最后必定被历史车轮辗得粉碎。"阶级斗争，一些阶级胜利了，一些阶级消灭了。这就是历史，这就是几千年的文明史。拿这个观点解释历史的就叫做历史的唯物主义，站在这个观点的反面的是历史的唯心主义。"② 历史发展的规律不可抗拒，反动力量必然灭亡，革命力量必然胜利，要

---

① 《毛泽东选集》第 3 卷，第 499、759、756 页。
② 《毛泽东选集》第 4 卷，第 1424 页。

满腔热情地歌颂、赞扬历史上的革命力量。近代的无数革命先烈为了反对帝国主义封建主义的压迫，出生入死，血洒大地，写下了光辉灿烂的历史篇章。近代史上的许多次革命运动都失败了，"历来中国革命的失败，都是被帝国主义绞杀的，无数革命的先烈，为此而抱终天之恨"。①革命先烈们的奋斗精神是万古长青的，永远推动和激励着后代人民继续战斗，他们的革命事业后继有人。

80 年的中国近代史，以太平天国革命、义和团运动、辛亥革命三次革命高潮为中心，可以划分为三个革命时期。三个革命时期都属于旧式资产阶级民主主义革命的范畴，但各个革命时期中，参加革命的动力和革命领导力量不同，革命的主要打击方向不同，斗争的形式、策略、口号不同，革命的结局也不尽相同。

第一个革命时期，从 1840 年至 1864 年，包括两次鸦片战争和太平天国革命。

19 世纪前期世界资本主义迅速发展，殖民主义侵略浪潮席卷全世界，封建的中国处在前所未有的动荡和危机之中。英国资产阶级对中国率先发动鸦片战争，用武力打开了中国的门户，胁迫清政府签订了丧权辱国的《南京条约》，中国人民在外国强盗的侵略下，陷于水深火热之中。第二次鸦片战争中，有英、法、俄、美 4 个国家勾结起来，它们掠夺的赃物远远超过第一次鸦片战争，特别是沙皇俄国，乘机强占了中国东北 100 多万平方公里领土。

① 《毛泽东选集》第 2 卷，第 640 页。

当时，恩格斯愤怒地谴责了沙俄的侵略行径，指出它"从中国夺取了一块大小等于法德两国面积的领土和一条同多瑙河一样长的河流"。[①]

富有革命传统的中国人民对外国侵略和本国封建压迫进行了顽强的反抗。1851年爆发了伟大的农民革命家洪秀全领导的太平天国革命，这是中国历史上规模最大、参加人数最多、时间最持久的农民革命，是旧式农民战争发展的最高峰，在太平天国革命影响下，各地区各民族发动了广泛的抗清斗争，革命的烽火燃遍全中国。但是，由于这次革命没有无产阶级的领导，没有科学的革命理论和坚强的领导核心，农民群众不可能克服自己的散漫性、保守性，革命仍被强大的中外反革命势力所绞杀。

第二个革命时期从1864年到1901年，包括各地的反洋教斗争、中法战争、中日战争、戊戌变法、义和团运动。

太平天国革命失败以后，引起革命的基本矛盾不但没有解决，反而更加尖锐。世界资本主义向帝国主义过渡，对殖民地半殖民地的侵略更为加紧，中国面临着被瓜分和亡国的危险。同时，帝国主义的经济侵略破坏了中国封建自然经济的基础，刺激了城乡商品经济的发展，给中国资本主义的产生、发展造成了某些客观的条件和可能，一部分商人、地主、官僚开始投资于新式工业，中国的资产阶级和无产阶级诞生了。

---

① 《马克思恩格斯选集》第2卷，第37页。

　　中国人民为反对帝国主义日益深入的侵略而进行了持续的斗争。斗争表现为三种形式：第一种是以农民为主力并有部分地主阶级参加的反洋教斗争，这种斗争从19世纪60年代开始，日趋高涨，直到轰轰烈烈的义和团运动为止，农民群众充分地表现了革命爱国主义的意志和力量；第二种是如像中法战争、中日战争、反八国联军战争那样有清政府领导或参加的民族革命战争，清政府在对外反侵略战争中愈来愈软弱无能，终于完全走上投降的道路；第三种是资产阶级的政治运动，其中包括资产阶级改良派发动的戊戌变法以及孙中山领导的武装起义。把这个时期作为整体来看，民族矛盾占着主导的地位，中外关系一直呈现剑拔弩张的紧张形势。特别是中日甲午战争以后，许多帝国主义国家扑向中国，互相争夺势力范围，灭亡的危机迫在眉睫。中国人民为挽救危亡而奋不顾身地和许多帝国主义进行了殊死的战斗。无数仁人志士虽然牺牲了，但人民的斗争沉重地打击了帝国主义，粉碎了它们瓜分和灭亡中国的侵略迷梦。

　　第三个革命时期从1901年到1919年。

　　这是中国资产阶级领导的辛亥革命时期，毛主席称它是"比较更完全的意义上"的旧式资产阶级民主主义的革命。中国的资产阶级已经成长起来，做好准备，披挂上阵，担负起领导革命的责任了。从此，旧式农民战争退出了历史舞台。当时，中国资产阶级是一支新兴力量，它既和帝国主义封建主义有联系，又受它们的压迫，和它们有矛盾，因此，在一定时期内还能够提出反帝反封建的纲领，把人民聚集在自己的周围，向着帝国主义封建主义进行冲击。伟大的民主主义者孙中山是中国新兴资产阶级的代表，在孙中山的领导下，中国人民包括资产阶级革命派做了艰苦卓绝的革命工作，多次举行武装起义，终于推翻了清朝政府，结束了两千多年的封建帝制，创立了民主共和国。但是，中国资产阶级力量软弱，对帝国主义抱有幻想，又害怕群众，因此不可能把革命进行到底。辛亥革命后，革命果实很快地被袁世凯和各派军阀所窃取。资产阶级领导的旧民主主义革命没有也不可能使中国走向独立、繁荣和富强，中国仍然是处在帝国主义和军阀统治下的半殖民地半封建社会。

但是，历史并没有停顿，革命志士的鲜血并没有白流，人民在长期斗争的风暴中成长、觉醒。当资产阶级革命派屡遭失败，彷徨无计的时候，中国无产阶级正在发展、壮大。"十月革命一声炮响，给我们送来了马克思列宁主义"。从此，中国出现了无产阶级的先锋队组织——中国共产党，出现了伟大的战无不胜的毛泽东思想，中国革命的面貌焕然一新，旧民主主义革命让位于新民主主义革命。中国无产阶级高举起马列主义毛泽东思想的旗帜，团结广大农民和民族资产阶级、小资产阶级，昂首阔步，战斗前进，把农民和资产阶级革命派未能单独完成的反帝反封建革命，引向胜利。

近代史上许多次斗争都已成为历史陈迹。这些已过去的斗争是后来人民革命胜利的伟大基石，是人们继续前进的鼓舞力量。我们应当认真地学习和了解中国近代史，用近代阶级斗争的规律性知识和生动事迹来武装自己。伟大的革命导师列宁指出："我们必须力求赶上事件的发展，作出总结，作出结论，从今天的历史经验中吸取教训以便应用于明天。"① 我们学习中国近代史的目的，应该像列宁所指示的那样，总结历史经验，以利于"明天"的战斗。让我们紧紧记住列宁的另一句话："不要满足于我们从以往的经验中获得的本领，一定要前进，一定要争取更多的东西"。②

---

① 《列宁全集》第8卷，第28页。
② 《列宁选集》第3卷，第613页。

太平天国拜上帝会不是邪教

拜上帝会是太平天国运动的一面旗帜，一项战斗武器，并不是邪教。要判断它是不是邪教，不能只看它的外部特征，还要看它当时所发生的历史作用。当时社会上阶级关系十分紧张，下层人民不能照旧生活下去，迫切需要一种思想武器和组织工具来动员和凝聚分散的人民群众，参加斗争，促进农民起义的顺利发展。拜上帝会就是起了这样的历史作用，它动员、宣传、组织、指挥了太平天国起义。乍一看来，似乎远离世俗的宗教制造了一场农民战争，因此有的人说"政治邪教引起了太平天国战争"。事实远非这样简单，应该是现实的利益冲突，是官府和地主的剥削、压迫和农民的反抗，赋予了迷信、荒唐、内容空虚的宗教以生命，使这种宗教成为呼唤农民起义造反的工具。不是宗教制造了农民战争，而是农民战争的到来利用宗教加速和促成了起义。因此判断宗教的性质必须根据当时农民战争的性质。凡是承认太平天国是一场正义的反压迫的农民战争的，就不能把拜上帝会视为邪教。

中国历史上农民反对地主的斗争，往往利用宗教的手段。从陈胜、吴广的"篝火狐鸣"到黄巾起义的"苍天已死，黄天当立"，从元末农民起义的"石人一只眼，挑动黄河天下反"到清代白莲教的"真空家乡，无生老母"，宗教在农民起义中发挥了巨大的作用。

为什么历代农民战争大多利用宗教的形式？因为农民处在封建社会的最底层，政治和经济地位低下，没有文化知识。当社会矛盾十分尖锐，革命的形势已经成熟，平时存在于民间的一些政治色彩并不浓厚的宗教，也会随着革命形势而蜕变，变成一种反抗现政权的组织。洪秀全初创拜上帝会也还只是从基督教中吸取了平等的教义，劝人尊拜上帝，行善戒恶，待人平等。由于当地阶级斗争的推动，拜上帝会迅速地革命化，成为反封建的锐利武器。当革命高潮即将到来的时候，为进一步动员农民参加斗争，必须用农民所能理解的语言和逻辑，来阐明这场斗争的必要性和合理性，阐明这场斗争的目的，阐明它必定会走向胜利。可是比较落后的农民，缺乏理性思辨的能力，只能用宗教的幻想加以说明，农民一家一户，生活散漫，缺乏凝聚力，只能用宗教纪律加以组织约束。斗争已到了山雨欲来风满楼的时刻，由于还没有人能科学地说明这场斗争的合理性，也没有人能有效地把农民组织起来，因此，宗教就来填补了空白。在当时的历史条件下，除了宗教以外，农民们没有更好的思想武器和组织手段。宗教告诉农民：赐给他们阳光雨露的天父天兄怜悯众生的苦难，要拯救众生，而为非作恶的阎罗妖，暴虐残酷，涂炭生灵。双方壁垒分明，一方是天父天兄恩养庇护的百姓，另一方是有阎罗妖支持的官府和地主，两个营垒的界限一清二楚，是非爱憎格外鲜明。这种在宗教外衣下包裹的反封建战斗精神，一旦被农民所接受，农民将自觉自愿、勇气百倍、信心十足地投入战斗。这样，农民战争中的宗教将发挥震撼封建统治的巨大力量。恩格斯曾说过，"群众的感情唯一是由宗教的食粮来滋养的，所以为了引起暴风雨般的运动必须使这些群众自身的利益穿上宗教的外衣"①，就是这个道理。

封建时期的农民宗教表面上看似乎是幼稚的，荒诞不经的，但要善于揭开它的面纱，以观察它的实质。洪秀全的宗教作品中说"天下多男人，尽是兄弟之辈；天下多女子，尽是姐妹之群"，"天下一家，共享太平"，这反映了农民的理想。《天朝田亩制度》中说："有田同耕，有饭同食，有衣同穿，有钱同使，无处不均匀，无人不饱暖。"这真实地显示出被压迫者平均主义的愿望。当然，农民不是先进阶级，不可能实现自己的理想和愿望，最后必定以失败告终。但后人绝不应该指责这些是空洞的梦呓和荒谬的思想。

农民运动是一场暴风骤雨，它扫荡一切，破坏一切（其实官兵杀人放火，更是无恶不作），当一头发怒的大象，它狂奔向前，必定会践踏路边的花花草草，打碎周围

---

① 《路德维希·费尔巴哈和德国古典哲学的终结》，《马克思恩格斯选集》第4卷，人民出版社1974年版，第251页。

的坛坛罐罐。农民运动破坏了许多旧事物、旧关系、旧传统，但不能把它视作社会的倒退。旧的不除，新的不生，太平天国以后的中国社会出现了许多新事物。30 年后的中国，出现了维新派和革命派，至 20 世纪之初，腐朽没落的清王朝在人民的努力下终于土崩瓦解，在中国土地上矗立起共和体制的中华民国，这就是历史的进步。

论《天朝田亩制度》[*]

1853 年 3 月，太平天国定都于南京，改名为天京。"开立军伍，整立营规，东王佐政事，事事严整，立法安民"[①]。在所建立的革命法制中间，《天朝田亩制度》是最重要的一个。这个文件系统地提出了废除封建土地关系的根本任务，阐明了达到这个任务的途径，描绘了农民千年理想中的太平乐园。

《天朝田亩制度》是关于土地分配的法令，是关于社会组织和政治组织的法令，是关于全体人民政治活动、经济活动、文化活动的方针、原则的法令。其中规定了平分土地的原则和具体办法，规定了社会的各种组织制度，规定了人民活动的各项准则。从其内容来看，它是指导人们从事生产和进行斗争的纲领，它是太平天国的根本大法。

《天朝田亩制度》规定：一切土地和财富都属于上帝

---

[*] 本文选自《中国近代史稿》第 1 卷，人民出版社 1958 年 9 月版。

① 《李秀成自述》。

所有，所谓"天下皆是天父上主皇上帝一大家，天下人人不受私、物物归上主"，这个废除私有制思想的提出，就根本否定了封建地主阶级的土地私有制度，因为根据《天朝田亩制度》的这个原则，一切土地财富的所有权都是上帝的，那么地主阶级当然就不应该拥有土地财产，而上帝对每个人又是平等待遇的，因此每个农民就可以从上帝手里取得一份土地，在上帝的公正支配之下，每个人的生活权利和劳动权利就能得到了保障。太平天国的英雄们就是在这样的宗教外衣的掩盖之下，做出了非常现实的结论，并且由此更进一步幻想出一个"有田同耕、有饭同食、有衣同穿、有钱同使、无处不均匀、无人不饱暖"的美丽的社会图景。

至于具体的分田办法，按《天朝田亩制度》规定：把天下土地按产量分为九等，年产 1200 斤者为尚尚田，其下年产每低 100 斤则递低一等，年产 400 斤者为下下田。"凡分田照人口，不论男妇，算其家口多寡，人多则分多，人寡则分寡，杂以九等……好丑各一半。……凡男妇每一个自十六岁以尚，受田多逾十五岁以下一半"，这是按劳动力多少的原则来分配土地的。

《天朝田亩制度》又规定每家必需种桑织布，从事纺织业；每家必需养鸡畜猪，从事副业；又根据公有制原则，收获不准私有。所谓"凡天下树墙下以桑，凡妇蚕绩缝衣裳。凡天下每家五母鸡、两母彘，无失其时。凡当收成时，两司马督伍长，除足其二十五家每人所食可接新谷外，余则归国库。凡麦豆苧麻布帛鸡犬各物及银钱亦然"。至于每家有"婚娶弥月喜事，俱用国库，但有限式，不得多用一钱"，"其余鳏寡孤独废疾免役，皆颁国库以养"。

以上就是《天朝田亩制度》关于土地的分配、使用以及社会生产和消费方面的规定，这是按照朴素的共产主义和平均主义原则来规定的。

在平分土地和公有生产物的基础上，《天朝田亩制度》还规定了以家作为基本细胞的社会组织，即所谓守土乡官制。其制以25家作为一个单位，设一两司马，四两司马设一卒长，五卒长设一旅帅，五旅帅设一师帅，五师帅设一军帅，一军共有13156家，军帅以下的称乡官，军帅以上又有监军（相当于清朝的知县）、总制（相当于清朝的知府），称守土官。这种制度的特点有以下4点：

第一，守土乡官的制度是由太平天国的军事制度推衍而来，所以两者的系统和名称是一样的，创立者的原来企图可能是要使军事组织和行政组织统一起来，所以规定"每家设一人为伍卒，有警则首领统之为兵，杀敌捕贼；无事则首领督之为农，耕田奉尚"[1]。但是太平天国始终处在作战期间，除了某些地区仿照团练办法由守土乡官组织了一些地方武装外，"寓兵于农"的理想并没有能够实现。行政组织和军事组织仅仅保留了名称的统一，实际上却是两个系统，而且由于处在战争环境，军事系统的重要性，常高出于行政系统之上。所以张德坚说守土乡官

---

① 《天朝田亩制度》。

"皆如军制。惟军中师帅所率二千五百人，守土师帅则二千五百家。下至两司马皆同。所辖人多以倍数，而职不如军中之尊，军中卒长则得治乡官军帅"①。

　　第二，太平天国所规定的社会组织，不仅企图使军事、行政统一起来，而且还企图使每个社会基层组织改造为自成体系的经济单位。其基层组织是25家，由两司马管理。凡25家有一国库，每家收入除口粮外全归国库，额外用途由国库开支，而且25家中还规定"陶冶木石等匠，俱用伍长及伍卒为之，农隙治事"②。照这个规定，25家就成为一个农业和手工业强固结合的农村公社组织。这种组织实际上是当时残存的古代公社制度的影写，是农民手工业者所能想象到的最好的社会制度，而太平天国的政权也就企图建立在这样的基础上面。

　　第三，天朝田亩制度不但提出了类似农村公社的组织，而且赋予这个组织以各种社会权能。两司马不仅是公社内部生产的组织者、财产的管理者、军事的领导者，而且他又是教育、司法、宗教上的权威。《天朝田亩制度》规定：每25家除设一国库外，还设一礼拜堂，"童子俱日至礼拜堂，两司马教读旧遗诏圣书、新遗诏圣书及真命诏旨书焉。凡礼拜日，伍长各率男妇至礼拜堂，分别男行女行，讲听道理，颂赞祭奠天父上主皇上帝焉"，这是教育制度和宗教仪式。当公社内部发生争讼，亦必先由两司马

---

① 《贼情汇纂》卷3。
② 《天朝田亩制度》。

"听其曲直"，若两司马不能解决争讼，再一层一层地向上。两司马还掌握刑赏的权力，"民能遵条命及力农者则为贤为良，或举或赏；民或违条命及惰农者则为恶为顽，或诛或罚"。此外，两司马每年应保举人才；公社内部婚丧喜庆之事一概废除封建的繁缛礼节，而由两司马主持祭告上帝。所以这 25 家就成为一个把土地、民政、军事、财政、宗教、教育、礼仪、司法、选举等各项社会权能统一起来了的基层组织。两司马则是这个基层组织的领袖，是各项权能的体现者和执行者。

第四，两司马及两司马以上的守土乡官虽然权力很大，但太平天国却规定着严密的保举升贬制度，以杜绝坏分子的弄权作恶。《天朝田亩制度》规定："凡天下每岁一举，以补诸官之缺。举得其人，保举者受赏，举非其人，保举者受罚"，"凡天下诸官三岁一升贬，以示天朝之公"，"监军以下官，俱是在上保升奏贬在下，惟钦命总制一官，天王准其所统各监军保升奏贬钦命总制。天朝内丞相、检点、指挥、将军、侍卫诸官，天王亦准其尚下互相保升奏贬，以剔尚下相蒙之弊。至内外诸官若有大功大勋及大奸不法等事，天王准其尚下不时保升奏贬，不必拘升贬之年"。事实上，有许多地方的乡官，并非由保举产生，而是由公举产生的。如反革命方面所说，太平军攻克某地"先必大彰伪谕，声以兵威，令各州县并造户册，即于乡里公举军帅、旅帅等，议定书册并各户籍敛费，呈于伪国宗检点，申送江宁"①。这种保举、公举和上下互相保升奏贬的具有朴素民主主义的制度，不仅可以防止某些坏分子滥用权力的偏向，而且在和封建统治阶级上下欺蒙、等级森严的制度相互对比之下，更显示出农民和劳苦大众酷爱民主、平等的本质。

以上就是太平天国革命英雄们所想象的理想社会的图案。我们对它应作如何评价呢？

首先应该肯定，在当时历史条件下，《天朝田亩制度》是起着极其伟大的革命作用的。它曾经激发、鼓励农民和贫苦人民为争取自己劳动和生存的权利而奋勇斗争。几千年以来，亿万贫苦农民为争取这种权利曾经挥洒了无穷尽的鲜血。《天朝田亩制度》的提出，标志着农民和贫苦大众的长期愿望经过千锤百炼而达到了极高的水平，变成了一个系统的、明确的、有力的纲领。这个纲领的个别方面在以往的农民起义和农民战争中虽然也曾经提出过，例如"均贫富"、"平贵贱"的口号，但从来没有像《天朝田亩制度》对具体措施规划得那样细致周密，对封建制度抨击得那样勇敢猛烈，对未来社会描绘得那样美丽动人！很显然，太平天国提出了这样系统的纲领，使得农民和贫苦人民的斗争目标更加具体、更加明确，使得群众对将来抱着更大的希望和更高的信心，从而就大大增加了革命的战斗力量。因此，《天朝田亩制度》对动员和鼓舞群众去冲击封建势力上来说，起着极为巨大的作用。

① 《贼情汇纂》卷3。

《天朝田亩制度》不仅具有政治动员的作用，而且更重要的是它在经济上的实际革命作用。当100多年前，中国正处在封建社会逐步解体的时代，中国资本主义关系虽然还没有成熟、发展，但资本主义经济成分已经散见于各个地区和各个行业中，当时阻碍资本主义关系进一步发展的主要羁绊是封建土地制度和封建制度的维护者——清朝统治。封建制度把直接从事生产的劳动人民压在最底层，把他们的生产条件和生活条件剥夺到最低限度，把他们分散束缚在小块土地上和小型作坊中，使他们的技术水平和操作方法长期停滞不前，使整个社会生产力得不到发展，从而又影响到分工、交换的发展。当时历史所提出的任务是：打破束缚生产力发展的封建土地制度，而《天朝田亩制度》正好是反对封建土地所有制的一面旗帜、一支号角，它号召和领导着农民群众起来没收地主阶级的土地和一切私有财产。假使全体劳动人民按着这个纲领的精神行动起来，获得了土地和财富，那么他们的生产条件和生活条件将能大大的改善，他们在耕作时将能投入巨大得多的资金，他们的技术水平和操作方法也将摆脱地主老爷们的阻碍干扰而有所改进，他们从事生产的兴趣也将大大提高，整个社会生产力势必会出现蒸蒸日上的气象，这样将会促进社会迅速发展而给正在成长中的中国资本主义关系开辟一条宽广发展的道路。所以列宁说，"平等思想一般是反对旧专制制度中，特别是反对旧农奴主大土地占有制斗争中最革命的思想，农民小资产阶级所持的平等思想是正当的和进步的，因为它表现着反封建反农奴制不平等关系的斗争。'平均'地产的思想是正当的和进步的，因为它表现着 1000 万户农民的要求"①，"当人们说，'平均分配办法是不会有任何结果的'时，马克思主义者就应该这样来理解，即认为所谓'不会有任何结果'，唯一是对社会主义的任务而言，然而实行这种分配办法的企图，甚至单是主张这种分配的思想，都能产生出很多有利于资产阶级民主革命的结果"②。列宁的这些话是我们在评价《天朝田亩制度》时的极其重要的启示。

当然，《天朝田亩制度》也有其空想的落后的一面。这个纲领超越了历史客观过程的要求，超过了反封建的任务，企图废除一切私有财产，把整个社会经济改造成为清一色的小农经济，恢复起财产公有的农村公社组织。这样，也就是说，要把古老的、应该抛弃的生产关系来代替正在成长的新生产关系，要把萌芽状态中的资本主义强行圈制在几千年来顽固地残留下来的公社制度的框子里。按照《天朝田亩制度》的规定，社会上不能有任何性质的私有财产，不能有分工的发展，也不能有市场的扩大和商品经济的活跃。太平天国的英雄们天真地认为，消灭了这一切也就是消灭了贫困、不均和一切痛苦的根源。他们从来没有想到，自己所企求的没有贫富不均的太平乐园恰恰只有在资本主义私有制和分工、交换的发展以后才能够建

---

① 列宁：《社会民主党在 1905 年至 1907 年第一次俄国革命中的土地纲领》，莫斯科外国文书籍出版局 1950 年版，第 28 页。

② 同上。

立起来。他们企图用政治手段来达到目的，用脆弱的主观愿望来和铁的历史规律硬碰，这种愿望纵然是美好的，但仍不能不陷于空想。实际上，在当时历史条件下，平分土地以后，绝不能连带地把私有财产消灭掉，绝不能永恒地把每个农民的小生产地位保持下去。太平天国的英雄们将会惊讶地看到，在自己的社会改革方案执行之后，绝不是什么太平乐园的出现，而恰恰是更悬殊的贫富不均和更剧烈的财产兼并。正像马克思在批判克列格对于美国平分土地运动所抱的小资产阶级社会主义观点时所说："你所梦想用这种运动达到的目的是不会达到的，——结果不会是博爱，而会是小资产阶级的孤独性；不会是农民份地不可割让，而会是土地卷入商业周转范围；不会是投机强盗受到打击，而会是资本主义发展基础扩大起来。但你所妄想避免的那种资本主义祸害在历史上是一种福利，因为它能异常加速社会发展，而使新的更高的共产主义运动形式实现的时机接近多倍。"①

《天朝田亩制度》正是这样一种纲领，它包含着革命的、合理的实质，但是这种革命的、合理的实质却披上了一件空想的、非现实的外衣。《天朝田亩制度》提出的公有思想和绝对平均主义是必要的和合理的，因为公有制度和绝对平均是冲击当时封建私有制的最有力的投枪，是农民手工业者所可能想象到的保证美好生活的最有效的铁

---

① 转引自列宁：《马克思论美国"土地平分运动"》，见《论马克思恩格斯及马克思主义》，人民出版社1953年版，第142页。

盾；《天朝田亩制度》提出的公有思想和绝对平均主义又是空想的和荒诞的，因为建立这种理想社会的经济条件还远不具备，当时历史发展所要求建立的社会制度和他们所梦想的正相反对。这是一个矛盾，产生这个矛盾的根源应该从太平天国的阶级基础上来寻找。太平天国革命是以贫苦农民和手工业工人为骨干的革命，他们一方面是劳动者和被压迫者，他们迫切要求消灭财富分配的不公平，消灭人压迫人的现象，从这一点出发，他们可以提出一个具有原始共产主义色彩的反封建纲领；但另一方面，他们又是没有独立经济地位的分散的小生产者，不代表新的生产力，他们不可能利用历史发展的客观规律来行动，他们最高度的智慧和最丰富的想象也不过是复写一下原始共产社会中农村公社的蓝本，正如恩格斯所说，"解决社会问题的方法既然还隐藏在不发达的经济关系中，那就不得不从头脑中来发明，来创造这种方法"，"它们愈是制定得详尽细密，就愈是堕入纯粹幻想的境域"①。

因此，《天朝田亩制度》所包含的进步方面和落后方面的矛盾，正是由农民手工业者的经济地位所决定的。正像毛泽东同志所说："绝对平均主义的来源，和政治上的极端民主化一样，是手工业和小农经济的产物。"②

《天朝田亩制度》所规定的全部条文并没有实行，事

---

① 恩格斯：《社会主义由空想发展为科学》，见《马克思恩格斯文选》，第2卷，莫斯科外国文书籍出版局1955年版，第121、122页。

② 《毛泽东选集》，第1卷，第95页。

实上也不可能全部实行。因为条文中的具体规定包含着与当时历史要求相违反的因素。当时历史的要求是消灭封建剥削制度而发展资本主义关系，可是条文中却要求消灭任何形式的私有制，消灭商品生产和商品交换，而建立原始共产主义式的农村公社，这和当时的历史要求不相符合。真正的公有制是不可能建立在小农经济基础上的。只有大工业的发展，只有通过无产阶级专政的道路，才能消灭阶级压迫和贫富不均。超越历史条件的许可范围而把建立公有制度列为自己的政治纲领，这只是表明太平天国革命英雄们在受尽长期沉重的压迫之后对人剥削人制度的深恶痛绝态度，这只是显露了他们对于未来人类发展的一个天才的预期，实际上这个纲领从整个来说是缺乏现实意义的。除了一无所有的手工业者和最贫苦的雇农、贫农之外，其他社会各阶层并不欢迎这个纲领的全部规定。太平天国初期在占领一地、设置乡官之后，就出告示："天下农民米谷，商贾资本，皆天父所有，全应解归圣库，大口岁给一石，小口五斗，以为口食而已。"这个告示是和《天朝田亩制度》的精神吻合的。张德坚从反革命立场评价这个告示："此示一出，被惑乡民方如梦觉，然此令已无人理，究不能行，遂下科派之令。"[①] 这里所说的"乡民"不仅包括地主阶级，而且也必然包括着富裕农民和掌握较少土地财产的中下层农民在内，中下层农民作为被压迫者而言是具有反封建要求的，因而可以参加和支持革命斗

---

① 《贼情汇纂》卷10。

争，所以张德坚说他们是"被惑乡民"。但是他们目光短浅，私有观念深固地种植在头脑中，要求他们把虽然为数很少但却是现实的已经在自己手中的土地财产交出来以换取在他们看来是遥远的、荒诞的、不可靠的幸福未来，那将是多么困难的事情！这些人是不会跟随革命中最急进的萌芽无产阶级分子和最贫苦农民去执行这个纲领的全部内容的。因此这个在头脑里被创造出来的系统纲领，通过当时实际的阶级关系的三棱镜而产生了折光。那些适合于当时历史要求的因素在各种具体条件下实现了或被发展了，那些不适合于当时历史要求的因素被抛弃了或被修改了。正像恩格斯在评价德国农民战争中的社会主义空想时所说："这种不仅超越现在而且超越未来的境界，必定成为狂暴的空想。在第一次实际应用时，它自然要退到为当时情形所许可的狭隘范围内。"①

---

① 恩格斯:《德国农民战争》，解放社版，第31页。

洋 务 历 史 试 论*

从 1864 年太平天国革命失败，到 1894 年中日甲午战争爆发，这是中国近代史上以"洋务"为中心的历史时期，一般称之为"洋务运动"，时间共 30 年，占整个旧民主主义革命史的将近一半。这 30 年内，人民革命运动虽然相对地低落，但中国社会经济和阶级结构却发生了极其深刻的变化。

两次鸦片战争是封建主义的中国和资本主义的西方在军事力量上的较量，结果是中国失败了。中国社会开始了半殖民地化。但是经济和文化思想领域的激烈斗争和深刻变化，到 60 年代以后才真正开其端。当时，外国侵略者在军事上、政治上、经济上、思想上向中国人民展开了全面的猛烈的进攻，清朝政府在外国侵略势力和中国人民的两军对战中力图调整步伐，加固营垒，以应付来自双方面的压力。它的主要办法就是把资本主义国家在武器制造、

＊ 本文发表于 1962 年 9 月 13 日《人民日报》。

生产技术和自然科学方面的成果当做自己的强壮剂，在维护封建主义统治的目的下，仿效西方，实行枝枝节节的改革，这就是洋务活动的由来。

清政府的洋务活动有两个轴心，一个是以"求强"为目的的军事方面，一个是以"求富"为目的的经济方面。但是在30年中，随着形势的推移，洋务活动的重点也在不断地调整，因而形成了洋务历史的三个阶段。

一

洋务历史的第一个阶段，从1864年到1871年。这时，清政府正在疯狂地镇压捻军和回民起义，急需用新式武器来装备反动军队。同时，它对资本主义文明的理解也只有"船坚炮利"这一点。因此，洋务的重点集中在军事工业方面。沪（江南制造局）、宁（金陵机器局）、闽（福州船政局）、津（天津机器局）四大兵工厂相继创立。这些企业从设计施工、机器装备、生产技术一直到原料燃料的供应，完全都要依靠外国。

这一阶段中创办的许多官办军事工业是不是资本主义的企业？目前学术界有不同的意见。我认为，它是封建主义和资本主义的复杂混合体。首先应该看到官办军事工业是非商品生产的企业，它生产出来的军舰、枪炮、弹药由封建政府直接调拨给军队使用，不计算产品的价格，不参加市场的交换，生产经费则由国库按定额拨付。企业本身没有盈亏可言，没有从利润转化来的资本内部积累，没有依靠自身运转而进行的扩大再生产。企业的繁荣或停滞决定于政府的财政盈绌和拨款多少，不决定于市场需求和企业本身的生产与管理。这种内部关系是一切官办企业（包括军事的或非军事的）缺乏生命力的根源，也是它非资本主义一面的突出表现。但是，同时应该看到：这些工厂在大机器生产下集中了大量的工人，工人们以出卖自己的劳动力为生，是中国早期的工业无产阶级。工厂的产品不以商品的形式出卖，但工人的劳动力却以商品的形式购买，这是近代官办军事工业的独特性所在。实际上，它是封建主义和资本主义的一种复杂混合物，是封建官营企业向资本主义企业转化的中间形式。在这里，企业并没有一下子摆脱封建官营企业的固有性格，某些旧质态（非商品生产）仍然保存下来，但企业也不是旧日官营企业的简单再版，某些新质态（大机器生产下的雇佣劳动）已经开始萌生。

军事工业在资本主义国家中是整个经济政治体系中的一个环节，把这个环节孤零零地摘取下来，移植到中国，必然要发生畸形现象和一连串的困难。经费来源枯竭，原料燃料供应不上，技术落后，人才缺乏，管理制度混乱等等，堵塞了军事工业进一步发展的通道。清朝政府不久就发现：军事工业很缺乏经济效益和军事价值，产品成本高昂，一艘自造军舰所花的经费，可以用来向外国购买两艘或三艘同样型式的军舰，而且自造的舰只枪炮，质量低劣，除了屠杀手无寸铁的老百姓之外，不可能用来应付任何外来侵略。19 世纪 70 年代之初，清政府内部发生了关于造船和海防两次争论，检讨军事工业腐败、停滞的原因，并确定海防的方针。当然，封建阶级不可能从失败中寻求正确的教训，而只是稍稍改变了步伐。洋务重点从自己制造武器转变为向外国购买武器，同时又注意到了经费筹集和人才培养等方面。这样，洋务历史就进入了第二个阶段。

二

洋务历史的第二个阶段，从1872年到1885年。当时外国侵略势力加紧了对中国的进攻。日本入侵台湾，英国在烟台谈判中的讹诈，中俄伊犁交涉的波折，一直到震动远东的中法战争，边疆危机，纷至沓来。清政府为应付来自外部的危机，购买更多军舰和枪炮，部署沿海的防务，从1874年到1885年先后向英、德、美、法购买大小舰艇39艘，建立了以定远、镇远两艘铁甲舰为主干的北洋舰队，1885年新设了海军衙门。

新式的防务体系需要大量经费、大量技术、军事人才以及新式的后勤支援。因此，清政府也开始经营和提倡采矿、运输、电信、教育等事业。1872年轮船招商局成立，1875年派遣赴英法留学生，1876年创办台湾基隆煤矿，1878年创办直隶开平煤矿，1880年架设津沪电报线路、开设天津水师学堂，1881年创办热河平泉铜矿，1883年创办山东平度招远金矿等等。当然，这些事业在技术、装备、原料等等方面仍不能不依靠帝国主义。

在这一阶段里，军事仍然是洋务活动的中心，但是范围已大大推广，前一阶段官办军事工业的清一色局面已经突破，开始生产民用品（如采矿）和提供民用服务（如运输、电信）。并且，为了解决经费和管理上的困难，在非军事部门内吸收了私人投资或鼓励私人经营。以上列举的矿场企业中除基隆煤矿外，都有大量私股。所谓官督商办的形式，盛极一时。在一些远离军事的部门，还出现了纯粹商办的小型加工企业（如广东的缫丝业）。这时候，清政府已经不可能阻塞新式企业的出现，而且它为了自己的军事、财政利益，不得不借重私人的财力支援。一部分地主、官僚、商人也在清政府的荫庇下，开始步上资本主义的轨道，向资产阶级转化。

在中国的早期工矿企业中，官督商办是一种普遍的形式，官和商的这种特殊结合表明了中国工业发生发展道路上的严重困难。在那时，一系列障碍摆在每一个创业者面前：帝国主义的竞争，厘金剥削，封建习惯势力的阻挠，官吏豪绅的勒索。仅仅依靠单个企业自身的力量，不可能抵抗这些强大的阻力，处在襁褓时代的新式企业必须从企业的外部找到奥援和靠山。在封建专制主义长期统治下的中国社会，政权是至高无上的权威，工业襁褓儿除了匍匐在封建专制政权脚下，乞求它的荫庇之外，就没有更好的出路，这就是官督商办盛极一时的原因。有一种例外情形，某些企业没从政权这边找荫庇，而是到侵略者那边找依靠。这些企业挂上外国字号，聘请外国经理，向外国政府注册。虽然所依靠的主体不一样，但同样说明：企业离开外部荫庇就难于生存下去。在当时，资本主义企业还缺乏独立活动的充足条件。

近代工业所碰到的阻力是从帝国主义和封建主义方面来的。为了克服或缓和这种阻力，它又必须依靠帝国主义和封建主义。"解铃还须系铃人"，这是一个历史的矛盾，而"官督商办"就是这种历史矛盾的产物。从商的方面来说，它只有躲进封建政权的荫蔽所里，才能够绕过很多自己无力克服的障碍，如请求减税免税的优待，请求政府贷款，获得专利权和特别保护等等，依靠这些支持，企业活动才有较多的保障。从官的方面来说，急剧变化着的形势迫使自己不得不在一定程度上利用私人的工业投资，不得不在压抑工商业的传统政策上打开一个缺口，通过这个缺口以便吸引资本主义的涓滴之水，来润泽即将枯萎的旧秩序。

官和商的合作虽然暂时地缓和了外部压力，但是企业内部引进了封建势力，同样又发生了许多困难。政府的贷款，利率极高，是一种饮鸩止渴的高利贷；企业得到减税、免税、专利等特权，要以承担苛重的封建性义务作为代价；一批寄生虫官僚，硬被安插在企业的各级机构里，贪污舞弊，无所不为。官督商办把官和商两种不同的力量糅合在一个企业里，两者的矛盾，不可避免地愈演愈烈。事实证明：官督商办的形式并没有给中国工业铺筑一条康庄大道，恰恰相反，它愈来愈成为工业进一步发展的严重障碍。

三

洋务历史的第三个阶段，从 1886 年到 1894 年。这时，边疆危机略有缓和之势，而贸易危机又接踵而至。从 1885 年到 1894 年的 10 年间，对外贸易总数达 22 亿两，入超达 2.6 亿两，而清政府每年财政收入不过 7000 万两左右。洋纱洋布像决堤的狂潮一样，冲刷着自给自足的中国经济结构。大批农民和手工业者被抛入贫困破产的深渊，经济领域中的残酷斗争在激烈地进行着。一部分知识分子中响起了"商战"的呼声，清政府也企图从对外贸易的巨大逆差中捞回一点利益。于是，洋务的重点又从军事方面转移到了经济方面。

在这个阶段里，由于海军经费已移拨给颐和园修建工程，海军的发展基本上停顿，军事项目退居次要地位，纺织、铁路、炼钢成了最重要的项目。李鸿章在大力建设津榆铁路（天津到山海关），以及漠河金矿、上海织布局、华盛纱厂等等，张之洞在武汉忙碌地搞一个"自相挹注"的工业体系，其中包括汉阳铁厂、大冶铁矿、马鞍山煤矿、汉阳枪炮厂，以及纱、布、丝、麻 4 个轻工业工厂。有些一向反对任何新事物的顽固派也在逐步改变态度，认识到采矿、设厂所能带给自己的利益，更多的官僚、地主、买办以投资者的身份卷入了洋务潮流。工业投资总额正在上升，其中官办、官督商办虽仍是主要的形式，但纯粹商办的企业已逐步增长。特别是 19 世纪 90 年代之初，主要由私人投资和经营的纺织业、缫丝业、火柴业有蒸蒸日上之势，可惜不久就爆发了中日甲午战争。战后的《马关条约》中规定了外国在华的设厂权，这对中国工业是一个严重的打击。幼弱的民族工业刚刚显露发展的迹象，立即遭到了帝国主义的当头一棒。

30年的洋务历史在经济上究竟造成了怎样的局面？到1894年中日战争爆发时为止，各类近代化企业（不包括军事工业和运输电信事业）的资本估计约2000万两。这个数目等于1894年一年中对外贸易入超赤字的2/3（该年入超2900万两），等于大半个颐和园的修建维护费用，等于清政府每年财政收入的1/4，等于甲午战争赔款的1/10。这个微小的数目就是20多年来经历了千辛万苦的中国工业资本的全部积累，可见洋务历史上工业发展的速度十分缓慢。

中国的工业资本为什么只积累起这样微薄的数目？中国社会当时虽然穷困，但并不是绝对的缺乏资金。问题在于积资千万的官僚、地主、富商还缺乏投资工业的迫切愿望。在半殖民地半封建社会里，地主对农民的剥削仍是主要的基础，这种经济基础被全部政治上层建筑支持着，购买土地是传统的、可靠的资金出路。此外，高利贷剥削和商业投机也是发财致富的捷径。而工业投资由于缺少政治和社会的保障，反而是一种极冒风险的事业。在这样的条件下，面团团的富翁宁肯把资金用来购买土地，发放高利贷，从事投机倒把、囤积居奇，而不愿意投放到自己不熟悉的、很有亏折可能的工业中去。人们的愿望总是受一定的社会条件制约的，当社会资金向工业流转的渠道还被整个旧制度堵塞着，那就不会有热情激发的创业欲和投资欲。因此，归根到底，不动摇、不推翻旧制度，中国的工业就不可能正常地、顺利地发展起来。

上述洋务历史的三个阶段反映了中国资本主义发生的一个特殊环境和一条特殊道路。可以看出：中国资本主义的发生和帝国主义、封建政权有密切的关系。大机器首先是在帝国主义支持的官办军事工业中采用，在军事工业的带动和影响下，依次扩及到其他部门。其他经济部门开始时大多作为政府军事项目的附庸和补充，并且在官督商办的形式下才获得了比较方便的活动条件，只是后来才稍稍摆脱政权的控制而出现更多的商办企业。至于工业投资人，主要是封建的官僚、地主或洋场买办。中国资产阶级中虽然也有从工场手工业主或包买商直接转化来的，但这种情况毕竟是少数。对于这些和帝国主义、封建政权联系很少的旧式工商业者来说，近代企业的入口处显然有一重难以逾越的门槛，这是和西方资本主义发展的一般道路不同的。帝国主义和封建主义是近代企业发展的阻碍，但同时又是近代企业不得不依赖的靠山。这种矛盾的关系表现了中国资本主义的特点，中国资产阶级在经济上的软弱性和在政治上的两面性也可以从中得到清楚的说明。

四

竭力地鼓吹和推进洋务活动的是以李鸿章、张之洞为首的一批官僚、地主、买办，这些人被称为洋务派。历史学界对洋务派有不同的评价。从根本上说，洋务派是一个反动政治派别，它在太平天国革命中疯狂地屠杀人民，在历次对外交涉和对外战争中，妥协投降，带来了民族的屈辱和灾难。在以后的资产阶级改良主义和革命运动中，它又站在反对立场上，进行破坏和镇压。这个集团在近代历史上遗下无穷的罪恶。

但是，洋务派又是带有资本主义倾向的一个官僚集团。它的某些主张和某些措施，如开工场、采煤铁、行轮船、筑铁路、设学校、译书籍等等客观上有利于社会的发展。在洋务派的主持和倡导下，中国第一批资本主义近代企业开始出现，这是和帝国主义、封建主义相对立的新事物。随之也产生资产阶级和无产阶级，新的社会力量在和周围旧势力的斗争中逐步地成长壮大，毁灭旧制度的条件也在日积月累地形成中。洋务派本来期望自己的措施可以加强封建统治，结果和它的期望恰恰相反。它不自觉地把机捩拧拨了一下，当机捩一旦转动，就逐渐地向着毁灭旧制度的爆炸点走去，再也没有任何力量能够迫使它停止下来。中国近代历史就是这样走过来的。

有的同志拿洋务派的动机是为了维护封建统治和个人升官发财为理由，否认它有资本主义倾向以及它在客观上所起的历史作用，这是不全面的。洋务派是一个官僚、地主和买办商人的复杂混合体，它的封建性、买办性当然非常鲜明，他们办工业的动机也不可能纯正，但是，还应该看到中国第一批资本主义工业是由他们创办起来的这个众所周知的事实。历史上很多进步措施，往往不是出于什么高尚意志和善良愿望的促使，而有时候倒是和微小卑劣的动机结合在一起。在这里，重要的不是人们采取措施的主观动机怎样，而是这些措施本身是不是符合客观历史发展的要求。至于要考察洋务派的动机，那就应该进一步探究隐藏在主观动机背后的客观历史潮流。洋务派为什么不是完全仿效他们的封建前辈，在传统政策的范围内寻求巩固封建统治的途径？为什么要把升官发财寄托在近代工矿企业方面？正因为中国社会发展的行程已经使资本主义近代企业的出现成为必不可免，洋务派在一定程度上迎合了历史的潮流，才会产生不同于以往的新动机、新愿望，在这种动机促使下采取的各种措施也就成了向资本主义转化的杠杆。一部分官僚、地主、商人，借这根杠杆的助力，开始转上资本主义的轨道。

当然，洋务派主要是以官僚资格而不是以资本家资格投身于创业活动的。它是一个略带资本主义倾向的集团，而不是一个资产阶级集团。真正的资产阶级的形成，有待于这个集团的进一步分化。由于这样，洋务派必然会把官场习气、封建作风带到企业中，使企业中发生惊人的贪污、浪费和种种腐败现象，洋务派在创办企业的同时又给企业造成了限制和束缚。应该谴责的不是他们曾经创办了近代企业，而是他们创办企业的封建方式和封建作风，这正是他们自身的官僚立场和封建性格的反映，也是中国近代社会历史特点的反映。近代历史的发展已经使举办机器工业成为一个需要付之行动的课题，但社会上却缺乏像在西方世界中那样一个足够强大的、能抗住一定压力的中等阶级，来肩负起这个任务，于是掌握政治权力而又崇拜西方文明的洋务派就不自觉地进来填缺补空，反串一出他们所不懂得的、不熟悉的戏剧。中国资本主义企业在洋务派手里开端，这就显示了历史条件的特殊性和前途的困难。洋务派给企业带来的不良影响，是不可能在短时期内轻易地清除干净的。中国资本主义只能背着旧社会所加予的沉重包袱，在曲折的道路上蹒跚行进。

洋务活动经历了 30 年之久，最后中日甲午战争结束了这段漫长的历史。日本侵略者的炮火全部消灭了洋务派的新式海陆军，《马关条约》又把刚抬头的民族工商业紧紧地束缚起来。洋务派的活动从两种意义上来说都是失败的，地主阶级并没有达到强化封建统治的目的，资本主义也没有找到一条顺利发展的途径。洋务活动的失败是一件好事情。人们接受了这样的教训：仅仅是军事和经济范围内的枝节改革，不可能使中国独立富强，根本问题是政治问题，任何有成效的改革必须从政治领域开始，而这种有成效的改革不能指望在地主阶级当权派的身上。封建阶级散布的洋务幻想破灭了，它再也编制不出一套可以骗人的"富强"神话。封建阶级在社会上造成了资产阶级和无产阶级的反对力量，而在思想上失去了统治人民的阵地，这样就促使戊戌变法和辛亥革命运动的迅速到来。

中国近现代的留学教育[*]

1992 年是出国留学教育 120 周年。回顾并总结 120 年留学工作的经验教训，加深对留学教育重要性的认识，改进、加强这方面的工作，对当前实现进一步改革开放是非常有意义的事情。一方面可以学习近代历史，了解出国留学教育的始末，增强爱国主义精神；另一方面也可以把派遣、培养留学生的工作做得更好，广泛团结海外学子，使他们在国外能更加安心学习，回国后能更好地发挥所长，为社会主义建设服务。

120 年来，出国留学教育的历史漫长而曲折，但成绩巨大，人才辈出，对近代中国的进步，对经济和文化的发展，起了极其重大的作用。120 年的留学教育，可以用 4句话来概括，即：探求真理，学习科学，爱国革命，振兴中华。这 4 句话也是绝大多数留学生共同的思想、共同的态度。120 年来，留学教育的道路随着国内外形势的发展

---

* 本文选自《语冰集》，广西人民出版社 1999 年版。

变化而有所不同，每一个阶段、每一批留学的规模、人数、所往国家、所学专业、学习期限长短、自费公费以及回国后发挥的作用都不一样。但总的来说，留学生中涌现了大批出类拔萃的人才，包括政治家、革命家、军事家、科学家、文学家、艺术家，可以说是群星灿烂，光照长空。他们把世界上先进的思想、先进的科学引进中国，使近代中国的政治局面和思想文化发生了重大的、根本性的变化。

120 年前，中国政府正式开始派遣留学生赴美学习。这是由曾国藩、李鸿章向清廷奏准的。这第一批赴美留学生的出发日期是 1872 年 8 月 11 日，从上海乘轮船，横渡太平洋，旅途经 28 天，到达旧金山。这是中国派出的第一批留学生，标志着近代中国朝着实现开放和向西方学习迈开了极其重要的一步。

在这次派遣留学生之前，也有中国人出国学习的情况。明清之际，外国耶稣会教士到中国传教，携带一些中国学生出国学习，但那是个别现象，人数很少，其目的不是有意识地向西方学习科学、文化，而是为了培养传教士，在中国传播宗教。这些早期留学生曾在法国、意大利等地学习，但回国以后，发挥的作用不大，有的学生即使学到了一些西方知识，也是英雄无用武之地。因为鸦片战争以前，中国是个自给自足的、封闭性的国家，在这样的环境中，留学生起不了什么作用。中国早期的留学生几乎无声无息，在中国史料的记载中没有留下他们的姓名和踪影，我们仅从当时外国教会的档案中知道他们的点滴情况。

在鸦片战争以后，留学生中出现了一个重要人物，这就是容闳。他原在澳门教会学校读书。1847 年，容闳和几位同学被送往美国，后来进了耶鲁大学，至 1854 年回国。他力主学习西方的文化，从而实现救国的愿望，因此向曾国藩建议，派遣留学生赴美学习，并拟订了留学教育的计划。曾国藩、李鸿章奏请派遣第一批留学生，就是采纳了容闳的建议。

为什么清政府会采纳容闳的建议？这是因为洋务运动的进行，使派遣留学生成为社会的需要。鸦片战争和太平天国革命以后，清政府和外国的交往增多了，需要有懂得外国语言文字、了解国际事务的外交人才。又因为引进了洋枪洋炮，设立了兵工厂，以及行驶轮船、开设工厂、采掘煤铁矿等，也需要有大批科学技术人才。所以，洋务运动的兴起把派遣留学生提上了日程。

清政府计划派出留学生 120 人，分 4 年派出，每年 30 人，学生均为 12—14 岁的幼童，学习 15 年，派往美国，由陈兰彬和容闳带领照管。1872 年最早的 30 名幼童启程赴美。以后每年派遣 30 人，到 1875 年（清光绪元年）为止。

好事多磨！第一批留美学生并没有按原定计划修完学业，清政府中途把他们撤回。主要原因是，留学生在美国受西方文化影响和清政府所派的官员发生冲突，且不说深层次的思想冲突，在生活上、服饰上、礼节上、信仰上，矛盾对立日深。有的留学生嫌辫子不雅观，剪掉辫子，改成短发；有的不愿对清朝官吏叩头跪拜；有的不愿穿长袍马褂，改穿西装；有的进礼拜堂做礼拜，甚至信仰基督教。这些行为，都被清朝官吏视为离经叛道，不能容忍。陈兰彬上奏清廷："外洋风俗，流弊多端，各学生腹少儒书，德性未坚，尚未究彼技能，实易沾其恶习，即使竭力整饬，亦觉防范难周，极应将局裁撤。"（《洋务运动》第二册）容闳虽极力抗辩，希望挽回，但未成功。1881 年（光绪七年），这些留美学生分批被撤回，他们的学业尚未完成。

第一批 120 名留学生回国后，在不同岗位上工作，以工矿、铁路、交通、电报为最多，其次为外交、行政、海军，还有教育、工商等。他们发挥了各不相同的作用，如唐绍仪是中华民国的第一任内阁总理，詹天佑是著名的铁路工程师，梁敦彦曾任外交总长，唐国安是清华大学校长，还有 4 名留学生在中法马江海战中牺牲，3 名留学生在中日甲午海战中牺牲，为祖国奉献了宝贵的生命。

继第一批 120 名赴美学生之后，中国派遣了一批又一批的留学生，奔赴世界各国。随着国内外局势的变化，他们的人数、派往国家、所学专业、回国后的贡献各不相同。在什么样的形势下，有什么样的需要，就培养出了什么样的人才。

清政府派遣第二批留学生，从 1875 年（清光绪元年）开始，数年内陆续向欧洲的法、英、德等国派遣留学生。当时，李鸿章、沈葆桢分别建立南洋、北洋海军，建造或购买船舰枪炮，设立军港，故所派学生集中于学习军事、造船、驾驶。派出人数较少，年龄较大，均为20岁上下的青年，出国之前已在国内学堂中学习，掌握了外国语和基本科学知识。出国学习的期限亦较短，所学课程甚多，故学习紧张，而学生们勤奋刻苦，成绩优异。当时，清朝出使大臣薛福成称赞他们："近年出洋学生试于书院，常列高等，彼亦知华人之才力不后西人也。"（《出使四国日记》）

第二批留欧学生于1880年后陆续回国，大多在海军、造船厂、学堂中供职。其中最有名的是严复，他初学驾驶，后来对西方的社会科学发生兴趣，孜孜钻研，曾将《天演论》等译成汉文，对中国思想界影响极大。还有马建忠学习法律、政治、语言，是早期的改良主义思想家。这批留学生中，最多的是海军将领。中日甲午战争中，参加黄海大战的12艘主力舰只，有8艘的管带（舰长）是留欧学生，有1艘的管带是第一批的留美学生。以身殉职的留欧学生有刘步蟾（定远管带）、林泰曾（镇远管带）、林永升（经远管带）、黄建勋（超勇管带）。另如致远管带邓世昌虽不是正式留学生，却曾到英、德等国考察、学习一年，也是一位短期的留学生。

孙中山也是在这期间出国，但他不是政府派遣，也不是往欧洲国家。他于1878年作为华侨家属，前往檀香山求学，时年12岁。

此后，出国留学的第三批学生是辛亥革命前的留日学生。经过甲午战争、戊戌变法、八国联军侵华战争，帝国主义的侵略日益深入，中国面临灭亡的危机，越来越多的人了解到向西方学习的重要性，出国留学成为社会的时尚。主要是前往日本学习，因为日本是向西方学习最有成效的国家。日本在1894年甲午战争中打败了中国，在1904年日俄战争中又打败了俄国。日本崛起的成功引起了中国青年的歆慕，并且由于中国废止了科举取士，断绝了知识分子出仕的传统渠道，知识分子不得不另辟道路。日本距离中国很近，路费、学费、生活费较便宜，于是大批青年涌向日本，形成留学日本的热潮，从每年几百人发展到几千人、1万多人，如1906年赴日学生达1.2万人，1907年达1万人。学习的科目主要是政治、法律、军事。因为甲午战争失败了，戊戌变法也没有成功，大家越来越认识到，不进行政治改革，中国就没有前途。一部分留学生主张渐进的改革，成为立宪派；一部分留学生主张推翻政府，进行彻底改革，成为革命派。革命派的影响极大，著名人物如黄兴、宋教仁、邹容、陈天华、秋瑾、吴玉章、鲁迅、陈独秀以及稍后的李大钊、郭沫若等。孙中山先生就是依靠这批留日的革命学生创立了中国同盟会，组织了许多次武装反清起义。黄花岗起义的烈士中如喻培伦、林觉民、方声洞等都是留日学生。1911年发生辛亥革命，推翻了清朝政府，结束了中国两千多年封建专制主义的统治，许多留日学生为革命筹谋划策、冲锋陷阵，做出了重大贡献。

中国的第四批留学生，就是庚款留美学生。八国联军侵华后，帝国主义要求中国赔款白银4亿两，这笔巨款相当于当时中国5年的财政收入。后来美国国会决定退还它所得到的赔款，用此款培养中国赴美的留学生。从帝国主义来说，希望培养自己的代理人，但从客观效果上看，恰恰和帝国主义的愿望相反，绝大部分的留学生成为科学家、爱国者，为祖国做出了重大贡献。

庚款留美学生从1909年起开始选派，办法是通过考试。第一年考试从640人中选出47人，入选率7%，第二年从400人中选出70人，入选率17%，可见考试之难与选拔之严。退还的庚款每年数目不等，少时近50万美金，多时达80万美金。为了解决选派和培养中的困难，1911年创办清华学堂（后改名清华大学），作为留美的预备学校。从清华学堂建立到1929年间，派往美国的留学生达1279人，除庚款留学生之外，通过其他途径前往美国或欧洲各国的留学生还有很多。

第四批留学生的特点是：1. 学习自然科学者居大多数。和辛亥革命前的留日学生大多学习法政和军事不同，辛亥革命前集中注意于政治改革，故所学专业以法政、军事为多。辛亥革命以后，大家注意于国家建设，一股实业救国、科学救国的思潮弥漫于全国，故庚款赴美学生多学习理工农医。据竺可桢先生回忆："恐怕全部庚款留学生中学工农理科的都要占百分之七八十。"（见1961年清华大学访问记录）2. 有较多学生取得学位。据1917年和1918年编印的《游美同学录》，所列名单537人，其中博士47人、硕士202人、学士227人，无学位者仅61人。

留美学生在刻苦求学的同时，组织各种团体，相互联络交流，显示了炎黄子孙强大的凝聚力。1913年归国的留学生组织了欧美同学会，探讨学术，联络友情，成为全国性的留学生团体。1914 年，留美学生又建立了中国科学社，出版《科学》杂志，开展学术活动，推动科学研究。

庚款留学生中，卓有成就者甚多，如语言学家赵元任、气象学家竺可桢、化学家侯德榜、生物学家秉志、桥梁专家茅以升、经济学家马寅初、法学家王宠惠、哲学家兼文学家胡适、教育家蒋梦麟、名记者杨杏佛等。

第五批出国的留学生是留法勤工俭学的学生。1914 年第一次世界大战爆发，法国缺乏劳动力，10 万华工应募赴法。同时，在蔡元培、李石曾、吴玉章等的倡导下，大批青年学生赴法勤工俭学。1919 年后出现了赴法留学的高潮，许多青年经受了五四运动的洗礼，追求民主、科学，主张劳工神圣，倡导"工读主义"，纷纷赴法。1920 年，留法勤工俭学人数有 1600 多人。这些学生既无官费或庚款的支持，又无家庭和亲友的奥援，处境很困难。但他们怀着探求真理、学习科学的热诚，一面工作，一面读书，艰苦奋斗，自食其力。他们中间的一批人在留学期间学习了马克思主义，吸收苏联十月革命的经验，完成了从民主主义到共产主义的转变，成为中国最早的一批优秀共产党员，对中国革命做出了伟大的贡献。其中有周恩来、邓小平、蔡和森、王若飞、李富春、陈毅、聂荣臻、向警予、蔡畅等。朱德也在那时留学，所去的国家是德国。

第六批是去苏联留学的学生。苏联革命成功，经过内战后，局面稳定。这时，中国国内共产党诞生，工农运动发展。走十月革命的道路，是青年中的普遍要求，许多有志青年纷纷赴苏学习，较早的如刘少奇、瞿秋白、任弼时、张太雷等，所学的是马克思列宁主义的革命理论。后来，莫斯科创办了中山大学，专为中国革命培养干部，大批共产党员以至部分国民党员均曾留学苏联，如陈云、杨尚昆以及王稼祥、张闻天、博古、王明等，蒋经国也曾留苏学习。以前在欧洲留学的不少学生，也曾转往苏联学习，如朱德、邓小平、李富春、李立三等。这是在国际国内新形势下开辟的一条新的留学道路，为中国革命造就了大批领袖人才。

　　第七批是 20 世纪 30 年代和 40 年代去欧洲或美国深造的留学生。他们在国内外战火纷飞的年代负笈出洋，怀抱着建设祖国的希望，所学大多为理工农医，也有学习社会科学的，较早的如林巧稚（医）、钱学森（物理）、谈家桢（生物）、钱钟书（文学）、钱三强（物理）、费孝通（社会学）、钱伟长（物理）、汪德昭（声学）；稍晚的如黄昆（物理）、唐敖庆（化学）、谢希德（物理）、裴维藩（农学）、林兰英（物理）等。新中国成立以后，他们响应祖国号召，陆续回国，数十年来站在生产和科研的第一线，毕生为社会主义建设做出奉献。这批留学生中还有诺贝尔奖金获得者杨振宁、李政道、李远哲等，他们成为世界上第一流的科学家。

　　第八批是新中国成立以后，派往苏联、东欧的留学生。由于当时国内外的形势，新中国只能实行"一边倒"的政策，即倒向社会主义，不能再向欧美、日本派遣留学生（台湾尚有大批留美学生）。为了学习建设国家的本领，解放初期曾派遣大批学生往苏联和东欧。李鹏、邹家华、李贵鲜、宋健都是留苏生，李铁映留学捷克，江泽民亦曾在苏联实习，成为今天党和国家的领导人。

第九批就是改革开放以来10余年公派或自费出国的留学生，人数达10多万人，规模大大超过以往各个时期。所去的国家遍及美国、欧洲、日本、澳大利亚，所学专业的涵盖面也极为宽广。这批留学生在今天，尤其在即将来临的21世纪必定会发挥巨大的作用。

以上所说的9批留学生，只是勾画了120年来留学教育的大体轮廓，还有许多留学生分散出国，遍及世界各地，不一定能纳入这个大的框架。这九次浪潮是近代留学教育的大致历程。"长江后浪推前浪"，每个历史时期的不同形势决定了该时期留学教育的不同特色，形成一条漫长而又光辉的路程。留学生在中国近现代史上留下了不可磨灭的功绩，他们有理想、有知识、有能力，怀抱救国救民的一片赤诚，努力工作，鞠躬尽瘁，无论在政治上、思想上、科学技术上都发挥了先锋作用、骨干作用。差不多每个历史时期的重大事件，都有留学生参与其中，他们是中国革命和建设中不可缺少的力量。

留学生长期生活在国外，一方面，他们怀念祖国，希望祖国繁荣富强，具有强烈的爱国意识；另一方面，他们长时间生活在异国他乡，所见所闻和国内不同，思想观念、行为作风和国内的人有一定差异，他们所学专业也要求较高的工作条件，因此对他们应多多理解、尊重、爱护。从历史上看，留学生不管通过什么途径出国，到什么国家去，也不管学什么专业，他们绝大多数是爱国的，是有用的栋梁之才。留学先辈们勤奋刻苦的事迹，对国家、民族的贡献以及他们的人品、学问，值得敬仰。120 年来留学教育的成绩应该充分肯定，其优良传统应该进一步发扬。特别在今后进一步改革开放中，出国留学的潮流是不可遏阻的，应当积极推动，善于引导，努力帮助。近代留学教育的历史是实行开放、学习和吸收世界先进文明成果的历史，是中国进入世界大潮，开展竞争、拼搏、奋力前进的历史，也是探求真理、振兴中华、发扬爱国主义的历史。其中许多先进人物、感人事迹以及宝贵的经验教训，值得我们学习、借鉴、吸取，以改进留学工作。

戊戌时代的思想解放[*]

一

每一个剧烈变动的历史时代，都有那个时代的"思想解放"运动。中国在春秋战国之际，濒临着奴隶制度的崩溃和封建制度的生长，封建阶级的代言人感受到了时代脉搏的跳动，对一切旧传统进行猛烈的批判，他们著书立说，相互问难，相互辩论，形成了学术思想界百家争鸣、万木向荣的新气象。这是封建阶级从奴隶制传统观念中解放出来的一次大运动。14 到 16 世纪的西欧，正处在资本主义的发生发展阶段，当时以意大利为中心掀起了一个文艺复兴运动，出现了一大批欢呼新时代的思想家，在哲学、宗教、文学、艺术等各个领域内开始树起人文主义的进步旗帜。这又是西欧新兴资产阶级从中世纪独断主义

---

[*] 本文发表于《历史研究》1958 年第 9 期。

中解放出来的一次大运动。历史上的这种思想解放运动都是时代的产物，都是当时社会所包含的根本矛盾的产物，历史发展到特定的时期，新的生产力和旧的生产关系之间的矛盾，新的经济基础和旧的上层建筑之间的矛盾，开始激化了、尖锐了。生活给人们提出了解决矛盾、促进社会发展的任务，进步的思想家们站在矛盾的新生方面，解释这些矛盾，提出解决的方案，阐明发展的前途。新时代的思想家们，好像是暴雨欲来时的狂飙，好像是战斗准备前的号角，他们以敢想、敢说、敢做的精神，抨击过去，歌颂未来。横扫前进道路上的许多旧传统、旧观念，动员并号召人们投入战斗。在历史上，差不多每一次经济和政治变革的同时都会相应地出现一次思想的解放，而思想的解放反过来又成为经济与政治变革的推动力量。

　　60 年前，中国也出现了一次资产阶级的思想解放运动，这就是戊戌时代维新和守旧的斗争。这个思想解放运动也是适应当代生活的要求而出现的。当时动荡的时代给人们提出了两个大问题。一个是经济生活中资本主义因素的发生和初步发展，资本主义经济的发展要求摆脱旧的束缚，要求帝国主义和封建主义给自己让道。另一个是自从鸦片战争以后形成的民族危机，特别到 1894 年中日甲午战争以后，出现了帝国主义瓜分中国的形势，中国人民要求抵抗外来侵略，挽救民族、国家的危亡。现实生活所提出的这两个大问题，摆在每一个阶级、每一个人的面前，迫使他们表明自己的态度，提出自己的看法。

　　当时以慈禧太后为首的地主官僚中的顽固派是"正

统"的当权派，他们对任何新事物一概采取敌视和压制的态度，把机器技术看做"奇技淫巧""雕虫小技"，把提倡工商业叫做"本末倒置""上下交征"，把西方的政治制度文化制度斥为"邪说诐行""离经叛道"。他们在几千年的封建老铺子里佩戴上一副有色眼镜，东望望，西瞧瞧，愈是新鲜的、生气勃勃的事物，他们愈是觉得灰溜溜地可憎可厌。在鸦片战争以后的几十年里，他们虽然也吃了西方资本主义国家的一点苦头，但是他们不可能从中吸取适当的教训，他们大言不惭地声称：西方国家有轮船、枪炮、机器，中国则有纲常、礼义、诗书。轮船、枪炮、机器不过是"形而下"的小器，而纲常、礼义、诗书却是"为天地立心，为生民立命"的大道。大道是超过小器的，因此中国的封建主义当然也就一定会战胜西方的资本主义。这班冬烘先生成天在"以拙制巧""用夏制夷"的昏梦中过日子，但是尽管这样，当外国侵略战争真正临头的时候，顽固派每一次都是最彻底的投降派，因为他们在抵抗外国侵略方面其实是一筹莫展，毫无所能的。

另一个统治集团是地主、官僚、买办的洋务派，这一派以李鸿章、张之洞为代表。他们在基本的政治立场上与顽固派并无分歧，但是这个派别较多地依附于外国资本主义的势力，他们对西方的"船坚炮利"推崇备至。为了适应资本主义侵略者的要求，他们主张对封建制度作一些调整。李鸿章说当前的局面是"千年来一大变局"，"处今时势，外须和戎，内须变法"。他所主张的"变法"与

"和戎"并行，其实际内容就是：要求封建顽固派放下虚骄自大的架子，向侵略者屈服，并从侵略者那里找到支持力量，来维护其腐朽的统治。所以梁启超批评李鸿章"其于西国所以富强之原，茫乎未有闻焉，以为吾中国之政教、文物、风俗，无一不优于他国，所不及者惟枪耳、炮耳、铁路耳、机器耳，吾但学此而洋务之能事毕矣"①。

　　随着中国资本主义的初步发展，在中国社会上也出现了一批具有资本主义思想的爱国知识分子，这就是戊戌时代的维新派。维新派代表着中国新兴资产阶级的利益。新兴资产阶级一方面和封建主义帝国主义有非常密切的联系，他们的力量十分薄弱，开办企业的时候要依靠反动势力的庇护和支持，因此他们不敢正面冲撞反动派，不敢展开彻底的斗争；另一方面，他们也承担着帝国主义和封建主义这两座大山的沉重压力，他们只能够在地下伛偻爬行，不可能挺起胸膛，迈步前进，因此对反动势力的钳制也深感不满。维新派就是这一新兴阶级的代言人。维新派思想有不少落后的、软弱的方面，这种落后和软弱的方面，是他们的历史地位阶级地位所带来的，但是他们要求发展资本主义，挽救被瓜分的危机，在一定程度上主张民主自由和民族独立，要求从封建阶级的旧思想中解放出来。维新志士为着自己的抱负，同反动派进行了较量，抛头颅，洒热血，在所不惜。在当时中国满天封建主义的阴云下，维新派的思想和活动是进步的，他们在中国历史上

――――――――――――

　　① 梁启超：《李鸿章》。

写下了资产阶级启蒙运动的一章。

维新思想的萌芽可以追溯到 1840 年鸦片战争以后，当时，一批先进的知识分子，从魏源、冯桂芬，到薛福成、马建忠，他们为了挽救中国的危机，曾经从西方介绍了不少知识。但是维新思想真正掀起一个政治运动，却以 1895 年康有为领导的"公车上书"为起点。当时，正是甲午战争失败后清朝政府在跟日本侵略者谈判投降条件的时候，爱国的人民不甘屈服，在全国范围内掀起了一个反投降的热潮，康有为集合了在北京会试的 1200 名举人，发起了一个上书运动，提出"拒和、迁都、练兵、变法" 4 个口号，以拒和作为目的，以变法作为手段。维新派的"拒和、变法"与洋务派的"和戎、变法"显然是本质上不同的两件事情，一个是投降主义的变法，一个是反对投降主义的变法，这样就使得维新派思想和洋务派思想在最根本的问题上，站到了对立的立场上。"公车上书"虽然没有也不可能制止封建阶级的投降活动，但从此以后，维新变法的政治运动和思想运动日益发展。在政治战线上，维新派和守旧派爆发了一场争夺政权的斗争。在思想战线上，新学与旧学，学堂与科举，西学与中学也展开了争夺地盘的激烈斗争。一些先进的思想家，举着"维新、变法"的大旗，向封建制度展开了进攻。由于力量对比的悬殊，维新派没有能够取胜，他们在政治上被反动派打得丢盔卸甲，在思想上也偃旗息鼓，阵脚大乱。戊戌时代的政治改良和思想解放运动好像瞬间凋谢的昙花一样，并没有结出累累的果实，但是它仍有重大的意义，人们久处在封建闭塞的发霉气氛中，忽然从那里吹过来一股新鲜的气息，麻木不仁的头脑开始清醒过来了，僵硬的四肢逐渐动弹起来了。专制独断的皇权思想，昏人神智的八股文章，以及桎梏性情的纲常伦理，这一切曾经是封建阶级麻醉和统治人民的武器，现在这些武器上也长起了斑斑锈痕。人民不仅从戊戌政治运动中认清了反动派的凶恶面目，而且也从戊戌思想运动中吸取了精神解放的力量，把反帝反封建的斗争更加推向前进，这样就使得中国的政治局面很快地从改良主义的阶段迈进到资产阶级革命阶段。

二

戊戌时代思想解放的内容是紧密地和政治斗争相结合的。当时新兴资产阶级主要的政治任务是挤进统治机构中去，分享政权。为了达到这个目的，维新派提出"兴民权"、"开议院"和"君主立宪"等主张，这些主张都是帮助资产阶级进入政权的手段。在世界历史上，资产阶级取得或分享政权的形式不外乎有两个，或者是利用人民群众的力量，彻底摧毁封建制度，建立起民主共和国的资产阶级专政（如1789年的法国资产阶级革命那样）；或者是由于资产阶级的软弱，不能够，也不敢于进行彻底的斗争，反而跟封建主握手言欢，沆瀣一气，建立起君主立宪的地主资产阶级的联合统治（如德国1848年的革命和日本1868年的明治维新那样）。每个国家究竟是实现哪一种形式，是要看当时阶级力量的对比关系而定的。戊戌时代的中国，新兴资产阶级是十分软弱的，没有进行资产阶级革命的力量和勇气，因此，他们从西方的政治模型中选取了"君主立宪"作为蓝本，他们高唱"民权""议院""宪法"等主张，其目的无非是要求封建阶级让渡给自己部分的权力。但是，即使是这种并不能触动封建基础的改良主义要求，也遭到顽固守旧的统治阶级的拼命反对。守旧派从封建社会绝对专制主义的皇权观念出发，驳斥维新派说，"民有权，上无权矣"①，"使民权之说一倡，愚民必喜，乱民必作，纪纲不行，大乱四起"②。所以"议院必不可设，君权必不可下移"③。他们直截了当地拒绝了任何分享政权的企图。

为了打通进入政权的道路，推进变法运动，就必须要对作为封建制度有力支持的专制皇权观念进行批判，从理论上阐明资产阶级议会政治的合理性。资产阶级维新派像法国革命前的思想家卢梭一样，论证了国家和君主的起源，提出了君民关系的新观念。维新派的急先锋谭嗣同说：

> 生民之初，本无所谓君臣，则皆民也。民不能相治，亦不暇治，于是共举一民为君。夫曰共举之，则非君择民，而民择君也。夫曰共举之，则其分际又非甚远于民，而不下侪于民也。夫曰

---

① 叶德辉语，见《翼教丛编》卷五。
② 张之洞：《劝学篇·正权》。
③ 《变法首先防弊论》，光绪二十四年九月二十五日《申报》。

共举之，则因有民而后有君；君末也，民本也。
天下无有因末而累及本者，亦岂可因君而累及民
哉？夫曰共举之，则必可共废之。君也者，为民
办事者也；臣也者，助办民事者也。赋税之取于
民，所以为办民事之资也。如此而事犹不办，事
不办而易其人，亦天下之通义也。①

按照谭嗣同这种说法，原来巍巍在上，发号施令的
"天子"不过是老百姓"共举"出来的，并不是什么应天
承运的权威，而且皇帝办不好事情，还可以"共废之"。这
样一来，几千年相传的君权神授观念，一下子被戳穿了。
而且，维新派还进一步说，君主的存在是暂时的，有条件
的，人们所以"共举"君主，那是由于人类社会还停留在
较低级的阶段，"有其相欺，有其相夺，有其强梗，有其
患害，而民既为是粟米丝，作器皿，通货财，与凡相生相
养之事矣。今又使之操其刑焉以锄，主其斗斛权衡焉以
信，造为城郭甲兵焉以守，则其势不能，于是通功易事，
择其公且贤者，立而为之君"②。所以君权的产生并不是
由于什么不可捉摸的"天命"，而不过是人类蒙昧时代的
一种社会分工而已，随着社会的进步，君权应该是愈来愈
削弱，而逐渐趋于灭亡。正是基于这种看法，维新派提出
所谓"张三世"的说法，就是"多君为政之世"（据乱
世）必然要让位给"一君为政之世"（升平世），而"一

---

① 谭嗣同：《仁学》卷下。
② 严复：《辟韩》。

君为政之世"又必然要让位给"民为政之世"（太平世）。历史的进化将会使君主制度永归消灭，到了理想的大同世界里，那就"人人平等，无有臣妾奴隶，无有君主统领"① 了。

维新派的这种解释，并没有真正科学地解释君主制度的发生和发展，因为他们完全缺乏阶级的分析。但是他们却是历史地批判了"君权神授"的传统观念，把君主制度的发生、发展还原为简单的人与人的关系，使专制皇权思想发生根本动摇，这在当时不能不说是一种大胆新颖的见解。而且，维新派对君主制度的抨击并不仅仅停留在理论概念上，他们更进一步对于中国几千年来专制君权制度下的悲惨现实作了一幅淋漓尽致的写照。在这方面，谭嗣同是最激烈的一个，他历数了从秦始皇以来的专制暴政，一概否定了封建社会的政治和学术，认为"二千年来之政，秦政也，皆大盗也。二千年来之学，荀学也，皆乡愿也。唯大盗利用乡愿，唯乡愿工媚大盗"②。他直斥清朝统治者"秽壤""羶种""禽心""毳俗"，"如此黑暗地狱，直无一法一政，足备纪录，徒滋人愤懑而已"③，甚至他还表示愿意列入起义农民的行列，所谓"志士仁人求为陈涉、杨玄感，以供圣人之驱除，死无憾焉"④。这种由民主主义思想和民族主义感情所交织成的灿烂篇章，

---

① 康有为：《大同书》。
② 谭嗣同：《仁学》卷上。
③ 谭嗣同：《致汪康年书》。
④ 谭嗣同：《仁学》卷下。

不仅使其他同时代改良主义者的作品黯然失色，而且在整个中国思想史上也闪耀着光辉夺目的异彩。

其他维新派虽然没有像谭嗣同那样激昂陈词，但是他们几乎都众口一词地指出：专制君主制度的存在是中国贫弱落后的根本原因之一。照维新派看来，在专制主义的高压下，君民之间，官民之间存在着无法解决的矛盾，这种矛盾愈来愈尖锐，以致使"民""屏息潜伏不敢轻议国事，以触文法，……其民之气既散，益块然干槁，安于醉生梦死"，"外患猝至，乃如摧枯拉朽，莫能御矣"①。资产阶级在对封建主做斗争的时候，总是把自己打扮成全民的代表者，把他们自己与封建主的矛盾说成是全体人民与封建主的矛盾。他们对顽固的守旧派说：这种矛盾发展的后果，必然要弄到亡国灭种的地步，只有实行"立宪"和"议会"，才能"解生民于倒悬之危，置国家于磐石之安"，才能使"君民之间，仍复浃洽，耳目最近，喘息必闻，凡申详反复之繁难，胥吏挟持之弊窦，皆一洗而空之，以故国家无难决之疑，言路无壅蔽之患，内政既清，外侮不作"②。总之，维新派在"国家利益"和"全民利益"的盾牌下，竭力想说服统治者，要求按照资产阶级的意愿和利益来安排政治制度，以便自己能插足进统治机构中去。

在阶级利益的推动下，维新派就是这样和专制君主制

---

① 欧榘甲：《论大地各国变法皆由民起》。

② 赵而霖：《开议院论》。

度展开了战斗，力争从专制主义皇权制度和皇权观念的束缚下解放出来。这是一个有很大意义的进步，因为君权神授观念是封建专制制度的一块重要基石，历代封建主曾经制造了各种荒诞离奇的神话，规定了许多繁文缛节，标榜忠君死节的伦理观念，把专制君权弄得如此地高深莫测，如此地神圣不可侵犯，以致即使是反抗封建制度最坚决的历代农民起义的英雄们，也被这个传统观念紧紧地束缚住。农民们没有能力来识破这个混乱的历史疑团，因此他们在高举武器反对封建君主的时候，也还没有忘记掉要一个"好皇帝"。维新派在这方面的确是跨进了一大步，他们提出了君民关系的崭新观念，拆穿了几千年来君权神授的全部谎言，尽管维新派并不愿意推翻皇帝，但是仅仅这样一个新观念的提出和传布，在客观上便不能不发生深远的影响。因为当人们从君权神授的迷信中一旦解放出来之后，就有可能继续迈进，走上推翻帝制的革命道路。所以戊戌时代的这一思想解放，为以后许多知识分子的进一步革命化提供了一个出发点。

　　资产阶级维新派虽然尖锐地抨击了专制皇权观念，但是他们并没有超越改良主义的范围。他们在论述"民权"问题的时候，大多是小心翼翼，不把民权渲染得过分。他们一则说："及今而弃吾君臣可乎？曰是大不可。何则？其时未至，其俗未成，其民不足以自治也。彼西洋之善国且不能，而况中国乎？"① 再则说，"权者生于智者也，有

---

① 严复：《辟韩》。

一分之智，即有一分之权，今日欲伸民权，必以广民智为第一义"。三则说，"欲兴民权，必先兴绅权，欲兴绅权，宜以学会为之起点"①。在维新派看来，中国人民是愚昧的群氓，毫无自治的能力，必须有一个皇帝来统治，所以推翻帝制是遥远渺茫的理想，不是当前所要采取的行动。当前的重要问题不过是要提高"绅权"，让资产阶级分享政权；不过是要改革教育，通过教育来解决其他一切政治问题。这样，维新派的眼睛虽然望着前面的目标，可是他们的两脚却不由自主地从侧面滑到了泥塘里去，在这里，他们的阶级利益被陈述得何等坦率，他们的软弱性又暴露得何等鲜明啊！

三

回避斗争，把文化教育当做社会的首要问题，这是当时维新派的一个共同谬误，这个谬误的产生正是由于新兴资产阶级力量的软弱，他们一方面不敢动用更有力的武器来改变旧制度，不敢过分地开罪顽固统治者；另一方面他们在强大的反动势力面前深感自己的力量薄弱，迫切需要培养和团聚起一批肯为资产阶级效忠的人才。正是在这种情况下，推广教育，培养人才的问题在维新派心目中才显得特别的重要。所以康有为认为"欲任天下事，开中国

---

① 梁启超：《戊戌政变记》卷八《上陈宝箴议论湖南应办事》。

之新世界，莫急于教育"①。何启说："人者致治之具，善修其具，则为逸而功多，不善修其具，则为劳而功少，……无其具而欲求其治，譬犹渡川而无舟楫，伐木而无斧斤。"② 梁启超说："变化之本，在育人才，人才之兴，在开学校，学校之立，在变科举。"③ 维新派既然把人才看得如此之重要，那么他们究竟怎样来着手培养呢？

显然，封建主义文化教育的老一套是不能够符合资产阶级要求的。资产阶级势必要另外创立崭新的一套。创新必先除旧，不从传统封建文化的束缚中解放出来，就无法树立资产阶级的教育制度，也就无法培养出资产阶级所需要的人才。所以戊戌时代形成了一个批判旧文化旧教育的热潮，特别是科举制度和八股文体几乎成为众矢之的。

科举制度和八股文体是厚古薄今、脱离现实的集中表现，又是废话连篇、言之无物的文字玩弄的典型。它要求知识分子"代孔孟立言，禁不得用秦汉以后之书，不得用秦汉以后之事"④，因此知识分子只能"遨游于三代之上"，不但脱离现实生活，而且连秦汉以后两千多年的典章制度也茫无所知。它又要求知识分子只能按照固定的八股格式做文章，甚至连字数都是规定了的，结果只能是望题生义地拼凑一阵，乱写一通，只要楷法工正，"则虽一

---

① 梁启超：《康有为传》。

② 何启、胡礼垣：《新政论议》。

③ 梁启超：《论变法不知本原之害》。

④ 梁启超：《戊戌政变记》卷一《新政诏书恭跋》。

书不读，一事不知，亦可以致高位，持国柄"①。在这种
制度下所培养出来的知识分子，只能是愚昧无知，抱残守
缺的封建卫道者，只知道拿着几本圣经贤传来反对一切新
生事物。所以维新派竭力反对这种制度，梁启超说："八
股取士，为中国锢蔽文明之一大根源，行之千年，使学者
坠聪塞明，不识古今，不识五洲，其弊皆由于此。"严复
称：八股有三大害，一是锢智慧，二是坏心术，三是滋游
手，"总之，八股取士，使天下消磨岁月于无用之地，堕
坏志节于冥昧之中，长人虚骄，昏人神智，上不足以辅国
家，下不足以资事蓄"②。类似这种抨击科举和八股的言
论，在当时维新派的著作中俯拾皆是。

维新派不仅攻击科举、八股，而且更广泛地批判了封
建主义教育的各个方面。归纳起来，维新派认为封建主义
的文化教育，有以下几点弊害：第一是教育不普及，"妇
女不得入学，以无才为福，……既无女学，则四万万之民
去其半矣"，"耕农之贫，工作之贱，乡无义学，阀非贵
胄，室无诗书，家乏衣食，于此而欲得读书识字，望若云
天，二万万人中若此者殆十而九"③，所以在封建统治下，
绝大多数人是目不识丁的文盲；第二是教学方法方面，
"但责诵读，不求义解"，违反由浅入深、循序渐进的原
则，"童齿未毁而授以平治天下之书，之无粗识而授以诘

① 梁启超：《戊戌政变记》卷一《新政诏书恭跋》。
② 梁启超：《戊戌政变记》卷四《推翻新政》。
③ 徐勤《中国除害议》。

屈聱牙之奥"①，不但学童对所学的内容没有理解，而且也大大摧残了儿童身心的正常发展，结果只能培养出一批畸形古怪的酸秀才；第三是教学方针的厚古薄今，脱离现实，所谓"摇头顿足，高吟低咏，惟腐烂文数篇"，"乡里子弟，读书十年，而不能作一书札"，"通人学士，或有问一里之长几许？无能答者"，甚至"一代名臣而不知范仲淹为何人，曾入翰林而问司马迁为何科前辈"②。对于这种教育制度，资产阶级维新派是特别愤慨的，他们干脆把它叫做"愚民"政策。徐勤说："覆中国、亡中国必自科举愚民不学始也。""不学而愚之术，莫若使之不通物理，不通掌故，不通古今，不知时务，聚百万瞽者跛者而鞭笞指挥之。"③ 维新派对封建文化教育的这种批判，确是尖锐辛辣，鞭辟入里，触及了封建主义文化教育的本质。

在批判旧文化教育的同时，维新派又大力宣扬自己的文化教育主张。他们共同的方针，一是"学以致用"，二是"讲求西学"，一反以往士大夫空谈性理、玩弄词章、抱残守缺、无裨实际的恶习。维新派对于当时在学术界占统治地位的"宋学"和"汉学"，一般都是抱反对态度的。康有为对宋学的评价是"拘且隘"，对汉学的评价是"碎且乱"④。在国难当头之际，不论是空谈心性的"宋

---

① 徐勤：《中国除害议》。
② 同上。
③ 同上。
④ 康有为：《礼运注叙》。

学"，或是琐屑考据的"汉学"，都是使得人们脱离现实，磨损志气的精神鸦片，维新派主张，学术应该干预现实、干预生活。谭嗣同说，"凡不依于实事，即不得为儒术，即为坑儒之坑"①。这是何等积极的主张！当时现实生活提出了两个重大的要求，一个是发展资本主义、争取民主自由的要求，这就是所谓"求富"，另一个是反对外国瓜分、争取民族独立的要求，这就是所谓"求强"。维新派的一切主张都是围绕这两个大问题而提出的，所以他们把自己的学问称为"富强之学"。严复说："求才为学二者，皆必有用为宗，而有用之效，征之富强。"② 怎样才能富强呢？就是向西方学习。维新派特别歆羡日本的明治维新，因为明治维新就是东方封建国家向西方资本主义国家学习而得到成效的一个例证。康有为给光绪皇帝进呈了一本《日本明治变政考》，他在序言中写道：

> 夫凡有兴作，必有失弊，几经前车之覆，乃得后轨之道。今我有日本为向导之卒，为测水之竿，为探险之队，为尝药之神农，为识途之老马，我尽收其利而去其害，何乐如之？譬如作室，欧美绘型，日本为匠，而我居之也。譬如耕田，欧美觅种灌溉，日本锄艾，而我食之也。
>
> 若以中国之广土众民，近采日本，三年而宏规成，五年而条理备，八年而成效举，十年而霸

---

① 谭嗣同：《报贝元征书》。

② 严复：《救亡决论》。

图定矣。

为了学习西方，在文化教育方面相应的措施就是翻译西方书籍，大办学堂、学会和报纸。维新派称译书、学堂、学会、报纸这一套资产阶级文化教育事业，是"陈其利害，广其见识，发其神思，开其风气"的唯一工具，也是戊戌变法运动中最重要的措施。维新派的改革工作在其他方面的成就并不大，但在文化教育方面的确做了很多有益的事情：传统的八股取士一度被废止而代之以策论；在北京创办了京师大学堂（北京大学的前身），各地也开设了许多普通学堂和专业学堂，资本主义的学校制度开始起来取代封建主义的学塾和书院；社会科学方面的西方名著，像《天演论》、《原富》、《法意》、《名学浅说》被翻译介绍过来，成为当时最有影响的畅销书；各地的政治性的和学术性的学会如雨后春笋纷纷出现，成为资产阶级团聚力量、准备干部的组织；还有各种各样的报纸，风发泉涌，百花齐放，或者是议论时局，或者是高谈政治，或者是介绍西学，或者是评价人物，在群众中展开了有力的宣传鼓动。这一切都是知识分子从封建传统的文化教育中解放出来的表现，虽然为时不久，变法运动就被顽固派所扼杀，但这种社会风气一开，顽固派费尽心力，也不可能遏制了。就像欧榘甲所说："斯时智慧骤开，如万流滃沸，不可遏抑也。及政变而八股复矣，然不独聪明英锐之士，不屑再腐心焦脑，以问津于此亡国之物，即于高头讲章，舌耕口穑数十年，号为时艺正宗者，亦谓诵之无味，不如多阅报之为愈矣。"① 这种风气的改变确是资产阶级维新派不可泯没的一件功劳。

当然维新派当时还不可能从封建文化教育的羁绊中一下子完全解放出来，在他们身上还保留着极其浓厚的封建色彩。例如，维新派把几千年传统学术攻击得体无完肤，称"三代下无可读之书"②。但是对于封建学术中最老牌的"孔家店"却不敢有半点冒犯。康有为写了许多著作，把自己的变法主张都托之于孔子的主张，康有为说：孔子的大道几千年来都淹没无光，没有很好的发挥，只有自己才是真正继承和发扬了孔子的微言真传，所谓"天爱群生，赖以不泯，列圣呵护，幸以流传，二千五百年至予小子而鸿宝发现"③。这种说法从顽固派的立场来看是"僭窃圣统，狂妄自大"，从革命派的立场来看却是资产阶级软弱妥协的具体表现。大家都知道：孔子学说是封建主义文化的集中代表，维新派一面竭力反对封建文化，一面却又拼命抱住孔老夫子做招牌，这显然是一个矛盾。这个矛盾正是反映了当时新兴资产阶级既要斗争，又怕斗争的特点。有的顽固派就抓住这一点进行反攻。如湖南的顽固派头子叶德辉大骂维新派说："二十四朝之君主，谓之民贼而独推崇一孔子，是孔子受历代褒崇为从贼矣。狂吠可恨！"④ 叶德辉是从右的方面来攻击维新派的，可是正由

① 欧榘甲：《论政变为中国不亡之关系》。
② 谭嗣同：《仁学》卷下。
③ 康有为：《礼运注叙》。
④ 《湖南时务学堂课艺批》《叶德辉按语》。

于维新派自己陷在不可摆脱的矛盾之中，所以他们对叶德辉所指责的这一点，只能张口结舌，无言以对。

四

政治观念和文化学术观念方面的斗争，其最终结果必然会转化到更高级的形态，亦即转化为世界观和方法论方面的斗争。顽固派在这场斗争中动员了几千年遗留下来的封建主义陈腐哲学，作为理论上的护符。为了攻击顽固派，资产阶级维新派创造了自己时代的新哲学，从更高的理论原则上来论证变法维新的重要性。在这方面贡献最大的就是谭嗣同。

顽固守旧派的命题是"天不变道亦不变"。他们声称：世界上的各种现象虽然是错综复杂、五光十色的，但是最根本的"天"和"道"总是固定不变的，中国的"道"是圣人发明留传下来的，是世界上最好的东西，何必去学习外国呢？只要我们守好固有的"道"，去应付一切复杂现象，就可以措置裕如了。"以不变应万变"这就是顽固派的态度。像封建社会的三纲、五常、诗书、礼教，在顽固派看来自然都是应该谨守勿失的"大道"。这种哲学观点拒绝改革、反对变法的反动性是非常明显的。

为了反对这种观点，维新派提出了以下三个反命题。

第一个反命题是"道不离器"。维新派认为：世界上并没有像顽固派所说的脱离具体事物的空洞的"道"，"道"总是离不开器的，也就是说精神、理性是离不开物质的具体形态的。谭嗣同说:"所谓道,非空言而已!必有所丽而后见,……丽于耳目,有视听之道;丽于心思,有仁义智信之道;丽于伦纪,有忠孝友恭之道;丽于礼乐征伐,有治国平天下之道。故道,用也;器,体也。体立而用行,器存而道不亡。自学者不审,误以道为体,道始迷离惝恍,若一幻物,虚悬于空漠无朕之际,而果何物也耶?于人何补,于世何济,得之何益,失之何损耶?"[①]"道"和"器"的关系是中国哲学史上一直争论不休的大问题,有些哲学家认为"道在器先",道是第一性的,这就形成唯心主义营垒。另一些哲学家认为"道在器中",器是第一性的,这就形成唯物主义营垒。谭嗣同的整个哲学体系虽然并未超越唯心主义的范围(例如,他认为构成宇宙万物的"以太"归根到底仍旧是脱离客观实在的抽象),可是当他正面和反动派论敌对阵交锋的时候,在他的哲学论证中常常不自觉地迸发出唯物主义的光彩,像他在论证道和器的关系时就是如此。谭嗣同运用这个唯物主义的命题有力地打击了顽固派,他说:"夫苟辩道之不离乎器,则天下之为器亦大矣。器既变,道安得独不变?"[②] 这样从唯物主义立场提出的反驳,就使得顽固派"天不变道亦不变"的论据失去了立脚点。

　　资产阶级维新派第二个最有积极战斗意义的反命题是"日新"。所谓"日新"就是变化和发展的观点,一切都

---

①　谭嗣同:《思纬壹壹·台短书——报贝元征》。

②　同上。

在变化之中，一切都在从低级到高级的运动之中，这个观点是被维新派所特别强调的。戊戌时代，中国社会正处在从独立的封建社会变成半殖民地半封建社会的时代，变化着的各种现象实在太多了，介绍过来的西方科学成就也实在太新鲜了。时代的变动和科学发展的成果反映到中国当时进步思想家的头脑里，就形成了生动活泼的变化和发展观点。谭嗣同说："天不新，何以生？地不新，何以运行？日月不新，何以光明？四时不新，何以寒暑发敛之迭更？草木不新，丰缛者歇矣；血气不新，经络者绝矣；以太不新，三界万法皆灭矣。"又说："昨日之新，至今日而已旧，今日之新，至明日而又已旧，所谓新理新事，必更有新于此者。"① 梁启超说："凡在天地之间者莫不变，昼夜变而成日，寒暑变而成岁。大地肇起，流质炎炎，热镕冰迁，累变而成地球。海草螺蛤，大木大鸟，飞鱼飞鼍，袋兽脊兽，彼生此灭，更代迭变而成世界。紫血红血，流注体内，呼碳吸氧，刻刻相续，一日千变而成生人。……贡助之法，变为租庸调，租庸调变为两税，两税变为一条鞭。井乘之法变为府兵，府兵变为彍骑，彍骑变为禁军。学校升造之法，变为荐辟，荐辟变为九品中正，九品变为科目。上下千岁，无时不变，无事不变，公理有固然，非夫人之为也。"② 处在这样一个万物流变的世界里，就必须适应变动，跟上时代。特别是当时的中国，处

---

① 谭嗣同：《仁学》卷上。
② 梁启超：《变法通议·自序》。

在"地球既通、万国争并、瓜分豆剖、大势相迫"的危险环境中，怎么还能够死抱住祖宗的陈规遗法，不肯放手呢？维新派经常援用"穷则变，变则通，通则久"的古代成语来开导守旧派。康有为写道："盖变者，天道也。天不能有昼而无夜，有寒而无暑，天以善变而能久；火山流金，沧海成田，历阳成湖，地以善变而能久；人自童幼而壮老，形体颜色气貌，无一不变，无刻不变。《传》曰'逝者如斯'。故孔子系'易'以变易为义。又曰'时为义大'。时者，寒暑裘葛，后天而奉天时，此先圣大声疾呼，以仁后王者耶？泰西之国，一姓累败而累兴，盖善变以应天也。中国一姓不再兴者，不变而逆天也。夫新朝必变前朝之法，与民更始，盖应三百年之运。顺天者兴，兴其变而顺天，非兴其一姓也。逆天者亡，亡其不变而逆天，非亡其一姓也。一姓不自变，人将顺天代变之，而一姓亡矣。一姓能顺天，时时自变，则一姓虽万世存可也。"① 康有为虽然这样的"苦口婆心"，无奈言者谆谆而听者藐藐，顽固派并不理会这一套，他们仍旧在梦想使历史开倒车，高唱"今不如古"、"宁静淡泊"、"守道不变"，顽固派在历史发展的激流中，好像是不知痛痒的木偶一样，他们除了一套纲常伦理、时文八股之外，对国家盛衰，民族存亡根本是漠不关心的。所以谭嗣同愤慨地质问顽固派：你们这种违拗"日新"、反对"变革"的态度，难道真正能够"窒天之生，扼地之运行，蔽日月之

① 康有为：《进呈俄罗斯大彼得变政记·序》。

光明，乱四时之迭更"吗？难道真正能够阻挡历史车轮的前进吗？当然，这是绝不可能的。谭嗣同指出：在历史规律面前，"彼（指顽固派——作者注）之力又何足云尔哉？毋亦自断其方生之化机，而与于不仁之甚，则终成为极旧极蔽一残朽不灵之废物而已！"① 不管你愿意变还是不愿意变，历史总归还是要前进的，任何人企图违抗历史发展的潮流，势必要成为历史规律抛弃的可怜虫！梁启超也向顽固派大声疾呼："变者天下之公理也，大地既通，万国蒸蒸，日趋于上，大势相迫，非可阏制。变亦变，不变亦变，变而变者，变之权操诸己，可以保国，可以保种，可以保教。不变而变者，变之权让诸人，束缚之、驰骤之。呜呼！则非吾之所敢言矣！"② 就是这样，维新派把发展变化的观点和当前的变法运动紧密地结合在一起，使他们的哲学观点具备了丰富的现实材料和重大的战斗意义，也使他们的政治主张在更高的理论原则上得到透彻而有力的阐发。

资产阶级维新派提出的第三个反命题是"仁以通为第一义"。这是谭嗣同"仁学"中开宗明义的第一句话。谭嗣同把宇宙的本体叫做"仁"，"仁为万物之源"，按照谭嗣同的说法："仁"是无所不包、无所不在、无所不通的，所谓"偏法界、虚空界、众生界，有至大之精微，无所不胶粘、不贯洽、不筦络，而充满之一物焉。目不得

---

① 谭嗣同：《仁学》卷上。
② 梁启超：《论不变法之害》。

而色，耳不得而声，口鼻不得而臭味，无以名之，名之曰
‘以太’。其显于用也：孔谓之‘仁’”①。谭嗣同认为：星
地日月，为什么能够互相吸引，构成大宇宙呢？这是由于
“以太”的作用，是由于“仁之通”。五官百骸，为什么
能够组成人体呢？也是由于“以太”的作用，也是“仁
之通”。总之，谭嗣同把一些粗浅的自然科学知识和中国
的传统哲学糅合在一起，设想出一个统一的无限的宇宙
观，而统一的基础就是“仁”。

谭嗣同的“仁”，虽然离辩证唯物主义的宇宙观还是
很遥远的，但它在反对封建主义等级关系和闭塞习气的斗
争中却发挥了积极的作用。谭嗣同解释道："仁"的最大
特点就是“通”。“通”有四个意义，即“中外通”、“上
下通”、“男女内外通”、“人我通”。封建社会中森严的等
级制度使上下隔绝、男女内外隔绝、人我隔绝，显然是和
“通”的原则相违背的。而封建主义的“名教”又是这种
等级关系在观念上的反映，“名”是讲究封建等级的名分
隶属关系，而“仁”是讲究自由平等的关系。所谓“通
之象为平等”、“平等者，致一之谓也。一则通矣，通则
仁矣”②。所以谭嗣同依据“仁以通为第一义”的原则，
对封建名教进行了激烈的声讨，他说：

　　　俗学陋行，动言名教，敬若天命而不敢渝，
　畏若国宪而不敢议。嗟乎！以名为教，则其教已

---

① 谭嗣同：《仁学》卷上。
② 同上。

为实之宾，而决非实也。又况名者，由人创造，上以制其下，而不能不奉之，则数千年来，三纲五伦之惨祸烈毒，由是酷焉矣。君以名桎臣，官以名轭民，父以名压子，夫以名困妻，兄弟朋友各挟一名以相抗拒，而仁尚有少存焉者得乎？然而仁之乱于名也，亦其势自然也。中国积以威刑，箝制天下，则不得不广立名，为箝制之器。如曰"仁"，则共名也，君父以责臣子，臣子亦可反之君父，于箝制之术不便，故不能不有忠孝廉节，一切分别等衰之名。[1]

又说：

君臣之祸亟，而父子夫妇之伦遂各以名势相制为当然矣，此皆三纲之名之为害也。名之所在，不惟关其口，使不敢昌言，乃并锢其心，使不敢涉想。愚黔首之术，故莫以繁其名为尚焉。君臣之名，或尚以人合而破之。至于父子之名，则真以为天之所命，卷舌而不敢议。不知天命者，泥于体魄之言也，不见灵魂也。子为天之子，父亦为天之子，父非人所得而袭取也，平等也。……《记》曰："婚姻之礼废，夫妇之道苦，"本非两情相愿，而强合渺不相闻之人，縶之终身，以为夫妇，夫果何恃以伸其偏权而相苦哉？实亦三纲之说苦之也。夫既自命为纲，则所

---

[1]　谭嗣同：《仁学》卷上。

以遇其妇者，将不以人类齿。……独夫民贼，固
甚乐三纲之名，一切刑律制度皆依此为率，取便
己故也。①

从"仁"和"通"的哲学中，谭嗣同演绎出这样激
昂慷慨、精彩透彻的议论，真正是唱出了跟封建名教观念
势不两立的对台戏。

维新派提出了如上所述的三个主要命题来反对顽固派
的陈腐哲学，当然，由于历史和阶级条件的限制，资产阶
级维新派不可能把自己的哲学思想发展得充分圆满。他们
的著作中虽然包含着一些唯物主义的因素，但是由于他们
的软弱，不敢和传统的儒学、佛学宣告决裂，因而他们并
没有成为真正的战斗的无神论和唯物论者。谭嗣同说：
"仁为天地万物之源，故唯心，故唯识。"② 康有为也认为
沟通天地人我之间者为"不忍之心"③。资产阶级维新派
并没有摆脱唯心论哲学体系的羁绊。此外，维新派虽然强
调变化、发展的观点，但是他们只承认量变，不承认质
变，汪康年说："小水之相会，非欲成大川也，然而成大
川之道在此矣。众声之相和，非欲成大响也，然而相和已
多，则成大响矣。治水者自流，伐木者披枝，事固有由散
而后得整，由流而后及源者。"④ 这种渐变论的观点正是
改良主义政治主张的理论根据，也是维新变法运动招致失

---

① 谭嗣同：《仁学》卷下。
② 谭嗣同：《仁学》卷上。
③ 康有为：《大同书》。
④ 汪康年：《论中国求富强宜筹易行之法》。

败的根本弱点。

五

以上是戊戌时代思想解放运动的粗略梗概。当然，这样一个思想解放远不是彻底的。维新派虽然抨击了专制主义的皇权神授观念，用资产阶级的民主、平等原则重新解释了君民的关系，但是他们不敢直截了当去推翻帝制，他们还死抱住光绪皇帝，甚至不惜以身殉之；维新派提倡资产阶级的文化和学术，对科举、八股攻击不遗余力，但是，他们托古改制，依附圣贤，盘旋在孔孟的脚下，不可能和封建主义文化彻底决裂；维新派主张发展变化，反对停滞静心，并且也曾吐露和发挥过唯物主义的个别论点，但是他们反对质变，反对革命，强调"不忍之心"，不去和反动势力进行正面的斗争，却妄想以企求恩赐的办法换取枝枝节节的改良，他们跟形而上学和宗教唯心论仍旧保持着紧密的血缘关系。这就是戊戌时代思想解放运动所达到的和没有达到的。一个时代的思想潮流，归根到底是该时代物质生活条件的反映。戊戌时代，祖国正处在水深火热、任人宰割的重重苦难中，当时，刚刚从地主阶级中分化出来的资产阶级知识分子为了挽救国家危亡而在黑暗中探求摸索，但是，仅仅只有初步发展的微弱的资本主义经济，并不能给他们提供充分的物质支持力量，维新派不仅处在一场力量悬殊、没有胜利希望的战斗中，而且他们自己也带着很浓厚的封建因素，不可能把思想解放的任务进行得再深入一步。不久，当帝国主义奴化思想和封建主义复古思想的反动同盟军，稍稍一反攻，"所谓新学，就偃旗息鼓，宣告退却，失了灵魂，而只剩下它的躯壳了"。历史在继续前进，"五四"以后，中国产生了崭新的文化生力军，这就是中国共产党人所领导的共产主义的文化思想，这支文化生力军以新的武器、新的阵势，向帝国主义文化和封建主义文化展开了英勇激烈的进攻。可是，曾经站在历史潮流前头的维新派却在向后倒退，当年反对专制皇权的主张一变而为"保皇"、"复辟"，当年反对科举、八股的主张一变而为"尊孔"、"读经"，维新派违背了自己主张的变化发展的哲学观点，顽固地违抗历史的前进。最后，他们就像当年守旧派一样，在历史的铁的规律面前碰得头破血流。

戊戌变法运动离开今天整整是60年，这60年，特别是最近10年，社会的发展是多么迅速！戊戌时代那些先进人物的想法和看法似乎离开我们已十分遥远了。我们的祖国，在中国共产党的领导下不但已经摆脱了帝国主义和封建主义的压迫，而且在经济战线、政治战线、思想战线上也取得了社会主义革命的基本胜利。祖国的社会主义经济建设正在以一日千里的速度向前跃进。今天，中国人民又在经历一次新的思想解放运动，和历史上任何时代的思想运动比较起来，今天的思想解放才是真正彻底的解放。今天的思想解放，首先是劳动者的思想解放，它是反对一切剥削阶级的思想观点的，而不是以某种剥削阶级的观点去反对另一种剥削阶级的观点（如戊戌时代以先进的资产阶级思想观点去反对反动的封建阶级思想观点），只有在社会主义的光辉时代里，劳动者才能够真正掌握住自己的命运，才能够成为国家的主人翁，因而他们的精神面貌也必然要发生巨大的革命；今天的思想解放又是全民的思想解放，它并不像历史上的思想运动那样仅仅限制在少数人的狭小圈子里，少数人垄断知识的时代即将一去不复返，文化知识正在大普及，千千万万新的知识分子正在涌现、成长，人民群众无穷无尽的智慧和创造力量得到了真正充分地发扬；今天的思想解放又是理论和实践的统一，人民群众从实践中提出任务，解决任务，真正做到了敢想、敢说，而且敢做，不像历史上的思想运动，与实践脱节，只是"说多做少"，甚至是"只说不做"；今天的思想解放是真正彻底的思想解放，劳动人民对于横亘在前进道路上的一切思想障碍是无所留恋、无所畏惧的，他们将以疾风暴雨的形势扫荡一切剥削阶级观点和主观主义、保守主义思想，为社会主义建设开辟一条宽广的康庄大道。

戊戌改革的历史反思[*]

　　发生在 19 世纪末的变法维新运动，在中国掀起了巨大的波澜，产生了深远的影响。戊戌变法以来，90 个春秋过去了，中国经历了无数艰难曲折，遇到了许多风风雨雨，才取得了民主革命的胜利，走上了社会主义的初级阶段。戊戌变法以来的这段漫长的路程，值得我们回顾和反思。90 年后的今天，我们又一次处身在新的改革、开放的浪潮中，对改革的必要性和艰巨性有了深刻的体会，所以，回头来看 90 年前的戊戌改革，许多问题可能会看得更加清楚。戊戌变法是客观的历史，客观历史已经形成，是不会改变的。但历史学家总是站在现实的基地上去认识和反照过去。历史学家的主体条件发生了变化，客观历史便会呈现出更深的层次，更远的意义。我想：这次学术讨论会的主题应该是：站在今天改革和开放的高度去反思、审视和重新评价 90 年前戊戌时代的改革运动。

---

　　* 本文选自《戊戌维新运动研究论文集》。

　　戊戌变法时的维新志士们提出的改革目标是要使国家富强、民族复兴。他们的愿望和理想和今天有许多共同点。从某种意义上说，我们正在社会主义的条件下继承戊戌志士的爱国热忱和改革理想。他们当时提出的改革措施是发展经济，发展文化，改革政治，实行开放，也有不少和今天共同的地方。康有为写了一本《大同书》，毛泽东主席批评他没有找到一条到达大同世界的路。我们有远大的共产主义理想，但要实现这一理想，还要走很漫长艰苦的路程。

　　在纪念戊戌变法90周年之际，作为历史学家，我们不能不站在现实的基地上进行冷静的、理性的思考。戊戌变法以来，我们做了多少事？中国前进了多少？我们能够从戊戌的改革中学习到什么？今后的改革能不能进行得更快、更有成效？

　　我们通常把戊戌变法的失败归之于反动派的破坏，是由于袁世凯的告密和慈禧太后发动政变。这样说当然是不错的，但还不能非常透彻地说明戊戌变法失败的原因。我们应该挖掘到更深的层次。试问：如果没有慈禧太后和袁世凯，戊戌变法是不是就能够一帆风顺，抵达胜利？事情看来还不那样容易，还会遇到各种各样的阻力。问题在于：旧中国存在着阻碍改革的强固的社会基础，在这一基础上生长着保守的经济体制、政治体制、文化心理。慈禧太后和袁世凯都是这一盘根错节的社会基础的产物和代表。如果没有社会基础，顽固派是发挥不了那样强大的破坏作用的。铲除几个人比较容易，铲除阻碍改革的社会基础就要困难得多，要有几个世代的人们坚持不懈的努力。

面对着90年前的戊戌改革以及今天的改革开放，我们不禁要问：改革是如何发生的？一个社会在什么情况下会使改革起步？改革应该依靠什么样的力量？如何勾画出改革的蓝图并付诸实施？在改革的道路上会有多大阻力，多少困难？怎样采取措施减少阻力？改革成功的机会有多少？怎样使改革胜利的可能性变成现实性？等等。这一系列问题至关重要，可以从历史和现实中总结教训，加深认识。甚至可以建立一门"改革学"或"社会发展战略学"、"现代化进程学"。当前，非常需要这种学问，对改革进行深思熟虑，高屋建瓴地从理论上支持改革的实践。

改革是一种社会需要。当社会矛盾尖锐、各种弊端滋生、社会难以正常运转和发展时，才会唤起改革的意识和改革的行动。一部分先进人士最先认识改革的必要性，他们集合起来，掌握了一定的权力，实行自上而下的改革。戊戌变法就是这样，这是在中日甲午战争失败、帝国主义瓜分中国的危机下产生的一种社会需要，是由康有为等人发动并得到光绪皇帝支持的政治运动。所以，社会矛盾的尖锐和先进分子的觉醒、集合就能使改革启动。但是，改革的进展和成功取决于更加复杂的因素。

第一，改革的成功要有大多数人的支持，这就一定要制定改革的理论、纲领，并广泛宣传，让群众理解改革的必要性和目标、步骤，吸引群众，投身到改革中去，为之奋斗。改革运动的领袖总是杰出的理论家，学识渊博，思想深邃，智力高超，能够以创造性的理论教育群众，使群众围绕改革，产生强固的凝聚力，并能以自己的洞察力烛照改革前途上的困难，带领群众前进。戊戌变法时，康有为、梁启超、谭嗣同等人学识高深，写了许多著作，从各方面阐明了改革运动，他们提出了当时所能提出的较好的主张。遗憾的是：他们的理论并不成熟，对中国情况和改革运动的规律所知不深，特别是他们所能影响的群众范围还很小，只有一部分知识分子和官吏，因此在政治舞台上起不了很大的作用。他们虽然说服了光绪皇帝来支持改革，但和顽固派较量，力量对比仍然悬殊。当时，广大人民没有文化知识，处在社会底层，维新派做不到对他们联系和进行教育，人民群众的绝大多数处在变法改革的圈子之外，对变法不是一无所知，就是漠不关心，也就谈不上理解和支持改革。因此，反对改革的势力大大超过了支持改革的势力。戊戌变法也就不能不以失败告终。戊戌变法后，梁启超痛定思痛，写了一篇《新民说》，要与民更始，从老百姓的启蒙教育做起；孙中山以后也懂得要"唤起民众"，"扶助工农"；中国共产党领导革命更是努力发动群众，注意依靠群众。民主革命胜利后，毛主席在《论人民民主专政》一文中又一次讲到"严重的问题是教育农民"。改革要取得成功，必须唤起民众，提高全民族的文化素质，用改革的理论武装他们，得到他们的理解和支持，在民众中焕发出认同、团结、奋发、拼搏的精神，才能破除阻力，使改革乘风破浪，迅速前进。

第二，改革要在稳中求进。改革是个渐进过程，是新质要素的逐渐积累。对现存事物不必要，也不可能使之在一夜之间全部改观。改革不是用暴力行动一举摧毁旧秩序，而是通过和平的、民主的、有计划的步骤，促进新旧体制的交替，要稳扎稳打，步步推进。最佳的改革方案是使社会不发生剧烈震动，而又使社会成员不断受益，使改革在一个安定而宽松的气氛中持续进行。有时候，改革也会带来一时的经济衰退、生活下降和政治动乱，一定要把损失和动荡控制在一定范围，减少到最低程度。改革者当然不能因暂时困难和挫折而惊慌失措、动摇退却，但又要充分重视困难，实事求是地估计社会的承受能力。改革措施，如果引起剧烈的动荡，并使很多人蒙受重大经济损失，总是不可能成功的。因此，改革的目标和构想是远大的、雄心勃勃的，而每一改革的步骤和具体政策必需审时度势，十分谨慎小心，切勿操之过急，急于求成。戊戌变法期间，维新派在不可能大有作为的情况下，却开出了许多空头支票，高喊"大变"、"速变"、"全变"，要求几年之内"大见成效"。百日维新期间，诏书频颁，新政繁多，像雪片似的下达。企图百废俱举，一步登天。有些改革措施，固然十分必要，但涉及很多人的生计利益，就要谨慎从事，例如，精简衙门，裁撤冗官，停止科举考试，将各地寺庙改为学堂，这些无疑都是正确而必要的政策。但是不做准备，不分步骤，不对有关人员做出妥善安排，贸然颁发一纸命令，强制进行，不但不能生效，反而在许多官吏、僧道和知识分子中引起疑虑和恐慌，增加了改革的阻力，对改革实无益而有损。

第三，执行改革的人，其品质和行为十分重要。进行改革是为人民、为社会谋利益，不是为改革者、执行者自身谋利益。执行改革的政府官员为政清廉，公平执法，具有高尚的道德情操，富有献身精神，才能给改革树立良好的形象，赢得群众的敬服和拥护。改革的失败常常和执行改革者的品质和行为联系在一起。营私结党、贪污腐化，以权谋私是改革的腐蚀剂，最容易败坏改革的声誉。所以，树立廉政，整肃政纪，使弊绝风清，是改革成败之所系，绝不能掉以轻心。戊戌变法中，顽固派攻击维新派夤缘求进，馈礼不绝，宾客盈门，车水马龙。"今日一袍料，明日一马褂料。今日一狐桶，明日一草上霜桶"（章太炎《革命道德说》）。维新派的行为不自检束，遂授人以口实。康有为逃亡海外期间，也有滥用和挥霍华侨捐款的行径。宋代的王安石变法，其方向和目标都是正确的，但变法阵营内麇集着像吕惠卿、蔡京这样的腐败分子，给变法抹黑，而反对变法的阵营内反而有大批正人君子、学者文士，如司马光、程颢、程颐、苏轼等人。这样，王安石变法就难以得到社会的信赖和支持，这是变法失败的重要原因。

第四，防止改革目标在实施过程中被扭曲。改革的方向、目标、政策即使是好的，但观念上的东西一旦接触实际，可能扭曲变形，"橘逾淮而为枳"，什么样的土壤中只能结出什么样的果实。所以，改革者不但要制定政策，而且要反复估量政策在实际中的可行性，并且要监督其实施，形成一套信息反馈机制。有时，一种很好的创议和政策，但在实施过程中，受到各种因素的干扰、各种力量的拉曳，会变得面目全非，好事反而变成坏事，政策实施的后果会使政策的制定者大吃一惊，大出意外，变成不是原来所设想的后果。戊戌维新派主张编练军队，想不到帮助了军阀的兴起，他们鼓吹立宪政治，想不到10年以后却在宪法的招牌下出现了皇族的集权。有时候，一种政策措施要在较长的时间中才能显示出或正或负的效应。

当然，戊戌变法中可以研究的、带规律性的东西很多，在这里不能一一列举。戊戌变法的研究对现实有某些借鉴作用。我们要深化改革，必须坚持四项基本原则，进一步研究改革的规律、改革的理论。从过去和今天的实践中进行研究，总结其经验教训，加深对改革的理解，以促进当前的改革。改革呼唤理论，理论指导和促进改革。历史学家要有当代意识，要有参与意识，要关心改革，满腔热情地支持改革。为改革、开放的伟大事业探索历史的根据，寻找历史的借鉴。历史学要开拓新的研究领域，提高研究水平，使研究课题具有强烈的现实意义，体现时代精神。这样，历史学才能够走出远离社会、远离群众的困境，才能够摆脱危机而焕发青春，显现出蓬勃的朝气和强大的生命力。

孙中山的对外开放思想[*]

孙中山先生毕生尽瘁于中国的民主革命事业，反对帝国主义、封建主义，努力使国家独立富强。他曾设想过在民主革命胜利之后，怎样建设中国。在他的《建国方略》等著作和一系列讲演中，对中国的经济、文化发展描绘了一幅宏伟的蓝图。他极力主张对外开放，适应世界潮流，加强国际联系，积极引进外国的资本、专业人才、科学技术、管理知识，利用国际上经济和科技发展的成果，加快中国的建设速度。孙中山把这一思想称为"开放主义"。他说："今欲急求发达，则不得不持开放主义。利用外资，利用外人，皆急求发达我国家之故，不得不然者。"① "仆之意最好行开放主义，将条约修正，将治外法权收回，中国有主权，则无论何国之债皆可借，即外人之投资

---

* 本文发表于《北京社会科学》1986 年第 3 期。
① 《在济南各国团体欢迎会的演说》（1912 年 9 月 27 日）。

亦所不禁。"①　中山先生有时候也把这一思想称作"开放门户"或"开放政策"。他说："现世界各国通商，吾人正宜迎此潮流，行开放门户政策"②，"何以名为开放政策？就是让外国人到中国办理工商等事。"③

　　自然，中山先生提倡开放主义，其前提条件是保持中国的主权和独立。外资的输入，人才的聘用，科学技术的引进，机器设备的购买都要有利于国民经济的发展，而不能损害国家的主权利益。所以，中山先生在阐述"开放主义"时，总要反复强调"打破一切不平等条约"，"主权万不可授之于人"。

　　孙中山的"开放主义"是针对传统的"闭关主义"而言的。闭关主义建立在封建小农经济和专制主义统治的基础之上，特别在清朝，政府和人民群众尖锐对立，它执行闭关政策更加严格，妄自尊大，故步自封，自我孤立，拒绝接受外来的新事物、新思想。中山先生斥之为"荒岛孤人"的政策。"素自尊大，目无他国，习惯自然，遂成为孤立之性，故从来若欲有所改革，其采法惟有本国，其取资亦尽于本国而已。其外则无可取材借助之处也。是犹孤人之处于荒岛，其所需要皆一人为之。不独自耕而食，自织而衣，亦必自炊而后得食，自缝而后得衣，其劳苦繁难，不可思议。然其人亦习惯自然，而不知有社会互

---

① 《在上海中华实业联合会欢迎会的演说》（1912 年 4 月 17 日）。

② 《在上海报界公会欢迎会的演说》（1912 年 10 月 12 日）。

③ 《在安徽都督府欢迎会的演说》（1912 年 10 月 23 日）。

助之便利，人类交通之广益也。"①

中国很早就进入了封建社会，但在汉唐盛世，对外政策是比较开放的，闭关和排外的意识还比较少。孙中山指出："开放主义，我中国古时已有之。唐朝最盛时代，外国人派遣数万留学生到中国求学，如意大利、土耳其、波斯、日本等国是。彼时外国人到中国来，我中国人不反对，因中国文明最盛时代，上下皆明开放主义有利无弊。"② 但到了封建末期的清朝，由于国内民族矛盾的尖锐和专制统治的加强，清朝政府害怕人民和外国人接触，会沾染"异端思想，会助长反抗的意识和活动。所以，利用闭关主义，不许外国人来，使人民将一国当作天下，自然没有国家思想，皇帝之位亦即无人干涉"③，这就是清朝政府严格进行"闭关锁国"的原因。"禁止中国人移居海外，违者处死"，并"立意要排斥外国人，希望中国人民憎恨他们，以免因受外国人的启迪而唤醒了自己的民族意识"④。

可是，清政府的闭关政策彻底失败了。它既阻挡不住外国的侵略，也防止不了人民的革命。1840 年以后，帝国主义对中国发动了一系列武装进攻，中国的门户被迫开放，丧失了领土和主权，签订了许多不平等条约，中国逐步变成了半殖民地半封建社会，人民受尽了苦难和屈辱。

---

① 《建国方略之一》，《心理建设》第 7 章。
② 《在安徽都督府欢迎会的演说》（1912 年 10 月 23 日）。
③ 同上。
④ 《我的回忆》（1911 年 11 月中旬）。

可是，有许多人还不觉醒，闭关主义的流毒尚未肃清，仍然拒绝向外国学习，拒绝和外国交流，"虽闭关自守之局，为外力所打破者已六七十年，而思想则犹是闭关时代荒岛孤人之思想。故尚不能利用外资，利用人才，以图中国之富强也"①。孙中山全力反对闭关主义，因为这种思想违背世界的潮流，不利于国家建设和民族前途，不彻底否定闭关主义，中国就不可能迅速地繁荣富强。

孙中山指出：世界上工业发达的国家，无不采取"开放主义"。美国的经济发展很迅速，"其实业之发达，今已为世界冠矣"，它的一个重要经验是，"资本则悉借之欧洲，人才亦多聘之欧洲"②。我国的近邻日本，原来也是落后的封建国家，"日本先时亦不乐与别人交通，近数十年，因开放门户，遂成亚东强国"③。可见要进行经济文化建设，使国家繁荣富强，必须对外开放，"今人犹持昔日之闭关主义，实于时势不合"④。

孙中山提倡"开放主义"是他具有真知灼见和非凡勇气的表现。他说这些话是在 70 年以前，在当时尚有浓厚闭关主义思想的环境中，他的主张可能被视为"崇洋媚外"而遭到攻讦，也可能被卖国者加以曲解利用。孙中山的伟大之处，在于他很早就看清楚建设中国的途径，只有对外开放，才能使中国富强。他拨开了思想上的重重

① 《我的回忆》（1911 年 11 月中旬）。
② 《建国方略之一》，《心理建设》第 7 章。
③ 《在广东省第五次教育大会上的演说》（1921 年 6 月 30 日）。
④ 《在上海报界公会欢迎会的演说》（1912 年 10 月 12 日）。

迷雾，能言人所不能言，敢言人所不敢言。即使周围的阻力很大，可能遭到曲解或指责，仍然坚持自己的正确主张，不遗余力地阐述、宣传。可以说：孙中山倡导的"开放主义"，一直没有被很多人所充分理解。只有在今天，在社会主义新中国现代化建设的过程中，遇到了和当年类似的问题，提出社会主义的对外开放政策。这样，孙中山曾经倡导的"开放主义"愈益显示其正确性和重要意义，他的远见卓识也被更多的人所理解了。

中山先生对于"开放主义"的具体内容作了详细阐述。他认为：革命成功以后，经济建设是刻不容缓的当务之急，但中国是个贫穷落后国家，既缺少兴办实业、工矿、铁路的资金，缺少机器设备、科学知识和专门人才。要迅速地进行建设，必须"效法泰西"，"循西方已有之规"。当辛亥革命刚刚发生，孙中山还在国外，准备束装归国，就对《巴黎日报》的记者发表谈话，表示新生的共和国将振兴实业，整理财政，以图富强，但是"本国资本有限，如开矿及筑路等事，不能同时并举，势必愿外债为挹注；况科学专门知识以暨工程上之经验，尚在幼稚时代，亦非取材异域不可"①。"我无资本，利用外资"；"我无人材"，利用外国人材；"我无良好方法，利用外人方法"②。后来，他在护法战争失败后，居住上海，撰写《建国方略》，其第二部分《实业计划》中，提出了经济

---

① 《与巴黎〈巴黎日报〉记者的谈话》（1911 年 11 月 21 日至 23 日间）。
② 《在北京招待报界同人时的演说和谈话》（1912 年 9 月 14 日）。

建设的宏伟蓝图，共有 6 个计划，涉及港口、铁路、工业、农业、矿产、水利、林业、移民等等，其宗旨是引进外资和科学技术，全面发展国民经济。他说："欢迎列国之雄厚资本，博大规模，宿学人才，精炼技术，为我筹划，为我组织，为我经营，为我训练，则十年之内，我国之大事业、必能林立于国中。"① 所以，中山先生即以《国际共同发展中国实业计划》作为《实业计划》篇首的标题。

要发展中国经济，必需购买大批外国机器，"外国在物质文明上的进步，真是日新月异，一天比一天的不同"，"机器物品，也是天天改良，时时发明"②。中国只有效法西方，改变传统的手工业生产，采用机器生产，才能够立足于现代世界中，并且将来能够赶上欧美国家。他说："吾国既有天然之富源，无量之工人，极大之市场。倘能借此时会，而利用欧美战后之机器与人才，则数年之后，吾国实业之发达，必能并驾欧美矣。"③ 中山先生反复强调引进机器的重要性。按照他的想法，中国有 4 亿人口，平均每人配备 10 匹马力机器，则共需 40 亿匹马力的机器。这样大量的机器，只能借外资购入。"资本者乃助人力以生产之机器也。……是故资本即机器，机器即资本，名异而实同也。曰欢迎外资而已，亦即欢迎机器而

① 《建国方略之一》，《心理建设》第 7 章。
② 《三民主义》，《民权主义》第五讲。
③ 《中国实业如何能发展》（1919 年 10 月 10 日）。

已"①。如果完全要靠自己积资制造，必定要花费漫长的时间，"数百年恐不能致也"。即使自己来制造，而造机器的工作母机，也要从国外引进，"此机器之母，必当购之外国矣"②。

要建设中国，还必须学习外国的科学技术、管理知识以及社会科学。孙中山早就大力宣传用先进的科学技术来开发中国的富源。"煮沙以作玻器，化土以取矾精，煅石以为用料"，"以风动轮代替人工，以水冲机而省煤力"；"用火作氧，以运舟车"③。只有采用西方先进的科学技术，才能够促进生产，使国家富强。除了自然科学之外，中山先生又十分重视社会科学和生产管理知识。他在国外几十年，考察政治、经济、法律、文化，钻研各种学说，孜孜不倦，取其精华。他自己说："兄弟底三民主义，是集合中外底学说，应世界底潮流所得的"④。他主张派遣大批留学生出国学习，"到各国之科学专门学校肄业。毕业而后，再入各种工厂练习数年，必使所学能升堂入室，回国能独当一面，以经营实业，斯为上着"⑤。除了学习专门知识外，还应该考察各国的社会，学习活的知识。在他和留法学生的谈话中说："我希望你们到外国去不要以能读死书求得一点知识为满足。你们应该除了专门科目而

① 《国父全集》第 2 册，第 166 页。
② 《复李村农函》(1919 年秋)。
③ 《上李鸿章书》(1894 年 6 月)。
④ 《在中国国民党本部特设驻粤办事处的演说》(1921 年 3 月 6 日)。
⑤ 《中国实业如何能发展》(1919 年 10 月 10 日)。

外，随时随地留心考察研究各国的人情、风俗、习惯、社会状况，以及政治实情等等。这些活的知识于你们学成归国之后，对国家、社会会有很大贡献的。"① 但是派遣大批留学生花钱很多，时间很长，缓不济急。另一办法是"广罗各国之实业人才，为我经营创造"。对于雇来的外国专家，要求他们培训中国人，以加快人才的成长。还有聘用什么专家，聘用多少外国专家都应按照我们的意图，"对于所雇外人，当可随意用舍"②。

　　孙中山对外开放思想中最重要，也最易被人误解的一点就是借用外债。要购买机器、派遣留学生、聘用专家、开发富源都需要大量资金，筹措这笔资金是极大的困难。中山先生认为：解决的途径是借用外债，"国家欲兴大实业而若无资本，则不能不借外债"③。他引用美国的例子，来说明借用外资以振兴中国的实业。"照美国发达资本的门径，第一是铁路，第二是工业，第三是矿产。要发达这三种大实业，照我们中国现在的资本、学问和经验都是做不来的，便不能不靠外国已成的资本。我们要拿外国已成的资本来造成中国将来的共产世界。能够这样做起，才是事半功倍"④。

　　在我国的传统思想中，借债是不光彩的事，借外债以兴实业更被认为是想入非非。清朝末年，中国也确实吃了

---

① 《与留法学生的谈话》（1919 年 11 月中旬）。
② 《建国方略之二》《实业计划》《第一计划》。
③ 《在南京同盟会会员特别会的演说》（1912 年 4 月 1 日）。
④ 《三民主义》，《民生主义》第二讲。

借外债的许多苦头。中日甲午战争以前，清朝虽然财政困难，但在传统思想的支配下，视外债为畏途，不肯多借外债。由于甲午战争和八国联军两次战争失败，赔款数目巨大，不得不借外债偿付。英、德、俄、法等国纷纷争夺对中国的贷款权利，乘机索取抵押，掠夺路权、矿权，划分势力范围，闹得乌烟瘴气。后来，盛宣怀等倡铁路国有政策，借外债以筑路开矿，丧失利益主权，而官僚们从中捞取回扣，以饱私囊。由此激起全国人民的反对，发生了收回利权运动，导致清朝控制的削弱以至清王朝的覆灭。殷鉴不远，记忆犹新，当时许多人视外债如鸩毒，谈虎色变，望而却步。而孙中山了解资本主义国家的情形，深知借贷资本的作用。借外债可以酿成祸患，也可以造福国民，全在于如何运用。"发展之权，操之在我则存，操之在人则亡"①。所以，他一反时俗的看法和习惯，大力宣传引进外资，借债兴实业。借债筑铁路，努力为国家的经济建设找一条捷径。

中山先生认为，必须区别两种情况，一种是为了发展生产而借债，另一种是因政治目的或单纯消费而借债。"借外债以营不生产之事则有害，借外债以营生产之事则有利"②。他反对因政治、军事目的而大借外债，这种外债只能供军阀们扩充军队，挥霍浪费，于国计民生无益有害，"日本与其他国家如果把政治的借款强加于吾人之

① 《建国方略之二》，《实业计划》自序。
② 《民生义义与社会革命》（1912年4月）。

身，则他们自己也将面临自招祸患的境况"①。

即使是为了发展生产而借外债，也要坚持原则，谨慎对待。一不失主权，二不用抵押，三利息甚轻，注意这三点，则借外债"但能兴利，又无伤主权"。孙中山很早就把革命作为建设的前提，只有恢复国家主权，建立贤良的政府，才谈得上建设，谈得上对外开放，引进外资。如果革命不能胜利，其他的设想都是梦幻泡影，这真是作为革命家的孙中山高出于改良主义者和实业救国、教育救国论者的地方。他说："不完全打倒目前极其腐败的统治而建立一个贤良政府，由地道的中国人（一开始用欧洲人做顾问并在几年内取得欧洲人行政上的支援）来建立起纯洁的政治，那末，实现任何改进就是完全不可能的。仅仅是铁路，或是任何这类欧洲物质文明的应用品的输入（就是这种输入如那些相信李鸿章的人所想象的那样可行的话），就会使事情越来越坏，因为这就为勒索、诈骗、盗用公款开辟了新的方便的门路。"②

孙中山批评了清朝政府以前所借外债，不是为了偿付赔款，就是为了购买军火，挥霍耗费。后来，借款筑铁路，帝国主义攫取种种权利，国家的主权、利益大受损失。"从前外人造路，路之所至，兵即随之。故路一经外人承修，不啻割地"③。这种外债，祸国殃民，孙中山是

①　《中国人之直言》（1920 年 4 月 3 日）。

②　《中国的现在和未来》（1897 年 3 月 1 日）。

③　《在济南各国团体欢迎会的演说》（1912 年 9 月 27 日）。

坚决反对的。他说："假如前清之借债筑路，实亡国之导线"①，"吾人更有不能不预为戒告者，即往日盛宣怀铁路国有之覆辙，不可复蹈也。"②

　　第一次世界大战以后，西方国家原来从事军工生产的机器大批闲置下来。孙中山认为：这是个好机会，可用借贷的方式，把机器运到中国来，转为民用生产。所谓借外债并不是都要借进现金，而是用借贷方式引进机器设备，"我用外国之款，转购外国之材料……各国必争先投资，绝无观望之可虑"③。还有一种引进外资的方式，就是中外合办企业。孙中山曾经设想与外国资本家合资创办银行、大型的兵工厂、百货公司等。1912 年，他曾和几个外国资本家联系洽谈，打算成立中西商办银行。中外各出资本 1000 万镑。"将来中国借债，即由该行出名，纯为经济问题，以免国家借债惹起政治交涉。且可利用该行发行公债票，销售外国市场"④。他又说：中国向外国购买军火，每年耗费许多金钱，应该创办一个大型兵工厂，资本 1 亿元。但中国独自筹款有困难，"何如与外人合办，由外人入股五千万，我国自出五千万，如准外人入股，外人因有希翼可图，绝非如雇佣之关系可比，于我必有利益"⑤。中山先生还建议在全国建立一个统一经营的百货

---

①　《在上海中华民国铁道协会欢迎会的演说》（1912 年 7 月 22 日）。

②　《建国方略之二》，《实业计划》，篇首。

③　《在北京报界欢迎会的演说》（1912 年 9 月 2 日）。

④　《在南昌百花洲行辕的谈话》（1912 年 10 月 21 日）。

⑤　《在北京迎宾馆答礼会的演说》（1912 年 9 月 5 日）。

公司系统，这个公司的半数股份将为中国政府所有，另一半股份则属于外商。"在一定时期内，这一系统将完全由外国人管理，晚后，再由逐渐培训合格的中国人员取代之"①。

　　在辛亥革命以后的一段时间，孙中山先生特别热心于修筑铁路。1912 年 4 月，他卸任临时大总统，以后前往北京，和袁世凯多次晤谈，并在各地发表演说，提倡借债筑路。10 月，中国铁路总公司成立，负责办理"交通部所办已成未成及已经签字，或载在草约成案上应筑之路，或已核准他公司承办路外"的全国铁路干线。孙中山担任中国铁路总公司的总理，曾派王宠惠与英国波林有限公司的佛兰珠勋爵商谈关于广州至重庆、兰州的铁路借款，后因二次革命爆发，事遂中止。

　　孙中山视铁路为最重要的建设项目，"交通为实业之母，铁道又为交通之母。国家之贫富，可以铁道之多寡定之，地方之苦乐，可以铁道之远近计之"②；"今日修筑铁路，实为目前唯一之急务，民国之生死存亡，系于此举"③。1912 年，孙中山先生提出修铁路 20 万里，耗资 60亿元的宏伟设想，一条由上海到伊犁的干线，一条由广州至喀什噶尔的干线，一条由广州经云南至西藏的干线，而兰州将成为有 13 条铁路汇合的交通中枢。在《实业计

---

①　《致戴德律函》（1914 年 11 月 9 日）。
②　《在上海与民立报记者的谈话》。
③　《在北京报界欢迎会的演说》（1912 年 9 月 2 日）。

划》中，他又丰富、发展了原来的设想，计划修筑中央、西北、西南、东北、东南、高原等大的铁路系统，共长10万英里。当然，筑路资金，极为庞大，从哪里筹集这笔巨款呢？办法是仿效美国。"美国之法为何？曰招徕外资、任用人才、政府奖励、人民欢迎。此四者可以助美国铁路之速成也"，"美国连贯国疆极端之铁路系统，大部分皆由外资敷设。在美国之富源未开发以前，早期敷设之铁路，事实上亦不得不利用外资也。但美国并未因此受害，且因此获巨利，臻于富强之域"①。中山先生还举京奉铁路（北京至沈阳）为例，说明我国有的铁路，借债修筑，也获得了利益。"吾国借债修路之利，如京奉以三年收入，已可还筑路之本，此后每年所进皆为纯利。如不借债，即无此项进款"②。他主张：借款由商办的铁路公司出面，与外国谈判立约，使借款筑路成为私人的商业性质，脱离政治范围，与政府不直接发生关系。"吾人将于创办之初，划清界限，以杜绝外来之干涉"③。他总结清末借债筑路和争路运动的教训，认为我们要争的应当是国家的主权，而非铁路的修筑经营之权。"夫吾人所当争者主权也，非路权也。倘主权不失，路权虽授与人，不失其利也；倘主权旁落，路权争回，不能免受其害也。"他主张要"舍路权而争主权，一旦主权恢复，我便可大开门

---

① 《中国之铁路计划与民生主义》（1912年10月10日）。
② 《在南京同盟会会员特别会的演说》（1912年4月1日）。
③ 《中国之铁路计划与民生主义》（1912年10月10日）。

户，欢迎外资，放任路权，同力合作"①。

中山先生还具体提出借债筑路的三种办法。第一种办法是向外国立约借款，自行修筑；第二种办法是中外合组公司，共同投资举办；第三种办法是批给外国资本家修筑，由其集资，由其建筑，由其经营管理，由其自负盈亏，条件是在40年后由我国无偿收回。他认为："在此种办法中，以第三种办法为最善。"因为这种办法有三个优点：一是事权不落外人之手；二是政府不承担债务；三是到期收路，不出赎资。"此在中国虽为创见，而在他国则已司空见惯矣。且利用此项办法者，无处不奏伟大的成效"②。

以上对孙中山的对外开放以促进经济建设的思想作了简略的叙述。总之，中山先生的这种思想是为了巩固国家的独立，促进经济的繁荣，这是伟大的爱国主义思想。一个国家立足于现代世界，要能生存发展必须实行开放。"今日欲救外交上之困难，唯有欢迎外资，一变向来闭关自守主义而为门户开放主义"③，"开放门户政策，利于保障主权"④。孙中山先生站在历史潮流的前头，具有世界眼光，把中国放在世界范围内，希望利用国际上雄厚的财力、物力和先进的科学技术，以促进中国经济文化的发展。时代已经进入20世纪，迥非中世纪各国的隔绝闭塞

---

① 《铁路杂志》题辞（1912年）。
② 《中国之铁路计划与民生主义》（1912年10月10日）。
③ 《在北京迎宾馆答礼会的演说》（1912年9月5日）。
④ 《在上海报界公会欢迎会的演说》（1912年10月12日）。

可比，任何国家和民族如果置身在国际联系之外，就不可能进行有效的建设，孙中山先生很早就认识到了这一点，这是超越时俗的远见卓识。他对于中国发展的前景十分乐观，充满着信心，他认为：中国版图广阔，人民勤劳，资源丰富，物产众多，具有很多优越条件。只要放弃闭关政策，实行对外开放，努力学习外国，积极引进外资，富强指日可待，而且将来必定能够赶上和超过西方国家。他说："我们要学习外国，是要迎头赶上去，不要向后跟着他。譬如学科学，迎头赶上去，便可以减少二百多年的光阴"，"如果能够迎头去学，十年之后，虽然不能超过外国，一定可以和他们并驾齐驱。"①

孙中山满怀希望，能和世界各国建立平等、互惠、友好的关系。他建议，"美国的资本家们与中国人联合，共同开发中国的实业……合作的基础建立于平等互惠的原则上"②。又希望"日本实业界早日觉悟，对华投资须以非侵略的、对等的，而以增进中国人民幸福为要紧"③。中山先生相信：中国的繁荣富强将对世界有利。因为中国的经济发展了，工厂的开设，铁路的修筑，矿藏的开发，人民生活的改善，必须增加外国货物与资本的需求，也将以自己精美的物质产品和精神财富贡献给全世界。中外的经济文化交流将在广阔的规模上展开，人民之间的友好往来

---

① 《三民主义》，《民族主义》第六讲。
② 《中国人之直言》（1920 年 4 月 3 日）。
③ 《与东方通讯社特派员的谈话》（1921 年 2 月 26 日）。

将更加频繁。其结果，"不但在我们的美丽的国家将会出现新纪元的曙光，整个人类也将得以共享更为光明的前景。普遍和平必将接踵而至，一个从来也梦想不到的宏伟场所将要向文明世界的社会经济活动而敞开"①。

孙中山在 70 多年前提出对外开放以加快国家建设的思想，在当时还只是一种理想。因为，那时候民主革命还没有完成，中国土地上还盘踞着帝国主义势力和大大小小的封建军阀，大规模经济和文化建设的环境和条件尚不具备。因此，这一理想还不可能付之实行。但他为中国的建设、民族的复兴提出了伟大的、有远见的战略设想，给后人留下了珍贵的精神遗产。今天，在社会主义的新中国，情况和条件已发生了根本的变化。我们在四化建设中也在实行对外开放政策，这在某种意义上说是孙中山一贯主张的继承和发展，际此中山先生 120 周年诞辰之日，重读他这方面的有关论述，倍感亲切，历久而弥新，对我们今天的社会主义现代化建设具有巨大的启发作用。

---

① 《中国问题的真解决》（1904 年 8 月 31 日）。

孙中山与北京平安大街[*]

　　国庆 50 周年即将到来，将进行隆重的庆祝活动。预定在国庆前夕修通的北京平安大街正在紧张施工，机声轰隆，尘土飞扬，一派繁忙景象。目前，北京城内与长安街平行的第二条东西向交通干线已显露其坦荡宽阔的身影，它将在未来岁月中承担首都繁忙的交通任务，为社会主义现代化建设做出贡献。

　　平安大街与文物结下了不解之缘，在这东起十条立交桥西至官园桥的近 7000 米长的道路上，分布着十多处文物古迹。大街建成后，两旁既有建构宏丽、金碧辉煌的亲王府、公主府，又有花木扶疏、风景优美的静心斋、什刹海，还有传统的四合院、青瓦房，点缀着照壁、门楼、回廊、垂花门，一幅具有明清建筑风格的老北京街景画卷将展现在眼前。而众多文物、建筑中最引人注目的将是孙中山先生活动和逝世的革命遗址。

---

[*] 本文发表于 1999 年 5 月 12 日《北京日报》。

　　孙中山先生长期在广东、上海和国外活动，在北京的时间不多，一共到北京3次。黄宗汉、王灿炽先生在《孙中山与北京》一书中搜集了有关的资料，内容极为丰富、翔实。

　　中山先生第一次来北京是在1894年中日甲午战争前夕，时年28岁。他因向李鸿章上书来到天津，又至北京观览。中山先生在《建国方略》中说："予乃与陆皓东北游京津，以窥清廷之虚实。"他第一次来京活动的情况缺乏具体记载，已不可考。中山先生第二次、第三次来北京都和在建中的平安大街有密切关系，而最后在平安大街原顾维钧的宅邸（今张自忠路23号）中逝世。

　　中山先生第二次来北京是民国元年，即1912年，时年46岁。当时，辛亥革命成功，孙中山在南京被推举为中华民国临时大总统。为争取全国和平统一，避免南北分裂，中山先生自动退位，将总统之职让给袁世凯，希望袁赞成共和体制。4月，袁在北京就任临时大总统，邀请孙中山来北京，孙中山应邀于民国元年8月24日抵京，受到各界代表及群众的热烈欢迎。欢迎仪式极为隆重，车站搭盖华丽之彩棚，军乐齐奏，骑兵导引。袁世凯的代表梁士诒和段祺瑞等至车站迎候，北京城万人空巷，争睹创造民国伟人之丰采。中山先生乘坐之马车，朱漆金轮，驾以白马，饰以黄缎，由正阳门入城，至石大人胡同（后改外交部街）之迎宾馆下榻。当天，"袁派人迎迓，乃赴铁狮子胡同总统府，袁世凯出迎。八时入席，袁亲为先生执盏，致词欢迎先生"（1912年8月29日《申报》）。当晚，孙袁谈话甚久，"夜半犹未辍谈"。

铁狮子胡同即正在建设中的平安大街东段，今名张自忠路。因当时清帝逊位，还没有离开中南海，故袁世凯的临时大总统府暂设于此。此处原为清朝王府，康熙时为皇九子允禩的府邸，康熙末因皇位继承之争，允禩与雍正帝结怨甚深，雍正即位后将允禩改名塞思黑（满语：猪）并将他迫害致死。此府邸归乾隆的弟弟和亲王弘书所有（今书法家启功即弘书之后裔）。清末改为贵胄学堂，后又改建海军部，其旁为陆军部，袁世凯暂借为临时大总统府，今为张自忠路三号中国人民大学清史研究所。

此处在清末即已改建成西洋风格的楼群，大门仍保留王府旧貌，朱色彩绘，宏伟美观，前有青砖粉刷之照壁，门前有雄踞在精美石座上一对威风凛凛的石狮子。此次修建平安大街，尽力保持百年前的原貌，以供过路者的观赏。门内有一条数十米的上坡甬道，直达主楼，主楼为哥特式建筑，水磨砖墙，上饰精美之砖雕，崇阶宽廊，楼中有一长方形之大会议室，昔年鎏金吊灯，五色玻璃，花砖砌地，门窗均以上等硬木制作。这里是民国元年孙中山和袁世凯会晤之地，具有历史意义，现在是中国人民大学清史研究所之资料室。

这次孙中山先生在北京共 25 天，至 9 月 27 日离北京，与袁世凯会谈 13 次，所谈大多是消弭南北分歧，修建铁路计划、满蒙问题、财政借款等，会谈地点大多在铁狮子胡同总统府。谈话者只有孙中山、袁世凯、梁士诒 3人，有时也有陆征祥、段祺瑞、赵秉钧参加。中山先生下榻处为石大人胡同之迎宾馆，其他常去的地方一是湖广会馆，辛亥革命后同盟会解散，成立国民党，在此举行成立大会，会上孙中山当选为国民党理事长。一是万牲园（即今北京动物园）之畅观楼。北京各界代表多次在此举行欢迎盛会。一是金鱼胡同那桐府，原摄政王载沣代表清皇室在此款待中山先生。

民国元年，孙中山与袁世凯会谈的临时大总统府在本世纪内历经沧桑，成为重要的政治、军事和教育机构，娓娓向人们诉说着近现代的历史。袁世凯之后，是段祺瑞执政府所在地，著名的"三一八惨案"即发生在这里。国民党进入北京，改为平津卫戍司令部，以后为宋哲元的第二十九军所使用。日寇侵华时期又成了冈村宁次华北派遣军司令部与日本特务机关"兴亚院"所在地。抗战胜利后，为国民党第十一战区长官司令部。解放后归中国人民大学所有。

中山先生第三次到北京在1924年年底。当时，冯玉祥举行北京政变，推翻直系军阀政府，邀请中山先生北上，共商国是。中山先生发表《北上宣言》，申明反对帝国主义，废除一切不平等条约之立场，主张召开国民会议，以求中国之和平统一。11月13日，中山先生偕夫人宋庆龄及随员汪精卫等从广州北上，绕道日本，12月4日抵达天津，因寒热发作，腹部疼痛，在天津休息多日。12月31日，中山先生扶病自天津到达北京，先在北京饭店506号房间下榻，随从人员则居住在段祺瑞执政府所预备之行馆中。而执政府即在民国元年孙中山与袁世凯会谈的铁狮子胡同临时大总统府中，执政府为中山先生安排的行馆亦在同一条胡同的顾维钧私宅，相距仅二三百米，两者均坐落于在建中的平安大街路北。顾维钧宅明末为崇祯帝宠妃田贵妃父田弘遇住宅的一部分，田弘遇即在此宅将陈圆圆赠送给吴三桂，清末此处改建为增旧园，后售与北洋政府外交总长顾维钧。北京政变时，顾维钧出走，房屋闲空，段祺瑞执政府即以此作为中山先生行馆。此宅亦为朱漆大门，内有多层四合院，重楼复室，金碧辉煌，绕以回廊曲槛，院内花木竹石，颇具雅趣。

中山先生初住北京饭店，延医诊治，确诊为肝癌，须行手术。1925 年 1 月 26 日，转移到协和医院，当夜即施行外科手术，肝脏坚硬如石，已至肝癌晚期。西医称已不可救治，乃延请中医，改服中药。2 月 18 日，从协和医院转移到中山行馆内，即住在顾维钧宅西路第二院的耳房内，病情无起色。至 2 月 24 日病势更重，中山先生口授遗嘱，在场者汪精卫、孙科、宋子文、孔祥熙四人，孙夫人悲痛不胜，在室外等候。遗嘱共三份，一为《总理遗嘱》，一为《致苏联遗书》，一为《家事遗嘱》。3 月 12日，协和医院克礼医生发布中山先生肝病诊治的最后一次报告（第二十二次报告）。当天 9 时 30 分，一代伟人溘然长逝，时年 59 岁。中山先生昔年之病室今已由全国政协辟为"孙中山先生逝世纪念室"。

当天，中山先生遗体从铁狮子胡同之行馆运到协和医院，进行解剖和保存之手术。3 月 19 日，中山灵柩运到中央公园之社稷坛大殿停放（今中山公园内中山堂），24

日进行大祭，几十万北京市民前往祭奠。4 月 2 日举行奉安典礼将灵柩移至西山碧云寺存放，送殡者达 30 万人，有 2 万人随柩步行到碧云寺。哲人萎谢，四海同悲，北京城沉浸在浓重的哀悼气氛之中。

孙中山先生毕生尽瘁革命事业，他住在北京的时间不长，却和在建中的平安大街有着密切关系，最后也在这里卧病辞世。斯人已逝，遗泽长存。在平安大街上众多的名胜古迹中最引人瞩目的应是孙中山先生活动的这两处遗址。

辛亥革命的教训和社会主义的新路[*]

今年是伟大的孙中山先生领导的辛亥革命胜利80周年。

80年以前，中国的大地上掀起了反对帝国主义、反对封建主义的轰轰烈烈的革命运动。由武昌革命党人在与外界很少联系，准备又不充分的条件下，始举反清的义旗，发动突然袭击，驱逐清朝官吏，攻克武汉三镇，成立军政府，与清军展开战斗。武昌起义，如春雷乍起，万象复苏，各省闻风响应，纷纷宣告独立。革命风潮，鼓荡全国，不可遏抑。工农和青年群众满腔热情，奋起斗争；对革命一向心存顾虑的立宪派，也加入反清营垒。甚至许多旧官僚、旧军官也为大势所迫，不得不顺应形势，反动阵营迅速分化。曾几何时，统治中国二百六十八年之久的清王朝众叛亲离，迅速瓦解，末代皇帝不得不宣布退位。中华民国诞生，临时革命政府成立，孙中山当选为大总统，

并成立参议院，制定了临时约法。

辛亥革命推翻了清朝政府，结束了两千多年的封建专制统治，其成果是极其伟大辉煌的。封建皇帝历来是反动统治的核心，是至高无上的神圣权威，皇帝的倒台使人民懂得了皇帝是应该也是可以打倒的，根深蒂固的忠君观念和统治信条发生根本动摇。和清朝专制政府相联系的一些陈旧体制、封建陋习如等级制度、官场礼仪、苛酷肉刑、尊卑身份以至缠足、蓄辫、服饰等等，都遭到了重大的冲击，人们在政治上、思想上得到了一次大解放，社会风气有了很大进步，民主、共和、平等的观念深入人心。所以，列宁热烈地歌颂辛亥革命是"真诚的民主主义的高涨"，"如果没有群众革命情绪的蓬勃高涨，中国民主派不可能推翻中国的旧制度，不可能争得共和制度。这种高涨以对劳动群众生活状况的最真挚的同情和对他们的压迫者及剥削者的强烈憎恨为前提，同时又反过来产生这种同情和憎恨。"①

辛亥革命是由历史和社会的长期发展所准备好的，是无数革命烈士艰苦奋斗、流血牺牲所得来的革命成果。由于清政府的腐败无能，革命派从起义以后，保持十分有利的态势。全国各阶级、各阶层一齐转变，反对清政府，致使清朝出人意外地迅速灭亡。胜利的到来看起来那样迅速、突然、轻而易举，领导这次革命的资产阶级革命派陶醉于巨大的胜利中，天真地以为清朝已经推翻，革命已经

---

① 列宁：《中国的民主主义和民粹主义》。

成功。从此，致力于建设，必能使国家迅速走向繁荣、富强。他们匆忙地搬来了西方的政治制度，企图按照欧美国家的模式，建立资产阶级共和国，在中国发展资本主义。他们并没有估计到前进路上还会有丛生的荆棘和湍急的险滩。人们对事物的认识总是由浅入深，由局部、片面的认识走向比较全面、完整的认识，中国人民对革命的认识同样经历了这样漫长、曲折的过程。辛亥时期的革命派把妨碍中国前进的原因完全归之于反动腐朽的清政府，并没有清楚地认识到站在清政府背后的帝国主义和封建势力，也没有认识到中国社会的半殖民地半封建性质以及革命的长期性和复杂性，对于革命迅速胜利后可能出现的倒退、篡权、复辟危险估计不足，缺乏思想准备。孙中山等一部分革命者把注意力转移到经济建设方面，正在规划筹资集款，建造铁路、兴办实业；宋教仁等一部分革命者醉心于议会政治、责任内阁；也有的革命者功成身退，转而研究学术，还有的革命者迷恋金钱、权力、地位，与旧势力同流合污，沦为他们的附庸。于是，随着辛亥革命胜利而来的是革命阵营的急剧分化和革命的迅速退潮，国家的权力机构和军事力量保留在以袁世凯为代表的北洋军阀的手中。中国资产阶级革命派并没有把革命进行到底，当袁世凯集权于一身，向革命挥舞屠刀，革命派才恍然觉悟，奋起抗争发生了所谓"癸丑之役"的二次革命。但是，革命与反革命的力量对比已发生了不利的逆转。反袁起义失败，这次起义是辛亥革命的继续，是孙中山等力图挽救革命的尝试，它的失败说明了中国资产阶级已无力领导革命向前发展，新兴的无产阶级行将肩负起革命领导的重任。

中国资产阶级不可能领导革命直至彻底胜利，其根本原因决定于中国的国情和资产阶级自身的弱点。中国是个半殖民地半封建国家，政治、经济、文化落后，发展很不平衡。帝国主义和封建主义十分强大、顽固，竭力阻碍中国的进步，中国没有改良、请愿和进行议会合法斗争的条件，而必须以武装革命反对武装的反革命。由于种种主客观条件，革命不可能迅速成功，而要进行长期的战斗，通向胜利的道路漫长、曲折而艰难。在这种国情条件下，中国资产阶级难以将革命引向胜利。

由于中国的资产阶级在半殖民地半封建社会中成长，它和帝国主义、封建主义存在着矛盾，故有革命的积极的一面。但中国资产阶级本身，很多由官僚、地主、买办转化而来，他们的工厂、企业、矿山在资金、技术、原料、机器、市场等方面又要依赖帝国主义，因此，彼此有千丝万缕的联系。中国资产阶级和人民群众有利益一致的一面，特别在辛亥时期，资产阶级处在上升时期，一定程度上能够信任民众，发动民众。但当人民力量壮大，群众运动空前高涨，资产阶级又会担心自己的地位和利益受到威胁。正是这种两面性、软弱性使得中国资产阶级在革命中往往瞻前顾后，犹豫妥协，使得革命功败垂成，半途而废。

资产阶级的两面性、软弱性反映在它的政治纲领上。革命派提出了三民主义，这在当时历史条件下是救国的正确方案，起了动员民众、推进革命的作用，但也明显存在着局限性。辛亥革命时期的三民主义,其民族主义,着重于国内的反满,忽略了反帝,甚至对帝国主义抱有幻想,其民权主义着重于废除帝制,建立共和政体,而不是把政权真正交给人民,让人民群众当家做主;其民生主义,采用英国亨利·乔治的单一税,实现土地国有。就像列宁所指出:其实际意义是迅速发展资本主义,造成新的两极分化和贫富对立,而不是人民的共同富裕和普遍幸福。旧三民主义在理论上的局限性和模糊性是当时的时代和中国资产阶级妥协性格所造成的。

由于中国资产阶级的两面性、软弱性,不能正确地分析帝国主义、封建主义,因此也就不能明确地分清敌友我,甚至以敌为友,敌我颠倒,不能够集中力量打击革命的主要敌人。在组织上不能充分发动群众,形成千千万万浩浩荡荡的革命大军去冲击反动营垒。在斗争形式上,没有建立真正的革命武装,不能也不敢把武装革命进行到底。作为革命领导核心的同盟会,组织散漫、纪律松弛、意见分歧,缺乏思想上、行动上的一致。内部隐藏着不少不坚定分子,当革命失败后,萎靡消沉,甚至投敌转向,致使同盟会分崩离析,失去领导作用。孙中山先生在失败后进入痛苦而深刻的反思,觉察到种种弱点和弊端,曾经改组同盟会、国民党。他在革命低潮时期并不气馁,坚持斗争,在黑暗中探索前进,表现了革命领导者高瞻远瞩而又不屈不挠的伟大精神。后来,他在中国共产党的帮助下,终于走上了新三民主义的正确道路。

80 年前的辛亥革命,既有不可磨灭的伟大贡献,也有其局限与不足。立足今天的现实，回顾既往，并不是去苛求和指责前人，而是求得对这场革命更真切、更深入的理解。当时革命派的思想和行动如何受环境、传统、阶级的制约？他们的主观能动性能够发挥到什么程度？他们在面临一些重大问题时何以趑趄疑虑，止步不前？历史研究正是通过无限丰富、生动具体的事件、人物、过程加以科学的概括和客观的评判，去揭示规律、吸取经验、增长智慧。历史的发展总是呈现出阶段性和连续性，人们只能完成当时条件下所可能完成的任务，而把尚未成熟的课题留给后人去解决。

五四运动是中国革命史上的伟大转折。无产阶级的兴起和中国共产党的诞生从根本上改变了政治局面。中国共产党是无产阶级先进分子的组织，代表广大工农群众的利益。它从建党开始就以马克思列宁主义作为思想指导，有严密的组织和铁的纪律，以在中国实现社会主义、共产主义为最高奋斗目标。中国共产党在总结过去的历史经验和当前的革命实践中，把马列主义和中国的国情相结合，逐渐探索到革命的新路，即是在民主革命中充分发动群众，坚持武装斗争，团结最广泛的革命力量，牢固地掌握革命的领导权。在取得反帝反封建民主革命的胜利后顺利地过渡到社会主义。中国共产党成立以后28年的漫长岁月中，即是遵循从新民主主义通向社会主义的道路，英勇奋斗，备历艰辛，不断前进，终于推翻了帝国主义、封建主义、官僚资本主义的统治，取得了革命的胜利。

中国在辛亥革命以后之所以能走上新民主主义、社会主义的新路，既是由于无产阶级力量的兴起、马列主义的传入和共产党的诞生，革命的主体发生了重大变化，随之，革命的思想纲领、目标方式、战略策略出现了全新的飞跃；也是鉴于辛亥革命所暴露的种种矛盾和失误，导致革命的失败，真诚的革命者不得不重新思索，改弦更张，放弃建立资产阶级共和国的幻想，而选择社会主义道路。

历史证明：资本主义道路在中国走不通。本来，世界资本主义的发展就是经历了苦难而漫长的历程，几百年的原始积累，血与火的殖民侵略，残酷的阶级剥削与奴役，资本主义发展史即是一部劳动人民的血泪史和资本家的并吞掠夺史。在欧美国家建立资产阶级专政曾使人类付出了巨大的代价。当欧美列强从资本主义过渡到帝国主义阶段，国际条件发生了极大变化，殖民地落后国家再要走欧美国家的老路已十分困难，通向资本主义的道路变得非常狭窄。列强争霸和瓜分世界，不允许亚非拉国家挣脱奴役的锁链，插足他们的行列中。特别像中国这样的大国，长期遭受帝国主义的侵略，封建主义的压迫，不可能像当初的欧美国家那样独立自主地发展资本主义。帝国主义既不甘心在经济上失去广大的市场和丰富的资源，又不愿意在政治上出现一个强大的中国，因此千方百计反对中国的革命，阻碍中国资本主义的发展。而中国国内，在革命斗争中迅速壮大的工农群众已经认清楚了当年被誉为"理性王国"的资产阶级专政的血腥本质，他们也不允许在中国土地上广泛发展资本主义剥削制度，把自己和自己的兄弟姊妹当做牺牲品绑上资本主义的祭坛。资本主义在中国失去了正常发展的环境和条件，失去了必要的支持和对群众的吸引力，这就是历史形成的中国的国情。资本主义道路在中国走不通，只有社会主义才能拯救中国，这是不以人们意志为转移的客观规律。

值此辛亥革命80周年之际，我们在纪念这次革命伟大功绩，缅怀先烈们的英勇事迹时，反思这次革命的成功和失败。何以当时中国的先进志士毅然抛弃了资产阶级共和国的幻想而走上社会主义道路。在一定意义上，这是总结了辛亥革命失败的沉痛教训后所得出的结论，是根据世界潮流和中国国情所进行的历史性选择。由于做出了正确的选择，中国革命出现了崭新的局面，终于赢得了革命的胜利，社会主义的新中国得以诞生。

今天，社会主义制度已经在中国扎根40多年，国家的经济、文化建设取得了伟大的成就，社会主义事业日益巩固。当前中国人民在共产党的领导下正在为实现社会主义现代化的第二步战略目标而努力奋斗。我们相信：我国的建设必将取得更大的胜利，辛亥革命时期革命先辈们梦寐以求振兴民族、发展中国的理想一定能够实现！

辛亥革命开启了中国
现代化的新纪元 *

　　辛亥革命是中国 20 世纪中的伟大历史事件。中国人民每年都要纪念它。纪念它推翻了清朝政权，结束了两千年的封建帝制。纪念它建立了中华民国，开创了共和的政治体制。纪念它传播三民主义，促进了民主意识。纪念它高举革命爱国的旗帜，开辟了中国人民继续前进的道路。纪念它为追求民族复兴和国家现代化进行的不懈努力。

　　中国的现代化可以从鸦片战争算起。它是一个漫长、崎岖、曲折的过程，到今天还没有完成，我们仍在这条道路上迅速迈进。到 21 世纪中叶，将基本建成富裕、民主、文明的社会主义现代化国家。回顾以往，中国人民经过许多艰难险阻和激烈斗争，用血与火谱写下一页又一页壮丽的历史篇章。

　　辛亥革命是我国现代化过程中的一个阶段。主要是完

---

　　* 本文发表于《瞭望》2001 年第 42 期。

成了推翻封建专制、建立共和政府的任务。这是了不起的大事情。两千多年压在人民头上的皇帝被推翻了，过去是不可能想象的。所谓"国不可一日无君"，"朕即国家"，没有皇帝还成什么国家？不能想象的事情居然发生了。这是中国现代化道路上的一个里程碑。为什么要推翻皇帝？因为清朝皇帝存在一天，中国就不可能独立富强。正像江泽民同志在纪念辛亥革命90周年大会上所说："清王朝是中国反动封建势力的代表，同时已成为帝国主义统治中国的工具。不扫除这个障碍，要获得人民的解放和幸福是不可能的。"只有推翻了清王朝，才能实现国家的现代化。

实现现代化是近代中国人的理想和希望。现代化是从古代传统的农业社会走向现代工业社会的过程。各个国家现代化的具体道路是不同的。根据各国的国情和国际国内情势而千差万别。但它的趋势又是共同的，都在走向民主、进步、富裕、强盛，都在融入世界历史发展的潮流之中。这是不可抗拒、不可逆转的必然趋势。

20世纪初，当八国联军的铁蹄蹂躏了北京后，中国在帝国主义侵略和封建主义的压迫下进入漫漫的黑夜。但帝国主义的侵入也在中国促成了商品市场和劳动力市场。中国初步出现了现代工商企业，逐渐形成了无产阶级、资产阶级和现代知识分子。新的经济和新的社会力量是中国的希望。发展新经济和新社会力量即实现现代化，这需要国家政权强有力的支持。欧美各国实现现代化之初无不有国家的参与和支持。17世纪和18世纪欧美出现了许多新兴的民族国家，正是这些民族国家积极运作，执行有利于工商业发展的各种措施和政策，才使经济文化蓬勃发展，使欧美国家从传统走向现代化。而当时腐败无能的清朝政府不能肩负支持中国现代化的艰巨任务，反而成为现代化的障碍。

历史曾经给予清朝政府以多次机会。洋务运动是其中的一次，发生的年月比日本的明治维新还要早，且时间长达30年。当时国际形势也没有后来那样险恶。洋务运动中清政府被迫蹒跚前进了几步，搞了一些近代工业，采煤铁，设工厂，行轮船，建海军，办教育。中国的现代化从此起步。但清朝政府封建意识太深，传统包袱极为沉重，在现代化的道路上迈不开步伐。工厂矿山大多官办，经营不善，弊端重重。开了个同文馆以引进新文化，但由于顽固派的抵制而虎头蛇尾，没有成绩。派往美国的留学生因保守官僚的反对，被中途撤回。修建铁路争论了10年之久迟迟不能启动。10年时间在抵制、争论与无所作为中白白荒废。北洋海军算是较有成效的项目，但中法战争后，经费无着，订购舰炮陷于停顿。日本却急起直追，以中国为假想敌，举全国之力大办海军，导致中日甲午战争中我国海军一败涂地。30年洋务运动的破产证明清朝政府不可能承担起现代化的任务。甲午战争失败后，更多的人理解改革的必要性和紧迫性，仍寄希望于清王朝，帮助它改弦更张，奋起图强，发生了戊戌年的变法运动。但当改革损害了既得利益集团的时候，实际掌握政权的旧势力进行反扑，六君子人头落地，戊戌变法偃旗息鼓。清政府又一次失去了改革前进的时机。腐朽的清王朝既不愿意也无能力承担现代化的任务。它对外不能抵抗外来侵略，保卫民族利益，对内不能进行改革，以图振作，完全沦为出卖主权，阻碍进步的反动政权。到20世纪初，客观形势已迅速变化。人民群众革命意识觉醒，不再寄希望于清政府而选择了武装起义，推翻清政府的革命道路。

20世纪初，伟大的革命先驱孙中山先生登高一呼，群起响应，建立同盟会，宣传三民主义，组织武装起义。客观的革命形势和主观的革命觉醒酝酿成熟，孙中山等革命党人走在历史的前头，完成了推翻帝制、建立共和的丰功伟绩，为中国的现代化扫除了政治障碍。

当然，辛亥革命虽然推翻了清朝政府，却没有完成反帝反封建的历史任务。中国也没有很快实现现代化。因为现代化是一个极其漫长的过程，它分成若干阶段，不可能毕其功于一役，不可能在短期内解决所有的任务，一蹴而建立独立、富裕、强大的中国。辛亥革命已经过去90年，至今中国才刚刚进入小康社会。离繁荣富裕的现代社会还有相当的路程，还需要努力奋斗半个世纪。在现代化的每个阶段中，只能解决一个或两个当前的主要任务：例如辛亥革命推翻了清朝政府，消除了现代化的政治障碍；五四运动反对旧文化，引进了民主与科学；北伐战争消灭了旧军阀；抗日战争打败了日本帝国主义的侵略；解放战争打败了帝国主义和封建主义，建立了人民共和国。许多阶段连贯起来，逐步地解决了阻碍中国现代化的各种障碍，构成了中国现代化前进的历史运动。辛亥革命仅是现代化长河中的一个阶段，它很好地完成了这一阶段的主要任务，孙中山和辛亥革命的战士们为中华民族建立的功勋将永垂史册，彪炳千秋。他们永远值得中国人民的尊敬和怀念。辛亥革命没有也不可能解决中国现代化过程中的全部问题。中国人民只有经过漫长艰苦的奋斗历程，只有踏踏实实逐个地解决摆在面前的已经成熟了的具体任务，积累一次又一次的胜利，才能够越来越接近现代化的长远目标。今天，缅怀辛亥革命的光辉业绩，把它放在中国现代化的过程中进行考察，我们将能更深刻地理解辛亥革命的贡献和伟大意义，将更能激励我们为实现现代化和民族复兴而努力奋斗。

继承、发扬孙中山的精神遗产*

　　孙中山先生是中国近代史上伟大的革命家，他的思想一直是历史学家研究的热门课题，有关论著很多，而每个不同的历史时期又有着不同的注意点和侧重点。今天，在改革开放的伟大变革中，我们是以新的视角来探讨孙中山先生的思想和实践活动的。纪念孙中山先生诞辰130周年学术讨论会的主题是"孙中山与现代文明"，我们在建设社会主义物质文明和精神文明的过程中取得了成绩，也遇到了一些问题和困难。我们正是带着今天的问题，以今天的心态，根据时代需要来纪念孙中山，学习孙中山，继承、发扬他的精神遗产的。我们讨论这个问题，就必然想到今天面对的现实。历史与现实沟通，才能意义深远。

　　这次会议讨论的问题很广泛，概括起来大体有三个方面：

　　一、会议讨论了孙中山领导革命的丰功伟绩，阐发了

＊　本文选自《孙中山与现代文明》，苏州大学出版社1997年10月版。

孙中山关于民族独立、国家统一以及民主共和的思想。孙中山从创立兴中会、同盟会，提出三民主义，到推翻清朝，建立民主共和国，经历了很多艰难曲折。他一生带领革命党人和群众奋勇斗争，把中国的民主革命不断推向前进，晚年和中国共产党进行合作，走向了他革命里程的光辉顶点。他的一生是为祖国的独立统一、民主富强而奋斗的一生，为中华民族的复兴、为中国的现代化做出了伟大贡献，所以受到海内外炎黄子孙的一致拥戴。

在小组讨论中，关于孙中山晚年思想的发展存在不同看法：孙中山联俄、联共、扶助农工三大政策是出自内心真诚要求，还是策略上的考虑？这两种意见似乎并不是绝对对立的，一方面是真诚要求，另一方面也有策略上的考虑，可以统一。因为孙中山思想中有倾向社会主义的内在根据，他认同苏联，希望向苏联学习，因此联俄是他的真诚要求；同时他处在险恶的环境中，力量对比对自己不利，希望借助国内外一切可以借助的力量，出于这种策略需要，必须联俄。孙中山晚年思想转变了多少？还有哪些没有转变？这些复杂问题还要留给学者们进一步研究。

会议论文和发言中，对孙中山先生领导的革命和他的革命思想谈论很多，领域非常广泛。有的论者论述了以反满口号进行社会动员的特点和得失，论述了革命和统一的问题，分析了孙中山先生的统一观、统一的含义和来源、统一思想对今天的现实意义，分析了孙中山先生爱国革命思想的时代特点；有的论者论述了孙中山民权主义、民主思想的发展阶段，民权思想对当代中国政治现代化的意义；也有许多论者论述了孙中山和华侨、留学生、会党的关系，论述了孙中山和同时代革命家宋教仁、章太炎、蔡元培、徐锡麟的关系。

会上有几篇从地缘关系上论述孙中山的文章显得颇有特色。孙中山一生除在广东出生地生活外，长期流亡国外，也有一段时间住在上海（"五四"前后），他还去过浙江、北京等许多地方。这次提交会议的文章有的论述广东这个侨乡对孙中山的性格和他走上革命道路的影响，有的论述孙中山对上海建设的关怀，有的论述孙中山建设东方大港的理想，有的则论述孙中山实业计划的地理基础，这些都是富有新意的题目。过去对孙中山在浙江、北京的活动的研究不够，这次会议讲到了孙中山到浙江杭州、宁波、绍兴的活动，还讲了孙中山三次到北京。最近北京的黄宗汉先生，用自己的努力和影响筹集巨款，主持修复了北京湖广会馆。这是孙中山到北京后发表五次演讲的地方，很有纪念意义。现在这里不仅可以演出，可以作为娱乐的场所，而且还设立了孙中山研究室，已成为北京研究孙中山的一个学术基地。

总之，我感到这次会议讨论孙中山的革命思想和革命活动，涉及面广，视角新颖，有许多精辟见解。我看了文章摘要，听了会议发言，深深体会到孙中山思想的博大精深，它像浩瀚的海洋那样宽广、丰富而精深，并对时代所提出的历史课题作出了答复。他的思想确具丰富性、先进性和世界性。

有人提出这样一个问题：孙中山先生算不算一个思想

家？这涉及对孙中山的整体评价。对此，过去就有争论。有的论者认为孙中山的思想不够严密，前后有矛盾，虽然文章、讲演不少，但没有大部头的理论著作，因此不是思想家。我个人认为孙中山应该是伟大的思想家。那么什么是思想家呢？思想家可分为两类：一类是康德、黑格尔或者朱熹、王夫之那样的思想家，基本上坐在书房里，伏案著书，运用逻辑推理，构筑庞大精密的理论体系，写出大部头著作；一类是在斗争实践中，直接从现实中汲取营养，回答现实的问题，推动历史前进，也形成了比较系统、比较切合实际的思想体系。孙中山就属于后者。这两类人物都是有大智慧的思想家。近代中国社会变动大，思想的变化也快，因此前后变化以及思想复杂成为近代思想家的一个明显特征，梁启超、康有为、章太炎都是如此。孙中山生活在近代中国，其思想有时也有矛盾，如反满口号和五族共和；又如一贯的民主理想和有时的个人专断；再如思想来源比较纷杂等。我们应该承认他具有作为大思想家的共性，又有自己的个性；有自己的优点，也有其弱点。毛泽东曾经说孔夫子和孙中山都是中国优秀文化传统的代表。所以，如果否认孙中山是大思想家，那么在中国历史上就很难找到思想家。孙中山理所当然地在中国思想史上占有重要的地位。

二、会议肯定了孙中山最早全面系统地倡导了中国的现代化建设，规划了经济建设的蓝图，希望实现全方位的现代化。这是会议的主题，文章很多，发掘很深，议论很精彩。有些文章指出，实业计划是孙中山近代化建设思想的集中体现，它比前人或同时期的李鸿章、康有为、张謇等人的近代化思想更先进、更系统，内容充实，规模宏大，目标明确。有的文章把孙中山建设中国的思想概括为"振兴实业、均富大同"八个字，有的概括为"经济工业化、政治民主化、文化科学化、社会结构合理化"。孙中山的近代化思想符合历史的趋势和人民的愿望，"外察世界之潮流，内审中国之国情"。和今天相比较，我们建设有中国特色的社会主义在深度、广度、性质和规模上已大大超过孙中山当时所能达到的高度，但在内容上、方法上仍有许多相同或相近的地方，如沿海开发、河流治理、铁路建设、港口城市建设、农业矿业发展和边疆开发等很多方面。孙中山先生的理想规划，仍是我们今天经济建设中可以借鉴学习的思想财富。在现代化建设的方法、步骤和重点方面，孙中山先生提出了一系列正确的比较符合实际的主张。孙中山把经济建设看做是革命胜利以后最重要最根本的任务，主张全面采用机器生产、发展生产力。他说："能开发生产力则富，不能开发生产力则贫。从前在清政府之下，欲开发而不能，今共和告成，措施自由，产业之勃兴，可以预卜。"他对经济建设的前途十分乐观、充满信心。他认为经济建设必须对外开放，必须适应世界潮流并与国际接轨，积极引进外国资本、专业人才、机器设备和科学技术，以加快中国的经济建设步伐。他说：我无资本，利用外资；我无人才，利用外国人才；我无方法，利用外人方法。他竭力反对闭关锁国，但他利用外资、引进外国人才有一个原则，即"主权在我"，不能把主权丢失掉。这里涉及一个问题，有的论者认为外资引进太多，就会丧失主权，或难以保持主权。我个人的看法是：能否保持主权，关键在于如何引进、利用、管理、控制外来资本。如不引进外资，就无法学会利用、管理外资。外资引进的数量固然有关系，但不是决定性因素。当然这种顾虑提醒我们要看到引进外资和自力更生的辩证关系，要看到引进外资带来的一些问题，必须像孙中山先生说的那样"主权在我"，不能把现代化的希望完全寄托在外国人身上。

孙中山的实业计划经纬万端，涉及方方面面，而最强调的是发展铁路交通。他强调交通为实业之母，而铁路又为交通之母。辛亥革命后他希望 10 年内修建 10 万英里铁路，并为此而奔走，不遗余力。

孙中山的近代化方案不仅想到了建设兴利的一面，还想到了除弊防患的一面。在如何防止和对待建设以后产生的问题上，他看到了资本主义国家两极分化、贫富对立的现象，提出平均地权、节制资本和发展国家资本。尽管这些仍有很多局限性，也没有能够实现，但毕竟表明孙中山思想中的超前性及其倾向于社会主义的理想。也正因为他有这种思想倾向，所以他在晚年能和共产党合作，提出三大政策，把旧三民主义改造成为新三民主义。

三、会议十分重视研讨孙中山关于文化建设和思想道德建设的论述。孙中山曾说："吾觉欲收革命之成功，又有赖于思想之变化。"尤其在革命受到挫折以后，他深深体会到唤醒民众，建立健全国民人格的重要性。他在

《建国方略》中把心理建设列为第一篇。他强调心性文明的重要性，心性文明实际上包括两个方面：一方面是文化科学知识。"知"在孙中山哲学思想中处在十分突出的地位。所谓"知难行易"，是针对当时社会上愚昧无知、迷信盲从，为了提倡科学、兴办教育、普及文化科学知识而提出来的。另一方面是道德。孙中山很重视道德，他说："一个国家，要建设强大，最初靠力，但后来要靠文化的发扬，才能成功。但要维持民族国家的长治久安，还要靠道德。有了很好的道德，国家才能够长治久安。"他当时讲的"心性文明"，相当于今天讲的"精神文明"。他对物质文明和精神文明的关系，以及建设精神文明的重要性，已有很深入的理解。

孙中山看到了国民性格和行为中的一些弱点，也看到了中国传统道德中的优良部分。他提倡爱国、合群、以天下为己任的精神，希望把被称为"一盘散沙"的老百姓变成团结有为、朝气蓬勃的公民，继承和改造旧道德，例如忠孝仁爱、信义和平，使古为今用，以之规范人们的思想行为，健全国民人格，使中国成为讲文明、重道德、有礼貌的国家。孙中山的这些思想内涵丰富，与我们当前建设社会主义精神文明的重大任务有密切关系，使我们倍感亲切。

孙中山先生还具有正确的中西文化观。他少年时到檀香山受过正规的西方教育，了解欧美国家的长处。他强调向外国学习，中国要赶上世界潮流必须"学欧美的长处，然后才可以和欧美并驾齐驱"，"对欧美文明必须采取开放态度"，但又强调对西方文明不能全部照搬。孙中山很熟悉并很注意汲取中国传统文化。他把自己的思想归结为两个来源，即中西文化的整合，一是欧美学说，一是五千年来中国的历史文化和传统。这次会议上有好几篇文章谈到古代民本思想和三民主义的关系，也有文章提出不同的意见，认为："在古代封建民本思想中，民不是主体，而是附庸。所谓爱民重民，是统治者的恩赐。孙中山的三民主义有民有、民治、民享，民是主体。"我认为这个看法有道理，孙中山三民主义中的民众是主体，不是依附，不同于古代民本中的民，但不可否认这两者之间又有继承关系，它们既有联系，又有区别。我想对思想史上的继承关系，都应该这样来理解，既不要把前后思想混为一谈，又要看到它们的联系。

此外，这次会议还涉及历史和现实的关系问题。孙中山先生是历史学界长期以来研究的热点，各方面的问题被很多专家反复地研究过，话似乎已经说得差不多了，但研究工作毕竟是不可穷尽的。这次会上提出了一些尚待深入探究的问题，如孙中山与农民、孙中山和日本的关系、孙中山对宗教的态度等。还有一些新的史料有待发掘，如最近公开的苏联藏共产国际档案中就有大量孙中山晚年活动的记载，英、法、德、日、美各国档案和私人信函、作品中也有很多史料，此外上海工部局档案中的史料也还没有利用。由于时代的发展，研究者的视角不断变换，方法逐步改进，一些从前不受注意的问题会凸现出来，如近年来对孙中山《实业计划》、开放思想以及他对传统文化的态度等的研究。还有运用社会史方法、心态史方法对孙中山的研究，也会得出有意义的新成果。这次会议上还涉及历史学如何为现实服务的问题。我同意这样一种意见，即历史科学可以也应为现实服务，它对现实的借鉴功能是十分重要的，所谓"以史为鉴，可知兴衰"。但研究历史必须实事求是，把历史当做客观进程，按唯物史观，科学地对待它，不要满足于因现实需要而去随意寻找个别的历史例证，更不允许歪曲、篡改历史。利用纪念活动来研究历史，不失为推动历史研究的好形式，好处就在于一段时间内把许多学者、专家的注意力吸引到一个问题上，这有利于研究的深入。但要防止一种倾向，不要因纪念而故意拔高或讳言缺点和不足。这次讨论孙中山就做得很好，既充分肯定了他的丰功伟绩，肯定了其思想的丰富性、先进性，也讲到了他的局限性和缺点。这并不是苛求前人，而是为了更全面、更科学地理解孙中山，更实事求是地评价他伟大的一生。

孙中山先生逝世70多年了，他没能看到中国革命的胜利，更来不及看到今天中国社会主义现代化建设的伟大成就。孙中山一生为之奋斗的现代化理想正在中国大地上逐步实现，我们今天的事业正是孙中山等老一辈革命家为之奋斗的事业，他们的功绩、他们的思想值得我们永远怀念、永远学习，并将变成推动我们继续前进的强大动力。

爱国主义和文化

五四运动与传统文化[*]

  70 年前，中国的天空中满布着阴霾。辛亥革命已经失败，袁世凯、段祺瑞等军阀势力统治着中国。日本帝国主义趁第一次世界大战之机，加紧侵华。封建主义的文化思想仍支配着神州大地，禁锢着人们的头脑。这时，一声春雷，爆发了五四运动，先进知识分子和青年学生率先点燃爱国救亡和思想启蒙的火炬，披荆斩棘，探寻救国救民的真理。他们如饥似渴地引进西方的各种理论、学说，批判儒学，反对旧礼教、旧八股，追求民主和科学，对几千年封建传统文化进行猛烈的抨击，开拓了中国革命文化发展的新纪元。

一、中国的传统文化

  中国是个历史悠久，具有灿烂文明的国家。传统文化

---

 * 本文选自《历史的抉择》，山东大学出版社 1990 年 4 月版。

根深叶茂，源远流长，内涵十分丰富，既有精华，也有糟粕。中原地区在几千年之前进入农耕社会，自给自足的小农经济占优势，农民分散在广阔的土地上，辛勤劳动，备受地主阶级的剥削，虽有一定的社会分工与交换，但商品经济很不发达。在民族性格上，既有勤劳、朴实、坚韧的一面，也有保守、愚昧、散漫的一面。中国在政治上长期维持着封建大一统的局面，专制政府和官僚机构凌驾于民众之上，形成层层控制的严密结构。因此，中国古代文化留下了深刻的"官本位"烙印，政治与文化，帝统与道统密切结合。在古代士大夫身上存在着严重的依附性和不独立性，但在这统一的整体结构中，他们更多地关注集体的生存，培育了他们的参与要求、忧患意识、民族尊严感。中国盛行着宗法家族制，家庭意识十分强烈，纲常伦理是天经地义的准则。这就形成了以家庭为细胞的强韧的民族凝聚力，发展了人际关系中敬老尊长、扶弱恤贫的美德，但同时也存在着违悖人情的野蛮落后的父权、夫权观念。中国的地理位置，处在亚洲东部，东南面临汪洋大海，西北多沙漠草原，西南多高山密林，和世界上的其他文化中心隔离较远。在生产力和运输能力尚不发达的古代，这一地理环境是与外部世界交流的巨大障碍。因此，中国发展了具有鲜明特色的古代文化体系，和欧洲、阿拉伯、印度的文化明显不同。中国自古以来是个文化输出国，亚洲毗邻国家和地区处在中国的文化磁力场之内，深受影响，形成了强烈的自我中心意识。中国的封建统治阶级自以为文明声教高出于全世界，闭关自守，故步自封，不愿也不屑和外国交往，直到距今150年前的鸦片战争时，中国的统治者仍虚骄自大，自我封锁，在天朝上国的迷梦中昏昏酣睡。

总之，中国的封建传统文化，植根于自己的土壤中，自成一种文明体系，适应自己的环境和条件，能够应付来自农业社会的种种挑战，顽强地维持自己的生命和活力。详细而具体地分析中国古代传统文化各方面的特点，应该是许多学科领域专家们分工合作、长期努力的重大课题。在这里可以提出的是：每一种文化体系都是一个生长着的有机体，都是一种生命力的表现，各有其产生、发展、中衰、复兴、死亡的过程；都有自己区别于其他文化的知识结构、思维方式、价值取向、审美观念、符号体系；都包含着丰富多彩的知识内容和文化要素。这一切都是人们在不同时代、不同地区改造世界、发展自身所取得的文明成果的积淀，都有其真、善、美的方面，也有其假、恶、丑的一面。对任何国家、民族的传统文化都需要进行长期的研究和细微的分析，脱离其生成的历史条件，简单地绝对肯定或绝对否定，都是不慎重的、不可取的。

中国古代文化有长期发展的历史，表现出能够适应环境的强大生命力。它最早以黄河流域和长江流域为中心而形成，不断吸收其他地区和其他民族的文化，包括北方游牧民族、南方山地民族的文化，逐渐丰富、充实。它也像大河、大江一样，汇集百川，吞纳众水，浩浩荡荡地奔流，时间越长久，包含融合的文化品种越多样，涵盖和辐射的区域越广大，汪洋浩瀚，千姿百态，蔚为壮观。

　　中国古代文化以儒家文化为主干。儒学，经过2000多年的演化锤炼，具有严整的体系、丰富的内容、精细的论证和推理。它的影响既普遍深入，又持久不衰，不仅支配着历代朝廷庙廊上的统治者、决策者，而且影响到中国社会各个角落以及士农工商各个等级阶层。儒家的观念形态、伦理准则，塑造了世世代代的中国人，规范和制约着他们的思想、言论、行动以至性格特征和深层心态。要研究中国和中国人，必须研究儒家文化。

　　儒家文化不是单纯不变的事物。它在长期的历史发展中饱历风霜，几经变化，其原型和后来的变型已大不相同。春秋战国时代，以孔子、孟子、荀子为代表的儒家，传述经典，修习六艺，传扬仁义，是当时百家争鸣中被称为"显学"的一家或几家。到了汉代，儒家吸收了道家、法家的某些思想内容，受到政府的尊崇，立在学宫，经过今文学派董仲舒，到古代学派郑康成，出现了恪守师说、注经释经、与政治紧密结合的汉代经学，使儒学成为封建专制国家的官方意识形态。以后又屡经沧桑，经历了魏晋南北朝、唐宋元明，吸收了域内各民族和域外佛教文化，产生了程朱陆王的新儒学，即精深细密、强调思辨、标举性理的宋明理学。它既受佛学的渗透，又与佛学相对立。理学，统治晚近中国的思想界数百年之久，影响极为深远。明清之际，随着经济和社会的变动以及西方文化的传入，产生了具有某些民主思想萌芽和科学务实色彩的新思想、新学派。2000多年来，作为中国传统文化主干的儒学，不断发展，经常改变其具体的形态。

应当指出的是：中国封建社会历史的变迁没有打破小农经济的格局，传统文化历经冲击、震荡，作出一定的反应和变化，随之仍然在旧的体系内，得到了新的平衡。中国传统文化的坚韧性根源于中国社会经济结构的稳定性，如果没有经济结构的根本变化，没有社会生活和阶级构成的重大进步，要破除根深蒂固的儒家思想传统，是不可能的。

二、近代中西文化的冲突

1840 年鸦片战争，外国侵略者用大炮轰开了中国的大门，使中国逐步地变为半殖民地半封建社会。中国失去了许多国土、主权、利益，人民生活在水深火热之中，中国的传统文化遭遇到前所未有的挑战。欧风美雨带来了船炮机器、工厂铁路、声光化电，带来了进化论、物竞天择、商战、民权、立宪、共和。西方传来的新思想、新观念不胫而走，以和儒家为主干的中国传统文化体系格格不入，产生了严重的冲突。许多人作过中西文化的研究，评论其优劣得失。如果抽象地议论，那么，各种类型的文化各有其生成的根由，各有其精华和糟粕，都可以一一指陈它的成就和局限。但是，如果放在历史的长河中考察，各种文化自有其特点和性质的不同，先进和落后的差别。哪一种文化能够适应并服务于现实生活，便能够争得存在和发展的权利。从鸦片战争以来的历史实践已经清楚地表明：中国传统文化的整个体系，产生于封建的农业社会，不适于近代社会的需要，在以大工业生产为基础的近代世界中，没有竞胜的能力。中国必须开放，大量引进西方的物质文明和精神文明，在破除传统文化体系的同时，吸收中国和西方文化中有价值的部分，在新的基础上建构新的文明大厦。中国近代的先进分子，从林则徐、魏源、洪秀全开始，经过康有为、谭嗣同、梁启超、严复、孙中山、章太炎，直至五四时代的陈独秀、李大钊、鲁迅、毛泽东、蔡和森、周恩来，都在向西方学习，都在中国旧文化衰落、新文化诞生过程中艰苦探索，寻求救国的真理。

　　文化是政治、经济的反映，并将给政治、经济以巨大的反作用。文化将随着经济、政治的改变而改变。鸦片战争之后，中国社会生活发生了翻天覆地的变化，文化领域内也掀起阵阵波澜。由于中国的传统文化盘根错节，深入人心，尽管它已不适于国家和民族的生存需要，但却在很长时间里仍支配着人们的思想和行为。近代史上的每一步改革都遭到了旧传统的强烈抗拒。当洋务派引进外国的枪炮机器、轮船火车、纺织矿冶等器物文化，企图改变中国的经济局面时，顽固派讥之为"奇技淫巧"、"用夷变夏"。洋务派不能做出堂堂正正的正面回答，而举着"中学为体，西学为用"的旗号，声称引进器物文化正是为了保卫中国固有的文化，为自己不敢违悖圣贤之道而辩解。张之洞说："其心圣人之心，行圣人之行。以孝悌忠信为德，以尊法庇民为政。朝运汽轮，夕驰铁路，无害为圣人之徒也。"① 戊戌变法时期，维新派要求君主立宪，在政治方面实行改革，但他们同样不敢违背传统的儒家教条，反而打起"尊孔"的旗子，把孔子打扮成变法改制的圣人。康有为尊儒学为"国教"，说"惟有孔子，真文明世之教主"，今所编撰，"特发明孔子为改制教主，六经皆孔子所做，俾国人知教主，共尊信之。皇上乙夜览观，知大圣之改制，审通变之宜民，所以训谕国人，尊崇教主，必在是矣"②。维新派要求中国实现近代化，却一心要在孔子的门下找荫庇，灵魂深处仍保存着一个与近代化格格不入的儒学世界观。孙中山自幼受到西方教育，儒学的影响较小。他领导的民主革命的矛头，指向清朝政府，提出"驱除鞑虏，恢复中华，建立民国，平均地权"的纲领，并没有正面反对儒学和传统文化。有些同盟会员甚至标榜传统的"华夷之辨"以及恢复汉家衣冠，以增强反满的号召力。所以有人说孙中山"一方面主张恢复固有的道德与智能，一方面主张学外国之所长，是为国粹与欧化的折中"③。从鸦片战争以来，中西文化的冲突日益尖锐，但直到清朝灭亡后，却还没有对统治中国 2000 多年的封建儒学进行正面的、系统的批判。这是由于近代的反帝反封建斗争此伏彼起，十分激烈，人们把注意力集中在当前迫切的政治问题上，无暇顾及比较隐蔽而又影响

---

① 张之洞《劝学篇》下篇，《会通》。
② 康有为《请尊孔圣为国教，立教部教会以孔子纪年而废淫祠折》。
③ 蔡元培《中华民族与中庸之道》。

深远的文化传统问题。并且，封建儒学有着强固的根基，长期盘踞在大多数知识分子和人民的头脑中，维持相当的权威和影响力。因此，直到五四以前，文化领域的斗争虽然相当猛烈，但仍属于前哨战、外围战，而非攻坚战。辛亥革命推翻了清朝政府，旧的封建专制主义的政治中心倒塌了，这是民主革命的伟大胜利，但是，长期依附于封建政治的旧文化并未销声匿迹，它的游魂到处飘荡。袁世凯演出立宪丑剧，请来儒家，祭天祀孔；一些清朝遗老建立孔教会，在读经复古声中大做复辟梦。封建儒学与专制帝制相表里。不批判旧道德、旧文化，它必定会再次成为复辟的护符，不但革命不能向纵深发展，甚至已取得的革命成果也会化为乌有。新旧文化的冲突有着深刻的原因，已经历很长时间，郁积既久，其发必烈，文化领域中的一场决战是不可避免的。就像陈独秀所说："政治界虽经三次革命，而黑暗未曾稍减，其原因之小部分，则为三次革命皆虎头蛇尾，未能充分以鲜血洗净旧污。其大部分，则为盘踞吾人精神界根深蒂固之伦理、道德、文章、艺术诸端，莫不黑幕层张，垢污深积，并此虎头蛇尾之革命而未有焉。此单独政治革命所以吾于之社会，不生若何变化，不收若何效果也。"① 既然单独的政治革命，因意识形态的阻力而不能进行到底，那就必定会开辟文化领域的新战场。一批思想启蒙战士应运而生，披挂上阵，以排山倒海之势、雷霆万钧之力，冲击传统文化的堤防，锋芒直指儒

---

① 陈独秀《文学革命论》。

家的伦理观、价值观以及孔子本人。陈独秀说："忠孝节义，奴隶之道德也"，① "民主共和的国家组织、社会制度、伦理观念和君主专制的国家组织、社会制度、伦理观念全然相反。一个是重在平等精神，一个是重在尊卑阶级，万万不能调和的"②。李大钊说："孔子者，数千年前之残骸枯骨也"，"历代帝王专制之护符也"③。鲁迅在《狂人日记》、《我之节烈观》、《随感录》中痛斥旧礼教和所谓"仁义道德"，鞭挞儒家所倡导的父权、夫权。吴虞说："孔二先生的礼教讲到极点，就非杀人吃人不成功，真是残酷极了。"④钱玄同、刘半农反对封建迷信，抨击乌烟瘴气的灵学与扶乩术。胡适提倡白话文，作白话诗，标举文学革命，要求对文化媒介和传播工具进行改革，"先要做到文字体裁的大解放，方才可以用来做新思想新精神的运输品"⑤。五四时期，这些知识分子的思想，虽有急进缓进之分，以后更有进一步的分化和转向，但当时他们都站在民主和科学的旗帜下，对传统文化进行口诛笔伐。他们反对纲常伦理，要求尊重个性；反对盲从古人，提倡独立思考；反对传统的权威，要求"用自己的话写自己的主张"。五四运动对委积数千年之久的封建主义文化的马厩进行了一次大清扫，为中国新文化的建设奠

①　《陈独秀文存》卷1，第3页。
②　陈独秀《旧思想与国体问题》。
③　李大钊《孔子与宪法》。
④　吴虞《吃人与礼教》。
⑤　《胡适文存》卷1，第229页。

定了基础，其伟大的历史作用应该充分肯定。

三、评价五四新文化运动中的若干问题

五四运动已经过去 70 年了。人们在经历 70 年沧桑巨变的同时，经常回顾这场伟大的运动，对它的是非功过进行评价，发表了许多著作和文章，其中很多真知灼见，对五四新文化运动的发生、发展及其意义作出了深刻的阐发。但至今，处在改革、开放的大潮中，对五四运动进行反思，仍有许多问题值得进一步研究和探讨。

五四运动激烈反对传统文化，当时的思想战士是不是态度偏激，感情用事？是不是完全摒弃传统文化，对传统一味进行非理性的、无意义的破坏？

五四运动确有其片面性。早在 47 年前，毛泽东就说过：

"五四运动本身也是有缺点的。那时的许多领导人物，还没有马克思主义的批判精神，他们使用的方法，一般地还是资产阶级的方法，即形式主义的方法。他们反对旧八股、旧教条，主张科学和民主，是很对的。但是他们对于现状，对于历史，对于外国事物，没有历史唯物主义的批判精神，所谓坏就是绝对的坏，一切皆坏；所谓好就是绝对的好，一切皆好。这种形式主义地看

问题的方法，就影响了后来这个运动的发展。"①

在近代历史上，作为传统文化主干的儒家思想早已是社会进步和革命发展的障碍，因此，五四时期，先进分子对其进行激烈的批判是势所必至、理所当然。在批判中发生某些形式主义的缺点也是可以理解的。因为，他们不是在书斋中慢条斯理地进行研究，而是处在战斗的环境中，面对着长期统治中国的儒家思想这个庞然大物，面对着尊孔复辟派的反动叫嚣和倒行逆施，不进行迅速的、强有力的攻击，新思想、新文化就不可能占领阵地，站住脚跟。当时的领导人还没有掌握科学的思想武器，去正确分析中国的历史和文化，而是以强烈的愤慨补充了理论准备之不足。他们攻击的方向是正确的，态度是坚决的，但一刀一枪并非都能击中对方的要害。评判任何一种战斗，只能综论其全局的胜负得失，而不能斤斤计较局部的失利或误伤。五四新文化运动的功绩在于它对旧文化、旧教条的不妥协性，我们不应当要求它对丰富复杂的中国传统文化进行全面深入、恰如其分的评价和分析，因为这是需要长期细致的研究，才能做到的。

尽管五四时期先进分子对传统文化的批判，言词锋利，语调激烈，但思想文化领域中的任何激进主义者都不会同自己的先辈一刀两断，全部决裂。人生活在一定的社会环境和文化氛围中，他总要受传统的教育和熏陶。每一个人都属于某种文化，是这种文化塑造的，不可能完全脱

---

① 《毛泽东选集》合订本，第788—789页

离开养育自己成长的土壤，不可能离开传统，正如拔着自己的头发不能够离开地面一样。先进思想家可以和传统文化的核心部分进行激烈的、不调和的战斗，却仍必须利用先辈们遗留下来的许多理论观点和思想资料，不可能在一切方面和昨天宣战。五四时期反传统的战士其实都受过充分的传统教育。他们熟读经书，精通儒家学说，而又涉猎西学，留学国外。可谓学贯中西，通晓古今，知识渊博。他们一方面认定，儒学作为占主导地位的意识形态，不能适应近代社会的要求，因而进行了激烈的批判；另一方面，他们并非不认识到传统文化中蕴藏着珍贵的宝藏，需要发掘继承。如李大钊对中国社会经济史的阐明，鲁迅开创中国小说史的研究和校辑古籍，胡适整理国故并在哲学史和小说考证方面作出成绩。还有稍后的郭沫若、瞿秋白、茅盾、郑振铎、顾颉刚、傅斯年、罗家伦等，都曾潜心研究中国历史或中国文学而作出了贡献。从他们毕生的学问和事业看，说他们摒弃了中国传统文化是不合乎事实的。

事情正好相反，五四运动的另一个巨大功绩就是彻底反对帝国主义。运动的爆发就是由于中国在巴黎和会上遭到强烈的欺压凌辱。五四中提出"外抗强权、内惩国贼"的口号，恰好是继承和发扬爱国主义传统的表现。中国人民从来具有反对异族入侵的优良传统，特别在近代史上，中国人民为反对帝国主义侵略而英勇战斗，前仆后继，正是这一爱国主义的传统使中华民族在危机关头团结凝聚在一起，全力反对外来的侵略，使帝国主义不可能瓜分和灭

亡中国。五四运动继承了这一爱国主义传统，并使启蒙和
救亡相结合，掀起了波澜壮阔的群众运动。可见五四运动
虽然激烈批判了传统儒学，但并没有全部否定传统，而且
把传统中的爱国主义精神发扬到新的高度。

　　反帝与反封建，救亡与启蒙，这是五四运动的两大任
务，其相互关系如何？五四运动以后爱国救亡与政治革命
风起云涌，延绵不断，成为历史的主旋律，这会不会掩盖
和压抑了启蒙运动的发展？是不是使五四开始的新文化运
动出现了断裂？民族生存和夺取政权的紧迫任务是不是压
倒了个人对自由、平等、民权等理想的追求，因而使启蒙
的任务长期没有完成？思想启蒙与革命救亡是否产生了矛
盾？

　　事实上，革命救亡与思想启蒙是历史发展进程中不可
分离、相互促进的两个方面。一切思想启蒙都和政治革
命、社会改造相伴随。思想启蒙的根本目的是要唤起群
众、改造社会、拯救国家。而革命、救亡也必须以群众的
觉醒和奋起为前提。因此，启蒙必然在一个具体的历史环
境中展开，必然和当时的政治任务相结合。18 世纪法国
的启蒙运动导致了颠覆欧洲封建制度的一场大革命，而中
国戊戌前后的启蒙运动也与变法维新的政治浪潮相伴随，
从来没有仅仅停留在书斋中、完全脱离了社会改造的抽象
的思想启蒙。从中国的情况说，思想启蒙长期在救亡和战
争的环境中进行。严峻的客观现实自然不容许当时中国实
施正规的义务教育，也不能奢望有更多的经费和更完备的
文化教育设施。一切因陋就简，文化启蒙的内容、形式和

规模都要受历史条件的制约，但决不能把启蒙任务未能完成的原因归之于救亡和革命。恰恰相反，思想启蒙必须在爱国救亡和政治革命中寻找动力，逐步展开。五四运动之前，思想斗争已由为《新青年》杂志撰稿的少数作者所发动，但影响还不大，正是五四运动，全国的青年学生、工人、市民举行游行示威，发出爱国救亡的呼声，同时也把思想启蒙的成果大大地发展推广。救亡与启蒙联袂前进，相得益彰，在全国造成了如火如荼的轰动效应，可见两者是相互促进，而非矛盾对立的。

至于自由、平等、民权，确实是中国人民的理想和追求。但救亡与革命正是为了争取个体的生存，保障个人的自由、平等和民权。如果国家主权和民族生存受到威胁，就谈不上个人的任何权利。因此，从根本上说，救亡与革命不会压抑个性的发展，抹杀个体的价值，而正好是为实现自由、平等和民权开辟了可能性。

的确，五四运动思想启蒙的任务并没有完成。至今，民主和科学仍然是我们要努力争取的目标。为什么中国思想启蒙的路程这样漫长而艰巨？五四运动是不是破坏太多，建树太少？它的主要功绩表现在哪里？

诚然，五四运动只是思想启蒙的开始。五四以后，愚昧、迷信、专制主义依然统治着中国。思想启蒙本来就是长期的任务，在西欧花费了从文艺复兴到 18 世纪的几百年时间。在中国这样一穷二白的大国里，要完成启蒙任务，建设高度文明的国家，必须依靠全民族世世代代的艰苦努力。我们本来就不能指望在五四运动的短暂期间解决这一根本问题。但五四运动在思想文化领域中并非无所建树，它的巨大功绩是传播了马克思主义，在激烈批判了传统的儒学以后，人民选择了马克思主义的科学理论作为观察世界、分析中国、改造社会、推动革命的思想武器，从此揭开了中国共产党领导下的新民主主义革命的序幕。

五四运动以前，当陈独秀创办《新青年》时所揭橥的是法国资产阶级革命中自由、平等、博爱的口号，仍想在中国建立资产阶级共和国。但第一次世界大战的爆发，使帝国主义世界的矛盾充分暴露，以前曾经非常具有吸引力的资产阶级理性王国，每况愈下，竟把人类推入大规模相互残杀的绝望境地。因此，资产阶级的理性王国失去了诱人的光彩。十月革命的胜利，犹如一声春雷，震惊了世界和中国，俄国的工农大众，首先挣脱锁链而站立起来，这给长久处在沉重压迫下的中国人民，树立了榜样，鼓舞起信心。五四运动中，传统的封建思想遭到批判，思想界释放出巨大的能量，形成生动活泼、蓬勃进取的新局面，外国的各种思想纷纷传入中国，理论繁多，学派林立，使人眼花缭乱，对青年们具有很大的吸引力。当时，人们在摆脱了传统儒家思想的束缚后，无所拘束，凭着各人的所学所感、所思所悟去判断是非、接触社会、体验人生、追求真理。经过一段时间的探索、争辩、选择，马克思主义赢得越来越多的群众，逐渐在中国生根成长，开花结果，取得了历史性的胜利。

中国人民所以选择了马克思主义，因为它是科学的、革命的理论。它使人能够正确认识国情，洞察形势，制定战略策略，给人以智慧、力量和信心。它坚定地维护被压迫人民的利益，能够鼓舞群众，最大程度地动员群众中的革命潜力。这一科学理论适合于已经成熟了的中国革命的要求。正像马克思所说："理论在一个国家的实现程度，决定于理论满足这个国家的需要的程度。"[①]

五四运动最伟大的建树是在中国传播了马克思主义。中国革命自从有了马克思主义的正确指导，很快走出低谷，迎来了高潮。而思想启蒙也有了更锐利的武器。此后，经过长期奋斗，终于推翻了帝国主义、封建主义的统治，建立了社会主义的新中国。

四、当前的文化建设和对传统文化的批判继承

当前，我国正处于社会主义改革和开放的大潮中，五四时期思想启蒙的任务尚有待于完成。我国是个疆域广阔、人口众多，经过两千年封建统治的大国，底子很薄，一穷二白，改变这种情况需要长期努力。我国的文盲达两亿数千万，高等科学人才占人口比例很小，文化教育设施落后，这是制约我们经济起飞的重要因素。贫穷与愚昧，两者是牢固结合、互为因果的共存体，治贫必须治愚，治愚又必须治贫。我们当前最主要的任务是发展生产力，生产力中最重要、最活跃的因素则是人。生产工具、机器设备是由人制造和操作的，工厂企业是由人进行管理的。现

---

① 《马克思恩格斯选集》第 1 卷，第 10 页。

代化建设需要千千万万有理想、有道德、有文化、有纪律的人。改革的成功与否，取决于作为改革主体的人是否具备与改革相适应的文化素质。建设高度的文化，其中包括教育、科学、文化知识的发展，民主和法律的完善以及人们思想、道德水平的提高，这是四化建设中刻不容缓的任务。

我们的目标是要建设社会主义的新文化。文化是人类在改造世界中产生的物质和精神成果，什么样的客观世界、社会制度和什么样的改造活动，就会产生什么样性质的文化成果。我们今天正在创造的是社会主义性质的文化，从总体和发展前途看，必定会高出于世界上存在过的其他文化，但当它处在社会主义初级阶段时，却未必能在很多方面都赶上或超过形成已久、历经锤炼、充分成熟了的其他文化。社会主义文化必然要把其他文化作为自己的先驱，汲取营养，取材借鉴，以利于自己的成长。发展社会主义文化的根本源泉是生活实践。沸腾的生活实践将决定文化发展的方向，提供文化建设的模式、素材和动力。创造文化的过程，即是总结新生活，解决新问题，发展新观念，产生新成果的过程。文化如果离开了生活实践，就成了无源之水、无根之木，必定会枯萎死亡。我们的文化建设与当前的现代化建设密切结合，应适合现代化建设的要求，在知识和科学水平方面有大幅度提高，在价值取向和社会心态方面有重大的转变，并发扬民主、法治意识，提倡效率、平等、功利观念，尊重人的尊严和权利，在保障集体价值的同时发展个体价值。总之，我们仍将沿着

70 年前五四运动所开辟的道路前进。

今天，我们在文化建设中，也像五四时代的先辈们一样，面对着如何对待丰富而复杂的中国传统文化，不过处境、条件已变化，任务也有所不同。五四前夕，是历史上最黑暗的时期之一，尊孔复古的议论甚嚣尘上，复辟丑剧一演再演。五四的先辈们处在一个紧迫的战斗环境中，以廓清雾瘴、荡涤垢污、开辟新路为己任。我们已经完成了民主革命的任务，建立了新中国，进行了 40 年的社会主义建设。40 年中的挫折和失误深刻地教育了我们：要防止"左"的倾向，特别是不能重复文革期间批判一切、否定一切的错误。我们的任务是对中国传统文化进行马克思主义的分析，深入研究，重新估价，取其精华，弃其糟粕，以丰富和发展社会主义的新文化。

文化传统是历史地形成的，是时代的、民族的产物。每个人都在传统的哺育下获得知识，培养能力，形成思维方式和价值取向。传统和我们的关系与生俱来，十分密切，我们既不能脱离开传统，也不能自由地选择传统。但历史又是不断前进的，传统只反映过去，一旦成为传统，它就凝固起来，偏离开日益发展的新生活，有时会和新生活发生严重的冲突，成为前进中的包袱。传统和现代化是历史发展中的两个环节，相互衔接，又相互矛盾。传统是昨天的创造活动的积淀，又流注到今天和未来。而现代是当前的行动目标，是前所未有的创造，是新生活的起点。现代化必然要冲击、改造、利用传统，为自己的胜利前进开辟道路。担负着现代化责任的人，对传统必然是有所继承，有所改造，有所革新，有所超越。

"取其精华，弃其糟粕"，这8个字是我们对传统文化的基本态度。既区别于全盘继承，无条件地接受；又区别于一笔抹杀，完全抛弃。我们既不是复古主义者，也不是民族虚无主义者。但对待传统文化需要长期研究，精心鉴别，不是乱套乱用这8个字的简单公式，分类处理，也不是拿这8个字代替艰苦、细致的工作。传统文化中，何者为精华？何者为糟粕？如何弃取？恰恰是难点之所在。精华与糟粕并非泾渭分明、一目了然，可以简单地挑拣。两者常常结合在一起，互相渗透、互相依存，在一定条件下甚至可以互相转化。研究传统文化，一定要结合它生成的历史环境，细致地解剖它的内容、多样化的形式以及发挥的功能，从宽广的视角进行考察，切忌简单片面、浮浅狭隘、急功近利的做法。

大概说来，传统文化有几种情况：

第一种属于自然科学、逻辑、语言、工艺技巧，以及全人类共有的知识内容、行为规范，这些都是人们在改造自然、改造社会中取得的共同成果，通常没有阶级性或阶级性不强烈的部分。它有自身的发展规律，不是伴随经济基础的改变而急剧改变。它通过新知识的逐渐积累、新内容的不断丰富而代替、更新旧知识、旧内容。渐进性的积累、更新是其传承的特点，已有的知识内容和成果不是简单被抛弃，它们往往是取得新知识的基础，即使被取代以后，其合理内容仍被包容在新的文化成果中。这类传统文化的连续性和稳定性是很明显的。

第二种是传统文化中属于意识形态的部分，包括哲学、政治、法律、宗教、道德、文学艺术的成果，也包括人们的心理、情绪、价值取向、某些典章制度、风俗习惯。这些属于观念和制度文化，较直接地反映时代特点和阶级利益。人们对其是非善恶的评价往往有较多分歧，随着实际生活的前进，意识形态和制度、习俗却相对滞后，又会发生和现实生活的脱节和冲突。我们所说评价传统文化的复杂性和难点就是指的这一部分，常常是精华与糟粕杂然并存，褒扬与贬斥截然对立，引起文化思想领域中激烈的两军对战。中国的传统文化，产生于旧时代的农业社会中，把它过分拔高，要它在中国以至世界的现实和未来生活中居于主导思想的地位，显然是寄予了过多的奢望，是不可能做到的。但我们现在处在与五四运动不同的时代，是在从事长期的文化建设，有更多的时间进行细致的研究、探讨，有更大的可能去理解与宽容。除了坚决剔除确实有害于现代化建设的糟粕外，对历史文化遗产应当谨慎从事，小心保护，避免全盘否定，激烈破坏。

第三种是传统文化中的实物遗存，如历史遗存、名胜古迹、古器物、古建筑、古工艺品以及书籍字画。这一类既非知识技能，又非观念制度，而是传统文化的物质载体，是中华民族的劳动创造和智慧结晶，体现着中国悠久灿烂的文明，可以鼓舞人们的爱国主义精神，增长人们的知识和能力，培养人们追求真善美和高尚情操，可以在建设社会主义精神文明中发挥巨大的作用。这些历史文物，是国家的瑰宝，当然要妥善保存和管理，不允许加以破坏。

第四种是传统文化中确属反动、落后的部分。如封建迷信、淫秽作品，荒诞不经的议论、传闻，野蛮、残忍的观念、习俗。这些理所当然要加以摒弃、淘汰。即使对待这些有毒的内容，也要慎重处理，区别包含在大量毒素中尚属合理的、无害的部分。全属糟粕的东西，自然不能使其泛滥，危害人民的身心健康，但从历史学、宗教学、民俗学、社会学、心理学的研究角度看，其中也包含着有用的研究素材，不可任意丢弃、消灭。对一切文化遗产，我们不能像封建统治那样采取焚书、劈版、篡改、灭绝的愚蠢做法。

总之，我们所要建设的是富有创新精神的社会主义新文化，必须能够适应并促进现代化建设。我们既不能袭用传统文化的整个体系与思想观点，又不能与之脱离。正确的态度是改造、转换、创新、超越，用马克思主义进行细致的研究，使源远流长、内涵丰富的我国历史文化遗产，能更好地为现实服务，以建立具有时代精神的光辉灿烂的中华民族新文化。

继承和发扬爱国主义传统[*]

"爱国主义就是千百年来巩固起来的对自己的祖国的一种最深厚的感情"[①]，是对生于斯、长于斯的土地、田园和自己人民的深挚的眷恋，是对悠久历史和文化传统的崇高自豪，是对国家、民族的命运的高度责任心。爱国主义是一种巨大的精神力量，它深深地植根于中国久远的历史之中，产生在一定的政治、经济和文化的基础之上，又反过来给予政治、经济、文化的发展以重大的影响。它是中国各民族之间的凝合剂，使各族人民亲密地团聚在祖国的民族大家庭中。爱国主义的精神世代延续，日益发扬。它像长江大河那样宽阔浩荡，源远流长，灌溉滋润着中华民族儿女们的心田，激励着他们永远前进。

我国自古以来是个多民族的国家。有大大小小许多兄弟民族劳动、战斗、生息在辽阔而富饶的土地上。它们经

　＊　本文发表于《文史知识》1982 年第 8 期。
　①　《列宁全集》第 28 卷，第 168—169 页。

济、文化发展很不平衡，各有自己的文化传统、语言文字、宗教信仰、风俗习惯。他们长期生活在统一的民族大家庭中，尽管各个民族之间存在着矛盾与不和，发生过许多次冲突与战争，但是，人民之间经济和文化的交流，彼此的友好往来，仍然是历史的主流。各民族之间日益发展起持久和巨大的亲和力、凝聚力，使整个中华民族融合成为紧密团结的整体，历经几千年战争变乱与社会动荡而永不分离。

中华民族勤劳刻苦，富有智慧和创造力。很早以前就有了发达的农业、畜牧业和手工业，有精美的青铜器、丝绸、瓷器和其他工艺品。我国人民发明了印刷术、火药、指南针、造纸术，对世界的经济、文化发展做出了贡献。我国有丰富浩瀚的哲学、史学、文学、艺术的优秀成果，这是后代人民继承、学习、借鉴的珍贵财富。在古代，中国长期居于世界文明国家的前列。我们的祖先，曾经创造了高度的物质文明和精神文明，值得我们引以自豪。

在近代，由于帝国主义的侵略，中国逐步地变成了半殖民地半封建社会。外国侵略者通过军事的或和平的手段，强迫或诱使清朝政府签订了一系列不平等条约，掠夺中国的土地和各种权益，把沉重的枷锁强加于中国人民身上，中国面临被瓜分、被吞并的危险。帝国主义的疯狂侵略激起了中国人民爱国主义精神的大发扬，千千万万爱国志士抛头颅，洒热血，为拯救国家和民族的危亡而英勇战斗，在中国近代史上谱写了可歌可泣的光辉篇章。从三元里人民反对侵略军的英勇斗争，到义和团与八国联军的顽强拼搏；从林则徐虎门销烟的庄严时刻，到邓世昌黄海血战的悲壮场景；从不畏强暴、奋勇抗击外国洋枪队、常胜军的太平天国运动，到前仆后继，誓必推翻清朝政府的辛亥革命，都处处闪耀着爱国主义的光芒。在近代史上，正义的、爱国的浪潮，汹涌澎湃，一浪高过一浪，使得帝国主义灭亡中国的阴谋遭到彻底破产。

历史的经验说明：爱国主义是我们的传家宝，是国家和民族赖以生存和发展的精神支柱，一定会世世代代流传下去，并发扬光大。

我们已处在社会主义革命和建设的时代，今天的爱国主义是过去时代爱国主义的发展，又大大地超出于过去。爱国主义是历史的范畴，各个时代的爱国主义既一脉相承，又不断地发展丰富。旧时代的爱国主义，有的表现为抗击异民族或外国的压迫和侵略，不屈不挠，坚持斗争；有的表现为反对黑暗统治，反对反动暴政，解除和减轻本国和本民族人民的苦难；也有的表现为创造经济和文化成就，丰富和提高了人民的文明生活。所有在这些方面做出了贡献的杰出人物都可称做是爱国者，理应得到后代的歌颂和怀念。但是，旧时代的爱国主义往往带有局限性，人们总是把爱国和封建的忠君思想混在一起。由于当时的国家并不掌握在人民的手里，而是掌握在地主阶级的总代表——专制皇帝的手里，因此，忠于国家和忠于皇帝，难于区分。爱国的行动和主张也不能贯彻到底，历史上的爱国主义英雄常常遭到不幸的命运。屈原被谗流放，自沉于汨罗江；杜甫一生贫困潦倒，颠沛流离；岳飞被从抗金前线召回，惨死于风波亭；林则徐抵抗侵略有功，反被罢官充军；义和团遭到清政府的愚弄、利用和镇压。这种历史的悲剧，正是表现了旧时代爱国主义的局限性。

中国历史上，爱国主义经历了几千年的发展，今天已上升到了新的思想高度，即是以社会主义为其内容、趋向和归宿，爱祖国和爱社会主义紧密结合，不可分离。我们的社会主义国家消灭了几千年来的剥削制度，人民群众当家做了主人，国家不再是专制君主的私产或地主、买办、军阀的统治工具，而是属于全体人民。因此，社会主义时代的爱国主义就是完全地、彻底地为最广大的人民服务。今天的爱国主义又和无产阶级的国际主义相一致，我们在保卫和谋求自己国家、自己民族利益的同时，充分地尊重和促进其他国家、民族的利益。我们主张各个国家、民族之间的平等合作，相互帮助，反对任何形式的侵略和压迫。因此，社会主义的爱国主义是人类最崇高而美好的思想感情，是推动历史的强大的精神力量。

今天，一个以建设社会主义为内容的新的爱国主义热潮正在新中国兴起。让我们团结一致，坚定信心，把全部的精力、智慧和热情倾注到社会主义现代化建设事业中去，为促进中华民族的复兴和伟大祖国的富强而努力奋斗！

爱国主义和历史科学[*]

　　爱国主义是对自己祖国和人民的最深厚的感情，它深深地植根于中国久远的历史和文明之中，世世代代哺育着中华儿女，鼓舞和激励他们去劳动、去战斗、去开创祖国的锦绣前程。爱国主义，过去是中华民族生存、团聚、延续、立国的思想支柱，今后仍然是实现社会主义现代化宏伟事业的精神源泉。历史科学是进行爱国主义思想教育的强大武器。在我国的历史上，有足以自豪的、光辉灿烂的文明遗产；有许多伟大的、堪称表率的政治家、军事家、思想家、科学家、文学家、艺术家；有反对阶级剥削和民族压迫的光荣革命传统；有众多的坚忍不拔、可歌可泣的英勇斗争事迹。特别是从1840年鸦片战争以后，开展了反帝反封建的激烈斗争，爱国主义精神得到高度的发扬。人民群众为了争取国家的独立、民族的解放，不惜抛头颅、洒热血，和强大的敌人进行拼搏，经过崎岖曲折的路

---

[*] 本文发表于1983年6月22日《光明日报》。

程，终于在中国共产党的领导下，推翻了压在人民身上的三座大山，取得了革命的胜利，建立了社会主义新中国。一部中国史是进行爱国主义教育最丰富、最生动的教材，人们将能从中认识我们民族伟大的过去和光明的未来，将能激发对祖国的忠诚、热爱和高度的自豪感、责任心。

为了开创社会主义现代化建设事业的新局面，我国各条战线需要培养千千万万有理想、有道德、有文化、守纪律的人，需要有超过祖辈、父辈的青年一代。为此，就必须加强祖国历史，特别是近代史的教育。历史的教育，既要陈述事实，总结经验，揭示规律，给人以知识、智慧和才能，又能陶冶品德，培养情操，鼓舞信心，使人们的内心世界迸射出爱国主义的光芒。

人的思想发展和世界观的树立，有各自不同的特点，也有共同普遍的规律。从爱国主义走向共产主义，这是许多前辈革命家经历的共同道路。中国的老一辈共产主义战士，很多人不是一开始就具有共产主义思想觉悟的，而是目睹国家的贫弱，民族的苦难，救国救民之心油然而生，奋不顾身地投入革命运动，经历了多次的失败和挫折，在实践中学习马克思列宁主义，认识到社会主义是拯救中国的唯一可行的方案。这样，他们才逐步成长为伟大的共产主义者。在今天，爱国主义和共产主义更是相通的。一个共产主义者必须是最坚定的爱国者，为国家、民族的复兴而全力奋斗，贡献一切，并把爱国主义和无产阶级的国际主义紧密地结合起来。而一个真正的爱国者，即使还没有建立起共产主义的世界观，也会在大量生动、具体的事实面前，认识到社会主义的优越性，赞成和拥护社会主义制度和中国共产党的领导。

在青年和人民群众中大力开展爱国主义教育，这是建设社会主义精神文明的重要内容，将会促进共产主义新一代的成长。我国史学界过去在普及历史知识，宣传爱国主义方面做了很多工作，今后还有更多的工作要做。

进行爱国主义教育是一项长远的战略任务，应该投入更多的力量，更有计划性，做得更加扎实，更有成效。无论在内容、体裁、方法、选题、文字等方面都有探讨和改进的余地。时代给历史科学提出了新的要求，一切史学工作者、史学研究和教学单位、史学刊物都应该关心这项工作，义不容辞地承担更多的责任，利用各种方法，通过不同途径，把科学的历史知识广泛传播，使爱国主义精神更加发扬光大，在群众中生根、开花、结果。

继承和发扬传统美德[*]

当前我们正在建设有中国特色的社会主义，经济迅速发展，人民生活得到较大改善。但当前社会还存在着很多问题，最近大家议论比较多的一是社会治安问题，偷盗抢劫、行凶杀人、贩毒卖淫，一些犯罪分子在严打期间还敢于顶风作案，无法无天，老百姓缺少安全感；二是贪污腐败，以权谋私，贿赂公行，侵吞公款，如何把廉政建设搞好，关系到党和国家的命运；三是假冒伪劣商品充斥市场，以假乱真，危害广大消费者利益。这些都是社会关心的焦点。

这些亟待解决的社会问题都和道德风气、道德教育有关，解决这些问题要靠法律但又不能只靠法律，从长远的观点讲，道德规范更加重要。孔子说："道之以政，齐之以刑，民免而无耻；道之以德，齐之以礼，有耻且格"，意思是说：只用法律的惩罚手段，大家虽然不去犯罪，但

---

* 本文发表于《人民日报》1997 年 12 月 6 日。

思想境界没有提高，运用道德的教化手段，大家的精神境界提高了，就不会犯罪了。

社会主义道德规范不能凭空创造，必须继承和发扬优秀的传统道德和革命道德，中国素称礼仪之邦，历史上从来十分重视道德，拥有丰富的伦理道德遗产，吸取其积极合理的因素，古为今用，这是当前的重要任务。

道德是产生在一定经济基础上的上层建筑，是调整人们相互关系的行为规范，经济和社会发生了变化，道德也会发生变化，没有永恒不变的道德，封建社会资本主义社会的道德不同于社会主义的道德，这是一方面，而另一方面，人与人相处不管在什么时代什么场合有一些共同的类似的原则应当遵守，是可以超越时代超越阶级的。例如做人要诚实，当官要廉洁，又如尊老爱幼、扶贫济困等等，有一些道德范畴作为人类共同的行为规范，可以超越几个历史时代。列宁曾经提到过几千年来的处世格言，长期遵守的公共生活的准则，因此道德虽然是变化的，但并不是随着一个时代的终结和一个阶级的消亡而全部发生变化。任何一个新时代，任何一个新阶级，都要保存和利用某些旧时代的道德规范和生活准则。我们在任何社会里都可以看到一些古老的风俗礼仪和行为准则。

60 年代初，曾有一次关于道德继承问题的大讨论，把传统道德当做一堆垃圾，全部扔掉，冯友兰、吴晗都是批判的锋芒所指。"文化大革命"是从批判吴晗的《海瑞罢官》开始的，海瑞是清官，他是法律和道德的化身，清官的特点就是执法严明，清正廉洁，这一维护法制和道德的象征遭到狂风暴雨式的批判，把传统道德说得一无是处，都是虚伪的，没有可继承性，甚至还有一种谬论，说贪官比清官好，因为清官有欺骗作用，而赤裸裸的贪官污吏反能起揭露作用，是非颠倒，莫此为甚！

历史上确有伪君子、假道学，以仁义道德掩盖其秽迹丑行，但不能因此而全盘否定传统道德，历史上还有不少仁人志士具有较高的道德修养，他们立志高远、爱国爱民、待人忠诚、行己有耻，以天下为己任。尽管旧时代的道德规范从今天看来有许多局限性，但这些志士仁人真诚地信奉当时的道德，身体力行、矢志不渝。如屈原、岳飞、文天祥、史可法为了实现道德理想，爱国救民、舍生取义表现了浩然正气。我们应该抛弃那种道德虚无主义的观点，珍惜历史上的道德遗产。

对传统道德如何继承？不外是"批判继承"四个字。由于历史条件不同，古今道德规范的体系是不同的，不能囫囵吞枣、全盘继承，而必须取其精华弃其糟粕，大体上有以下三种情形。

一、某些传统的道德范畴，今天基本上适用，如诚实、守信、公正廉洁，这些传统美德可以适用于今天，做人总不能虚伪欺骗，当官也不能私心邪恶、贪赃枉法，过去被认为善的应该提倡和实践的，今天和将来仍然是善的，仍应该努力提倡和实践。

二、某些传统的道德范畴，今天完全不适用，应予抛弃，如妇女守节，夫死不能改嫁。还有三纲，君为臣纲，现在人民当家做主，社会上已不存在君臣关系，人与人是平等的，父与夫也不能成为子与妻的"纲"。

三、某些道德范畴其内涵应予改造、转换和充实，如孝敬父母，仍是今天应予遵守的行为准则，但决不能像二十四孝中那样提倡愚孝，割股、尝粪、卧冰过去被认为是美德，其实是自我摧残或犯罪行为。

总之，随着市场经济体制的建立和完善，必须建立相应的道德规范，应该批判地继承传统的伦理道德，推陈出新，古为今用，使传统道德转化为现实的精神财富，才能够完成社会主义精神文明建设这一重大课题，使我国的社会主义现代化得以健康、有序而高速地进行。

纪念鸦片战争　弘扬爱国精神[*]

　　今年是鸦片战争爆发150周年。鸦片战争是中国历史发展的重要转折点，世界资本主义列强，用武力打开中国的大门，把一系列不平等条约强加给中国人民，从此独立的封建中国逐步地沦为半殖民地半封建社会，中国人民陷入水深火热的痛苦生活之中。

　　鸦片战争是由英国向中国进行殖民扩张并非法贩运鸦片而引起的。长时期以来，英国商人在其政府的支持下，从事肮脏的毒品贸易，掠夺中国的财富，扰乱中国的经济，毒害中国人民的身心健康，也使清朝政府的税收减少、清朝士兵的素质下降。就像林则徐所说：鸦片"流毒于天下，为害甚巨，法当从严。若犹泄泄视之，是使数十年后，中原几无可以御敌之兵，且无可以充饷之银"。清政府也曾三令五申禁止吸食和贩运鸦片，但外国鸦片贩子用贿赂和走私破坏禁烟的命令，英国鸦片商人日益猖獗

＊　本文发表于1990年6月18日《人民日报》。

的贩毒行为使中英矛盾大大激化。马克思当年曾经指出：发生这场战争的根源是"因为中国当局不愿意让他们的人民为了东印度公司和英法美各国少数不法商人的金钱利益而被鸦片所毒害的原故。"①

在鸦片日益泛滥的情况下，清政府派遣林则徐为钦差大臣到广东禁烟。林则徐是具有爱国精神、开明思想和廉洁正直作风的伟大人物，他在广东雷厉风行地禁烟，迫使英国鸦片贩子交出2万多箱鸦片，于1839年6月3日在虎门销毁。这一行动向全世界宣示了中华民族高尚的道德精神和反抗外国侵略的决心。

英国政府为了维护贩毒的权利决定派遣侵华远征军，1840年4月英国议会以9票的微弱多数通过对华远征军费的拨款；6月，48艘英国船舰来到中国海面发动进攻，鸦片战争爆发。

清朝政府为了维护自己的利益，曾经进行了禁烟和抵抗。但当时它的统治已趋衰落，政府腐败，财政困难，军队战斗力低落，因此，清政府不可能也不愿意把抵抗进行到底。它在英国的坚船利炮面前，畏怯动摇，时战时和，方针不定。战争进行了两年之久。清朝罢免了禁烟有功、备战认真的林则徐、邓廷桢，任用琦善、奕山等妥协派，使战局失利。1841年1月英军武装占领香港，进攻虎门，关天培等爱国官兵坚守阵地，血战牺牲，数万清军在错误的指挥下完全退缩进广州城，任凭侵略军横行无忌。1841

① 马克思：《毒面包案》。

年 5 月 30 日广州郊区三元里人民奋起抵抗，他们用原始的刀矛锄镰，把侵略军包围在山岗和树丛中，狠狠地打击了他们的嚣张气焰。"一时义愤同赴，不呼而集者数万人"，显示了人民群众中反侵略的伟大力量。此后战火蔓延到浙江和江苏，清朝统率指挥紊乱，一触即溃，狼狈逃窜，但江浙人民自发进行抵抗，许多爱国官兵如陈化成以及镇江的旗兵英勇作战，以身殉国。恩格斯曾热情地称赞中国官兵的爱国精神，他说："抵抗英国的镇江旗兵决不缺乏勇敢和锐气，这些驻防旗兵总共只有 1500 人，但却殊死奋战，直到最后一人……在这次战斗中，英军损失了 185 人，如果这些侵略者到处都遭到同样的抵抗，他们绝对到不了南京。"①

　　有人说：鸦片战争时，中国不应该抵抗，因为中国的武器落后，军事和经济力量不如人，战争必败，何必抵抗？这种观点是错误的。难道弱者就只能被强者所欺凌，只能逆来顺受，而不允许反抗。林则徐和三元里人民不畏强暴，保卫国家的尊严和利益，正是爱国主义崇高精神的表现。中国也只能在斗争中逐渐锻炼和积聚力量，在抵抗外国侵略的同时学习外国的长处，才能由弱变强。何况当时的英国虽强，但远在数万里外，只派出了少数军队，在中国的沿海、沿江作战，不能进入内地。如果清政府政治上较清明，能够坚持抵抗，英国就不会那样轻易地取胜。

　　1842 年 8 月侵略军进逼南京，清政府做城下之盟，

----

　　①　恩格斯：《英人对华的新远征》。

向英军乞降，接受《南京条约》。其主要内容为：（1）割让香港给英国，由英国"长远主掌任便立法治理"，从此香港成为英国在远东的军事和商业基地，给帝国主义侵略中国提供了方便。（2）中国开放广州、厦门、福州、宁波、上海为通商口岸，英人可以自由居住、自由贸易，中国的门户完全洞开在外国侵略者的面前。（3）中国赔款2100万银元，其中600万元为烟价，300万元为商欠，1200万元为军费，另外尚有600万元广州赎城费，这笔巨额赔款相当于清政府一年财政收入的一半，使中国更陷入贫困的境地。（4）英国进出口货物的纳税"均宜秉公议定税则"，也就是说海关税率须与侵略者议定。从此中国开始失去海关主权，外国商品在低税的保护下向中国倾销，中国民族工商业和农民小生产者遭到沉重的打击，中国的社会经济凋敝不振。

总之，《南京条约》是丧权辱国的条约，是外国侵略者捆绑中国人民的第一道锁链。从此帝国主义纷纷前来欺压中国，向清政府提出种种侵略要求。有人说：鸦片战争对中国有利，给中国带来了文明，这是十分荒谬的。鸦片战争带来的是割地赔款、主权丧失和鸦片泛滥，带来的是野蛮而不是文明。至于中国和世界文明的接触，这是历史发展的大势所趋，而不是侵略战争带来的。相反，由于中国和世界列强开始交往时就遭到重大打击，以后又不断挨打，使得经济凋敝，人民贫困，国家衰弱。事实是帝国主义的侵略造成了中国近代社会发展的迟缓，造成了中国的苦难和屈辱。

帝国主义的疯狂侵略激起了中国人民的强烈反抗，所以一部中国近代史既是帝国主义侵略中国的历史，又是中国人民反对帝国主义侵略的历史。中国的无数志士仁人为了拯救国家危亡，振兴中华民族，或者浴血奋战，英勇献身；或者奔走呼号，力图革新；或者潜心探索，寻找救国的真理。他们走过了艰难曲折、荆棘丛生的路程。尽管面对的敌人十分强大，但中国人民团结一致，不畏强暴，坚决抵抗，百折不挠，爱国主义浪潮空前高涨。近代中国遭受那么多帝国主义国家的军事进攻，经历了多少残酷的战争，但中国没有被瓜分，没有被灭亡，最主要的就是在爱国主义的鼓舞下，中国人民英勇奋战的结果。

当此鸦片战争 150 周年之际，回顾历史，反思中华民族走过的路程，应该进一步弘扬爱国主义。爱国主义是对生于斯长于斯的土地田园和自己人民的深挚的眷恋，是对悠久历史和文化传统的崇高自豪，是对国家、民族的命运的高度责任感。爱国主义是一种巨大的精神力量，它深深地植根于中国久远的历史之中，产生在一定的政治、经济和文化的基础之上，又反过来给予政治、经济、文化的发展以重大的影响。无论人们是什么阶层和民族，什么宗教信仰，什么职业分工，人民心底深处都蕴涵着爱国主义。这种崇高精神的发扬能够变成实实在在的物质力量。正是依靠这种精神，我们度过了许多次民族危机。爱国主义的精神世代延续，日益发扬，它像长江、黄河那样宽阔浩荡，源远流长，灌溉、滋润着中华民族儿女们的心田，使我们国家和民族自强不息，具有伟大的凝聚力和生命力。

今天和 150 年前的情况根本不同了。中国已发生了天翻地覆的变化。在中国共产党的领导下，中国人民推翻了帝国主义、封建主义的统治，正热火朝天地进行伟大的社会主义建设。在过去战争时期，我们需要爱国主义；在今天和平建设时期，我们同样也需要爱国主义；无论什么时候，人总是要有点精神的。一个国家和民族如果不努力提高道德情操，不注意建设精神文明，就谈不到国家的繁荣和民族的振兴。当前要社会稳定，经济发展，进行社会主义现代化建设，必须要凝聚全体人民和全国各民族的精神力量。改革开放 10 年以来，我国建设已取得辉煌的成就，但也遇到了外部的压力和内部的困难，10 年以来风风雨雨，很不平静，在社会主义道路上绝不是一帆风顺的，我们在前进中还会遇到很多艰难险阻。但困难虽多，并不可怕，"多难可以兴邦"，众多的困难恰恰可以化为磨炼和激励有志者奋力拼搏的动力。只要我们坚持正确的路线、方针、政策，在党的领导下同心同德，艰苦奋斗，全民族团结奋进，弘扬爱国主义，就一定能够顶住压力，克服困难，取得社会主义现代化建设的伟大胜利。

爱国主义是一个历史范畴。各个时代的爱国主义既一脉相承，前后延续，又不断发展，增添新的内容。古代的爱国主义者，如屈原、岳飞、文天祥，他们的爱国精神彪炳史册，名垂青史。但他们那时候反对的是本国异民族的压迫，并且和忠于君主密不可分，带有局限性，因此往往使他们的爱国行动以悲剧告终。鸦片战争时代林则徐等的爱国主义则以反对外国侵略者、拯救民族危亡为内容，其意义更加深远，但仍和忠君联系在一起。到了辛亥革命，以孙中山为代表的爱国主义者则把推翻清朝政府，作为爱国主义的内容，因为清政府已成为帝国主义的走狗。近代历史上的许多抱有爱国愿望的志士仁人并没有找到拯救国家的正确方案。戊戌变法主张实行资产阶级君主立宪的维新改革，只维持了 103 天，在反动势力的反扑下昙花一现，化为泡影。辛亥革命推翻了清王朝，随之出现的却是帝制复辟和军阀混战，资产阶级的理想并不能实现。五四运动以后，马克思列宁主义在中国广泛传播，并且和中国工人运动相结合，产生了中国共产党。在党的领导下，中国人民选择了从新民主主义走向社会主义的道路，这是唯一正确的选择。一批又一批的爱国主义者在革命实践过程中，接受马列主义并转变为社会主义者、共产主义者。中国共产党人是历史上最伟大的爱国主义者。因为是党高举了爱国主义的旗帜，并把它发展到新的高度，是党把积贫积弱、支离破碎的中国变成了生气勃勃、奋发前进的中国，是党把过去许多世代爱国者未能实现的愿望变成了现实。

在今天的社会主义新中国，爱国主义更加充实，并且具有许多新的内容：

第一，今天的爱国主义和社会主义是统一的。因为，社会主义体现着国家、民族、人民的利益，是中国走向现代化的必由之路。没有社会主义制度的确立和巩固，就不可能在 40 年内取得如此辉煌的成就，就不可能把一个人口众多、一穷二白的旧中国变成初步繁荣富强的新中国，就不可能使中国赢得独立和尊严，在国际事务中发挥举足轻重的作用。社会主义在中国已存在和发展了40年，她深深地扎根于中国的土壤中，日益显示出强大的生命力。相反，如果背离了社会主义，使资本主义复辟，中国必将陷入停滞、混乱、四分五裂，重新沦为帝国主义的附庸，那将是国家的不幸和人民的灾难。越来越多的爱国主义者自觉地认识到，只有社会主义能够拯救中国、复兴中国，因此爱中国和拥护社会主义是有机统一、紧密结合的。坚定地捍卫国家尊严和期望民族昌盛的爱国主义者大都会成为社会主义者或社会主义的朋友。

第二，今天的爱国主义必须具有改革开放的内容。40年来社会主义建设的实践证明，改革开放才能发展社会生产力，使中国繁荣富强。改革开放是要改革不合理的体制和规章，引进先进的经验和技术设备，使国民经济持续而稳步地增长，使社会主义民主不断改进和完善。在当今世界上，一个国家如果故步自封、墨守成规、闭关锁国，那是不会有前途的。"落后就要挨打"，中国人有过沉痛的教训和深刻的体会，应该永远牢记。同时必须牢记，改革开放是社会主义制度的自我完善和发展，必须坚持四项基本原则，坚持正确的政治方向。

第三，今天的爱国主义必须正确地对待民族文化。每个国家和民族都在长期的历史发展中创造了自己富有民族特色的文化，它是国家的精神财富，是维系民族成员的心灵纽带，是民族生命的重要组成部分。中华民族的文化更是丰富充实、博大精深、源远流长。真正的爱国主义者既反对虚骄自大的复古主义，也反对摒弃、蔑视传统历史遗产的民族虚无主义。我们应该正确地、慎重地对待这份珍贵的文化遗产，用马克思主义进行分析，批判继承，取其精华，弃其糟粕，在这一基础上建设高度的社会主义精神文明，这是每个爱国主义者的神圣使命。

第四，今天的爱国主义和无产阶级的国际主义是紧密结合的。我们同情和支持世界上一切被压迫的阶级和民族。他们反对压迫、争取解放、要求进步的斗争是正义的事业。每个国家的爱国主义者都将支持其他国家的爱国进步运动。在国际交往中，我们主张国与国之间和平共处、平等往来、相互交流，反对任何大国沙文主义或狭隘民族主义的倾向。一个真正的爱国者既努力维护本国的主权和正当利益，也必须尊重其他国家的主权和正当利益，坚决反对霸权主义，反对用任何形式干涉一个国家的内政，以及进行颠覆、制裁和施加压力。

让我们更高地举起爱国主义的旗帜，加紧学习，努力工作，提高觉悟，把青年培养成为有理想、有道德、有文化、有纪律的新人，在社会主义现代化的道路上昂首阔步，奋勇前进。

引进外国智力的历史经验[*]

邓小平同志关于引进外国智力的思想，是我国改革开放总的战略方针中的重要组成部分，是建设有中国特色社会主义理论的重要内容。1983 年 7 月 8 日，邓小平同志在谈到利用外国智力和扩大对外开放问题时说："要利用外国智力，请一些外国人来参加我们的重点建设以及各方面的建设。对这个问题，我们认识不足，决心不大。搞现代化建设，我们既缺少经验，又缺少知识。"① 1984 年 10月 22 日，邓小平同志在中顾委第三次全体会议上总结历史经验时又指出："现在任何国家要发达起来，闭关自守都不可能。我们吃过这个苦头，我们的老祖宗吃过这个苦头。恐怕明朝明成祖时候，郑和下西洋还算是开放的。明成祖死后，明朝逐渐衰落。以后清朝康乾时代，不能说是开放。……长期闭关自守，把中国搞得贫穷落后，愚昧无

* 本文发表于《求是》1994 年第 21 期。

① 《邓小平文选》第 3 卷，第 32 页

知。中华人民共和国建立以后，第一个五年计划时期是对外开放的，不过那时只能是对苏联东欧开放。以后关起门来，成就也有一些，总的说来没有多大发展。当然这有内外许多因素，包括我们的错误。历史经验教训说明，不开放不行。"①

对外开放的重要内容之一就是要引进外国智力，接受外国先进的科学技术、知识经验、文化思想，吸取全人类创造的优秀文明成果。闭关锁国、故步自封、抱残守缺，离开全人类文明发展的大道，就不可能大步前进，不可能建设好社会主义的新中国。

中国是历史悠久的国家，有过光辉灿烂的文明成就。在很早年代，中国并没有排拒对外国智力的引进，而恰恰是在吸收了外国文化的同时，创造了具有自己风格和特点的中华文明。印度的佛教，在东汉传入中国以后，经过长期的融合、衍变，成为中国传统文化的组成部分，影响着世世代代炎黄子孙的思维方式、生活态度、思想观点。

鸦片战争时，个别先进的中国人已认识到闭关锁国、排斥外国智力的危害。魏源提出过一个响亮的口号："师夷之长技以制夷。"当时，世界资本主义列强武装侵略中国，残酷地压迫中国人民，在中国激起了抵抗外国侵略的爱国主义高潮；同时，也产生了要求学习外国技术、引进外国智力的思想。因为只有吸取外国先进的东西，为我所用，才能有效地抵抗外国侵略，拯救中国的危亡。魏源提

① 《邓小平文选》第3卷，第90页。

出的口号，简明有力地概括了抵抗外国侵略和学习外国技术这两个方面的要求。

孙中山先生对外国情况了解得更多，曾反复强调利用外国智力的重要性。他说：中国"科学专门知识以暨工程上之经验，尚在幼稚时代，亦非取材异域不可。"① "一、我无资本，利用外资。二、我无人材，利用外国人材。三、我无良好方法，利用外人方法。"②

新中国成立后，为了加快社会主义建设的步伐，毛泽东同志主张：古为今用，洋为中用。在学习和引进外国先进技术方面，周恩来同志也讲了很多。邓小平同志关于引进外国智力的思想，实际上是对历史经验的科学总结，也是继承和发展了许多伟大政治家的思想，并在社会主义建设的实践中付诸实施。1992 年 5 月 20 日，江泽民同志在与首都应届高校毕业生座谈时指出："社会主义作为一种崭新的社会制度，只有在继承和利用资本主义社会已经创造出来的全部社会生产力和全部优秀文化成果的基础上，并结合新的实际进行新的创造，才能顺利地建设起来，并最终建设成功。"③ 由此可见，积极引进外国智力，吸取外国优秀文化，既是重要的历史经验，又是建设有中国特色社会主义理论的组成部分，应当成为全党的共识。

从历史上看，引进外国智力，对中国的经济发展和社

---

① 《孙中山全集》第 1 卷，第 562 页。
② 《孙中山全集》第 2 卷，第 460 页。
③ 《人民日报》1992 年 5 月 21 日。

会进步起了巨大作用，从某种意义上说，中国的近代化离不开引进智力的努力。中国最早的大型工厂，是生产军火的。中国人一开始看到的是外国的船坚炮利，外国枪炮比我们好，船比我们好。当时引进硬件就是军舰大炮，没有锐利的武器就不可能抵抗外国的侵略，所以要造船造炮。当时的四大兵工厂是：江南制造局，即后来的上海江南造船厂；福州船政局，即后来的马尾船厂；天津机器局；金陵机器局。这些工厂都邀请外国人帮中国人制造军舰大炮，当时叫"洋匠"。后来由于兵工厂需要钢铁，需要煤炭，才开煤矿、开铁矿；需要交通运输，才设轮船招商局。铁路发展在中国是比较早的。辛亥革命以前，几条干线都建起来了。清朝的时候，已有京沪铁路、京汉铁路、京沈铁路、京张铁路、长春铁路。这些铁路中，除京张铁路是中国人詹天佑设计的，其他全是外国人投资设计的，使用的是外国的钢轨、外国的机车和设备，硬件软件都是从外国引进的。詹天佑本人是留美学生，也算是对外国智力的一种引进。所以从中国历史上讲，引进外国智力的作用是非常显著的。当然，晚清政府是半殖民地性质的政权，在建造铁路，引进外国的资金、技术、器材、人才的同时，也丧失了国家主权，引起帝国主义争夺势力范围、瓜分中国的危机，这是一个严重的历史教训。所以，辛亥革命以后，孙中山主张引进外国资金，聘请外国专家，都要坚持"主权在我"，不能听任外国人的摆布。

　　引进外国智力有两种形式。一种是请进来，即请顾问，请专家，请教师，请工程师。晚清政府创办的北洋海军就聘请了大批军事、机械、造船专家，如琅威里、汉纳根等。当时的海军舰艇体现了高度发展的工业与科学水平，没有专家的指导，海军舰艇是运转不了的。晚清政府设立的第一所学习外国语言与自然科学的同文馆，聘请的总教习是美国人丁韪良，他任职25年，后来又担任京师大学堂（即北京大学的前身）的第一任总教习。江南制造局聘请英国人傅兰雅翻译了大量自然科学书籍，他从事译书28年，译作极丰。这些外国专家都为中国近代教育、科学的发展作出了重要贡献。

引进外国智力的另一种形式是派出去，即派遣留学生。中国第一次大规模派遣留学生是在1872年（清朝同治十一年），容闳向曾国藩、李鸿章提出建议，派120名幼童赴美国学习，原定学习15年，后来提前回国。这批留美幼童中许多人后来成为各个领域近代化事业的开拓者。詹天佑是其中的一个，是杰出的铁路工程师。还有中华民国第一任国务总理唐绍仪，民国时期的外交总长梁敦彦、蔡廷幹，清华大学第一任校长唐国安，开平煤矿的工程师邝荣光、关仰曾等。接着是在建立北洋海军期间，向英国、德国派出一批学习造船和驾驶的留学生，其中包括杰出的思想家严复，以及后来担任海军管带（即舰长）的许多人，如甲午战争中牺牲的刘步蟾、林泰曾、林永升，还有担任过海军部长的萨镇冰、李鼎新、刘冠雄等。邓世昌虽不是正式派遣的留学生，但清政府购买军舰，邓世昌奉派领舰回驶，他也在欧洲经过了培训。

今年是中日甲午战争100周年，100年前的这场战争改变了东亚的面貌，决定了日本和中国各自的命运。当年，日本和中国的竞争很突出地表现在武器和智力的引进方面。原来中国海军的实力超过日本，居亚洲之首，后来日本急起直追，咬紧牙关购置新舰快炮，甚至说宁肯每天少吃一顿饭也要购买新舰。结果，它在战前几年内购得"吉野"、"浪速"等快舰，海军实力凌驾于渐趋陈旧的中国海军之上，这是中国海军在甲午海战中一战败北的原因之一。日本和中国都派遣留学生，中国留学生回国后只能在北洋水师学堂担任教职或者当舰长，而日本派遣的留学生如伊藤博文、陆奥宗光、伊东祐亨在甲午战争时期已经是日本内阁总理大臣、外务大臣和海军司令官了。

　　智力引进在中国经过了一段漫长、曲折的探索过程。开始时看到外国船坚炮利，故而仿制武器，以后逐步创办轮船、铁路、煤矿、工厂，连带地引进自然科学、培养工程师和技术工人。西方物质文明成就容易看得见，易引进，精神文明成就的情况比较复杂，引进较晚；自然科学知识比社会科学知识的引进又要早一点，快一点。严复的功绩就在于翻译了一批社会科学名著，如赫胥黎的《天演论》，亚当·斯密的《原富》，孟德斯鸠的《法意》，约翰·穆勒的《名学》等，这些著作对中国思想界产生了振聋发聩的巨大作用。辛亥革命前夕，数以万计的中国留学生负笈日本。由于当时国势危蹙，很多人为了拯救中国，投身于改革与革命，所学科目多为政治、法律、军事等。新民主主义革命时期，智力的引进跃入一个新时期。十月革命一声炮响，给中国送来了马克思列宁主义。马列主义不是中国土生土长的，也是从外国引进的，它使中国发生了天翻地覆的变化。当时出国留学的人，一批赴法国勤工俭学，如周恩来、邓小平、蔡和森、陈毅、聂荣臻、李富春；一批赴苏联学习，如瞿秋白、刘少奇、张太雷。许多革命家都在国外学习、接受马列主义，回到中国传播马列主义。可见，社会科学知识不但需要引进，而且对推动社会前进起着巨大的作用。

马列主义是我们的指导思想，必须坚持。但马列主义并不是狭隘的、封闭的学派，它必须在继续吸取人类创造的全部优秀文化成果的基础上，不断创新，不断发展，才能适应时代的需求，显示其永葆青春的生命力。譬如：我们现在要建立和完善社会主义市场经济体制，这是一项重大而艰巨的任务。对市场经济的规律和运作，我们很不熟悉，正在实践中探索，而发达资本主义国家搞了几百年市场经济，积累了丰富的知识和经验，可以作为我们的参考和借鉴，有了这种参考和借鉴，我们便会少走弯路，更快前进。

引进社会科学知识的重要性并不亚于引进自然科学知识。自然科学如果发生失误，会受到严重的损害，其损害往往是对一个工厂、一条铁路、一项工程的局部性损失。而社会科学如果发生失误，其损失常常是全局性的。例如，当年错误批判了马寅初先生的人口学说，导致人口生育的严重失控，中国人口猛增，成了当前国家建设中的重大负担，压得我们几代人都喘不过气来。

最后，引进外国智力有两条原则必须注意，一条是主权在我，引进智力，引进人才，不能丧失国家主权。这在历史上也有教训，中国开始建立海关，任用英国人管理，虽然海关的工作效率比较高，但同时实行了一套半殖民地的管理体制，各海关的税务司清一色都是外国人，英国人赫德任总税务司达48年之久。他们把持中国门户上的锁钥，不仅使中国对外贸易吃了很多亏，而且进一步干涉中国的内政，操纵中国的外交、财政，祸患极大。这是丧权辱国，我们现在当然不会这样做。另外一条，引进外国智力也要根据中国的情况，和中国的实际相结合。外国的东西并不都是好的，邓小平同志再三强调，改革开放搞引进，许多蚊蝇飞进来，这不可怕。我们也是"取其精华，弃其糟粕"。即使外国好的东西也得跟中国的实际相结合。马克思主义是经过实践检验了的真理，但是马克思主义如果不和中国实际相结合就成为害死人的教条主义，所以马克思主义也要中国化。我们强调要建设有中国特色的社会主义，就要结合中国的情况，根据中国的条件，洋为中用，要表现中国的特点，走中国人自己的道路。中国的现代化过程，不可能和西方的模式完全一样，必须要有中国的特色和风格。总之，引进外国智力必须坚持两条原则，一个是主权在我，一个是要结合中国情况，只有这样才能起到推进中国现代化的作用。

纪念台湾"二二八"事件[*]

1997 年是台湾"二二八"事件 50 周年。"二二八"事件是中国近代历史上的重大事件，是台湾人民反对国民党反动统治、反对专制暴政，要求政治改革、要求民主和自治的人民运动。它意义重大、影响深远，充分显示了台湾人民争取民主自由，进行不屈不挠斗争的英勇精神。

1945 年抗日战争胜利以后，根据《开罗宣言》和《波茨坦公告》，台湾脱离日本殖民统治，回归祖国的怀抱。台湾同胞欢天喜地、张灯结彩，庆祝抗战胜利和台湾光复。

但是，随之而来的是国民党对台湾暴虐而腐败的统治，完全辜负了台湾同胞的殷切期望。国民党台湾省行政长官公署实行独裁统治，滥用权力，欺压平民，官吏贪污腐化，军警横行不法，接收大员掠夺财产物资，政府设专卖局垄断贸易，使台湾全岛经济萧条、物价飞涨、治安不

---

* 本文选自《语冰集》，广西人民出版社 1999 年版。

良、民怨沸腾，埋下了社会动荡的根苗。

1947年2月，离台湾光复还不到一年半的时间，就爆发了"二二八"事件，导火线是由于国民党专卖局人员与警察以缉私为名，殴打女烟贩，并开枪打死一名围观者。群众义愤填膺，于2月28日包围专卖局、警察局，并向行政长官公署请愿，要求惩办凶手，反而遭到军队开枪射击，死伤多人，事态因而扩大。台北民众罢工、罢课、罢市，全岛起而响应，群众运动迅速发展成燎原之势。

台北民众成立"二二八事件处理委员会"，与国民党政府交涉，提出了有关事件处理与政治改革的三十二条要求，反映了台湾人民要求民主、自由和实现地方自治的愿望。而南京政府置台湾人民的正当要求于不顾，悍然出兵镇压，派遣全副武装的宪兵第四团和整编21师在台湾登陆，大肆屠杀，实行恐怖统治。"处理委员会"被认为是非法组织而遭查禁，大批群众包括很多社会知名人士被逮捕处死，国民党政府把"二二八"事件镇压入血泊之中。

今天，"二二八"事件已经过去半个世纪。反思历史，当年台湾人民提出的民主与自治的要求是完全正当而合理的。孙中山先生在《建国大纲》中曾以地方自治为理想，"一完全自治之县"，其国民有选举和罢免官员之权，有创制和复决法律之权。抗战胜利后，国共两党谈判制定的《双十协定》规定："积极推行地方自治，实行由下而上之普选。""二二八"事件中，台湾人民的要求并未超出孙中山先生的建国理想和当年《双十协定》中的规定。事件发生后，中共中央发表对台湾的广播，满腔热情地支持台湾人民的正义斗争，其中说："台湾的自治运动是完全合理的、合法的、和平的。"虽然台湾人民要求民主、自治的呼声被淹没在国民党军队的枪声之中，但他们对理想的追求并未停止，一直为争取民主和自治的权利而不懈努力。

邓小平同志提出"一国两制"，实现全国统一的方针，这使台湾民主和自治的程度大大超过"二二八"志士们的要求。邓小平同志指出："祖国统一后，台湾特别行政区可以有自己的独立性，可以实行同大陆不同的制度。"以"一国两制"的伟大构想实现和平统一，符合当年"二二八"志士们的要求，符合台湾人民的利益和愿望。祖国的统一是大势所趋、民心所向，海峡两岸和分布全世界的中国人应当携起手来，为实现"一国两制"，完成祖国统一的宏伟事业而努力奋斗。

世纪反思　卧薪尝胆[*]

　　据近日报载：2005 年我国 GDP 同比增长 9.9%，总量达 18.2 万亿元（折合美金 2.2 万亿元），跻身于世界第四位，闻之不胜欣喜。近代以来，中国受列强侵略，期盼国家富强，中国人民历尽艰辛奋斗，而今建设成绩辉煌，民族复兴有望。

　　GDP 是反映国力的最重要因素之一，回顾历史上我国 GDP 之升降变化，即能见到国运之盛衰兴替。GDP 的统计是近代以后的事，几百年前的历史上未曾有人统计过当时的 GDP，但后来的历史学家和经济学家为了衡量世界各国在各个历史时期的国力，对很久以前各国的 GDP 作了大致的估算，由于缺乏详细确凿的数据，自然不能有很精确的数字，但据此也能了解各国历史发展的一般趋势。最权威的统计数字来自贝罗克《1750—1980 国际工业化水平》一书，本文中的数字即来自该书。

＊ 本文发表于 2006 年 3 月 21 日《光明日报》。

为了考察 18 世纪以来中国国力的兴衰，这里选用了 5 个年代作为考察点，即 1750 年、1830 年、1900 年、1945 年、2005 年。每个年代之间的相距为 45 年至 80 年不等。

1750 年（清乾隆十五年）

当时中国统一，经济繁荣，国力强大，封建社会处在鼎盛时期，史称"康乾盛世"。这一年中国 GDP 占世界份额 32%，居世界首位，其次是印度（包括今巴基斯坦）占 24%，欧洲五国英法德俄意共占 17%，五国的 GDP 只有中国的一半稍多。

当时的世界，是中国、印度、欧洲鼎足三分之势。但应该看到：英国、法国的 GDP 总量虽少，但两国人口仅 3500 万，人均 GDP 高于中国。它们的政治、经济、文化、科技，均衡发展，互相促进，已经突破了封建社会的临界点，处在近代化道路的起跑点上。中国的 GDP 虽高，但人口多，人均 GDP 少。它还是封建专制国家，很少与外国交往，不了解外部世界的情形，而且固守旧传统，轻视科技与工商业，不具备持续发展的条件，由于这一点，英国、法国在经济上即将起飞，超过中国。

1830 年（清道光十年）

这是鸦片战争爆发前 10 年。从 18 世纪以来，世界历史发生了巨大变化，英国经历了产业革命，法国于 1789 年爆发了大革命，美国经过独立战争，建立了新国家。这三件大事极大地改变了历史的走向，而中国的"康乾盛世"已成明日黄花。从 GDP 看，中国下降 3 个百分点，占世界的 29%，仍是首位；印度已沦为殖民地，GDP 急剧下降 7 个百分点，占 17%；而西欧五国的 GDP 上升 12 个百分点，达 29%，与中国持平。其中英国的 GDP 达 9.5%，但当年英国只有 1800 万人，而中国已达 4 亿人，我们的人均 GDP 已远远低于英国。美国当年距建国不到 50 年，人口稀少，然 GDP 已占世界 2.4%。

　　1830 年以后的世界和中国，处在激烈的动荡中，德国、意大利相继统一，美国致力于西部开发。而中国在经历五次帝国主义侵华战争后，一步步沦为半殖民地半封建国家，进入了极为悲惨黑暗的时代。

1900 年（清光绪二十六年）

　　这是义和团运动和八国联军侵华的年代。该年中国 GDP 只占世界 6%，印度只占 1.7%，中印两国的 GDP 之和在 18 世纪中曾高达 56%，至此，则从光辉的顶峰跌落低谷，两国 GDP 只占世界 7.7%，可说是惊人的史无前例的沉沦，两国的 GDP 甚小而人口最多，因此是当时世界上最穷最弱的国家。英法德俄意已占 54.5%（英 18.5%、法 6.8%、德 17.9%、俄 8.8%、意 2.5%），美国更是后来居上，占 23.6%，还有日本经过明治维新后 30 多年的努力，GDP 攀升到 2.4%，这七个国家占世界生产总值 79.5%。它们称霸全球，横行于世界各地，当年的八国联军，就有这七大强国在内。

1945 年（中华民国三十四年）

这是世界反法西斯战争和中国抗日战争胜利的一年。进入 20 世纪，世界经历了两次大战，这是人类历史上最惨烈、最残酷的战争，生命财产的损失不计其数。中国历尽欺凌和屈辱，开始了民族觉醒，进入革命时代。辛亥革命推翻了清朝政府，结束了漫长的封建专制统治，接着发生了五四运动、马克思列宁主义传入、中国共产党诞生、国民革命、土地革命等，迎来了 14 年的中国人民抗日战争。1945 年，正义终于战胜了邪恶，中国人民终于迎来了近代以来在反抗外来侵略的斗争中的第一次胜利。1949 年建立了中华人民共和国，中国历史的新篇章揭开了。两次世界大战留下了满目疮痍，除了美国之外，并没有真正的战胜国，德国和日本是战败国，国内一片废墟，而中国、苏联、英国、法国遭到的破坏更甚。1945 年，美国的 GDP 达世界的 56%，而中国的 GDP 只占世界的 4%。直到 1950 年，即战后经济重建五年之后，美国的 GDP 达 3810 亿美元，而英法德日意和苏联的 GDP 总和只有 3500 亿美元，尚不及美国之多。

2005 年

第二次世界大战后，世界从战争中复苏，经历了两个阵营的冷战时代和政治多元化时代，原来的殖民地纷纷成为独立国家，但美国仍一路领先，日本和德国则在战败后努力重建，GDP 排名第二和第三。改革开放以来，中国经过 20 多年努力，在 GDP 排名中已名列第四。美国今年GDP 可能达 12 万亿美元以上，日本可能达 4.8 万亿美元以上（两国去年 GDP 尚未见报，此据前年数字估测）。我国刚公布 2005 年 GDP2.2 万亿美元（人民币 18.2 万亿元），美国是中国五倍半，日本是中国两倍多。

以上回顾了 250 多年来世界大国 GDP 的变化，但反思过去是为了认清中国今天所处的地位和今后的奋斗目标。

第一，18 世纪以来，世界各国先后进入现代化进程，走得有快有慢，GDP 的名次经常变化。鸦片战争以前，中国 GDP 居世界首位，后来落伍了，跌入谷底。改革开放以后，步伐甚快，上升到第四位。先进和落后经常变换，中国的先进地位在 19 世纪让位于英国，以后英国又让位于美国。先进可以变为落后，落后可以变为先进，这是历史的规律。

第二，先进和落后的转换有客观和主观的原因，如国土大小、人口多少，还有资源、政治体制、社会秩序、人民素质、科技水平、社会风气以及国家发展的指导思想、制度政策、政府能力等，但最重要的是国家发展战略。乾隆时代，中国 GDP 曾占世界第一，但因为其他领域落后，不能进入产业革命的行列，使经济滞后倒退，国力一落千丈。又如德国和日本，战后重建非常迅速，除了两国人民的努力以外，法西斯政权被摧毁、原来的工业基础和科技水平良好、人民教育程度较高、长期和平无战争以及美国的扶植，各方面条件和机遇的汇合，才能有顺利的战后重建。

第三，中国目前正处在一个加速前进的阶段，年增长速度达 9.9%，而且后劲强大，民族复兴必能实现。历史上大国的兴衰都会改变力量对比与利益分配，引起大规模战争，英国和法国的兴起发生了拿破仑战争，德国、日本、美国的兴起，发生了两次世界大战。但今天，世界政治格局正在发生重大变化，新独立国家和国家集团（如欧盟、东南亚联盟、非洲联盟、阿拉伯联盟）的力量日益增强，世界日益走向一体化，形成相互制衡的机制，国家之间成了紧密的利益相关者，消弭大规模战争变得更加可能。中国必须也只能走和平崛起的道路。中国长期受帝国主义侵略，决不会把自己受过的苦难加到别国身上，中国的振兴离不开友好国家的支持和帮助，必须走互利双赢的和平发展之路。世界人民的力量越来越强大，任何侵略和霸权行径都会遭到世界人民的反对，都将碰得头破血流。

第四，我国经过长期艰苦的努力，已经取得了举世瞩目的成绩，今后仍需继续努力。我们和最发达国家水平相距尚远，美国的 GDP 是我们的 5 倍半，日本是我们的两倍多。如果以人均 GDP 计算，我国的排名尚在世界第 100 位左右，仅是一个中等水平的国家。我们固然不应妄自菲薄，失去信心，但绝不能盲目乐观，懈怠疲玩。建设国家的任务，任重而道远，前进道路上尚有许多前所未有的新困难要我们逐个去克服。春秋后期，越国被吴国战败，但越王勾践为了复兴国家，苦心励志，卧薪尝胆，十年生聚，十年教训，终于达到复兴越国的目的。今天要实现中华民族的复兴，目标更加宏伟，困难更加增多，时间需要更久，我们一定不能被成绩冲昏头脑。事业总是成于忧患，废于安乐。我们要始终保持忧患意识，保持开拓创新的精神，在科学发展观的指导下，再来一个卧薪尝胆 20 年，到 21 世纪中叶，中国就一定能够成为世界上的富国、强国，一定能为全人类的和平幸福做出更大的贡献！

传统文化与民族性格[*]

　　文化是人类改造世界的方式和能力，以及他们在改造世界过程中所获得的物质和精神成果。包括改造自然、改造社会、改造人类自我。这种方式与能力，各民族、各时代的情况很不相同。古代人对世界改造的方式与能力跟现代人大不一样，这个民族与那个民族的方式与能力也不一样。这是不同类型的文化所决定的。客观环境对人类提出挑战，人类怎么对付它，或者说怎么解决这个矛盾，各时代、各民族行动的目标、方法、知识水平、价值标准、生活态度、心理状态、世界观都不同，这些构成文化的因素就决定了人们改造世界的方式与能力不同，也决定了他们在改造世界过程中所获得的成果不同。

　　文化作为人类在改造世界中取得的物质成果与精神成果，有的是有形的，有具体的事物作为文化的载体。如上古时代的石器代表一种文化，陶器也代表一种文化，现代的工厂、铁路、轮船、飞机等具体事物代表工业时代的文化。这些具体事物反映了人类创造性劳动，凝聚了人类的智慧。可以说，它们是人类智慧的物化。如果离开了精神创造，那么具体事物就失去了文化意义，就不成为文化，只是一堆僵死的物质的外壳。在这里，物质与精神相互联系，精神的创造、人类的智慧通过具体事物表现出来。人类的科学技术通过工业产品表现出成果，人类的艺术通过艺术品如一幅画、一座雕像表现。物质必须凝结人类的智慧、人类的创造才取得文化意义。自然资源不具备这一条件，所以它不是文化。另外一种文化成果是无形的，看不见，摸不着，但它又确确实实存在着，像典章制度、风俗习惯、道德规范，都不表现为具体事物，但也是人们在改造世界的过程中所取得的成果。甚至于更深一层完全属于精神方面的如科学、艺术、审美观、道德情操、价值观念，也是人类在改造世界、创造世界的过程中所积累起来的文化成果。

总之，广义文化既是改造世界的方式和能力，又是改造世界的成果；既表现为有形的物质的载体，又表现为精神和内在的心态。这样说来，四面八方，里里外外，无所不包。文化包含的内容这么宽广，怎样来进行研究呢？研究什么呢？

文化是个复合体，包括许多部门、许多学科，它的研究必然涉及许多部门、许多学科。文化与哲学、社会学、历史学、文学、艺术、宗教、民俗学都有关，文化渗透到各个领域。但我想，文化的研究主要不是去研究文化系统中包含的各个具体的部分。一个文化体系、文化实体由许多要素、部门综合构成，所有这些具体的要素、部门综合在一起，有机构成文化实体，或者说，有机构成文化这个大系统。但是，文化实体本身并不简单地等于许多具体要素相加的和。当许多部门、要素相互联系，综合形成一个文化体系，这个体系本身又具有新的质态，有自身的质的规定性，有它整体性的特点，这种整体性的特点并不表现在各要素的相加。整体包括部分，但整体并不简单地等于部分之和。所以中国文化并不是把中国的科技、文学、哲学、艺术、历史这些部门加起来，不能这样简单地等同，这样简单地相加不能把握文化的整体性。现在我们研究文化、讨论文化当然要涉及许多具体部门，但探索具体部门的规律性，不是文化研究的任务，这应由具体部门的研究人员来解决。文化研究的任务是把握文化体系整体性的特点，作综合性的考察。

文化研究的对象首先是文化的性质。一种文化系统总有它本身的质的规定性，区别于其他文化。我们一般用社会发展形态来区分文化的性质，也就是说，用生产方式、社会制度来决定文化的性质，表现文化的时代性。文化具有时代性，不同生产方式具有不同性质的文化，不同性质的文化是不能混同的。一般说来，后来者居上，愈是后来的文化，愈是先进，因为后来的文化吸收、综合了以前的文化，加以新的创造、新的发展。当然，一种较高的文化，刚刚处在新的阶段时，处在幼稚阶段时，不一定能显示出它的优越性。它还没有旧的文化那样成熟、丰满，但随着实践的发展，随着新文化全面的成长，必然超过旧文化。

其次，我们应研究文化的类别。文化是可以用种种方法、标准分类的。如用生产、生活方式分，可以分为渔猎文化、畜牧文化、农业文化、工业文化；用地域、国家加以分类，可以分欧美文化、阿拉伯文化、中国文化、印度文化。原始时代的文化干脆用生产工具、生活用具加以分类，如石器文化（新石器文化、旧石器文化）、青铜文化、彩陶文化、黑陶文化。文化包含的领域宽广，内容复杂。为了研究的方便，可以用某种标准来加以分类，大类的下边可以分成小类别，成为亚文化。大文化体系可以分成许多小文化。像中国古代文化这个大文化系统里，就包括了许多亚文化：中原文化、荆楚文化、吴越文化、巴蜀文化、幽燕文化等。所以应用各种方法、标准进行分类。在分类中加以比较、加以分析、认识各种文化的共性和特点。

文化研究还应包括对文化的功能，即文化的效用、价值之研究。前边我们说过文化是人类创造的（动物谈不上文化，只有它的本能反应），反过来，文化又塑造了人。每个人都在一定的文化圈子里生活、成长、受教育，取得知识，培养自己的能力，学会怎么思考问题，怎么行动，怎么适应环境，怎么改造环境。人是社会动物，是指人生活在一定的文化环境、社会环境中，他属于某种文化，我们说中国人跟欧洲人、美洲人不同，有两方面的意思：一方面是种族不同，欧美人是白种人，中国人是黄种人。另一方面是文化不同，中国人与欧美人有不同的文化背景、不同的文化史、不同的生活态度、不同的文化价值观念。有一些华裔的美国人，他从小在美国长大，如果完全吸收美国文化，虽然在血统上是中国人，但他在文化上是美国人，他对问题的反应跟我们已经不同。所以说，文化塑造了人。

此外，谈谈文化比较研究。各种各样的文化，有共性，也有个性，各有它们的优点与局限性。作为人类文化的一个部分，各种文化的产生，都有它的根据，都有它的合理性。随着时代的发展，有的文化跟不上时代的要求，衰落了、消失了。文化的比较研究很有意义，观察历史长河各种文化的潮流，丰富多彩，变化无穷。当来潮的时候，一种文化开始生长，汹涌澎湃，很快地发展。当退潮的时候，它销声匿迹。文化的比较有高下之分、先进与落后的区别。因为文化总是从初级形态进化到高级形态。不承认高下之分、先进与落后之别，就等于否认文化的前进性，也否认了人类历史的发展。但文化的比较不能简单地归结为高下之分，不能简单地归结为优劣之分。因为文化有类型上、风格上、情调上的差别和表现手法的不同等等。文化是丰富多彩的，人类在不同的历史条件、不同的地域条件下，创造不同形态的文化。所以各种文化的差异性，不能完全用高低、优劣、先进与后进来判断。比如中国的荆楚文化、幽燕文化、巴蜀文化等一些地域性的文化，各有特点，但不能说哪种文化优越、哪种落后；去年上海提出海派文化，当然有它优越的方面，但不能说它比其他文化先进，它同样存在局限性，不能绝对地用先进与落后来区分这种地域性文化。即使人类早期的文化，从总体上来说，它处在初级阶段，当然比现在的文化落后。但在某些方面，它达到的成就，是现今先进文化不能比较的，赶不上的。像希腊文化，是一种初级阶段的文化，但希腊文化的许多成果，恐怕我们今天也创造不出来。文化的比较可以使我们对各种文化加以鉴别，很重要的是使我们认识它们的丰富多彩，认识它们的价值，认识它们在人类发展中所占的地位。

中国传统文化是个大问题。中国是个文明古国，历史悠久，我们在这样一个文明古国里建设社会主义，我们固有的文化传统是什么呢？先谈中国传统文化的起源、发展，即它产生于什么样的环境，是怎样发展的。对中国文化影响比较大的因素，有经济条件、政治结构、社会结构、地理环境，这些都影响中国文化的发生、发展。首先，中国是农业社会，6000年以前，中国就种植农业作物。在中国，自给自足的小农经济长期占统治地位，商品经济不发达。在这样的一个农业社会里，民族性格既有勤劳朴实的一面，也造成了稳定、保守、散漫的一面。

其次，中国几千年的政治体制、政治结构是长期的封建专制主义。从秦始皇算起，已有2000多年了。专制主义、官僚结构对中国的传统文化打下了很深的烙印。

第三，中国是个宗法、家族制度普遍盛行的国家。人们从小到老，生活在一个宗法结构中间。宗法意识、家族意识非常强烈。中国文化是在这样一个社会结构中形成的。

第四，地理环境也对中国文化产生了影响。中国在亚洲东部的大陆，东面是海洋，西北是高山、沙漠，将近1000万平方公里的领土形成一个相对封闭的环境。跟其他文化发达地区隔得比较远，交流比较少（当然历史上也有过交流，如丝绸之路，但这种交流比较少）。在这样一个相对封闭的地理环境中形成了一种独立的文化系统，不同于西方文化。

中国传统文化内容丰富，但它有个主干、核心，这就是儒家文化（以孔子为代表），当然，儒家文化本身在历史发展的过程中也有很大的变化。在春秋战国时期，各学派"百家争鸣"，儒家只不过是许多学派中的一派。汉代，董仲舒发挥了儒家学说，使其成为统一的专制国家的官方意识形态，成为官方文化。汉代儒家不同于先前的儒家了。以后，魏晋南北朝隋唐五代，儒家也有变化，它吸收了佛学。到宋代，产生了程朱理学、新儒学。儒家文化本身也经历了一个很复杂的变化过程，也吸收、融会了其他文化，很明显地吸收了道家、法家、佛教思想，也吸收了少数民族文化。所以一部文化史就是文化的传播、交流、冲突、融合的过程。

中国文化在一个相对封闭的环境中成长，但它也有过与外来文化的接触。大规模的接触、交流有三次，一次是佛教的传入。从东汉起，历程几百年，开始是比较粗浅的佛教教义的传播。但经过长期的消化、文化的整合，到唐代，发展到高峰，产生了中国化的佛学——禅宗。到宋代，产生了在佛学影响下的儒学。佛教的传入经过了几百年的过程，这是中国与印度文化的一次大交流，对中国传统文化影响极大。第二次中外文化交流是明清之际，西方传教士到中国来，从利马窦到汤若望、南怀仁，从明末到康熙年间，100 多年期间，到中国来的传教士有好几百人，带来了西方的宗教，也带来了西方的文化，包括天文、历法、数学、武器、地图、建筑、绘画和其他自然科学。100 多年的时间，西方译著和传教士随身带来的科学仪器也很多。但雍正、乾隆年间，这种交流中断了。原因很复杂，当时中国对西方缺乏认识，所以没有形成一种吸收融合西方先进文化的潮流。第三次文化交流是在鸦片战争以后，外国的大炮打开了中国的门户，中国被动地吸收西方文化，形成中西文化的冲突，又是交流。从某种意义上说，这样的吸收、交流、冲突，到现在还没结束。当然，现在封闭的局面已打破了，不可能再回到历史上那样的闭关状态。中国已进入世界历史的潮流中，中国的社会主义新文化将在批判地吸收传统文化的同时，随着全人类文化一起前进。

中国传统文化的一个特点是重视人际关系。

在中国，伦理道德、历史学这一类学科比较发达，而不太着重于对自然的研究，不着重于研究人与自然的关系，所以中国自然科学相对来说不发达。

中国编《四库全书》时（这是中国古代文化最盛时，也是中国古文化的一个总结时期），法国的狄德罗、卢梭等百科全书派正在编《百科全书》，通过这两部书的比较就可看出东、西方知识结构的不同，也可看出东、西方文化性质、价值观念的不同。当然古人对自然科学也不是漠不关心，但不是像西方人那样把它作为一个纯客观的对象，排除主观性去研究它；而是用"天人合一"的观点，用主观的思想感情、主观的意象赋予自然界以种种意义。中国的诗文里讲自然的很多，都是以自然界为题材，但这只是叙述，而不是用科学的眼光去研究它；是欣赏它的美，而不是追求它的真。所以中国文化的特点，比较着重于人际关系，有人称之为人文主义、重视人，但我认为人文主义是西方的思潮，有它特定的内容，恐怕跟中国的传统文化还不是一回事。

中国传统文化重视人际关系、重视人，是将人放在伦理规范中来考虑的。不是肯定个人价值，而是肯定个人对其他人的意义。它的积极意义就是重视人的历史使命，它讲人对社会、对别人的关系，强调人要对社会、对别人做出贡献。但它也有消极的一面，就是忽视了人本身的权利，它把人的价值过分地放在对别人的关系上，而不在自己本身。它讲伦常关系、君臣、父子、夫妇等这一类，都是在讲人和别人应处在一种什么关系中，但是这个社会给人以什么保障呢？它忽略了这一点。

中国传统文化的另一个特点就是同政治结合得比较紧密。2000多年来，儒家思想一直占统治地位，而且深深渗透到国民性格中，它同官方结合得就非常紧密，是官方哲学。"学而优则仕"，其治学目的就是做官、入仕。儒家有它积极的方面，即它是入仕的哲学，不像佛学。儒家重视文化对社会的作用，所以儒家有许多名言。"先天下之忧而忧，后天下之乐而乐"，"天下兴亡，匹夫有责"，等等。它强调要治天下，是治国平天下的学问。但是它密切结合政治也产生了另外一种缺陷，即依附于政治，经常以官方标准做判断，把很多事情都附会到政治上去，甚至彗星出现、火山爆发、地震等自然现象都成了被附会的对象，成为天人感应的一种现象，认为政治上有失误，天上就要"示警"。另外，缺少自由的创作，凡是不合于官方口味的，都被称为异端思想，所以中国古代的思想迫害屡见不鲜，文字狱历代都有，政治干预文化就会产生消极的后果。

中国文化第三个特点是带有非常强烈的宗法家族色彩。中国没有统一的像西方那样强烈的宗教，没有那样大的教权（西方的教皇在中世纪甚至比国王地位都高），但是族权——宗族的权利、家庭的权利很发展，它实际上控制着老百姓。老百姓把两个东西看得最重要：一个是真命天子——皇权，一个是老祖宗——族权。政权跟族权的势力渗透到各个方面，可以说在中国古代社会生活、文化生活中起极为重大的作用，"君"和"父"是中国人的两个最重要的概念。"无君无父是禽兽也"，也就是说：人和动物最主要的区别，就在于人有"君"和"父"。与"君"和"父"相应，就是中国道德观念规范中的"忠""孝"。忠臣、孝子是最完美的人格。所以宗法家族在中国人心目中是很重要的，在国民性格中也是很重要的。这还可以从中国古人有两个重要的生活目的——（1）光宗耀祖，（2）传宗接代看出来。

光宗耀祖。人活着是为了使他的家庭光彩，个人奋斗、读书应举、做官发财，固然是为自己享受，但他更大的目的却是光宗耀祖，给家里立个牌坊或挂一块匾，或者给家里修坟扫墓。

传宗接代。就是生儿子，把他家族绵延下去。"不孝有三，无后为大"。所以人生活的目的就是家族的延续和家族的昌盛。

上面提到的"孝"，我想也应该分析，它当然有好的方面，即它是对父母的正当感情、正当态度。赡养父母、尊敬父母，理应如此，但是如果把这种感情态度提升到一个道德原则，并且加以绝对化，就必然会产生许多流弊。中国古人心中最大的悲剧是什么呢？不是个人的死亡，甚至不是国家的灭亡，而是宗族的灭亡，灭族之灾是最大的不幸。比如中国古典小说《红楼梦》，它是一个悲剧，讲的是封建大家族的没落。

下边我再谈一点中国传统的思维方法和表现方法。中国人的思维方法似乎比较注重直观、着重于体验，相对来说在推理分析上比较薄弱。中国人思维方法的特点是先直觉到某一个真理，然后用比喻或类比等方法来表现这个真理，用例证的方法来加强、说明这个真理。缺少从未知推到已知的过程（并不是没有，但这方面比较薄弱）。

读中国思想家的书，读中国古代的经典，往往感到有深刻的哲理，但是其思想是跳跃式的，在他们的体会中想象的色彩比较多，比较凝厚和强烈，所以它有许多精彩的片断，有许多闪光的颗粒，但是不连贯，缺乏多方面的论证。中国古代圣贤喜欢用格言方式来表达思想，这些格言没有展开，没有充足的论证，比如《论语》，它的道理就几句话或一句话，"有朋自远方来，不亦乐乎"，只有一句话，这个《论语》就是语录式的。老子的《道德经》也是非常简练。宋明理学家许多理论也都是用这种方式来表达，在一两句话中讲一个生活的道理，简短有力，把真理浓缩在片段中间。这同西方著作不太一样，西方的著作都是大部头，让人看了以后，觉得很繁琐。当然，这只是相对而言。

中国的艺术也有其特点——强调写意，而不是写真，现代的中国画采取了西方的一些表现手段，古典的中国画中的人很小、很远，画在山水风景中间，强调的是人跟景的交融，人在景中，不是强调人的面目；"传神之笔"要传神，不像西方油画那样写实、写真。油画创作很真实，简直像照片一样，它讲究比例、线条、透视、色彩等等，画人要画模特儿，要讲骨骼肌肉。国画不讲求这些，画人的比例也不大对，脸大身子瘦。中国的戏曲好像也有这种情况，也是表现神似，只求意思到了，而不是把真实的细节、生活中的真实都全盘托出。

中国人表达感情比较含蓄，保持分寸，保护感情，封闭自己的内心世界，不是无保留地表现。文化人与野蛮人是有区别的，他不能毫无节制地发泄感情。文化的作用之一就是在内心世界设置一层帷幕或纱巾，或薄或厚挡住内心世界。中国文化设置了较厚的帷幕。人类的喜怒哀乐本是自发的、本能的，如果毫无节制地让它泛滥，就势必引起人与人之间的冲突。中国文化集中在人际关系，因此感情世界的面纱较厚，按一定规范、程式办事。所以中国人表现感情没有采取像西方的接吻这一类方式的，而是用打躬作揖，含蓄地表达自己的感情。

中国传统文化中有几个概念是值得注意的：首先是儒家的中庸。关于中庸已经写过许多文章了，中庸这一概念承认对立面的矛盾、统一，但解决矛盾的方法是矛盾的缓和、调和，更多地强调了事物统一性的方面，保持一种和谐。中庸之道是不走极端，防止矛盾的激化。要理解中国文化，这是一个重要的概念。第二个概念是礼议。这也是中国文化中一个很重要的范畴。对个人来讲，就是"克己复礼"，约束自己的欲望、自己的感情、自己的利益，不然就会互相冲突。"礼"是调解人和人关系的准则，也是工具，"克己复礼"既是理性的克制、自觉的克制，又是一种强制性的克制。人必须按礼义来办事，把自己约束在一个人际关系规范里，"礼仪"不仅约束个人，也约束国家、家庭，于是有了"礼议之邦"、"礼议之家"等。中国人向来自称是"礼议之邦"，强调礼义，不重视法，礼义和法是相对的，"礼"带有更多的自觉性，带有更多的教育的性质，"礼教"形成一种"讲礼"的风气。而法更多的是强制，中国古代强调了"礼制"，而不是强调法制。中国的法也有，而且在古代还很发达，但中国的法也有特点，即它似乎是专用来惩罚人的。一提法家就让人想起严厉、刻薄和无情无义来。所以，中国古代的刑法特别发达，民法不发达。对那些破坏社会制度、损害人民生命财产安全者惩治性很强，而那些财产纠纷、婚姻纠纷等老百姓日常间的冲突却不是付诸法律，而是由家族来处理，不惊官动府。由此可见，古代法规打击什么是很明确的，但它保护什么（老百姓的正当利益等理应置于它的保护之下）就不明确了。归结为一句，就是法制不健全。还有就是"义利"的观念，重义轻利，强调道德修养，强调主体性的自我完善，而不着重于物质利益。《孟子》开章《孟子见梁惠王》第一句话，"王曰：'叟不远千里而来，亦将有以利吾国乎？'"这话是很正常的，但孟子却当头一棒，说："……王何必曰利，亦有仁义而已矣'"，然后是对梁惠王的教训，最后他的结论是："天下交征利，而国危矣"。孟子把利和义对立起来，重义轻利。儒家文化追求的是自我的道德完善，孔子最好的学生颜回"一箪食，一瓢饮，在陋巷"，"人不堪其忧，回也不减其乐"，这是孔夫子对他的道德修养的称赞。轻利重义，当然有其积极性的一面，这种思想培养许多为正义、为民族大业而奋斗的有高尚人格的人，不重视个人享受，讲究气节，讲究人格，追求自我的道德完善，"富贵不能淫，威武不能屈，贫贱不能移"，不向权势低头。所以，在儒家所强调的"杀身成仁，舍身取义"的熏陶下，产生了一些英雄人物。但这种重义轻利也产生其消极的一面，轻视商人，轻视商业，过分地、绝对地强调人的道德完善、道德修养，其结果就使人的正常的要求权利受到压抑，到宋元时就发展为"存天理，灭人欲"，人的欲望被消灭了。走到极端时，这种道德就变成对人的摧残。

中 西 文 化 的 抉 择 *

　　清代历史和过去历史一个很大的不同，就是世界和中国的联系越来越密切。清代历史的很多方面深受世界的影响，离开世界这个历史背景，我们就难以解释清楚清代的许许多多的问题，许许多多的情况。很多问题不联系世界，就看不清楚。

　　清军入关是 1644 年，距离哥伦布发现美洲已经一个半世纪，全球历史的帷幕已经拉开，葡萄牙、西班牙、荷兰、英国、法国这样一些国家相继登上了世界历史舞台，南、北美洲已经成为欧洲的殖民地，世界其他地方：非洲、东南亚、印度、中东也正在遭到殖民侵略。这个时候的中国，她保持了国家的独立。但清朝历史和以前朝代不一样，一开始清朝崛起就和世界接触。如西方的红衣大炮，清入关前就开始引入，这里不多说了。清入关后，从顺治开始，就与传教士接触。顺治与传教士关系非常密

---

　　* 本文选自《清史译丛》第一辑，中国人民大学出版社 2004 年 4 月版。

切，他称汤若望为"玛法"，是父辈，很尊敬的称呼。据汤若望记载，在两年的时间里，顺治帝去了汤若望家24次。汤若望在宫里医好了皇后的病，得到了皇太后的恩赐，可以出入宫禁，与清廷关系极好。康熙更不用说，对天文、数学等西方科学技术都有很浓厚的兴趣，身边有很多传教士。康熙得了疟疾，当时的疟疾病是非常严重的，治不好，会死人的，康熙采用并推广了金鸡纳霜治疗法。签订《尼布楚条约》前谈判的时候，张诚、徐日昇充当了翻译。《康熙皇舆全览图》也是传教士帮着画的。可以说，在清初，传教士与清统治者有着一段蜜月般的关系，非常亲密。满族的亲贵也有很多与传教士有很密切的关系，相比之下，汉族士大夫在清初与传教士关系密切的不多。明末的汉族士大夫，像徐光启、李之藻信仰天主教，可是清初的士大夫，我印象中没有几个。

　　当时中国也是处在十字路口，也有可能选择西方文化。作为统治者的满族，处在文化的后进的地位，它要学习先进文化。当时，它面临的先进文化有两种，一个是西方文化，一个是汉文化。它和西方文化接触很多，也知道它的好处，为什么没有更多地选择西方文化？这也是一个历史之谜吧。后来，完全走了汉化的道路，而且越来越汉化。看来，它不是没有可能选择西方文化，它有机会选择，但它没有更多地吸收西方文化，而是走了单纯汉化的道路。如果稍稍吸收一些西方文化，哪怕像日本一样，出现一个兰学，那中国历史的道路肯定会不一样。当然，这只是一种猜想。

看来，文化的选择有一个土壤的问题。清统治者要统治汉人，因此，它选择的是统治汉人的现成的政治和文化模式，而不再考虑选择其他的模式，这也是一种解释。我觉得，清初的历法之争，表面上是汤若望取得胜利，采用了西方的《时宪历》，因为它是科学的。但从更广泛的意义上来讲，从全面的文化选择来讲，汤若望失败了，而杨光先胜利了。杨光先是坚持以中国的传统文化对抗西方文化的。因为中国走的道路依然是汉族的传统道路，没有吸收西方的先进文化。这是历史事实，清朝从一开始就面临着政治和文化选择，一开始就面临着西方文化，这是其他朝代没有的事。

文化的冲击、磨合、交流，这个过程很不容易。历史上，佛教经过上千年的时间才融合成中国的佛教，因此，刚进入中国不久的西方文化不可能很快被中国人接受。文化的融合有独特的规律，历史有它的必然性。

清朝建立之初，要考虑统治汉人，必须尊重汉族传统的信仰和风俗。所以，传教士面临的困难越来越严重。罗马教廷坚持要反对祖先崇拜，这引起了汉人反对，满族统治者也反对。雍正时期，全面禁教，把传教士逐出宫廷，关上了大门。从历史的表面来看，雍正的全面禁教，似乎阻止了中西文化交流，但是历史是在前进的，世界一体化的进程不可阻挡，不可抗拒，中国逐渐融入世界的潮流也是不可抗拒的。

18世纪文化交流虽然被阻断，乾隆后期在宫廷已经没有传教士了，但中西方经济的交流大大地发展了。当时海关对外贸易急剧增加。康熙时期海关收入只有4万两，贸易额很小，到鸦片战争前海关的税收达到了190万两，增加了47倍，增加得很快，如茶叶、丝绸、棉布、瓷器的对外贸易大量增加。到康乾盛世，海外贸易比较繁荣。

社会发展也达到了顶点。从人口来看，汉朝人口5000万，唐朝是8000万，后来也有增加，但中国的记录人口从来没有达到过1亿，明朝是七八千万，到清朝道光时期为4亿。相应地，农产品也只有增加4倍到5倍，才能养活这么多人口，可以说，当时经济总量已超过汉、唐。根据外国的有关研究，当时中国的GDP占世界的32%，这是外国人的统计；还有一种统计是24%。是否确切不敢说，但说明当时中国的经济总量已经很大。

这些方面的研究都需要中国历史与世界历史的结合，也需要你们的合作。我希望年轻的学者转而研究一些大问题，到底是怎么回事？中国的经济实力到底如何？

康乾盛世如何解释，也需要世界历史的知识。不了解世界的情况，也难以解释康乾盛世。当时国内安定是个主要因素。不能老打仗，社会的安定对于生产的发展至关重要。康乾统治者非常重视农业生产，投入大量精力治理黄河。有一年，国家收入的1/3用于治河。还有一个重要的因素，就是南美洲的白薯、玉米、花生等作物在康乾时期得到广泛种植。这些作物传入中国是在明朝，但广泛推广是在清朝。如果离开了白薯、玉米，这么多人口怎么养活，很难想象。只有高产的粮食作物才能养活这么多人。而且，玉米、白薯的种植条件要求很低，对土壤、水、气候的要求不是那么苛刻，这些高产作物遍地可种。从前不能种的地方，开垦出来就可以种，平原、高山、地头旮旯都可以种植。乾隆年间，开垦了以前的很多荒地。因此，粮食产量较高。这对于康乾盛世的到来非常重要。

高产作物在中国的推广，这方面的研究已经有了，但还不够，这个问题的研究，也需要中国历史、世界历史的专家合作研究。关于白薯这些作物如何推广的问题，值得研究。当时有个姓陈的福建人，带着他的儿子、孙子，山东、山西到处跑，一辈子推广种白薯。白薯种植的关键就是育秧，他帮助北方农民解决白薯育秧过冬问题，像这类问题值得研究。可以肯定，南美洲作物的推广对康乾盛世的形成起了重要的作用，没有南美洲高产作物的传入和推广，就没有康乾盛世。

另外一个因素是货币。当时墨西哥白银大量输入中国，这一点对中国市场的发展非常重要。白银是良好的硬通货，当时的贸易连年出超，有很多东西销往外国，像丝绸、瓷器、茶叶；而外国人没有那么多东西运往中国，当时还没有大机器生产，只能用白银。有本书叫《白银资本》，轰动一时。讲当时中国是全世界的经济中心，所有的白银都流向中国，中国是白银的仓库。据说，在18世纪，有3亿两白银流入中国。可以说，大量白银的输入，成为中国市场交易的润滑剂，扩大了中国市场，推动了中国经济发展，使中国经济发展达到了前所未有的高度。关于当时中国货币流通量、交易量到底如何，这些研究大多都是宏观的，细致的研究还不够。有统计说，中国当时国内的总贸易量超过了英国海外的贸易量，到底是不是这样，需要中国史、世界史学者共同论证这个问题。

我觉得这两个因素，经济方面高产作物的推广，货币方面白银的输入，对康乾盛世的到来起了非常重要的作用，否则很难达到那样的高度。所以说，清初中外的文化交流虽然暂时中断，但经济交流更加密切，而且其实际影响非常大。到了晚清，更不用说了。如果不联系国际背景，根本没办法研究中国近代历史。清朝前期，中国还可以置身于国际事务之外，是天朝上国，洋洋得意，自高自大，关起门来，可以高唱"天朝物产丰盈，无所不有，原不籍外夷货物，以通有无"。到了鸦片战争以后，大门被打开了，也无法关门了。这个时候，中国就被彻底卷入了世界历史的漩涡中。

无奈也罢，被迫也罢，缺乏精神准备也罢，反正你是被卷入了世界历史漩涡。列强蜂拥而入，外国开始成为支配中国的一个力量。以前是外在力量，现在成为社会内部的力量，而且是强大的支配力量。一次一次的战争，一次一次的条约，把中国与世界绑在一起，变成了半殖民地。这个时候，研究中国历史，已经离不开世界历史。

反对西方列强是当时中国社会的主要任务，向西方学习同样是中国的一个主要任务，这两个任务是矛盾的。受到外国侵略，还要向它学习，即"师夷长技以制夷"，历史就是这么复杂。老师打学生，这样的事在近代很多。割地赔款，丧失主权，如果不抵抗，不反戈一击，一味认输投降，丧失的不只是物质财富，不只是主权、利益，丧失的还有精神、信心和希望。中华民族就是在抵抗中逐渐成长的。但是你光反对，不学习也不行，那样就没有进步，就会停留在愚昧落后的层次，就会停留在非理性的行动中，使你的抵抗斗争变成"义和团式"的行为，使你的爱国行为变成盲目的排外主义。正是这些经验教训使中国在近代逐渐走向了正确的革命道路。

晚清与外国打交道非常多，外国传教士、政治家、军事家、记者都到了中国，他们写了大量的东西，但目前还有很多没有翻译过来。当然，他们的记载描述带有偏见，但在某些方面反映了中国历史。因此，清朝历史与以往的朝代不一样，它自始至终与世界历史保持着联系，我们必须在世界历史的背景下观察中国，必须了解当时西方人对中国写了些什么，说了些什么，做了些什么。

"宣南文化"小议[*]

  历史上的宣南地区，大体上指今北京市宣武区的管辖范围。这里是一块宝地，有悠久深厚的文化积淀。人才蔚起、俊采星驰。大批著名的诗人、学者、政治家、艺术家曾经在这里居住过、活动过。宣南地区没有北京皇城内的宫殿巍峨、楼阁辉煌，也没有西郊外的水木清幽、园林秀色。这里地处湫隘，房舍简陋，但"山不在高，有仙则名"。由于荟萃了大批历代的文化精英，留下了许多可资观览、可资纪念的种种痕迹。会馆、庙宇、戏楼、书肆、园林，有文物价值的古迹胜景，可说触目皆是。

  如果要历数"宣南文化"的丰富内容，可能要写一套多卷本的著作。会涉及经学史学、诗词文赋、琴棋书画、戏曲杂艺等等。但在这篇小文中只能钩零拾碎，举一反三。

  以清代三个世纪来说，17 世纪，诗风甚感，清初有

---

* 本文发表于 2002 年 3 月 16 日《北京日报》。

吴梅村、龚鼎孳、朱彝尊、王士桢、陈廷敬等，先后继起、纵横坛坫。他们在宣南地区，结诗社、兴诗会，诗酒流连，分韵吟唱，留下了大量灿烂不朽的诗篇。王士禛的渔洋诗派主诗坛数十年，更是倾倒海内，风靡一世。今可考，吴梅村住魏染胡同，龚鼎孳住宣武门侧，朱彝尊住古藤书屋，王士桢常出入报国寺，遗址图依稀可辨。

18世纪中，正当乾隆盛世，集中全国人才，编纂《四库全书》。这是一部与法国百科全书同时编纂，其水平和影响亦可比肩的宏大典籍，很多编书的大学者住在宣南地区。当年戴震进京，穷得连粥也喝不起，住在歙县会馆，他去看望已负盛名且是新科进士的钱大昕，钱住在南横街，谈论一夕，钱大昕对戴震佩服得五体投地、称戴是"天下奇才"。介绍他认识了同科进士王鸣盛、王昶、朱筠、纪晓岚、卢文弨等，戴震才在宣南的学术圈内站住了脚。这一汉学家群体投入《四库全书》的编纂，上午入大内阅读各省所进书，下午回到宣南寓所，去琉璃厂书肆查阅书籍、核对资料。著名学者翁方纲的《日记》中记录了他们忙碌的情形，琉璃厂书肆成了他们的图书馆。

19世纪末，国运陵替，中日甲午战争失败，清廷接受丧权辱国的马关条约。当时，全国的举人正在北京参加会试，闻耗痛哭，拍案而起，冲破封建政府的禁令，康有为等多名举人起草上皇帝万言书，提出"拒和、迁都、变法"的主张，即著名的"公车上书"。当年起草万言书在松筠庵，康有为兄弟住在南河会馆、梁启超住在新会会馆，而谭嗣同曾住浏阳会馆、杨深秀曾住闻喜会馆，康有为组织的强学会是中国近代史上第一个鼓吹改革的政治团体，其会址设在安徽会馆内。这一群爱国的青年人在宣南地区呼喊出改革的先声，推动了戊戌变法的到来。

宣南文化源远流长、内容丰富、影响深远。由于北京是辽金元明清五朝帝都，长期以来是政治和文化中心。在清代前期限制汉民不得入住内城，故宣南居住着来自全国的各色人等，五方杂处，他们带来了不同地区、不同民族的文化，各种文化在宣南汇聚，切磋交流，相互融合。文化发展的规律即是在交流和借鉴中才能得到发展提高，有交流、借鉴，才会有创新、前进。一种地区文化如果不到京师、不接触其他文化就不能发育得更加丰满。如果戴震不到北京，如果没有钱大昕的慧眼与推毂，戴震也许一辈子进不了宣南学术圈，他的学术成就也许不会有以后的辉煌。因此，宣南文化的形成是首都的地位所决定的，是多种文化相互交流和融合的果实。

同时，人们离开了首都，分赴全国各地，把宣南文化带到全国，发生强烈的辐射作用。18世纪的汉学成为中国的显学，从徽班进京以后诞生和发育的京剧成为风靡全国的剧种，戊戌变法所促成的全国思想解放都印证了文化辐射的强大作用，反映了宣南文化对全国巨大而深远的影响。

图书在版编目（CIP）数据

戴逸自选集/戴逸著．-北京：学习出版社，2007.8
（"学习"理论文库）
ISBN 978－7－80116－619－7

Ⅰ．戴… Ⅱ．戴… Ⅲ.①戴逸－文集 ②中国－历史－文集
Ⅳ.K207－53

中国版本图书馆 CIP 数据核字（2007）第 041444 号

戴逸自选集

DAIYI ZIXUANJI

戴　逸　著

责任编辑：李　岩
技术编辑：张培英

出版发行：学习出版社
　　　　　北京市西长安街 5 号（100806）
　　　　　010－66063020　　010－66061634
经　　销：新华书店
印　　刷：北京新丰印刷厂
开　　本：880 毫米×1230 毫米　1/32
印　　张：16.25
字　　数：325 千字
版次印次：2007 年 8 月第 1 版　2007 年 8 月第 1 次印刷
书　　号：ISBN 978－7－80116－619－7
定　　价：75.00 元

如有印装错误请与本社联系调换